Y LLAWES GOCH A'R FANEG WEN

Astudiaethau Rhywedd yng Nghymru
Gender Studies in Wales

Golygyddion y Gyfres
Jane Aaron, Prifysgol De Cymru
Brec'hed Piette, Prifysgol Bangor
Sian Rhiannon Williams, Prifysgol Fetropolitan Caerdydd

Bwrdd Ymgynghorol
Deirdre Beddoe, Athro Emerita
Mihangel Morgan, Prifysgol Aberystwyth
Teresa Rees, Prifysgol Caerdydd

Pwrpas y gyfres hon yw llenwi bwlch mewn gwybodaeth. Fel y mae nifer o haneswyr, cymdeithasegwyr a beirniaid llenyddol wedi bod yn honni ers peth amser, mae prinder gwybodaeth ynghylch nodweddion ac effeithiau'r gwahaniaethau cymdeithasol rhwng y rhywiau yng Nghymru, a'u heffaith ar drigolion y wlad yn gyffredinol, yn y gorffennol a'r presennol. Effeithiwyd pob agwedd o'n bywydau – ym meysydd addysg, gwaith, diwylliant a gwleidyddiaeth, yn ogystal â'n bywydau personol – gan gysyniadau cymdeithasol am y gwahaniaeth rhwng y gwrywaidd a'r benywaidd. Ac y mae hanes penodol pob gwlad yn golygu bod y dylanwadau hyn yn cael effeithiau gwahanol ym mhob diwylliant. Yr hyn sydd arnom ei eisiau yn y cyd-destun Cymreig, felly, yw ymchwil manylach ar y modd y mae'r gwahaniaethau cymdeithasol rhwng y rhywiau wedi effeithio, ac yn parhau i effeithio, ar fywydau yng Nghymru yn benodol. Archwilio agweddau gwahanol rhywedd yn hunaniaeth dynion a menywod Cymru ddoe a heddiw yw nod y gyfres ryngddisgyblaethol hon. Lluniwyd ei chyfrolau, rhai yn y Gymraeg a rhai yn Saesneg, gan arbenigwyr mewn sawl maes, gyda'r un nod o daflu golau ar effeithiau amrywiaethol rhywedd ar lên, diwylliant, hanes a chymdeithas Cymru.

Y LLAWES GOCH A'R FANEG WEN

Y CORFF BENYWAIDD A'I SYMBOLAETH
MEWN FFUGLEN GYMRAEG
GAN FENYWOD

Mair Rees

GWASG PRIFYSGOL CYMRU
CAERDYDD
2014

Hawlfraint © Mair Rees, 2014

Cedwir pob hawl. Ni cheir atgynhyrchu unrhyw ran o'r cyhoeddiad hwn na'i gadw mewn cyfundrefn adferadwy na'i drosglwyddo mewn unrhyw ddull na thrwy unrhyw gyfrwng electronig, mecanyddol, ffotogopïo, recordio, nac fel arall, heb ganiatâd ymlaen llaw gan Wasg Prifysgol Cymru, 10 Rhodfa Columbus, Maes Brigantîn, Caerdydd CF10 4UP.

www.gwasgprifysgolcymru.org

Mae cofnod catalogio'r gyfrol hon ar gael gan y Llyfrgell Brydeinig.

ISBN 978-1-7831-6124-9
eISBN 978-1-7831-6125-6

Datganwyd gan Mair Rees ei hawl foesol i'w chydnabod yn awdur ar y gwaith hwn yn unol ag adrannau 77 a 78 Deddf Hawlfraint, Dyluniadau a Phatentau 1988.

Cysodwyd gan Wasg Dinefwr, Llandybïe
Argraffwyd gan CPI Antony Rowe, Chippenham

*'Llenyddiaeth yw cod eithaf ein hargyfyngau,
ein hapocalypsau mwyaf cartrefol a difrifol.
O'r herwydd mae ganddi rym nosol.'*
— Julia Kristeva

Cynnwys

Diolchiadau	ix
Lluniau	xi
Cyflwyniad	xiii

RHAN 1: Y CEFNDIR THEORETIG

1	Theori a Beirniadaeth Lenyddol Ffeministaidd a'r Ffeministiaid Ffrengig Ôl-Strwythurol	3
2	Theori a Beirniadaeth Lenyddol Ffeministaidd Gymraeg	19

RHAN 2: DARLLENIAD FFEMINISTAIDD O'R CYFROLAU

	Cyflwyniad i'r Cyfrolau	59
3	Beichiogrwydd	63
4	Y Mislif	115
5	Y Corff Benywaidd Symbolaidd	142

Casgliad	197
Nodiadau	205
Llyfryddiaeth	237
Mynegai Enwau Priod	259
Mynegai Cyffredinol	264

Diolchiadau

Yn bennaf, hoffwn gyflwyno'r gyfrol hon er cof am fy annwyl fam Connie a fy mam-gu addfwyn, Roseanna, i ddiolch am eu cariad di-ben-draw ac am anrheg y ddwy iaith.

Mawr yw fy nyled i bob awdur benywaidd a gynhwysir yn y gyfrol hon, ond hoffwn ei chyflwyno yn benodol er cof am Ennis Evans ac Angharad Jones ac i gydnabod bod y frwydr, i rai ohonom, yn ormod.

Rwyf yn ddyledus iawn hefyd i Bronwen Green, Lowri Wyn Davies a Berwyn Prys Jones am eu cymorth ieithyddol a gramadegol amhrisiadwy ac i Simon Brooks am ei ffydd yn y prosiect a'i gefnogaeth gyson a chadarn. Diolch i olygydd y gyfres, Jane Aaron, am ei hysbrydoliaeth a'i hanogaeth.

Cydnabyddir Julia Kristeva, *Pouvoirs de l'horreur: Essai sur l'abjection*, hawlfraint © Éditions du Seuil, 1980 ac 1983, am eiriau arysgrif agoriadol y gyfrol hon. Dyfynnir trwy ganiatâd y cyhoeddwyr yn achos y ddwy gyfrol ganlynol: *Art, Nation and Gender*, goln Tricia Cusack a Síghle Bhreathnach-Lynch (Farnham: Ashgate, 2003), hawlfraint © 2003; *Twentieth-Century Fiction by Irish Women*, gol. Heather Ingman (Farnham: Ashgate, 2007), hawlfraint © 2007.

Hoffwn orffen â diolch arbennig i Neil, Hefin a Steffan am eu cariad a'u hamynedd ac am bob dishgled o de a gefais ganddynt wrth baratoi'r gwaith hwn!

Lluniau

Clawr: *Y Faneg Goch*, Brodwaith gan Amanda Wright o gasgliad personol yr awdur, trwy ganiatâd caredig yr artist.

1 Cartŵn Joseph Morewood Staniforth, *Western Mail*, 18 Chwefror 1915, trwy ganiatâd caredig Prosiect 'Cartooning the First World War' Prifysgol Caerdydd   144

2 Clawr *Barn*, rhifyn Ebrill 1999, 'Wedi 600 o flynyddoedd genedigaeth y Gymru Newydd', trwy ganiatâd caredig golygyddion *Barn*   145

3 Esiampl o symbol y tair ysgyfarnog o addurn yn Eglwys Gadeiriol Dewi Sant © The Three Hares Project 2014. *www.chrischapmanphotography.co.uk*. Trwy ganiatâd caredig y ffotograffydd   169

4 Iwan Bala, *Anifeiliaid Mytholegol*, cyfrwng cymysg ar bapur Khadi ac Amate, trwy ganiatâd caredig yr artist   179

5 Esiamplau o gloriau ffuglen gan fenywod a chanddynt gynllun Adar. Trwy ganiatâd caredig Gwasg Gomer, Y Lolfa, Gwasg Dinefwr a Gwasg Gwynedd   180

6 Ffigur yn awgrymu perthynas gylchol rhwng Natur, Y Fenyw a'r Gymraeg   189

Cyflwyniad

Ar lefel amgen, gwna prif deitl lled chwareus y gyfrol hon ddau bwynt difrifol. Yn gyntaf, bod y corff benywaidd, gan amlaf, yn cael ei ddiffinio a'i gyfyngu gan ddisgyrsiau gwrywaidd, ac yn ail, bod ffactorau penodol yn hanes y Cymry wedi hwyluso'r duedd hon. Mae'r 'llawes goch' yn ddisgrifiad amrwd lled amharchus o'r fagina. Cyfeiria'r 'faneg wen' at barchusrwydd honedig y Cymry a grisialwyd yn yr ymadrodd 'Gwlad y menig gwynion'. Yn rhan gyntaf y gyfrol, sef ym mhenodau 1 (Theori a Beirniadaeth Ffeministaidd a'r 'Ffeministiaid Ffrengig' Ôl-strwythurol) a 2 (Theori a Beirniadaeth Lenyddol Ffeministaidd Gymraeg), ymdrinnir â'r cefndir theoretig sy'n ffurfio fframwaith cyd-destunol i'r drafodaeth bresennol. Yn yr ail ran, sef ym mhenodau 3 (Beichiogrwydd), 4 (Y Mislif) a 5 (Y Corff Benywaidd Symbolaidd), dadansoddir y ffuglen dan sylw yng ngoleuni rhai o'r syniadau damcaniaethol hynny. Bwriad sylfaenol yr ymdriniaeth hon yw defnyddio persbectif ffeministaidd i archwilio sut y trafodir y ddau brofiad corfforol eiconig hyn sef beichiogrwydd, a'r mislif, mewn ffuglen Gymraeg gan fenywod; ystyrir hefyd y defnydd symbolaidd ehangach o'r corff benywaidd yn y gweithiau dan sylw. Yn hyn o beth, trafodir trosiadau diwylliannol rhyngdestunol sy'n seiliedig ar y corff benywaidd, megis y 'fenyw-yn-genedl'[1] a symbolau eraill sy'n gysylltiedig â'r meta-symbol hwnnw.

Canolbwyntir ar ffuglen ddiweddar, ac yn benodol, ar ddetholiad o 160 o nofelau a chasgliadau o storïau byrion gan 60 o awduron benywaidd a gyhoeddwyd rhwng 1948 a 2010. Ceir rhagor o wybodaeth am natur y sampl hon yn y cyflwyniad i'r ail ran. Hyd at yn ddiweddar iawn, ac eithrio'r sylw anghymesur a delir i waith Kate Roberts, ychydig o sylw beirniadol (ffeministaidd ai peidio) a roddwyd i ffuglen Gymraeg ddiweddar gan fenywod. O gofio affêr hirhoedlog y Cymry â 'brenhines ein llên', mae'n ddiddorol iawn felly, fel y noda Francesca Rhydderch,[2] fod y corff benywaidd nwydus, aeddfed, ffrwythlon bron yn hollol absennol o'i gwaith.[3]

Yn ystod y degawdau diwethaf, mae trafodaethau ynghylch corfforiad (*embodiment*) wedi amlhau yn sylweddol ar draws y dyniaethau.[4] Yn ôl syniadaeth corfforiad, ein profiadau corfforol o fyw bob dydd yn y byd sy'n creu ystyr ar lefelau personol, cymdeithasol a chenedlaethol.[5] I raddau mae'n bosibl gweld mai adwaith ydyw yn erbyn obsesiwn athroniaeth orllewinol â'r hollt Cartesaidd rhwng y corff a'r ymennydd. Adeiladodd Michael Foucault a'r ôl-strwythurwyr ar y syniadau hyn drwy gwestiynu ein canfyddiadau o'r corff fel endid biolegol sicr.[6] Nid yw'r ffiniau rhwng ein cyrff a'n celfyddyd bellach yn rhai cadarn: 'Intimate connections between the literal physical body and the body as symbol or metaphor mean that we can no longer discuss with certainty where culture ends and biology begins.'[7] Bu corfforiad yn syniad pwysig ond cynhennus ym maes ffeministiaeth hefyd ers cyhoeddi *Le Deuxième Sexe* Simone de Beauvoir ym Mharis yn 1949. Er bod y gyfrol honno yn sinigaidd am y profiadau corfforol benywaidd hynny sy'n gysylltiedig ag atgenhedlu, gwêl Simone de Beauvoir fod pwysau moesegol arnom i dderbyn goblygiadau ein corfforiad: 'the whole structure of *The Second Sex*, leads to the conclusion that ethical conversion – avoiding mastery and subservience in our relationships with others – required us to assume our ambiguity as freedom and flesh, to fully assume our embodiment.'[8]

Ers hynny, mae rhai megis Hélène Cixous wedi mynd ati i archwilio potensial y corff benywaidd fel tarddle chwyldro, grym a dealltwriaeth. Yn ei hysgrif enwog 'Laugh of the Medusa',[9] gwêl Cixous gysylltiad agos rhwng y ffordd y mae cyrff menywod a'u hysgrifennu, fel ei gilydd, wedi cael eu darostwng.[10] Yn ddiweddarach, ac yn y cyd-destun Cymreig, defnyddir perspectif damcaniaethol corfforiad yn effeithiol iawn yn astudiaeth ddiddorol Harri Garrod Roberts ar lenyddiaeth Gymreig, *Embodying Identity: Representations of the Body in Welsh Literature*.[11] Yn arwyddocaol efallai, yng ngoleuni casgliadau'r astudiaeth honno (a drafodir yn ddiweddarach yn y gyfrol hon), nid yw'r diléit diweddar ym mhwysigrwydd y corff wedi dylanwadu ond ychydig ar feirniadaeth lenyddol Gymraeg hyd yn hyn.[12]

Gwêl rhai ein bod, erbyn heddiw, yn byw mewn cyfnod ôl-ffeministaidd, gyda'r holl frwydrau am gydraddoldeb wedi'u hennill a disgyrsiau ffeministaidd ymrannol wedi hen chwythu eu plwc.[13] Am nifer o resymau, mae'n debyg nad oes gan rai menywod ifainc yr un ymrwymiad i'r mudiad â'u mamau a'u mam-guod:

There is a generation gap in the perception of gender issues, partly because the forms of sexism encountered by young women are more sophisticated and less direct than in previous generations, partly because of the greater individualism of a generation which tends to regard professional challenges as personal rather than political issues, and partly because young women today typically do not encounter systematic gender discrimination until they have children – i.e. at a later stage in life than previous generations.[14]

Sonia Kravetz a Marecek[15] hefyd am awch rheibus cyfryngau'r unfed ganrif ar hugain i gladdu ffeministiaeth. Ond o ran cofleidio ffeministiaeth yn y lle cyntaf, bu'r Cymry ar ei hôl hi oherwydd eu greddf i ymwrthod â syniadau 'anghymreig' anghyfarwydd.[16] Braidd y torrwyd llinyn bogail ffeministiaeth Gymraeg felly cyn iddi gael ei datgan yn farw bost. Er bod y sôn am ei marwolaeth, mae'n debyg, yn gynamserol, mae'n eglur bod gwedd Ffeministiaeth Gymraeg a Ffeministiaeth Brydeinig yn gyffredinol wedi newid yn sylweddol dros gyfnod y cyfrolau a drafodir yma.

Yn ystod y chwarter canrif ddiwethaf yn benodol, gwelid darnio dirfawr yn y rhengoedd ffeministaidd. Yn rhannol digwyddodd hyn o ganlyniad i effeithiau meddylfryd ôl-strwythuraeth a'r cwestiynu a fu ynghylch dilysrwydd y categori 'menyw' (ac felly 'dyn'): 'The very subject of women is no longer understood in stable or abiding terms.'[17] Ond hefyd, gellir ei ystyried yn ymateb i'r cyhuddiad bod ffeministiaeth, hyd yn hyn, wedi cynrychioli agendâu menywod gwyn, gorllewinol, dosbarth canol yn unig. Sut bynnag, ers canol y degawd diwethaf, ceir awgrym bod technolegau newydd a photensial y rhyngrwyd i gysylltu grwpiau gwasgaredig wedi cynnig bywyd newydd i'r mudiad ac wedi ei alluogi i fanteisio ar agweddau positif o'i blwraliaeth newydd.[18] Yn y cyd-destun Prydeinig, mae'r dechnoleg wedi codi proffil a hwyluso gwaith cymdeithasau ffeministaidd sefydledig megis 'The Fawcett Society'[19] ac wedi esgor ar wefannau ffeministaidd newydd, fel 'The F Word',[20] ac i gyfateb, yn y cyswllt Cymraeg wefannau 'Archif Menywod Cymru'[21] a 'Be di gender yn Gymraeg?'.[22] Mae enw'r wefan olaf hon yn dadlennu un o broblemau canolog y Gymru gyfoes, sef sut mae trafod gwleidyddiaeth rywedd yn y gymdeithas fach glòs Gymraeg? Ac yn fwy penodol efallai, sut y gellir mynegi syniadau heriol sy'n cwestiynu ein credoau elfennol am sefydlogrwydd ein hunaniaeth: a hynny i gyd yng nghyd-destun diwylliant lleiafrifol a lyna at y syniad o draddodiad a'r hunaniaeth genedlaethol? 'Nid yw cydio yn nwylo'n gilydd a dawnsio'n gylch o gwmpas tanllwyth braf y Pethe yn gysur soporiffig o les i neb.'[23] Fel cyfrolau Jane Aaron *Pur fel y Dur*[24] a *Twentieth-Century Women's Writing in Wales* Katie Gramich[25] ymwna'r astudiaeth hon â'r berthynas rhwng y disgyrsiau sy'n creu cenedl (gwlad/llwyth) a chenedl (rhywedd). Yn ogystal, sylwir ar y gwahanol ddulliau a ddefnyddir i fynegi ac archwilio'r berthynas hon yn ffuglen y Gymraes, a'u hesblygiad dros amser.

Adwaenir y bardd Menna Elfyn fel un o brif ffigyrau ffeministiaeth a beirniadaeth lenyddol ffeministaidd Gymraeg, ac ymdrinnir â rhai o'i syniadau hithau a beirniadaeth lenyddol ffeministaidd Gymraeg yn gyffredinol ym Mhennod 2. Yn ei hysgrif flaengar 'Trwy Lygaid Ffeministaidd',[26] dywed Menna Elfyn fod profiadau benywaidd yn cael eu hystyried y tu hwnt i brofiadau 'normal' y dyn. Fe'u gwêl yn meddiannu tir gwyllt ar gyrion y gwareiddiad dynol a chyfeiria felly at y 'tir diffaith'.[27] Profiadau yw'r rhain sy'n gyffredin i nifer o fenywod ond yn ddieithr i ddynion: beichiogrwydd,[28] erthylu, y mislif, bwydo ar y fron, esgor, ofylu, y cyfnewid, profiadau hefyd sy'n creu a chynnal y disgyrsiau ynghylch ein delweddau o'r fenyw. Ond ffenomenau sy'n gudd ydynt, ac anaml iawn y cânt eu dramateiddio ar ein llwyfannau gwleidyddol neu ddiwylliannol. Disgrifia Ceridwen Lloyd-Morgan[29] ei rhyddhad yn ystod y 1970au wrth iddi ddarllen un o'r cyfeiriadau cyntaf mewn nofel Saesneg, sef *The Golden Notebook* Doris Lessing (1962), at y profiad goddrychol o ymdopi â'r mislif. Sonia am y ffaith fod cenedlaethau o ferched wedi gorfod esgus nad oedd y fath beth yn digwydd iddynt. Honna Ceridwen Lloyd-Morgan hefyd i'r hunanymwadiad hwn fod yn fwy llethol byth i'r Gymraes: 'Yn y Gymru Gymraeg mae'r pwysau i gydymffurfio ac i sensro'r hunan yn arbennig o drwm: mae'n cymdeithas ni mor fach, wrth gwrs, ac y mae byw â'n cefnau at y wal yn ein gwneud ni o bosibl yn fwy mewnblyg.'[30]

Yn y bôn, mae gan fenywod ddau ddewis, naill ai anwybyddu eu profiadau corfforol ac o ganlyniad felly atgyfnerthu'r union ddisgyrsiau gormesol sy'n eu distewi yn y lle cyntaf, neu drafod eu profiadau yn agored a thynnu sylw at y gwahaniaethau corfforol sy'n sail i'r un gormes:

> To evade the bodily is to reproduce a structure of oppression which has made of women's bodies their point of vulnerability and of guilt. To speak of the bodily risks a similar reproduction. At a fairly trite level, it is clear there is no escape.[31]

Cyflwyniad

Er mwyn mynd i'r afael â'r tyndra hwn wyneb yn wyneb, nod y gyfrol hon yw archwilio llenyddiaeth y Gymraes drwy gyfrwng y corff benywaidd ei hun. Sut bynnag, mae rhai ffeministiaid fel Judith Butler wedi beirniadu hanfodolaeth (*essentialism*) ffocws tebyg ar y corff benywaidd, ac wedi ceisio diddymu, goresgyn neu ail-fframio'r gwahaniaethau corfforol rhwng y gwryw a'r benyw yn eu hysgrifennu eu hunain. Gwêl ffeministiaid eraill e.e. Iris Marion Young ac Elizabeth Grosz (1994) fod y nodweddion corfforol benywaidd sy'n gwahaniaethu menywod oddi wrth ddynion wedi cael eu defnyddio i gyfiawnhau arferion patriarchaidd gormesol. Fodd bynnag, iddynt hwy, dyrchafu yn hytrach na diystyru pwysigrwydd y profiad corfforol o fod yn fenyw yw'r ateb i'r broblem. Cyn mentro ymhellach, mae'n bwysig cydnabod nad yw profiadau beichiogrwydd a'r mislif yn gyffredin i bob menyw ac nad ydynt yn ffactorau y dylid eu defnyddio i ddiffinio menywod. Sut bynnag gellir dadlau eu bod yn ffenomenau digon cyffredin a thrawiadol iddynt fedru, ar lefel ymwybodol ac anymwybodol, lliwio a llywio ein canfyddiadau o'r term 'menyw' yn gyffredinol.

Erbyn heddiw, ni ystyrir bod unrhyw reidrwydd i gyfiawnhau ffocws y gyfrol hon ar lenyddiaeth Gymraeg gan fenywod yn unig. Mae'r byd academaidd Cymraeg diweddar wedi esgor (er yn boenus, yn hirfaith ac ar adegau yn ddigroeso), ar draddodiad o'r fath, diolch i waith ymchwilwyr megis Cathryn Charnell-White, Jane Aaron, Katie Gramich, Francesca Rhydderch, Kate Crockett, Nia Angharad Watkins, Janice Jones ac eraill. Ond fe'i hystyrir yn arfer da i esbonio a diffinio paramedrau a chylch gorchwyl unrhyw ddarn o ymchwil. Gellir dyfalu y byddai peth gwrthwynebiad i'r syniad o astudio gwaith menywod ar wahân i waith dynion yn codi o rengoedd astudiaethau rhywedd cyfoes, sydd wedi cwestiynu dilysrwydd sylfaenol y categorïau rhyweddol (a hyd yn oed biolegol) 'menyw' a 'dyn'. Gan ragweld ymateb o'r fath, mae Heather Ingman, yn ei hastudiaeth ddiweddar ar lenyddiaeth Wyddelig gan fenywod, yn gwneud y pwynt canlynol:

> In these days of the deconstruction of gender roles it may seem naïve and even retrogressive to deal with women writers as a separate category. I believe however, that there is still some value in a strategic essentialism for political purposes . . . in an Irish context where, with one or two exceptions, women's fiction has rarely been examined on its own terms, it seems . . . premature to talk of post-feminism.[32]

Gellir dadlau bod sefyllfa gyfatebol yn bodoli yng Nghymru ac yn enwedig yn y Gymraeg. Er gwaethaf cyfraniadau pwysig cyfrolau Jane Aaron[33] a Katie Gramich[34] yn arbennig i'r maes hwn, hyd yn hyn ni welwyd yr un gyfrol o feirniadaeth lenyddol gyflawn sydd yn trafod ffuglen Gymraeg (yn hytrach na llenyddiaeth yn gyffredinol) gan fenywod. Ymhellach, ychydig o draethodau ymchwil sydd wedi canolbwyntio ar ffuglen Gymraeg gan fenywod (heblaw eto am waith Kate Roberts), ac mae'r astudiaethau yn y categori hwn wedi mabwysiadu, yn anochel efallai, bersbectif ffeministaidd ar ryw ffurf neu'i gilydd. Er bod y sefyllfa wedi gwella yn y degawdau diwethaf, cyndyn iawn y bu'r canon Cymraeg erioed i ganiatáu mynediad i'r awdur neu'r beirniad o Gymraes, ac yn fwy gwrthwynebol fyth iddi gael yr hawl i gwestiynu paramedrau'r canon hwnnw.[35] Yn hyn o beth, mae'n debyg bod sefyllfa'r Gymraes yn gyffelyb i sefyllfa ei chwiorydd Gwyddelig: 'Irish women's writing has too often been subsumed, and thereby swallowed up, in an Irish literary canon and an Irish critical tradition constructed mainly by male scholars.'[36]

Mae'r berthynas rhwng beirniadaeth a llenyddiaeth yn un bwysig a llosgachol. Yn hanesyddol, yng Nghymru a gwledydd eraill hefyd, câi'r awdur benywaidd lawer llai o sylw na'i chyfoedion gwrywaidd am nifer o resymau, megis:

1. Llai o waith gan fenywod yn cael ei gyhoeddi yn y lle cyntaf (yn enwedig yn nyddiau cynnar y cyfrolau yn yr astudiaeth hon)
2. Gwaith gan awduron benywaidd yn cael ei israddio a'i ystyried fel ysgrifennu ar gyfer menywod (neu blant) yn unig
3. Natur israddol honedig llenyddiaeth y fenyw yn llethu ymchwil dichonadwy yn seiliedig arni
4. Statws economaidd eilradd a rôl gymdeithasol y fenyw yn effeithio ar ei statws fel awdur ac ymchwilydd.

Mae'n bosibl esbonio'r diffyg sylw a roddwyd tan yn ddiweddar iawn i ryddiaith y Gymraes yng ngoleuni rhai o'r ffactorau hyn. Hyd at heddiw, i raddau, gellir dadlau bod astudio gwaith llenorion gwrywaidd (yn enwedig rhai uchel eu statws) yn ennill mwy o glod a statws i'r ymchwilydd benywaidd. Gellir tybio bod pwysau ychwanegol yng Nghymru, lle y cysylltir y Canon Llenyddol, 'traddodiad' â goroesiad yr iaith Gymraeg. Yn ogystal, mae'n bosibl hefyd y byddai ymchwil sy'n ffocysu ar fenywod yn benodol yn bygwth statws breintiedig rhai dynion patriarchaidd o fewn y diwylliant Cymraeg. Po bellaf y crwydrir o lwybrau'r canon, mwyaf fyth yw'r adwaith. Sut bynnag, er gwaethaf y sylw a roddir i waith menywod yn y gyfrol hon, tybier bod disgyrsiau cyffelyb, i raddau yn cael eu gwyntyllu o safbwynt ffuglen Gymraeg gan awduron gwrywaidd a benywaidd ill dau. Gan ystyried natur glòs, lled llosgachol y gymdeithas fach Gymraeg, byddai'n rhyfedd petai fel arall.

Sut bynnag, fe geir pwysau seicolegol dwysach ar yr awdur/ beirniad/ymchwilydd benywaidd i gydymffurfio â'r drefn ac i reoli ei mynegiant. Defnyddia'r astudiaeth hon rai o syniadau tair ffeminist Ffrengig, sef Julia Kristeva, Hélène Cixous a Luce Irigaray ac yn benodol eu sylwadau ar gorff y fenyw/fam i oleuo'r testunau a drafodir a cheir cyflwyniad ehangach i'r syniadau hyn ym Mhennod 1. Yn ei gweithiau cynnar megis *Desire in Language*,[37] honna Kristeva fodolaeth dwy drefn gyfathrebu: y drefn symbolaidd sy'n cynnwys ein hiaith bob dydd, a'i rhagflaenydd, sef y drefn semiotig, sy'n seiliedig ar y rhythmau cynnar a grëir rhwng corff y fam a chorff y baban. Er mwyn datblygu yn unigolyn seicolegol annibynnol a chael mynediad felly i'r drefn symbolaidd, rhaid i'r plentyn gefnu ar ei gysylltiad â chorff y fam. Ystyrir bod y gamp hon yn haws i'r gwryw ei chyflawni na'r benyw. Ni all y fenyw ymwrthod â chorff y fam yn gyfan gwbl heb gefnu arni'i hun. Mae'r fenyw yn fythol glwm wrth yr hyn a'i atelir gan gymdeithas (sef corff y fam) er mwyn cynnal y drefn symbolaidd. Mae'r ffaith hon yn tanseilio ei safle o fewn y drefn symbolaidd ac yn gwneud ei dewisiadau fel llenor, beirniad ac ymchwilydd yn fwy ceidwadol:

> Given that men can separate from the maternal body and enter the social, they can also return to it through art and literature without threatening their position within the social order . . . So it is more dangerous for a woman to articulate the excluded or repressed maternal body in her work because as a woman within a patriarchal culture she is already marginal. If a woman identifies with the semiotic in her work, she risks not being taken seriously by the social order. In terms of everyday experience, this means that men can be more experimental in their work and still be taken seriously.[38]

Mae rhyddid menywod i arbrofi yn amlwg wedi'i ffrwyno ymhellach yng nghyd-destun diwylliant lleiafrifol â'i gefn i'r wal, yn wir, efallai y bu perthynas anghysurus rhwng ffeministiaeth a'r nofelydd o Gymraes erioed: 'When exploring works by Welsh-language women writers, one will soon discover that self-proclaimed feminist writers are hard to come by.'³⁹ Sut bynnag, nid yw'r rhwystrau hyn wedi eu hatal rhag sylwebu mewn ffordd gynnil ar eu hamgylchiadau:

> Women's writing offers insight into female consciousness and feminist literary criticism ensures that this voice receives critical acclaim.This feminine voice is often not an overtly militant one . . . However, most women writers tend to draw attention to injustices suffered by women, on some level or other, even if they do not, or can not, offer a positive way forward.⁴⁰

Oherwydd i fenywod, yn aml, ddewis mynegiant anuniongyrchol (sy'n crybwyll yn hytrach na datgan), mae'n rhaid gwrando yn astud â chlust amgen i glywed sibrydion eu sylwebaeth. Weithiau, fe all trafod gweithiau gan ddynion a menywod ar y cyd fod yn hynod o ffrwythlon, a dyna oedd dewis Delyth George yn ei hastudiaeth PhD.⁴¹ Sut bynnag, mae potensial hefyd i isleisiau'r awduron benywaidd fynd ar goll yn y fath ddadansoddiadau. Dadl greiddiol y gyfrol hon yw bod awduron benywaidd Cymraeg yn defnyddio eu cyrff i dynnu sylw at eu sefyllfaoedd cymdeithasol ac ar lefel ddyfnach at ddisgyrsiau sy'n cynnal y berthynas rhwng y corff benywaidd a'r genedl. Nid yw'r ddyfais o reidrwydd yn herio patriarchaeth yn agored, er bod ganddi, yn y pen draw, bosibiliadau chwyldroadol pellgyrhaeddol. Mae gan botensial radicalaidd y corff benywaidd fel cyfrwng mynegiant le pwysig yng ngwaith Kristeva, Cixous ac Irigaray:

> Dim ond trwy'r ymdrech i fynegi ei phrofiadau arbennig hi ei hun o'i safbwynt hi ei hunan y gall menyw achub y sefyllfa, yn ôl Cixous. Dim ond trwy fynnu ysgrifennu ei hun, ac ysgrifennu am ei hunan, y gall ailfeddiannu'r corff a ddygwyd oddi wrthi a'i droi'n rhyw fath o estron iddi.⁴²

O ran paramedrau amser yr astudiaeth hon defnyddir 1948 yn fan cychwyn. Oherwydd y cynnydd a welwyd mewn ffuglen Gymraeg gan fenywod ers y 1980au yn bennaf, nid ystyrid bod astudio'r ugeinfed ganrif yn ei chyfanrwydd yn fuddiol. Osgoir y temtasiwn i ddefnyddio diwedd yr Ail Ryfel Byd fel un pegwn amser i'r astudiaeth. Er gwaethaf cyfraniad cymdeithasol a phersonol enfawr menywod Cymru yn ystod y rhyfel ofnadwy hwnnw, honnir bod ei gysylltiadau cryfion â delweddau, disgyrsiau a phropaganda gwrywaidd yn bwrw cysgod dros achosion a disgyrsiau benywaidd. Yn hytrach, dewisir y dyddiad 1948 fel man cychwyn am mai dyma'r flwyddyn y lansiwyd y Gwasanaeth Iechyd Gwladol, datblygiad gwleidyddol/cymdeithasol a chanddo gysylltiadau pwysig â Chymru a'r fenyw ill dwy. Ar 5 Gorffennaf 1948, o dan adain y sosialydd o Gymro Aneurin Bevan, Aelod Seneddol Glyn Ebwy, crëwyd y gwasanaeth iechyd cyntaf yn y byd a oedd ar gael am ddim i'r boblogaeth gyfan. Datblygiad trawiadol oedd sefydlu'r GIG a ysgogodd welliannau yn ansawdd bywyd menywod a phlant y dosbarth gweithiol yn bennaf, am nad oedd gan lawer ohonynt y modd i fanteisio ar wasanaethau iechyd cyn hynny.[43] Roedd newid er gwell mewn cyflwr tai a hylendid cyhoeddus ers y 1930au eisoes wedi ymestyn disgwyliad oes menywod. Ychwanegodd gwasanaeth mamolaeth di-dâl, a'r targedau a osododd y gwasanaeth iechyd newydd i'w hunan at ostyngiad pellach yn y nifer o famau a fu farw yn ystod beichiogrwydd neu wrth esgor ar eu plant. Ym Mhrydain yn 1947, roedd 10.6 y fil o fenywod yn marw yn ystod, neu yn fuan ar ôl esgor. O fewn degawd, yn 1957, roedd y rhif wedi gostwng i 3.7 y fil, ac erbyn 2002 roedd y rhif wedi plymio eto i 0.1 y fil.[44]

Mae'r flwyddyn 1948 hefyd yn pontio'n daclus rhwng dechrau'r ganrif a datblygiadau cymdeithasol a seicolegol pellgyrhaeddol y 1950au, y 1960au a'r 1970au. Er enghraifft, arwydd tra pherthnasol o'r newidiadau mawr ar y gweill fu cyhoeddi'r llyfr chwyldroadol y cyfeiriwyd ato gynharach, sef *Le Deuxième Sexe* Simone de Beauvoir yn 1949. Yn y cyd-destun Cymraeg a Chymreig, gwelwyd hefyd lansiad Amgueddfa Werin Sain Ffagan o dan arweiniad Iorwerth Peate yn 1948. Digwyddiad yw hwn sy'n berthnasol iawn i'r ymdriniaeth hon am iddo gorffori, yn faterol, y cysylltiad rhwng y genedl a'r aelwyd yn nychymyg y Cymry. Ar y pegwn arall, defnyddir y flwyddyn 2010 yn drobwynt i gyfnod yr astudiaeth. Mae hyn yn caniatáu cynnwys gweithiau mor gyfoes â phosibl yn y dadansoddiad ond hefyd yn cynnig y cyfle i drin rhai disgyrsiau a ymddangosodd mewn ffuglen Gymraeg gan fenywod yn sgil llwyddiant ail refferendwm 1997 a chyfnod cyntaf y broses o ddatganoli.

Cyn dirwyn y cyflwyniad hwn i ben, tynnir sylw at rai pwyntiau ymarferol a dewisiadau ieithyddol. Un peth a fu'n heriol oedd ysgrifennu'r astudiaeth hon drwy gyfrwng y Gymraeg. Mae'r Gymraeg yn hollol anfaddeugar o derminoleg ymhongar ysgrifau academaidd Saesneg. Bu ceisio mynegi syniadau dwys ac yn aml gyfieithiadau o ieithoedd eraill, a oedd eu hunain wedi'u trwytho mewn iaith ddyrys, mewn Cymraeg glân, syml yn her gyson. Ond yn y pen draw trodd y baich hwn yn fudd. Yn y Gymraeg, nid oes modd cuddio anwybodaeth y tu ôl i orchudd iaith astrus; mae'n rhaid sicrhau dealltwriaeth dda cyn mynd ati i geisio trosi'r syniadau hyn o'r Saesneg.

Trwy gydol y gyfrol defnyddir y term 'mislif' yn hytrach na 'misglwyf' i ddisgrifio'r broses fiolegol o waedu o'r wain yn fisol. Mae gan yr ail derm gysylltiadau anffodus nid yn unig â chorff difrodedig anghyflawn, ond efallai â'r pechod gwreiddiol, h.y. natur wallus gynhenid honedig y fenyw yn ogystal. Gan ystyried naws anachronistaidd amhriodol y gair, mae'n syndod fod 'misglwyf' yn dal i gael ei ddefnyddio ar ddeunydd cyhoeddus cyfoes i bobl ifanc.

Un broblem arall y cyfeiriwyd ati gan eraill, e.e. Angharad Price,[45] yw'r ffaith mai iaith a chanddi genedl yw'r Gymraeg. Gallai hyn arwain at sefyllfaoedd ieithyddol ffôl megis 'y ffeminist hwn'. I osgoi gwrthddywediadau o'r fath, priodolir cenedl fenywaidd i'r enw 'ffeminist' drwy gydol y gyfrol. Yn anffodus, yn y Gymraeg (fel mewn ieithoedd eraill) yn aml gwelir rolau megis yr 'awdures' yn eilradd neu'n is-gategori i'r 'awdur'. 'Mae llawer o'n termau cyfarwydd yn ceisio perswadio mai eilradd yw'r fenyw o'i chymharu â'r gwryw. "Dyn" sy'n dod gyntaf: dim ond ôl-ddodiad yw'r "ddynes": mae'r cysyniadau'n cael eu creu o safbwynt y gwryw.'[46] Er nad yw'n ateb perffaith o bell ffordd, er mwyn amlygu a herio'r arfer hwn, osgoir y ffurf fenywaidd, a defnyddir 'awdur benywaidd' neu ymadroddion tebyg yn ei le. Yn gysylltiedig â hyn roedd y penderfyniad dyrys ynglŷn â pha enw lluosog i'w briodoli i'r awduron benywaidd sy'n ffocws y gyfrol hon; ai 'merched' neu 'fenywod' oeddynt, neu rywbeth arall eto? Yn ei herthygl ar lesbianiaeth ffeministaidd Gymraeg, yn y gyfrol *Our Sister's Land*, mae Roni Crwydren yn wynebu'r un broblem:

> I couldn't even decide which word to use for 'woman': should it be *merch* which also means 'girl' and 'daughter'; or *gwraig* which also means 'wife' or *dynes* which has no plural;[47] or *menyw* which is not used in North Wales?[48]

Gwelir bod yr enw 'merch' er nad yw'n cyfateb yn union i *'girl'* yn y Saesneg yn cyfleu statws amwys sy'n gysylltiedig ag anaeddfedrwydd ar y naill law, ac ag aelod iau o'r teulu ar y llall. Er bod yr enw'n perthyn i dafodiaith y de, defnyddir 'menyw' trwy gydol y drafodaeth hon. Cydnabyddir bod y dewis hwn yn bygwth dieithrio darllenwyr o ogledd Cymru. Ar y llaw arall, mae'r dewis hwn yn cydnabod fy mod yn awdur o'r de ac yn amlygu nodweddion a chyfyngiadau fy mhersbectif diwylliannol fy hun.

Rhan 1

Y Cefndir Theoretig

1

Theori a Beirniadaeth Lenyddol Ffeministaidd a'r Ffeministiaid Ffrengig Ôl-Strwythurol

Ffenomen a ddatblygodd yn sgil y frwydr dros hawliau menywod yn y 1960au yw theori a beirniadaeth lenyddol ffeministaidd.[1] Yn debyg i ffeministiaeth ei hun, mae'n derm amwys ac nid hawdd yw ei ddiffinio; fel yr awgrymodd y newyddiadurwr Rebecca West yn chwareus yn 1913, 'I myself have never been able to find out precisely what feminism is: I only know that other people call me a feminist whenever I express sentiments that differentiate me from a doormat or a prostitute.'[2]

Erbyn heddiw mae theori feirniadol ffeministaidd a ffeministiaeth ei hun wedi datblygu yn feysydd eang a chymhleth. Peth cyffredin yn y byd academaidd bellach yw sôn yn y lluosog felly am ffeministiaethau a Theorïau a Beirniadaethau Llenyddol Ffeministaidd er mwyn parchu a thanlinellu'r blwraliaeth hon:

> Just as feminisms themselves are the work of widely divergent groups of women (and men), including women who oppose one another politically, work in different national traditions and transnational interstices, and face divergent social and political challenges, feminist literary theorists arise in multiple, contradictory and even *opposing* contexts.[3]

O ddyddiau cynnar yr ail don o ffeministiaeth,[4] defnyddiai ysgrifenwyr ffeministaidd lenyddiaeth (gan fenywod a dynion) yn dystiolaeth i gefnogi eu dadleuon, e.e. Simon de Beauvoir yn y *Le Deuxième Sexe* (1949) a Kate Millett yn *Sexual Politics* (1970). Yr arloeswr ffeministaidd de Beauvoir oedd un o'r cyntaf i sefydlu hawl y fenyw i gwestiynu cewri gwrywaidd y byd llenyddol.[5] Mae'r ddau faes nid yn unig yn perthyn i'w gilydd ond mae'n debyg, yn symbiotig. Fel dywed Humm: 'The growth of the feminist movement itself is inseparable from feminist criticism. Women become feminists by becoming conscious of and criticising, the power of symbols and the ideology of culture.'[6] At ei gilydd, ceir mwy o sôn nawr am theori lenyddol ffeministaidd na beirniadaeth lenyddol ffeministaidd, term a oedd yn fwy cyffredin yn y 1970au a'r 1980au. Mae'n debyg bod y newid o ran terminoleg yn dynodi proses o aeddfedu oddi mewn i'r ddisgyblaeth ei hun. Bellach, ymatebir i ehangder a chymhlethdod y maes drwy sylweddoli nad yw'n bosibl trafod beirniadaeth ffeministaidd yn ystyrlon heb ei gosod mewn fframwaith theoretig. Gellid dadlau efallai fod gwahaniaeth yn dal i fodoli rhwng beirniadaeth ffeministaidd (y wedd weithredol) a theori ffeministaidd (yr ochr ddamcaniaethol) ond tenau iawn yw'r ffin rhyngddynt mewn gwirionedd. Yn aml ymdrinnir â'r gwahaniaeth hwn drwy ddefnyddio'r ddau derm mewn ffurf gyfansawdd h.y. 'theori *a* beirniadaeth ffeministiaeth' neu wrth fathu term arall sy'n cwmpasu'r ddau, e.e. 'dadansoddiad ffeministaidd'.[7] Eto i gyd, ceir rhai sy'n llwyr wrthwynebus i'r syniad o ieuo'r fenywaidd wrth theori am eu bod yn credu mai cysyniad gwrywaidd yw damcaniaethu. Yn eu tyb hwy, mae theori yn defnyddio iaith y dyn, iaith sy'n hollol estron i'r fenyw, ac yn ei gorfodi, o ganlyniad i berfformio ar sail sgript gyfyngedig ac anghymwys: 'A woman theoretician is already an exile; expatriated from her *langue maternalle* she speaks a paternal language; she presumes a fraudulent power.'[8]

Byddai ymdriniaeth ystyrlon â holl swyddogaethau beirniadaeth a theori lenyddol ffeministaidd ymhell y tu hwnt i gwmpas y gyfrol bresennol. Yn hytrach, canolbwyntir yn bennaf ar syniadau tair 'Ffeminist Ffrengig' enwog, sef Julia Kristeva, Luce Irigaray a Hélène Cixous. Honnir bod gan eu gwaith hwy gysylltiadau diddorol iawn â'r sefyllfa lenyddol, ieithyddol, gymdeithasol a gwleidyddol yn y Gymru gyfoes. Gellid dadlau bod eu hunaniaethau cenedlaethol cymhleth ill tair wedi cyfoethogi eu syniadau academaidd. Mae gan y cymhlethdodau hyn hefyd y potensial i ganu cloch ddamcaniaethol yn y cyd-destun Cymraeg, yn enwedig gan ystyried y ffiniau cynhennus hynny rhwng y Gymraeg a'r Saesneg. A chan fod y thema o gysylltu ffiniau ieithyddol â borderi'r corff (benywaidd/mamol) yn gyffredin i waith y tair ohonynt, gwelir hefyd y budd o ddefnyddio eu syniadau i ddadansoddi'r berthynas agos rhwng gwleidyddiaeth rhywedd a gwleidyddiaeth iaith yn y cyd-destun Cymraeg.

Cymaint yw eu dylanwad, nes ei bod hi'n deg dweud bod y grŵp o academyddion, athronwyr a seicdreiddwyr a adwaenir heddiw fel y

Ffeministiaid Ffrengig Ôl-strwythurol wedi gwyrdroi cwrs theori a beirniadaeth lenyddol ffeministaidd. Ar ôl iddynt ddechrau cyhoeddi eu syniadau, gwelwyd newid ffocws oddi wrth drafod statws y fenyw fel awdur i drafodaeth o'r modd y cynrychiolir y benywaidd mewn llenyddiaeth.⁹ Canolbwyntir yn aml bellach ar y ffyrdd y mae'r fenyw a benyweidd-dra'n cael eu creu a'u hatgyfnerthu gan lenyddiaeth, ac yn y pen draw yn cael effaith ar lu o symbolau eraill yn y diwylliant. Gwelir cyswllt hefyd rhwng y gwrywaidd a rhesymoliaeth, tra bo'r benywaidd yn cael ei gysylltu â ffurfiau iaith 'ymylol' fel barddoniaeth, gwallgofrwydd a chyfriniaeth.¹⁰

Mae gwaith Hélène Cixous, Julia Kristeva a Luce Irigaray yn adeiladu ar syniad Simone de Beauvoir yn ei chyfrol arloesol *Le Deuxième Sexe* a gyhoeddwyd yn Ffrainc yn 1949, mai 'Arall' i'r dyn yw'r fenyw.¹¹ Un o brif ddamcaniaethau eraill *Le Deuxième Sexe* yw mai tyfu'n fenyw a wna menyw yn lle cael ei geni'n fenyw. Mae'r cysyniad hwn yn rhan o'i gweledigaeth ddirfodol ehangach, gweledigaeth a rannodd â Jean Paul Sartre. Honna'r athroniaeth hon fod yr unigolyn yn cael ei eni heb bwrpas ond ei fod yn ei ddiffinio ei hun wrth ddatblygu mewn ymateb i'w brofiadau a'i safle cymdeithasol. Canolbwyntia dadansoddiad de Beauvoir ar y syniad o'r 'Arall' a'r ffaith bod menywod yn cynrychioli'r Arall yn y gymdeithas batriarchaidd. Yn ôl de Beauvoir, dyma sail yr ormes a ddioddefa'r fenyw. Effaith y gogwydd hwn yw i'r fenyw ymddangos yn annormal ac yn wyrdroëdig. Gosodir gwrywdod felly yn safon normalrwydd i'r fenyw, safon nad yw'n bosibl iddi ei chyrraedd byth. Rhaid felly ddarganfod ffordd o roi'r drefn hon o'r neilltu er mwyn i'r fenyw fod yn rhydd i wneud dewisiadau drosti ei hun.

Dibynna Kristeva, Cixous ac Irigaray ill tair ar syniadau gwreiddiol de Beauvoir o'r fenyw fel yr 'Arall' ac ar dra-arglwyddiaeth y gwryw yn sylfaen i syniadau athronyddol sy'n ymwneud â goddrychedd:

> The central proponents of second wave feminism, Hélène Cixous, Luce Irigaray and Julia Kristeva . . . despite their heterogeneity as thinkers, hold in common the contention that philosophy has always figured subjectivity on a masculine model of identity and insistently refuses to acknowledge that which lies outside the parameters of a unified, thoroughly self-conscious subject. In order to maintain this psychic model, then, sexual difference – as true *differences* – is denied as a logical impossiblity within a theoretical field of sameness wherein no form(s) of otherness can be tolerated.¹²

Cyfeiria'r term 'ôl-strwythurol' at ystod o syniadau a ddatblygwyd yng ngwaith nifer o feddylwyr (o'r 1960au i'r 1990au yn bennaf), gan gynnwys yr athronyddion Jacques Derrida a Michael Foucault a'r seicdreiddydd Jacques Lacan. Seilir ôl-strwythuraeth ei hun ar syniadau cynharach yr ieithydd strwythurol Ferdinand de Saussure. Honna Saussure fod iaith yn creu ein realiti yn hytrach nag yn ei adlewyrchu.[13] Sut bynnag, heriodd Derrida syniad de Saussure fod y cysylltiad rhwng yr arwyddedig (e.e. 'menyw') a'r arwyddwr (e.e. delweddau neu ddisgrifiadau llafar/ysgrifenedig o'r fenyw) yn sefydlog. Yn hytrach, honna mai cysylltiadau dros dro ydynt a'u bod yn newid yn gyson dros amser. Nid oes syndod mai gwaith dynion oedd y sbardun i bersbectif y tair ffeminist hyn. Tan yn ddiweddar iawn, ni chymerodd y fenyw unrhyw ran yn y broses o ddatblygu theori athronyddol (neu theori o unrhyw fath, a bod yn gywir).[14] Y dewis felly oedd naill ai anwybyddu'r holl ysgrifennu athronyddol gan ddynion neu addasu eu gwaith, a hynny yn aml trwy droi eu theorïau a'u hofferynnau eu hunain yn eu herbyn. Yn y bôn, dadleua'r tair hyn felly fod y fenyw yn cael ei chreu fel yr 'Arall' drwy iaith a reolir gan y gwryw. Er bod y tair ohonynt yn arddel yr un safle/safbwynt gwrthwynebus i iaith 'ffaloganolog', efallai eu bod yn rhagweld atebion gwahanol i'r broblem.[15]

Hélène Cixous

Ganed Cixous yn Algeria yn 1939. Almaenes oedd ei mam ac Almaeneg oedd ei mamiaith hithau hefyd, er mai Ffrangeg oedd iaith gyntaf ei thad.[16] Hanai'r ddau riant o dras Iddewig. Roedd terfysg a gormes yn rhan greiddiol o brofiad cynnar Cixous. Effeithiwyd ar ei theulu gan Wrth-Semitiaeth y cyfnod a bu hi hefyd yn dyst i ormes ar yr Algeriaid. Er bod angen yr Algeriaid ar y Ffrancwyr, ni ddangosent unrhyw barch atynt.[17] Gadawodd Cixous ei mamwlad yn 1955 a symud i Ffrainc i fyw a gweithio. Mae'n amlwg i'r cefndir gwleidyddol trefedigaethol, a'i phrofiadau personol o Wrth-Semitiaeth a rhyw-iaeth, gyd-blethu yn ei hysgrifennu, fel yr enghreifftir gan y darn canlynol o'i chyfrol *Coming to Writing*:

> One Summer I get thrown out of the cathedral of Cologne. It's true that I had bare arms; or was it a bare head? A priest kicks me out. Naked. I feel naked for being Jewish, Jewish for being naked, naked for

being a woman. Jewish for being flesh and joyful! – So I'll take all your books. But the cathedrals I'll leave behind. Their stone is sad and male.[18]

Mae ei hamlieithrwydd hefyd yn rhan greiddiol o'i hideoleg a'i bydolwg. Er mai Almaeneg yw ei mamiaith, dewisa ysgrifennu yn y Ffrengig oherwydd teimla fod natur estron yr iaith yn rhoi rhyw gynnwrf a 'phellter' i'w gwaith. I Cixous mae iaith yn llawer mwy na chyfrwng cyfathrebu: 'language is not just a medium in which she creates her texts: it is the site of a political struggle.'[19] Yn aml, felly, yn ei hysgrifennu, brwydro yn erbyn gormes y mae – gormes hiliaeth, iaith a rhyw.

Defnyddiwyd y term *l'écriture féminine* am y tro cyntaf yn ei thraethawd enwog 'Le Rire de la Meduse' (1975). Argraffwyd y cyfieithiad Saesneg 'The Laugh of the Medusa' yn 1976. Dadl Cixous yn y gwaith hwnnw oedd bod dibyniaeth y byd gorllewinol ar resymeg ac ystyr yn tanseilio ac yn anwybyddu profiad y fenyw. Y rhesymeg honno hefyd yw sail y mwyafrif o weithiau ysgrifenedig.

> Nearly the whole history of writing is confounded with the history of reason, of which it is at once the effect, the support, and one of the privileged alibis. It has been one with the phallocentric tradition.[20]

Gwêl hi strwythurau iaith y gymdeithas yn parhau'r gormes sydd ar y fenyw. Defnyddia syniadau dadadeiladol yr ôl-strwythurwr Jacques Derrida yn helaeth yn ei gwaith. Yn ddiddorol ddigon, yr oedd i'w chefndir hi a chefndir Derrida elfennau pwysig yn gyffredin gan iddo ef hefyd gael ei eni yn Algeria o dras Iddewig. Trigai'r ddau ohonynt felly ar groesffyrdd diwylliannol ac ieithyddol cymhleth. Awgryma Derrida fod syniadaeth orllewinol, syniadaeth sy'n ymestyn yn ôl i syniadau Plato, wedi'i seilio ar gyfres o ddeuoliaethau gwrthwynebus (*binary oppositions*), e.e. du/gwyn, dydd/nos, da/drwg, bywyd/marwolaeth.[21] Defnyddiodd Derrida y term 'logoganoliaeth' (gair a fathwyd gan yr athronydd Almaeneg Ludwig Klages yn 1920) i esbonio sut y mae sylfeini syniadaeth fetaffisegol y byd gorllewinol yn dibynnu ar gymariaethau pwysol (*weighted comparisons*). Ymhellach, trefnir y cymariaethau hynny yn ôl hierarchaeth wrthwynebus.[22] O ganlyniad, nid yw elfennau'r parau yn gytbwys, ond yn hytrach, yn ffafrio'r naill dros y llall. Felly ceir gwyn yn uwch na du, meddwl yn uwch na'r corff a dyn yn uwch na menyw.

Mae'r ddeuoliaeth wrthwynebus honno yn ganolog i waith Cixous hefyd ac i'r ffordd y meddylir am y fenyw yn y diwylliant gorllewinol. Defnyddia Cixous hithau'r term 'logoganoliaeth' i ddisgrifio sut mae gwrywdod a rhywioldeb gwrywol yn gwthio ystyr ar eiriau a thrwy hynny yn diffinio ein canfyddiadau o realiti. Dyma agoriad yr adran enwog 'Sortis':

> Where is she?
> Activity/Passivity
> Sun/Moon
> Culture/Nature
> Day/Night
> Father/Mother
> Head/Heart
> Intelligible/Palpable
> Logos/Pathos
> Form, Convex, Step, Advance, Semen, Progress.
> Matter, Concave, Ground – where Steps are Taken,
> Holding-and-Dumping Ground.[23]

Yn yr esiamplau hyn gwelir sut mae'r fenyw bob tro yn gysylltiedig â'r ail elfen o'r pâr, yr elfen israddol, ddibrisedig. Oherwydd bod logoganolrwydd yn dibynnu ar system ddeuol wrthwynebol, arweinia pob pâr yn ôl yn y pen draw at y ddeuoliaeth sylfaenol sef dyn/ menyw. Caiff y fenyw ei maglu yn dragwyddol gan natur gaeedig y system symbolau hon. Yn ôl Cixous seilir holl athroniaeth orllewinol ar israddio'r fenyw a'i darostwng i'r dyn. Honna Cixous ei bod yn hen bryd cwestiynu'r berthynas hon rhwng logoganolrwydd a ffaloganolrwydd.[24]

Yn ôl Cixous, felly, canolbwyntia syniadaeth logoganolog ar y ffalws. Er mwyn i'r fenyw allu ysgrifennu, rhaid iddi fabwysiadu system y dyn. Bydd hynny, wrth reswm, yn cyfyngu ar ei llais ac yn ei gwneud yn amhosibl iddi gyfleu ei holl brofiad. Bathodd Cixous y term 'ffaloganolog' yn bwrpasol er mwyn dynodi system batriarchaidd o'r fath. Rhaid i'r fenyw felly ddarganfod ffordd o ysgrifennu sy'n trechu'r drefn honno. Yn 'Laugh of the Medusa', awgryma Cixous mai'r ffordd i sylweddoli'r amcan hon yw i'r fenyw ailsefydlu ei pherthynas â'i chorff ac i ailddysgu ysgrifennu drwy ei chorff ei hun.

> If woman has always functioned 'within' the discourse of man, a signifier that has always referred back to the opposite signifier which

annihilates its specific energy and diminishes or stifles its very different sounds, it is time for her to dislocate this 'within', to explode it, turn it around, and seize it; to make it hers, containing it, taking it in her mouth, biting that tongue with her very own teeth to invent for herself a language to get inside of.²⁵

Caethiwir holl brofiadau a bodolaeth y fenyw gan y ffiniau cyfyngedig y mae dyn yn eu dewis iddi. Diffinnir rhywioldeb benywaidd yn ôl presenoldeb y pidyn ac nid yn ôl ei chorff na'i theimladau rhywiol ei hun. Dadleua Cixous nad yw rhywioldeb y fenyw wedi'i ffocysu ar y pidyn; yn hytrach, mae ganddi libido eang 'cosmig'. Er bod egni libidinaidd y dyn yn gyfyngedig, di-fin yw libido a chreadigrwydd y fenyw.²⁶

> Unleashed and raging, she belongs to the race of waves. She arises, she approaches, she lifts up, she reaches, she covers over, washes ashore, flows embracing the cliff's last undulation, already she is another, arising again, throwing the fringed vastness of her body up high, follows herself, and covers over, uncovers, polishes, makes the stony body shine with gentle undeserting ebbs, which return to the shoreless non-origin, as she is recalled herself in order to come again as never before.²⁷

Honna Cixous fod nerth y fenyw yn deillio o'i rhywioldeb, rhywioldeb sydd eisoes wedi ei gulhau a'i wyrdroi gan ddiffiniadau ffaloganolog dynion. Datgysylltwyd y fenyw oddi wrth ei chorff/rhywioldeb ei hun ac oddi wrth fenywod eraill felly. Ni chaniateir i'r fenyw archwilio ei chorff na'i chwantau. O ganlyniad, troir y fenyw yn ei herbyn ei hun. Hwn, yn ôl Cixous, yw'r cam gwaethaf yn erbyn y fenyw: 'They have committed the greatest crime against women: insidiously and violently, they have led them to hate women, to be their own enemies, to mobilize their immense power against themselves, to do the man's dirty work.'²⁸ Cysyllta Cixous ysgrifennu â mastyrbio, a gwêl y ddau fel ei gilydd yn weithredoedd chwyldroadol. Ni all rhywioldeb nac ysgrifennu benywaidd ffynnu o ddifri yn y system ffaloganolog. Yn ôl Cixous, yn ystod beichiogrwydd y mae rhywioldeb, a phŵer y fenyw, yn cael eu hatgyfnerthu:

> for if there's one thing that has been repressed, here's just the place to find it: in the taboo of the pregnant woman. This says a lot about the power she seems invested with at the time, because it has always been suspected that, when pregnant, the woman not only doubles her

market value, but – what's more important – takes on intrinsic value as a woman in her own eyes, and undeniably acquires body and sex.[29]

Gobaith mawr Cixous oedd y byddai *l'écriture féminine* yn caniatáu dadadeiladu'r drefn a adeiladwyd eisoes gan y Symbolaidd ac yn benodol gan iaith y gwryw. Er hynny, ni cheir unrhyw ddisgrifiad na diffiniad clir o'r term gan Cixous ei hun. I'r gwrthwyneb, yn ei chyfrol *The Newly Born Woman* dadleua ei bod yn amhosibl naill ai ei ddiffinio na'i ddamcaniaethu: 'at the present defining a feminine practice of writing is impossible with an impossibility that will continue; for this practice will never be able to be theorized, enclosed, coded, which does not mean it does not exist.'[30]

Er iddi osgoi'r temtasiwn i ddiffinio'r term, defnyddia Cixous 'Laugh of the Medusa' nid yn unig i gyflwyno ei syniadau am *l'écriture féminine* ond i enghreifftio'r dull hefyd drwy ffurf farddonol a gwedd arosgo'r ysgrifennu ei hun: 'We the precocious, we the repressed of culture, our lovely mouths gagged with pollen, our wind knocked out of us, we the labyrinths, the ladders, the trampled spaces, the bevies – we are black and we are beautiful.'[31] Ond nid arddull sy'n unigryw i'r fenyw yw *l'écriture féminine*, mae'n hollol bosibl i lenorion gwrywaidd gyfathrebu yn y fath fodd hefyd.

Mae llawer o ddeunydd yn gyffredin i ysgrifau Cixous, ac mae ei thestunau yn arwain yn ôl ac ymlaen at ei gilydd gan greu rhyw we gymhleth o gyfeiriadau ac ystyr.[32] Honna Cixous hefyd yn 'Laugh of the Medusa'[33] mai mewn barddoniaeth yn unig y mae *écriture féminine* yn bosibl. Gwêl nofelau (yn enwedig nofel realaidd) yn 'allies of representationalism' sy'n ceisio creu cysylltiadau uniongyrchol rhwng yr hyn a arwyddir a'r arwydd ei hun. Ym myd barddoniaeth, sut bynnag, ni chyfyngir iaith yn yr un modd ac mae'r ystyr yn eang ac amwys. Dadleua Cixous fod hyn yn agosach at yr isymwybod ac felly at yr hyn a'i ataliwyd. I'r gwrthwyneb, mae Kristeva o'r farn fod *écriture féminine* yn hollol bosibl mewn rhyddiaith arbrofol neu farddonol, a neilltuir rhai o'i hysgrifau hi ar gyfer olrhain esiamplau ohono yng ngwaith gwahanol lenorion, e.e. Joyce a Mallarmé. Gellir dadlau mai amwys yw'r ffin rhwng rhyddiaith a barddoniaeth ar adegau, ac erbyn heddiw ceir llenorion Cymraeg megis Aled Jones Williams a Gwyneth Lewis yn arbrofi yn bwrpasol â'r tir cyffredin rhyngddynt. Nid oes unrhyw reswm dros beidio â disgwyl esiamplau o *écriture féminine* mewn rhai o'r cyfrolau Cymraeg dan sylw.

Mae nifer o syniadau sylfaenol Cixous yn ddyledus hefyd i seicdreiddiad ac yn benodol i waith Sigmund Freud a Jacques Lacan. Drwy ail-ddarllen gwaith Freud, llwyddodd Lacan i godi'r hyn sydd ymhlyg yn ei ysgrifeniadau sef y caiff goddrychedd ei greu drwy iaith. Mae'r broses o ddatblygu iaith yn cyd-fynd â'r broses o wahanu yn seicolegol oddi wrth y fam ac o feithrin goddrychedd.[34] Er ein bod yn defnyddio iaith at ein pwrpas ein hunain, rydym eto i gyd yn gaeth i'w chyfyngiadau. Mae'r fenyw felly yn gaeth i gyfyngiadau'r strwythur patriarchaidd a gynhelir gan iaith.

Ar y naill law mae Cixous yn feirniadol iawn o gasgliadau Freud ynghylch natur rhywioldeb y fenyw (yn enwedig ei waith wrth ddisgrifio'r '*Electra Complex*'). Ar y llaw arall, mae hi o'r farn fod syniadau Freud ynglŷn â natur yr isymwybod ac ataliad yn ffordd gyfleus o ddisgrifio ac esbonio'r drefn ffaloganolog, trefn yr oedd Freud ei hun a'i bwyslais ar bwysigrwydd y pidyn yn rhan hanfodol ohoni.

Luce Irigaray

Ganed Luce Irigaray yng ngwlad Belg yn 1932 ond ychydig a wyddys am ei chefndir na'i bywyd personol. Bu'n athrawes yn Brussels tan y 1960au cynnar cyn symud i Baris i gyflawni PhD mewn ieithyddiaeth. Gan gytuno â Cixous mae Luce Irigaray yn defnyddio theorïau Jacques Lacan ynghylch goddrychedd ac iaith yn fan cychwyn i'w hastudiaeth o fenyweidd-dra.[35] Cysylltir Irigaray yn agos iawn â'r syniad o *l'écriture féminine* hefyd. Cyhoeddwyd un o'i gweithiau mwyaf adnabyddus, *The Speculum of the Other Woman*, yn 1974 (cyf. 1985). Ynddo, mae'n ailystyried syniadau ynghylch benyweidd-dra ac, yn benodol, y berthynas rhwng y fam a'r ferch. Yn ei gwaith, mae hi'n ceisio datblygu ffurf ar ysgrifennu a allai drechu penarglwyddiaeth y dyn sy'n distewi llais diffuant y fenyw. Gan mai ieithyddiaeth a seicdreiddiad yw ei meysydd arbenigol hi, mae ei hymdrechion i ddatblygu iaith y fenyw, a honno'n iaith sydd y tu hwnt i ffurfiau confensiynol ar gyfathrebu, yn gysylltiedig â'i hymchwil i natur a ffurf cyfathrebu ymhlith cleifion oedrannus sydd wedi drysu.[36]

Yn ogystal ag astudio cynnwys a strwythur *l'écriture féminine* ac iaith y fenyw, mae ymchwil Irigaray hefyd yn hoelio sylw ar y gwahaniaeth rhwng patrymau iaith dynion a menywod a'u defnydd ohonynt. Y tueddiadau pwysicaf a nodir ganddi yw bod menywod yn chwilio am gyfleoedd i gyfathrebu ag eraill (yn enwedig fesul dau). Yn eironig ddigon, bydd y fenyw'n cyfeirio'i chyfathrebu, gan amlaf, at y gwryw er nad oes ganddo yntau fawr o ddiddordeb mewn mynegiant goddrychol o'r fath. Ymhellach, mae'r fenyw yn canolbwyntio mwy ar y presennol tra bo'r dyn yn fwy awyddus i hoelio'i sylw ar ddoe yn hytrach na heddiw ac yfory. Yn ôl Irigaray, gwell gan y dyn, fel rheol, fod mewn grŵp diwahaniaeth o'i gyd-ddynion na chyfathrebu mewn uned o ddau (yn enwedig mewn uned lle mae'r Arall yn wahanol iddo).[37]

Sut bynnag, er i Irigaray astudio gyda Lacan, fe ddatblygodd ei syniadau, yn enwedig y rheiny yn ymwneud â natur y libido benywaidd i gyfeiriad arall. Yn ôl Lacan, natur ddeurywiol sydd i'r libido yn y bôn, ond i Irigaray mae'r libido wedi ei wahanu yn fenywaidd a gwrywaidd o'r cychwyn. Adeiladodd hefyd ar ddisgrifiad Derrida o logoganolrwydd. Rhyw fath o ffug fenyw yw'r un a gaiff fodoli yn y byd patriarchaidd, ffaloganolog. Honiad Irigaray yw bod rhaid deall sylfeini'r ffug fenyw honno sy'n ei hamlygu ei hun mewn testunau seicdreiddiol ac athronyddol cyn bod unrhyw obaith o ddarganfod y wir fenyw y tu hwnt i ymdreiddiad y ffalws.[38] Gorfodir y fenyw yn y cyfamser i fyw yn nhir dieithr y gwryw:

> It is not that we have a territory of our own; but their fatherland, family, home, discourse, imprisons us in enclosed spaces where we cannot keep moving, living, as ourselves. Their properties are our exile. Their enclosures the death of our love. Their words, the gag upon our lips.[39]

Daw'r dyfyniad hwn o un o'i gweithiau pwysig arall, sef *This Sex Which Is Not One*. Ei chasgliad terfynol yn y gyfrol honno yw mai un categori o rywedd a geir mewn gwirionedd, ac nid dau, gan mai'r dyn yw'r Cyfeirbwynt Arferol (*Universal Referent*).[40] Yn yr un gyfrol cyflwyna Irigaray gysyniad arall sydd o ddiddordeb yng nghyddestun y gyfrol bresennol, sef mimesis. Yn ôl Irigaray, nid oes gan y fenyw safle cyflawn fel goddrych o fewn y drefn batriarchaidd. Er mwyn creu lle addas iddi hi ei hun, rhaid i'r fenyw felly herio'r system bresennol. Mae Irigaray yn cynnig mimesis fel un ddyfais y gellid ei defnyddio i greu her o'r fath. Mae mimesis yn dynwared disgyrsiau patriarchaidd sy'n anfanteisio neu ddiraddio safle menywod ond mewn ffordd wyrgam sy'n goleuo anwiredd neu annigonolrwydd y disgyrsiau gwreiddiol.[41] Mae'n bosibl gweithredu mimesis mewn ffordd gynnil neu ddigrif a gellir ei weld yn arf hynod o berthnasol i'r Gymraes sydd wedi ei hatal gan rymoedd cymdeithasol pwerus rhag herio'r drefn yn agored a herfeiddiol. Gall mimesis fod yn ffordd o ansefydlogi disgyrsiau patriarchaidd am fenywod yn gyffredinol heb adael y fenyw unigol yn agored i ddarostyngiad pellach. Gwelir maes o law bod y ddyfais hon wedi profi'n ddefnyddiol iawn i'r awdur o Gymraes ar adegau.

I lawer, mae gwaith Irigaray yn heriol. Ceir beirniadaeth arni ac fe ddaw o dan y lach ar sawl cyfrif, e.e. bod ei harddull gymhleth yn ei gwneud yn elitaidd, ei bod yn anwybyddu cyfraniad menywod eraill, ei bod hefyd yn anwybyddu amrywiaeth o ran dosbarth cymdeithasol a hil, ei bod yn hanfodolaidd ac, yn y pen draw, y cyhuddiad eithaf, sef nad yw hi'n ffeminist go iawn wedi'r cyfan.[42] Efallai fod y feirniadaeth honno'n amlygu'r tensiynau ehangach ynglŷn â'r berthynas boenus rhwng theori ffeministaidd a gweithredu gwleidyddol. Yn ddi-os, mae ailasesiad Irigaray o natur y libido benywaidd yn rhyddhau'r fenyw rhag cyfyngderau rhywioldeb sy'n seiliedig ar y diffyg (sef pidyn). Eto i gyd, drwy hollti'r libido'n elfennau benywaidd a gwrywaidd amlwg, diffinnir dynion a menywod yn ôl eu priod rywioldeb. Yn y pen draw, mae hyn yn dangos i'r fenyw ei bod hi wedi'i datgysylltu oddi wrth y drefn symbolaidd a gysylltir â'r rhywioldeb gwrywaidd. Bydd y wir fenyw, felly, yn encilio i fyd hunan-erotig lle mae ei harwahanrwydd yn rhan o'r diffiniad o'i benyweidd-dra.[43]

Julia Kristeva

Yn yr un modd nad yw'r label cenedlaethol 'Ffrengig' yn gweddu iddi'n llwyr, nid yw'r categori 'Ffeminist' yn un hollol addas i ddisgrifio Julia Kristeva chwaith. Er y dengys ei gwaith ei hymrwymiad i gyflwr y fenyw, bu hefyd yn feirniadol iawn o ffeministiaeth a'i gwahanol weddau: 'Kristeva's relationship to feminism has always been that of a somewhat critical fellow-traveller.'[44] Daeth hefyd yn wrthwynebus hyd yn oed i'r term ei hun. Honna Toril Moi fod anesmwythder Kristeva ynghylch ffeministiaeth yn deillio o'i phryderon y gall unrhyw idiom wleidyddol ddatblygu yn brif ddisgwrs a thrwy hynny ormesu disgyrsiau eraill.[45]

Ganwyd Kristeva ym Mwlgaria yn 1941 a fe'i magwyd o dan y drefn gomiwnyddol. Yn groes i'r drefn wleidyddol, cafodd addysg Gatholig dda ond parodd cysylltiadau crefyddol y teulu anfantais iddynt yn y system wleidyddol honno. Cafodd ei chyflwyno i waith y ffurfiolwyr Rwsiaidd, sef grŵp o ieithyddion a ddylanwadodd yn fawr ar theori ieithyddol ar ddechrau'r ugeinfed ganrif. Daeth hefyd yn un o gefnogwyr syniadau Mikhail Bakhtin (yn enwedig ynglŷn â rhyng-destunoldeb), athronydd talentog o Rwsia.[46] Yn 1965 enillodd ysgoloriaeth i astudio ym Mharis. Yn fuan iawn daeth yn rhan o grŵp gweithgar o feddylwyr ar y Lan Chwith ac ymuno â bwrdd golygyddol '*Tel Quel*', cylchgrawn avante-garde Marcsaidd.[47] Bwriad y cylchgrawn oedd ailasesu hanes llenyddiaeth glasurol. Un o'r dylanwadau mwyaf ar y grŵp oedd Friedrich Nietzsche ond cysylltwyd enwau pwysig eraill â'r cyhoeddiad, gan gynnwys Roland Barthes, Michel Foucault a Jacques Derrida.

Gwnaeth Kristeva gyfraniad pwysig at ddatblygu syniadau 'ôl-strwythurol'. Yn lle astudio strwythurau fel darlun statig, ceisiodd yr ôl-strwythurwyr ddeall natur ddynamig, gyfredol unrhyw system. Yn benodol, heriodd Kristeva syniadau traddodiadol o'r hunan fel uned hunangynhwysol sy'n defnyddio iaith yn gyfrwng i gyfleu syniadau. Canolbwyntia'n fwy ar y syniad o oddrychedd a'r ffaith bod amrywiaeth o ffactorau yn pwyso ar brofiad ac ymateb yr unigolyn ac yn ei mowldio.[48] Yn ôl Kristeva ac aelodau eraill o'i chylch, yn lle cyfleu ystyr, creu ystyr ac yn y pen draw, creu yr unigolyn ei hun a wna iaith. Rhoddodd ei dealltwriaeth o waith y ffurfiolwyr Rwsieg ynghyd â'i chynefindra â theorïau Marx a Hegel fantais ddeallusol iddi. Roedd ganddi'r hyder nid yn unig i gyfrannu at syniadau'r ôl-strwythurwyr ond hefyd i feddiannu rhai o'u termau a'u haddasu er mwyn ffurfio ei damcaniaethau ei hun.[49]

Nid hawdd yw crisialu syniadau Kristeva na'u lleoli ar sbectrwm theoretig ei hoes. Gwelir yn ei gwaith densiynau a deuoliaeth sydd yn mynd beth ffordd i esbonio'r ansicrwydd ynghylch ei safle fel ffeminist:

> At first glance Julia Kristeva seems to be of two minds about things. She revels in the revolutionary potential of poetic language, yet she is careful not to take its 'asymbolia' (loss of meaning) too far. She conjures up a radically new understanding of maternal 'heretical' (that is, subversive to the established order, unorthodox) ethics, yet she does so within a discourse (psychoanalysis) that is steeped in paternal authority. She documents how people are both fascinated and repelled by the foreigners in their midst, but she sees this attitude towards 'foreignness' as a necessary and constitutive feature of our self-identity. She points to the importance of biological drives and energy, but notes

that they can only be apprehended via our language and culture. She writes with feminist intent, but is critical of the movement known as Feminism.[50]

Adlewyrchir y ddeuoliaeth hon gan arddull ei hysgrifennu hefyd. Ymestynna o'r ffurfiol tu hwnt i'r barddonol/arbrofol. Achosa'r amwysedd hwnnw iddi fod yn darged i lawer, ac i'w gwaith ddioddef beirniadaeth lem o sawl cyfeiriad. Dehongliad arall o'r ymdriniaeth ryfedd hon yw bod Kristeva yn ceisio pontio rhwng yr hen begynau gwrthwynebus a cheisio annog eraill i ystyried y pegynnu mewnol sy'n rhwystro datblygiad yr unigolyn ar lefelau personol, cymdeithasol a gwleidyddol.

Amlyga ffurf a chynnwys ei hysgrif adnabyddus 'Stabat Mater' 1986 [1977][51] yr ymraniad hwn yn ei gwaith yn glir iawn. Ymdrinia â mamolaeth fel model moesegol neu 'herethics'. Ceir ar naill ochr y tudalen ddisgrifiad arbrofol o'r teimladau goddrychol ynglŷn â mamolaeth; ar y llall, ymdriniaeth academaidd ddwys ar y pwnc. Mae'r gwaith hwn yn rhan bwysig o fyfyrdod Kristeva ar y 'Semiotig', h.y. y cyfnod pryd y mae hunaniaeth y plentyn (benywaidd neu wrywaidd) wedi ymdoddi i un y fam, cyn iddo ddatblygu'r gallu i gynrychioli'r byd yn symbolaidd, ac felly i brofi ei fod yn endid ar wahân. Rhwng chwe mis a deunaw mis oed, fel arfer, bydd y plentyn yn ildio i 'gyfraith y tad'. Hynny yw mae'r plentyn yn treiddio i'r byd diwylliannol, sy'n cael ei gynrychioli gan ffigwr y tad, drwy'r broses o symboli. Caiff ei alltudio felly o'i berthynas synhwyrus gorfforol â'r fam. Yn ôl Freud, dyma adeg dyfodiad y Cymhlethdod Oedipus. Datblygodd Lacan syniadau Freud gan gyfeirio yn hytrach at y 'Symbolaidd' ond gan gadw'r ffocws ar bwysigrwydd y tad ac, yn y pen draw, y ffalws, yn y broses. Yn ddiweddarach yn ei gyrfa, aeth Kristeva ymlaen i ddatblygu ei diddordeb mewn seicdreiddio drwy gael ei hyfforddi i fod yn seicdreiddydd ei hun.

Mae diddordeb Kristeva yn y cyfnod cyn-symbolaidd, h.y. Semiotig, yn ailgyfeirio'r sylw yn ôl at y berthynas rhwng y plentyn a'r fam. Mae ei syniadau yn gysylltiedig â gwaith y seicdreiddydd Melanie Klein a'i harsylwi ar chwarae plant bach. Honna Kristeva ei bod yn bosibl i ddisgyrsiau semiotig oroesi'r broses o symbolaeth, a gellir eu gweld yng ngwaith ysgrifenwyr fel Joyce a Mallarmé.[52] Ystyria Kristeva fod ysgrifennu o'r fath yn her i'r drefn symbolaidd ac yn amlygu dychweliad yr awdur i'r cyfnod pleserus, synhwyrus cyn bod iaith yn eiddo iddo. Mae gan y Semiotig felly'r potensial i wrthsefyll cyfundrefn a rhesymeg y tad. Iaith y tu allan i gyfundrefn y tad yw iaith y fenyw hefyd, oherwydd bod ei chymhellion yn gysylltiedig â mamolaeth yn ogystal â'i sefyllfa ddifreintiedig yn niwylliant y dyn. Fodd bynnag, naws wibiog, sibrydiedig sydd i'r Semiotig. Ni cheir ond cipolygon sydyn ohoni cyn iddi ildio unwaith eto i'r drefn batriarchaidd.[53] Ffactor arall sydd, yn ôl Kristeva, yn dwysáu'r sefyllfa yw ei bod yn amhosibl gwahanu'r Symbolaidd a'r Semiotig yn gyfan gwbl. Nid ydynt, felly, yn gwbl annibynnol ar ei gilydd. Mae'n anochel, mewn iaith, fod rhwyg rhwng yr arwyddwr a'r arwyddedig. Gan fod yr hollt honno'n deillio'n rhannol o'r amhosibilrwydd i ail-greu'r 'real' yn union, a hefyd y ffaith bod gan unrhyw sŵn gof o'i wreiddiau Semiotig, bydd ansoddau cyntefig y synau hyn, eu rhythmau a'u patrymau yn treiddio i'r system symbolig. Ni all yr arwyddwr, hyd yn oed wrth gyfathrebu'n syml iawn, gynrychioli'r arwyddedig yn bur ac yn uniongyrchol.[54] Yn ei hysgrif 'Stabat Mater' mae Kristeva'n cysylltu'r Semiotig â phrosesau'r isymwybod a phrofiadau synhwyrus, cyntefig y corff; 'what milk and tears have in common: they are the metaphors of non-speech, of a "semiotics" that linguistic communication does not account for.'[55]

O ran syniadau Kristeva ynglŷn â ffeministiaeth, un o'i gweithiau pwysicaf yw 'Women's Time'. Yn y traethawd hwnnw, mae'n astudio'r cysylltiad rhwng ffeministiaeth, benyweidd-dra a'r drefn symbolaidd. Gwêl amser y fenyw yn ymwneud â'r cylchdroadol a'r tragwyddol. Ar y llaw arall, cysylltir iaith, hanes ac amser y dyn â'r llinellol a'r dilyniannol. 'As for time, female subjectivity would seem to provide a specific measure that essentially retains repetition and eternity from among the multiple modalities of time known through the history of civilizations.'[56] Er mai darfodedig yw'r cylchoedd a rhythmau biolegol a brofa'r fenyw mae eu cysondeb yn atseinio profiadau cosmig, byd-eang.

Mae hi hefyd yn sôn yma am ei hanesmwythder ynglŷn â'r term 'menyw' ynddo ei hun, ac ymdrechion gwleidyddol rhai ffeministiaid i'w hybu yn ddelwedd homogenaidd. 'I think that the apparent coherence which the term "woman" assumes in contemporary ideology, apart from its "mass" or "shock" effect for activist purposes, essentially has the negative effect of effacing the differences among the diverse functions or structures which operate beneath this word.'[57] Ei dadl yw bod Ffeministiaid y don gyntaf[58] wedi hawlio lle yn yr amser llinellol (*linear time*) hwn ond bod Ffeministiaid yr ail don wedi ymwrthod yn llwyr ag amser y dyn ac felly'n ceisio creu hanes a diwylliant amgen i'r fenyw. 'The struggle is no longer concerned with the quest for equality but, rather, with difference and specificity.'[59] Yn ôl Kristeva, dyma'r pwynt hefyd lle mae Marcsiaeth a ffeministiaeth yn ymwahanu. Nid yw Marcsiaeth, sydd â'i gwreiddiau syniadaethol yn ddwfn ym mhridd yr Oleuedigaeth, yn gallu adnabod nac ystyried nodweddion na chwantau'r fenyw.[60] Yng ngoleuni'r syniad hwn, mae'n ddiddorol ystyried y cysylltiadau agos a fu erioed rhwng Ffeministiaeth Gymraeg a sosialaeth.[61] Gellid dadlau bod agosrwydd y berthynas honno wedi effeithio ar ddatblygiad ffeministiaeth fel fframwaith damcaniaethol annibynnol yn y cyd-destun Cymraeg.

Honna Kristeva fod ffeministiaid heddiw yn ymladd yn erbyn eu rôl aberthol yn y gyfundrefn sosio-symbolaidd ac, yn benodol, eu bod yn cymryd rhan ynddi yn erbyn eu hewyllys, 'and we consequently face a mass phenomenon – that they are forced to experience this sacrificial contract against their will.'[62] Er bod y safbwynt hwnnw'n hollol ddealladwy, cred Kristeva y gallai'r frwydr yn erbyn y drefn bresennol fod yn niweidiol.[63] Peryglus iawn yw'r duedd i ystyried bod y naill ochr yn ddilychwin a'r llall yn euog. Yn hytrach, mae Kristeva yn ein hannog i geisio wynebu'r cymhlethdodau a'r paradocsau mewnol:

> This in such a way that the habitual and increasingly explicit attempt to fabricate a scapegoat victim as foundress of a society or a counter-society may be replaced by the analysis of the potentialities of victim/executioner which characterize each identity, each subject, each sex.[64]

Ceir yn ei chyfrol *Powers of Horror* (1982) ymdriniaeth o darddiad y drefn symbolaidd a phrofiadau cyntaf yr unigolyn o'i gyfanrwydd seicolegol. Yn ôl Kristeva, mae ffiniau bregus y cyfanrwydd hwnnw yn cael ei blismona gan broses a enwir *abjection*. Dyma un o syniadau allweddol ac enwocaf Kristeva a bu'n sylfaen damcaniaethol i nifer o astudiaethau ym myd theori a beirniadaeth lenyddol gan eraill. Swyddogaeth *abjection* yw cyfryngu rhwng yr Hunan a'r Arall, gan fwrw ymaith yr hwnnw sy'n ddieithr neu'n wrthun i'r Hunan. Er bod prosesau *abjection* i bob pwrpas, yn ceisio atgyfnerthu ffiniau'r unigolyn, yn y pen draw, maent yn sicr o fethu. Nid yw'n bosibl selio ffiniau'r unigolyn yn gyfan gwbl, ac yn eironig ddigon, mae cyfran o'r sylwedd annymunol y mae *abjection* yn ceisio ei ddiarddel yn fythol ran o'r Hunan. Felly wrth ymdrechu i'w ryddhau ei hun o elfennau dieithr neu ffiaidd, mae'r unigolyn yn bygwth gwadu rhan integredig ohono'i hun. Er bod Kristeva yn y gyfrol hon yn canolbwyntio ar arwyddocâd y prosesau hyn i'r unigolyn, ceir ynddi hefyd gyfeiriadau cynnil at y posibilrwydd o ymestyn y syniadau hyn i gofleidio senarios diwylliannol, gwleidyddol a chymdeithasol. Ni all yr unigol na'r wlad oroesi heb ffiniau. Datblygodd hi'r syniadau hyn ymhellach mewn gweithiau diweddarach megis *Strangers to Ourselves* (1991).[65] Yn y gyfrol honno mae Kristeva yn ymdrin â'r dieithrwch mewnol sy'n cael ei gyflyru gan bresenoldeb y dieithryn yn ein plith, dieithrwch sydd yn bygwth cadernid ein hunaniaeth:

> Before the foreigner the native recalls her own incompleteness, she becomes anxious. The body that becomes anxious is both the personal body of the native and the political body of the nation. The foreigner threatens the borders of the symbolic- and national-order.[66]

Ar un lefel, amcan y gyfrol bresennol yw talu sylw priodol a dyledus i ffuglen yr awdur o Gymraes sydd yn ymwneud â phrofiadau corfforol benywaidd. Sylwir hefyd ar ei defnydd o dechnegau *écriture féminine* a maes o law, ystyrier y gwahanol ddisgyrsiau a fu yn sail i'w hysgrifennu ar thema'r corff benywaidd ar hyd y degawdau. Ond ar lefel arall, mae'r pontio a ddigwyddodd yng ngwaith diweddarach Kristeva, rhwng pwysigrwydd profiadau personol, corfforol a seicolegol yr unigolyn, ac arwyddocâd cymdeithasegol ehangach (yn enwedig yn ymwneud â hunaniaethau cenedlaethol/ethnig), yn cynnig llwybr amgen a chyffrous. Gwelir bod y llwybr hwn yn arwain drwy faes hynod o berthnasol yn y cyd-destun Cymraeg cyfoes. Prif amcan y gyfrol hon felly yw archwilio'r posibilrwydd bod cyfeiriadau at brofiadau corfforol yn ffuglen y Gymraes nid yn unig yn cyfleu gwybodaeth am hynt gwleidyddiaeth rhywedd yn y gymdeithas Gymraeg ond iddynt hefyd gael eu defnyddio, yn aml, ac yn drosiadol, i gyfeirio at hynt y genedl a'r iaith. Ymhellach gwelir bod y berthynas symbolaidd honedig hon yn ffuglen y Gymraes yn arbennig o bwysig oherwydd ei bod yn taflu goleuni ar gysylltiadau diwylliannol amlhaenog a hirhoedlog a fu rhwng y wlad, yr iaith a'r corff benywaidd.

2

Theori a Beirniadaeth Lenyddol Ffeministaidd Gymraeg

'BETH YW'R OTS GENNYF I AM FFEMINISTIAETH?'[1]

Ers y 1970au, mae beirniadaeth lenyddol ffeministaidd Gymraeg wedi bod yn un o hoff fwganod un neu ddau o feirniaid gwrywaidd Cymraeg, ac yn bennaf efallai, R. M. (Bobi) Jones. Fel esiampl, yn ei ysgrifau 'Beirniadaeth ar Feirniadaeth' (1996–2001), yn y cylchgrawn *Barddas*, gwêl Bobi Jones ffeministiaeth fel bygythiad cynyddol i'r syniadaeth draddodiadol Gymraeg. Fodd bynnag, mewn erthygl yn *Y Traethodydd* yn 2002 heriodd yr academydd a beirniad Jerry Hunter y rhethreg sy'n sail i ddadlau o'r fath:

> Mae'r awdur fel pe bai'n chwincio ar y darllenydd gan sisial dan ei wynt, 'gwyddom ni bobl aeddfed mai anaeddfed yw'r rhan fwyaf o'r hyn a gaiff ei alw yn Ffeministiaeth.' Ac wrth gwrs, er nad yw'n manylu ar y pwnc, mae'n awgrymu fod 'Ffeministiaeth aeddfed' yn golygu ffeministiaeth nad yw'n bygwth ei ddarlun traddodiadol ef o briodas Gristnogol. Try'r term 'ffeminydd' yn watwar ysgafn yn aml.[2]

Ymhellach, er i Bobi Jones gyfeirio at amlder dehongliadau ffeministaidd ym maes beirniadaeth lenyddol Gymraeg gyfoes, roedd Menna Elfyn eisoes wedi bwrw amheuaeth ar y rhagdybiaeth honno. Yn 1992, sylwodd hi: 'Hyd yn hyn, ymddengys na fu beirniadaeth lenyddol ffeministaidd yn weithgarwch arbennig o egnïol yng Nghymru', ac ymhellach, 'prin iawn yw'r ymdriniaethau a gafwyd hyd yn hyn'.[3] Er gwaethaf safiad Bobi Jones i amddiffyn rhyw draddodiad cynhenid Cymraeg, nid oes unrhyw agwedd o'i ddadl sydd ynddi ei hun yn nodweddiadol Gymraeg, neu hyd yn oed yn unigryw i Gymru. Mae ffeministiaid ledled y byd wedi dioddef adlach debyg gan y gyfundrefn batriarchaidd. Yn y bôn, nid amddiffyn Cymreictod y mae Bobi Jones a'i debyg, ond amddiffyn patriarchaeth:

Rydyn ni'n llwyddo drwy blesio 'dadi' teuluol, llwythol, academaidd neu eglwysig. Pan fo gwragedd yn dechrau herio'r sefydliad gwrywaidd, boed feddygol, academaidd neu eglwysig, dyna pryd mae'r dieithrio, nawddogi, beirniadu, bychanu yn dechrau.[4]

Llawer mwy diddorol nag adwaith amlwg un neu ddau o feirniaid gwrth-ffeministaidd, yw diffyg ymateb pawb arall yng Nghymru. Yn gyffredinol, anaml iawn y ceir dadl estynedig agored ynghylch beirniadaeth lenyddol ffeministaidd (neu ffeministiaeth yn gyffredinol) mewn cyfrolau Cymraeg, naill ai o'i phlaid neu yn ei herbyn, gan ddynion *neu* gan fenywod. Mae'n debyg bod ffeministiaeth bron yr un mor anodd i'r beirniad Cymraeg (gan amlaf) gwrywaidd ei herio yn agored a yw i'r beirniad (gan amlaf) benywaidd Cymraeg ei chrybwyll yn y man cyntaf.

Yn amlach o lawer na'r ddadl ddi-gêl yw'r saeth fach slei o gysgod rhyw baragraff sydd, fel arall (ar yr wyneb), yn ddigon cadarnhaol. Er enghraifft, rhagflaenir y dyfyniad isod gan baragraff agoriadol yn *Cristion* yn canmol rhifyn *Y Traethodydd* yn Ionawr 1986 a neilltuwyd ar gyfer menywod: 'Mae'n bosibl, *ac yn debygol*, fod rhai o'r merched yn mynd dros ben llestri â ffeministiaeth.'[5] Ond ar y cyfan ni fyddai'n anodd casglu bod rhyw gytundeb tawel wedi'i bennu rhwng y Cymry i *beidio â* thrafod y materion hyn yn rhy gyhoeddus. Yn hyn o beth, mae rhai wedi dadlau bod y Llyfrau Gleision wedi bwrw cysgod hir iawn dros wleidyddiaeth rhywedd yng Nghymru. Yn eironig ddigon, gwêl Jane Aaron, Harri Garrod Roberts ac eraill fod adwaith y Cymry i gyhuddiadau trahaus Adroddiad y Comisiynwyr yn 1847 yn atgyfnerthu yn hytrach na chefnu ar ei ddisgyrsiau gormesol: 'declarations of cultural pride paradoxically retain and intensify the patriarchal and homophobic social structures of the colonizer, which continue to be the basis of cultural legitimation.'[6] Wrth geisio amddiffyn Cymreictod rhag y Saesneg a'u syniadau 'dieithr' mae beirniaid megis Bobi Jones yn anochel yn dyrchafu ac yn hyrwyddo, yn fwriadol neu yn anfwriadol, ddisgyrsiau patriarchaidd gormesol tebyg.

Yn gysylltiedig â'u hawydd i amddiffyn eu hunaniaeth genedlaethol bu'r Cymry erioed yn ddrwgdybus o'r cysyniad o theori, ac yn ei weld yn fewnforyn estron digroeso i'r meddylfryd cynhenid Cymraeg. Eto, honna Simon Brooks fod y geidwadaeth honno yn hytrach na gwarchod yr iaith a'r diwylliant Cymraeg yn eu tanseilio yn llechwraidd:

Y Cefndir Theoretig

Mae gwrth ddeallusrwydd Cymraeg fel y'i mynegir trwy ddrwgdybiaeth o theori, yn dilysu'r swyddogaeth hanesyddol a gam-briodolwyd i'r Gymraeg fel un o ieithoedd 'afreswm', un o ieithoedd 'yr ymylon'. Efallai mai'r nodwedd dristaf ar y safbwynt gwrth-theoretig y mae rhai cenedlaetholwyr ceidwadol yn ei arddel yw ei fod yn gwneud gwaith y Wladwriaeth Brydeinig drosti wrth fynnu cadw'r Gymraeg yn ei lle.[7]

Gellir dadlau mai ceidwadaeth debyg a gadwodd y Gymraes 'yn ei lle' hefyd ac a'i gwnaeth yn anodd iddi fod yn rhan ganolog o fyd dysg yng Nghymru. Er gwaethaf hynny, mae menywod wedi gwneud cynnydd enfawr yn ein sefydliadau academaidd yn ystod cyfnod yr astudiaeth hon, sef 1948 i 2010 ac wedi hynny. Erbyn 2010 roedd cyfanswm y swyddi academaidd ym Mhrifysgolion Prydain a ddelid gan fenywod wedi cyrraedd 43.4 y cant,[8] er mai lleiafrif bach ohonynt hyd heddiw sy'n llwyddo i ennill y prif swyddi academaidd.[9] Nid annisgwyl felly yw'r ffaith i fenywod gael, tan yn dra diweddar, eu hamddifadu o unrhyw rôl sylweddol ym myd theori a beirniadaeth lenyddol Gymraeg. Roedd yn anodd iddynt herio'r meddylfryd a gynhaliai'r drefn, gan nad oedd ganddynt droedle digonol eto yn rhengoedd uchaf byd addysg. Ymhellach, roedd natur annelwig seiliau'r meddylfryd 'synnwyr cyffredin' a oedd yn sail i feirniadaeth lenyddol Gymraeg am ddegawdau, yn gweithredu yn ei herbyn. Tueddai ei ddisgyrsiau niwlog warchod y *status quo* yn effeithiol iawn, gan hefyd feithrin ymarferion rhywiaethol anffodus.

Gellir dadlau, yn enwedig yn achos y Gymraeg, bod y cysylltiad hanesyddol rhwng crefydd a llythrennedd yn atgyfnerthu'r meddylfryd patriarchaidd ymhellach.[10] Gair a chanddo gysylltiadau crefyddol amlwg yw 'canon' ac mae llenyddiaeth a chrefydd ill dwy yn rhannu, ac yn hyrwyddo, disgyrsiau sylfaenol yn ymwneud â byd-olwg a moesoldeb:

> Trwy'r canon y mae un yn dysgu darllen. Dyma fwyd . . . sy'n meithrin chwaeth lenyddol. Fodd bynnag . . . nid meithrin chwaeth lenyddol yn unig y mae, ond hefyd agwedd at fywyd. Ac yn hyn o beth y mae'r gair 'canon' ei hun yn orlwythog o gynodiadau crefyddol a llenyddol fel moddau o reoleiddio safonau cymdeithasol – gan gofio mai dyna ystyr lythrennol y gair Groeg, *kanon*, sef rheol, safon, mesur.[11]

Yn achos cenedl, megis Cymru, lle y priodolir goroesiad ei hiaith i ffyniant ei chrefydd, ac yn benodol y weithred o gyfieithu'r Beibl i'r Gymraeg, mae gan y cysylltiad ieithyddol hwnnw arwyddocâd dwfn a phellgyrhaeddol.[12] Nid yw'n briodol i ymhél yn fanwl â tharddiad beirniadaeth lenyddol Gymraeg yma, ond mae'n amlwg y bu cysylltiadau crefyddol pendant ganddi ar y cychwyn, e.e. y feirniadaeth Feiblaidd a hyrwyddwyd yng nghyfrol D. Tecwyn Evans ac E. Tegla Davies *Llestri'r Trysor* (1914). Y Beibl, wrth reswm, oedd prif ffrwd llenyddiaeth y Cymry tan ddiwedd y chwyldro diwydiannol yn y bedwaredd ganrif ar bymtheg. Mae'n anochel felly fod rhai disgyrsiau wedi croesi o fyd crefydd i fyd llenyddiaeth ac yn fwy penodol, i feirniadaeth lenyddol Gymraeg. Gan ystyried patriarchaeth nifer o'r disgyrsiau hyn (sy'n nodwedd gyffredin o unrhyw grefydd fonotheistaidd gyfoes) nid oedd yn argoeli'n dda ar gyfer cydraddoldeb rhywiol yn y maes newydd hwn.

Heblaw am erthyglau amrywiol Kate Roberts, a chyfraniadau Kate Bosse-Griffiths (a hanai, yn ddiddorol, o'r Almaen) ni wnaeth y beirniad benywaidd Cymraeg gyfraniad parhaus sylweddol cyn dechrau'r 1970au. Fel rheol, felly, ni chafodd y fenyw fynediad i'r Canon Cymraeg ac ni chafodd yr hawl i fod yn borthor iddo chwaith:

> Hyd yn hyn, yng Nghymru fel mewn gwledydd eraill mae'r mwyafrif llethol o'n beirniaid llenyddol wedi bod yn ddynion. Dynion felly sydd wedi meddu ar yr hawl a'r grym i benderfynu beth oedd yn 'safonol' ac i sefydlu'r criteria a'r fethodoleg feirniadol.[13]

Er bod sefyllfa'r beirniad benywaidd Cymraeg, yn gyffredinol, wedi gwella tipyn, ers diwedd yr ugeinfed ganrif, mae'r anghydbwysedd rhywiaethol yn parhau yn ystyfnig. O dan yr wyneb gellid dadlau bod disgyrsiau sy'n ymwneud ag aralledd ac annormalrwydd y fenyw yn dal i ffynnu, a thrafodir y ffenomen hon yn ddiweddarach yn yr astudiaeth hon. Y disgyrsiau hyn sy'n sail i lawer o feirniadaeth 'draddodiadol' Gymraeg:

> Efallai mai'r broblem sylfaenol gyda llawer o feirniadaeth wrywaidd yw'r rhagdybiaeth fod 'gwrywaidd' yn gyfystyr a 'normal', 'cyffredinol', 'dynol' yn yr ystyr *humanus*, a bod gan ddynion – boed y rheini'n llenorion neu'n feirniaid – yr hawl o'r herwydd i siarad drosom ni i gyd.[14]

Awgryma disgyrsiau yn y maes hwn fod gan rai beirniaid gwrywaidd ddawn gynhenid sy'n eu galluogi i weld 'gwirionedd' y sefyllfa yn hollol ddiduedd a dadansoddol. Ond nid ydynt, fel arfer, yn rhy niwtral i anelu ergyd chwim (wedi'i chuddio o dan fantell rhyddfrydiaeth) at un o'u hoff dargedau, fel y gwelir yn yr adolygiad hwn o *Aderyn Bach Mewn Llaw*:

> Does dim osgoi'r ffaith fod lawer o gerddi Menna Elfyn yn ffeministaidd, ond pwy sy'n gwarafun hyn iddi gan mai rhydd i bob bardd ddewis ei gŵys ei hun. Serch hynny, cefais fy mlino ychydig ar y ffordd yr oedd Menna Elfyn yn trin y testun, sef pwysleisio'r 'ni' 'nhw' a chreu rhaniadau lle nad oes rhai yn aml iawn.[15]

Cyfyngir pob beirniad gwrywaidd neu fenywaidd gan eu byd-olwg a'u profiadau personol. Wrth ddewis ymdrin ag unrhyw destun neu gyfeirio at unrhyw brosesau mae'r beirniad llenyddol, wrth reswm, yn ymwrthod â llu o opsiynau eraill. Sut bynnag, darn bach iawn o dir sy'n eiddo i bob beirniad, nid oes un ohonynt yn meddiannu'r holl dirwedd. Er hynny, yn aml, yn y gorffennol, ymddwyn fel sgweier y maenordy a wnaeth y beirniad gwrywaidd Cymraeg, ac yn deyrn felly ar y tir digyfnewid y tu mewn i'w orwelion cyfyngedig.

Er gwaethaf (neu efallai oherwydd) yr ymlyniad at draddodiad, ychydig iawn o gyfrolau a gyhoeddwyd gan ddynion *neu* fenywod ar destun theori a beirniadaeth lenyddol *erioed* yn y Gymraeg. Mae'n bosibl esbonio hyn yn rhannol yn sgil y safbwynt gwrth-theoretig a ddisgrifiwyd eisoes a fu am hir yn rhan o feddylfryd y Cymry. Serch hynny, gwelwyd cynnydd mewn diddordeb yn y maes hwn dros yr ugain mlynedd diwethaf a thwf sylweddol o gyhoeddiadau perthnasol felly ers dechrau'r 1990au. Er bod y cyfanswm yn fach, llai fyth yw'r cyhoeddiadau gan fenywod a phitw o ran nifer (er nad, y dadleuir, o ran sylwedd) yw cyhoeddiadau beirniadaeth ffeministaidd gan fenywod yn y Gymraeg. Mae'r un peth yn wir hefyd am erthyglau mewn cylchgronau a chyfnodolion at ei gilydd: 'y peth mwyaf trawiadol am feirniadaeth lenyddol ffeminydd Gymraeg hyd at ddechrau'r 1990au yw cyn lleied ohoni sydd ar gael.'[16] Sut bynnag, cyn symud ymlaen ymhellach â'r drafodaeth hon, efallai mai teg yw gofyn yn nyddiau cynnar yr ail fileniwm a oes unrhyw reswm dros astudiaeth ffeministaidd o'r fath, onid yw ffeministiaeth bellach yn symudiad darfodedig sydd wedi hen chwythu ei blwc?

> Mi rydym ar fin cyrraedd y mileniwm newydd a mi ydyn ni i gyd . . . mewn theori o leiaf yn rhywiol rydd ac yn ddinasyddion cyfartal. Mae'r gymdeithas yn ôl-ffeminyddol a merched Cymru yn cymryd eu lle yn falch ymhlith mawrion ein diwylliant. Ond tybed?[17]

Ond dichon nad wedi darfod y mae ffeministiaeth eithr wedi aeddfedu, soffistigeiddio a lledaenu: 'Y gwir yw bod ffeministiaeth wedi newid, wedi mynd yn fwy ymwybodol o wahaniaethau o fewn y mudiad, ac felly yn fwy amlochrog.'[18] Erbyn heddiw, mae'n gywirach efallai i sôn am ffeministiaethau oherwydd bod y symudiad yn cynnal ystod eang o syniadau, persbectifau ac ymgyrchoedd o dan ei ymbarél. Mae'n annoeth ystyried bod *unrhyw* fenyw yn siarad dros *bob* menyw felly:

> Wedi'r cyfan, nid un gwelediad a geir gan ferched rhagor na disgwyl un gwelediad gan ddynion. Onid bodau tra gwahanol ydym ar wahân i'r rhyw/cenedl? Ac eto ceisiodd patriarchaeth briodoli i'r ferch gyflyrau cyfyng a chysáct, yr Efa ddrwg neu'r Fair ddaionus.[19]

Petai unigolyn yn dewis credu bod brwydrau ffeministiaeth bellach oll wedi eu hennill, byddai cipolwg adolygol ar gyfraniad menywod Cymru i feirniadaeth lenyddol Gymraeg yn dangos yn glir pa mor araf y buont yn ennill eu lle a'u llais yn y wasg Gymraeg. Mae cyfraniad cyffredinol (heb son am gyfraniadau ym maes beirniadaeth lenyddol yn benodol) y fenyw i brif erthyglau'r cyfnodolyn Cymraeg erioed wedi bod yn wasgarog ac anghyson ac araf iawn oedd eu cynnydd tan o leiaf ddiwedd y 1980au. Yn ystod y 1970au, ar amcangyfrif yr awdur, dyma ganrannau'r prif erthyglau ag ymddangosodd mewn tri chyfnodolyn llenyddol blaenllaw ac a ddeiliwyd o law menywod: *Llên Cymru* (9 y cant), *Y Traethodydd* (4 y cant), *Ysgrifau Beirniadol* (8 y cant). Gan ystyried saith mlynedd gyntaf y mileniwm newydd gwelwyd cynnydd sylweddol yn y ffigyrau: *Llên Cymru* (40 y cant), *Y Traethodydd* (11 y cant), *Ysgrifau Beirniadol* (26 y cant) er wrth gwrs, nid yw'r ffigyrau diweddarach hyn yn gyfartal o bell ffordd. Er gwaethaf hynny, gwelir bod newidiadau mawr ar droed yn gymdeithasol yn ddiweddar, ac erbyn heddiw gwelir cyfnodolion llenyddol blaengar, e.e. *Taliesin* a *tu chwith* yn cael eu golygu gan fenywod.

Cafwyd un o'r ysgrifau sylweddol ymwybodol ffeministaidd cyntaf gan Branwen Jarvis yn 1974.[20] Serch hynny, araf iawn fu'r adeiladu ar y dechrau addawol hwnnw ac ychydig iawn y mae'r ffeministiaid Cymraeg wedi trafod ymhlith ei gilydd yn y wasg Gymraeg. Ym maes y cyfnodolyn, ychydig iawn o gyfraniadau a geid gan feirniaid benywaidd tan ddechrau'r 1990au. Ni ymddangosodd unrhyw gyfrol o feirniadaeth lenyddol a chanddi flas ffeministaidd tan astudiaeth Delyth George, o waith Islwyn Ffowc Elis, yn y gyfres *Llên y Llenor*

Y Cefndir Theoretig

yn 1990. Dengys Tabl 1, pa mor araf hefyd y bu'r Gymraes i ennill ei lle fel beirniad llenyddol yn yr Eisteddfod Genedlaethol. Hyd yn oed ym mlynyddoedd cynnar y mileniwm newydd mae ei safle yn ansicr, anghyson a lleiafrifol yn hynny o beth.

Drwy gydol hanes y cyfnodolyn a'r cylchgrawn Cymraeg dim ond tri rhifyn a neilltuwyd ar gyfer testunau ffeministaidd/benywaidd.[21] Yn hanesyddol, gwelir menywod yn cyfrannu'n llawer amlach fel adolygwyr nag awduron prif erthyglau. Diddorol ddigon hefyd yw sylwi ar gynnwys yr erthyglau gan fenywod. Mae'n syndod i weld cynifer o'r ysgrifau hyn sy'n ymwneud naill ai â thestunau hanesyddol/llenyddiaeth hynafol neu â thestunau tramor, e.e. llenyddiaeth Ffrengig ac ati. Yn llai aml o lawer hyd yn oed heddiw y ceir awdur benywaidd yn ymdrin mewn prif erthygl â thestunau gwleidyddol/llenyddol Cymraeg a Chymreig cyfoes.

Pennwyd nifer o wahanol swyddogaethau i feirniadaeth lenyddol ffeministaidd Ewropeaidd ac Eingl-Americanaidd (gweler Elfyn 1992 am grynodeb ohonynt yn y Gymraeg), ac i raddau, dilyna'r swyddogaethau hynny broses syniadaethol ddatblygiadol. Tebyg fod y broses Gymraeg hefyd yn rhannu'r un patrwm esblygiadol ond iddi gychwyn, ar y cyfan, yn ddiweddarach, a bu ei chynnydd yn araf a thameidiog. Defnyddir y categorïau isod, sy'n adlewyrchu rhai o'r prif swyddogaethau hyn, fel system o drefnu'r drafodaeth yn y bennod hon. Sut bynnag, rhaid ystyried mai gwneuthuredig yw unrhyw ddosbarthiad o'r fath ac nid yw'r categorïau hyn, mewn gwirionedd, yn annibynnol ar ei gilydd.[22]

1. *Darganfod Rhywiaeth a Phrosesau Patriarchaidd:* Gorchmynion y Tad

Ar un lefel, mae'n bosibl dadlau bod cyfrinachedd cystadlaethau'r Eisteddfod Genedlaethol yn rhoi cyfle cyfartal i'r fenyw gystadlu â dynion. Sut mae esbonio cynnydd araf y llenor a'r beirniad benywaidd yn rhengoedd yr Eisteddfod felly? Soniwyd eisoes am bŵer y beirniad gwrywaidd i bennu ffiniau ac aelodaeth y Canon Cymraeg a chwyd pwyntiau perthnasol eraill yn 'Beirniadaeth Lenyddol Ffeminist' yn y *Traethodydd* yn 1986:

> Yn gyntaf, wrth gystadlu felly, mae'n rhaid i'r ferch dderbyn rheolau gêm sydd wedi'u gosod ymlaen llaw gan ddynion: dynion bron yn

ddieithriaid, sy'n pennu'r testun ac yn beirniadu'r cynnyrch. O ganlyniad, mae'r ferch yn gorfod ysgrifennu fel petai hi'n ddyn gan ddefnyddio ffurfiau cydnabyddedig a'r iaith 'safonol'. Yn ail, pan lwyddodd ambell ferch i ennill un o brif wobrau'r Genedlaethol, ni chafodd yr un clod na'r statws a estynnir i'r dynion a enillodd yr un gwobrau.[23]

Yn ôl Kathryn Curtis ac eraill, dibrisiwyd llwyddiant yr awdur benywaidd mewn sawl ffordd, er enghraifft:

- Y feirniadaeth yn cael ei seilio ar ragfarn am yr awdur ei hun
- Awgrymiadau nad yw'r fenyw sy'n ysgrifennu yn fenyw 'go iawn'
- Rhoddir 'clod dirmygus' rhannol i'r fenyw
- Rhoddir statws is i lenyddiaeth sy'n ymwneud â themâu ym myd y fenyw
- Gwelir llenyddiaeth gan fenywod yn addas i fenywod yn unig.[24]

Dadleua'r erthygl honno, felly, fod grym patriarchaeth ar waith mewn beirniadaeth lenyddol Eisteddfodol, ac mewn beirniadaeth lenyddol Gymraeg yn gyffredinol. Mae'r dylanwad hwnnw nid yn unig yn milwrio yn erbyn yr awdur benywaidd, ond hefyd yn atgyfnerthu'r syniad bod gagendor rhwng gallu a statws y ddau ryw. Fod bynnag, nid menywod yn unig sydd wedi dioddef o'i achos ar hyd y blynyddoedd:

> Mae'n bur debyg fod unigolion a fuasai'n llenorion wedi methu ysgrifennu, a rhai wedi methu cael eu derbyn i'r canon swyddogol oherwydd eu dosbarth cymdeithasol, lliw eu croen, eu daliadau gwleidyddol neu grefyddol yn ogystal ag oherwydd eu rhyw.[25]

Safonau a rhagfarnau'r beirniaid llenyddol sy'n cynnal paramedrau'r canon hwnnw. Yn achos beirniadaeth Eisteddfodol gwelir bod y llenorion buddugol fel arfer yn symud ymlaen i fod yn feirniaid eu hunain, felly mae i'r sefydliad hwn natur gaeedig a hunangynhaliol: 'Felly mae safonau beirniadu'r sefydliad yn eu hail-greu hyd dragwyddoldeb.'[26] Er y bu rhai menywod breintiedig (e.e. Arglwyddes Llanofer a Charlotte Guest) yn rhan o beirianwaith yr Eisteddfod, yn gyffredinol, roedd menywod yn araf iawn i ymwthio i rengoedd y beirniaid Eisteddfodol ac yn araf felly y bu eu cynnydd fel enillwyr.

Y Cefndir Theoretig

Hefyd o ran yr ychydig feirniaid eisteddfodol benywaidd, yr un enwau a geir yn brigo i'r wyneb tro ar ôl tro.[27] Ond yn raddol iawn, wrth gynyddu ei phresenoldeb gellir dadlau bod y fenyw o dipyn i beth yn normaleiddio ei safle fel beirniad, awdur a bardd.

Fel y dywedwyd eisoes, yn 1974 cyhoeddodd Branwen Jarvis erthygl chwyldroadol, ymhell o flaen ei hamser yn yr iaith Gymraeg, sef 'Saunders Lewis, Apostol Patriarchaeth' sy'n ddadansoddiad ffeministaidd treiddgar o waith yr awdur a dramodydd. Gwêl Branwen Jarvis ddisgyrsiau yng ngwaith Saunders Lewis sy'n ymwneud â safle deuol y fenyw fel cyfuniad o rymoedd bywyd a marwolaeth. Yn 1986, cyflwynodd Delyth George hefyd ysgrif bwysig yn ymdrin â gwaith a meddylfryd Saunders Lewis, ac yn benodol ei nofel gyntaf ddadleuol *Monica*. Cydwedda ei syniadau yn agos â rhai Branwen Jarvis, gan bwysleisio'r cyfuniad paradocsaidd o rymoedd bywyd a marwolaeth yn natur y prif gymeriad eponymiadd, a'r ffaith ei bod yn personoli'r Arall cymdeithasol i'w hawdur.

Yn 1992 cyhoeddwyd y gyfrol *Sglefrio ar Eiriau* a oedd yn cynnwys tair pennod a chanddynt themâu ffeministaidd argyhoeddedig o bwys gan Menna Elfyn, Jane Aaron a Delyth George. Mae'n arwyddocaol bod Menna Elfyn yn ei hysgrif hithau yn mabwysiadu rhai o ddulliau ac arferion ei chwiorydd ffeministaidd Ffrengig ac Eingl-Americanaidd. Er enghraifft, defnyddia'r dyfyniad canlynol gan John Gwilym Jones yn fedrus er mwyn troi arf y 'meistr' yn erbyn ei hun: 'Pa hawl sydd gan neb i siarad fel Pab a honni ei fod yn lleferydd rhyw awdurdod anffaeledig sy'n ymddiried ynddo'r unig allwedd sy'n bod i'r unig ddrôr sy'n bod i'r unig farn sy'n bod ar waith creadigol?'[28]

Defnyddia Delyth George ei phennod hithau yn yr un gyfrol ar gyfer ymdriniaeth ffeministaidd arall â gwaith Saunders Lewis, gan ganolbwyntio y tro hwn ar y ddrama *Blodeuwedd*. Yma, gwna ddefnydd o lenyddiaeth gan ddyn yn wrthbwynt er mwyn datblygu ei syniadau ffeministaidd. Ond yma, â ymhellach na chwilio am nodweddion patriarchaidd yng ngwaith Saunders Lewis; ceisia hefyd annog darlleniad amgen, ffeministaidd o lais y ferch yn y ddrama hon. Mae'n bosibl gweld y bennod hon yn pontio rhwng ysgrifau ffeministaidd a ganolbwyntia ar weithiau gwrywaidd a'r rheiny sy'n ymdrin â chynnyrch llenorion benywaidd am iddi annog darlleniad benywaidd, amgen o'r cyntaf un:

> Yn *Blodeuwedd*, yn sicr y *mae* lle i amau mai patriarch anfoddog yw Saunders Lewis am unwaith, ei ymennydd mewn brwydr barhaus â'i

synhwyrau, a'i geidwadaeth syniadol, wleidyddol batriarchaidd, yn ymgiprys â'i ryddid creadigol a'i sensitifrwydd i dreiddio i ddyfnder anobaith y ferch a ddibrisiwyd, a lethwyd ac a gamddehonglwyd gan ddynion. Oes, mae hyd yn oed i batriarch botensial ffeministaidd chwyldroadol.[29]

Er gwaethaf ymlyniad y Cymry at y syniad o draddodiad, ceir her i'r syniad o'r Canon Cymraeg mewn nifer o'r ysgrifau a'r penodau uchod naill ai drwy ddinoethi'r batriarchaeth ronc a fu yn sail iddo neu drwy hawlio lle yn y Canon hwnnw ar gyfer llenorion benywaidd a anwybyddwyd neu a ddibrisiwyd hyd yn hyn. Ond gwêl rhai ffeministiaid y syniad o Ganon ynddo ei hun yn felltith ar y fenyw am iddo ei chaethiwo byth a beunydd i'r syniadau cylchol o 'draddodiad' sy'n arwain yn anochel at ddadleuon hanfodolaidd ynglŷn â'i natur:

> On the other hand, some feminist theorists have mounted a sharp critique of the very notion of the tradition; they neither seek to place women in hegemonic canons nor to build counter-canons, arguing that any narrative of tradition (or traditions) will inevitably reinscribe ahistorical and essentialist assumptions about women's experiences. This sharp dissent from the momentum of canon building frees reading from the teleologies of tradition and from the entrenched stereotypes of canonicity.[30]

Serch hynny, bu rhai ffeministiaid yn anfodlon i'w amddifadu eu hunain o waith llenyddol academaidd neu syniadaethol dynion. Gwelir rhai ysgrifau ffeministaidd yn mynegi'r syniad y caiff ychydig o nerth y meistr ei drosglwyddo i'r fyfyrwraig wrth iddi astudio wrth ei draed: 'I guess that in an odd way, "mastering" the master was a way of incorporating his power, harnessing (if not exactly understanding) some of the forces that were driving me, demystifying some of that male mystique.'[31] Gellir dadlau bod hyn yn esbonio cynifer (cymharol) o ddehongliadau ffeministaidd a geir o waith Saunders Lewis, un o brif benseiri'r Canon Cymraeg ynghyd, wrth reswm, â'r ffaith ei fod yn rhoi cymaint o bwyslais ar gymeriadau benywaidd. Mae'n bosibl dadlau hefyd fod canolbwyntio ar ddarganfod prosesau rhywiaeth a phatriarchaeth yng ngwaith y gorffennol agos yn llai o risg na gwyntyllu syniadau o'r fath yn y byd cyfoes, syniadau a chanddynt y potensial efallai i rannu cymdeithas leiafrifol glòs sydd o dan fygythiad. Gellir gweld bod Saunders Lewis wedi cyflawni rôl effeithiol iawn fel bwch dihangol i genhedlaeth neu ddwy o lenorion gwrywaidd Cymraeg sydd o ganlyniad, wedi sleifio yn weddol ddisylw o dan olwg y beirniad ffeministaidd Cymraeg. Ar y llaw arall mae'n bosibl hefyd gweld mai cam esblygiadol oedd i feirniaid ffeministaidd droi eu ffocws oddi wrth yr awdur o ddyn a thuag at yr awdur o fenyw.

2. *Archwilio Byd y Fenyw: Canfod Chwiorydd Efa a Mair*

Sefydlu Traddodiad y Fenyw: *Cloddio yng Ngardd Eden*

Ar y naill law, er gwaethaf y rhwystrau niferus yn eu ffordd, mae'n amlwg erbyn heddiw fod nifer o Gymraësau wedi llwyddo i farddoni yn effeithiol iawn ar hyd y blynyddoedd.[32] Ar y llaw arall, ers yr Oesoedd Canol, mae gan fenywod mewn gwledydd eraill draddodiad hir o ymwneud â'r gair ysgrifenedig cyhoeddus. Nid yw'r un peth yr un mor wir am hanes llenyddiaeth yng Nghymru:

> Dengys yr arolwg mwyaf arwynebol o'r maes mor wahanol yw'r sefyllfa yma yng Nghymru o'i chymharu â Lloegr, Ffrainc, yr Iseldir- oedd, neu'r Almaen. Yno ceir digonedd o ffynonellau dogfennol a gweledol sydd yn tystio i weithgaredd merched fel awduron, fel copïwyr llawysgrifau, fel darllenwyr ac fel perchnogion llyfrau, a hynny o gyfnod cynnar. Ond prin iawn yw'r dystiolaeth o'r fath yng Nghymru.[33]

Sut bynnag, mae gwaith academyddion fel Jane Aaron wedi goleuo llenyddiaeth o law'r Gymraes cyn dechrau'r ugeinfed ganrif; ac yn 2005, cyhoeddodd Cathryn Charnell-White flodeugerdd bwysig o gerddi gan fenywod hyd at tua 1800. Serch hynny, wrth gasglu'r gwaith hwn at ei gilydd, gwêl Cathryn Charnell-White y pwysig- rwydd o warchod rhag sefydlu '*ghetto* barddonol benywaidd'[34] ac o integreiddio beirdd benywaidd i brif ffrwd y traddodiad barddol Cymraeg.

Nid oes unrhyw amheuaeth hyd heddiw ei bod yn 'anodd iawn i awdures Gymraeg ei chanfod ei hun yn rhan o draddodiad gwryw- aidd neu fenywaidd. Nid tan ganol y ganrif ddiwethaf [y bedwaredd ar bymtheg], y gwelir merch yn cyhoeddi cyfrol o'i gwaith',[35] e.e. un o'r cyfrolau cynnar hyn oedd *Telyn Egryn* gan Elen Egryn (Elin Evans) yn 1850. Er gwaethaf y rhwystrau amryfal a fu ar lwybrau'r llenor benywaidd, rhy simplistaidd o lawer fyddai awgrymu mai llestair i bob llenor gobeithiol o Gymraes oedd pob beirniad o Gymro. Yn hynny o beth, cafodd Elin Evans, mae'n debyg, gefnogaeth frwd gan Gwilym Hiraethog, gweinidog capel yr Annibynwyr a fynychai yn ystod cyfnod tra bu'n byw yn Lerpwl. Mae hyn yn ein hatgoffa hefyd o anogaeth O. M. Edwards i waith Winnie Parry yn *Cymru'r Plant* ac i'r gwrthwyneb yr ymateb tipyn yn llai ffafriol a gafodd gan ei 'chwaer' Kate Roberts, wrth iddi geisio ei chefnogaeth hi ar gyfer argraffu'r nofel *Sioned*.

Ffactor arall sy'n milwrio yn erbyn sefydlu traddodiad llenyddiaeth menywod yw'r duedd i'w gwaith fynd yn angof yn fuan iawn. Heb gefnogaeth y sefydliad patriarchaidd mae'n anodd dadlau bod y gweithiau hyn yn ddigon pwysig i'w hailargraffu. Mae hyn yn wir hyd yn oed am lenorion Cymraeg benywaidd gweddol gyfoes. Sawl myfyriwr israddedig heddiw a ŵyr am waith Beti Hughes, Carys Richards, Ennis Evans, Irma Chilton neu Dyddgu Owen? Sefydlwyd gwasg Honno yn 1986 yn rhannol i atgyfodi lleisiau llenorion menywod o'r gorffennol; cyhoeddwyd *Telyn Egryn* a *Sioned* o dan ei hadain. Ymhellach, mae Menna Elfyn yn awgrymu bod awydd rhai llenorion benywaidd i gydweithredu a'u swildod ynghylch eu gwaith yn gallu bod yn rhwystr o fewn diwylliant gwrywaidd ei hanfod. Cysyllta'r profiadau Cymreig hyn â sylwadau ffeministiaid tramor fel Adrienne Rich a Susan Griffin.[36]

Yn ei rhagymadrodd i'r gyfrol *O'r Iawn Ryw*, trafoda Ceridwen Lloyd-Morgan y rhesymau y tu ôl i anweledigrwydd y bardd benywaidd Cymraeg y cyfnod canol:

> Yn gyntaf byddai'n llawer anos i ferched gael cyfle i ddysgu'r grefft. Arferai'r dynion ddysgu rheolau'r cynganeddion a'r mesurau caeth gan feirdd eraill, ac anodd fyddai i ferched gael eu derbyn fel prentisiaid. Byddai cyfrifoldebau'r cartref a'r teulu hefyd yn mynd ag amser y rhan fwyaf ohonynt. A faint o wragedd, heb son am famau, a allai grwydro o blasty i blasty i chwilio am nawdd gan dywysog neu uchelwr? Rhaid cofio hefyd mai araf iawn oedd twf llythrennedd ymysg merched.[37]

A hyd yn oed pan lwyddodd y fenyw i oresgyn y rhwystrau hynny, pe na bai'n perthyn yn agos i fardd gwrywaidd, annhebyg y trosglwyddid ei gwaith i'r gair printiedig. Tan yn ddiweddar iawn, ychydig o sylw academaidd chwaith a gafodd yr eithriadau prin megis Gwerful Mechain.[38] Sut bynnag, ni chafodd gwaith Gwerful Mechain (y bardd benywaidd Cymraeg cyntaf y mae corff sylweddol o'i gwaith ysgrifenedig wedi goroesi), hyd yn oed, sylw teg gan feirniaid am ganrifoedd maith. Honna Ceridwen Lloyd-Morgan mai rhagfarn wrywaidd a'r ffaith fod neges y bardd wedi gweithredu yn erbyn delwedd y fenyw oddefol bur, a fu'n gyfrifol am yr amryfusedd hwnnw:

> Pechod arbennig Gwerful Mechain yng ngolwg y sefydliad Cymraeg oedd iddi ganu am rywioldeb, a hynny yn ddi-flewyn-ar-dafod, ond hefyd – yn waeth byth – o safbwynt benywaidd, cadarnhaol. Yn lle ildio'n oddefol i gyfathrach rywiol gan feddwl, mi dybiwn, am Gymru dyma ddynes a fynegai deimladau rhywiol cryf.[39]

Dadleuir felly, mai'n araf oedd y Gymraes i gymryd ei lle yn y traddodiad barddol Cymraeg, ac mai maes rhyddiaith yw cartref traddodiadol y llenor benywaidd. Sut bynnag yn ei herthygl 'Llais Benywaidd y Nofel Gymraeg Gyfoes' (1991), dengys Delyth George pa mor gamarweiniol eto y gall myth o'r fath fod: 'Ymddengys i'r myth mai teyrnas y ferch yw rhyddiaith Gymraeg yn y ganrif hon gael ei ffurfio ar sail dyrniad o unigolion yn unig. I fyny hyd at y pumdegau gwelwyd mor denau oedd y traddodiad benywaidd.'[40]

Trendiau, Themâu a Delweddau yn Llenyddiaeth Menywod: *Ffenestri gwydr aml-liw*

Yn yr un erthygl mae Delyth George yn ystyried cymeriadau benywaidd mewn nofelau Cymraeg ers diwedd y Rhyfel Byd Cyntaf. Gwêl thema sylfaenol yn nifer o'r nofelau gan fenywod o'r 1920au hyd at y 1980au a honna mai ymwybyddiaeth o ormes yw eu sail, ac ymdrechion y cymeriadau benywaidd felly i gyfaddawdu â'r gormes hwnnw. Ond gwêl hefyd ddatblygiad yn yr ysgrifennu hwn gyda'r awduron benywaidd diweddarach yn ei chael hi'n fwyfwy anodd i gyfaddawdu â'r sefyllfa ac i dewi rhag cyfathrebu eu rhwystredigaeth.[41] Mae nofelau cyntaf y cyfnod hwn megis nofelau Moelona *Bugail y Bryn* (1917), *Rhamant y Rhos* (1918) a *Ffynnonloyw* (1939) yn awgrymu bod y 'brotest dawel wedi cychwyn o ddifrif'.[42] Ceir argoel gryfach o anniddigrwydd y Gymraes â'i thynged yn nofelau Elena Puw Morgan megis *Y Wisg Sidan* (1939) ac *Y Graith* (1943). Gwêl y defnydd o gymeriadau gwrywaidd cas ynddynt yn dafluniad o rwystredigaeth y fenyw ac yn dystiolaeth felly o'i hymwybyddiaeth o gyfyngder ei sefyllfa.[43]

Ond yn ôl Delyth George daeth tro ar fyd llenyddiaeth y Gymraes gyda chyhoeddiad *Anesmwyth Hoen* Kate Bosse-Griffiths yn 1941. Honna Delyth George mai hon oedd y nofel Gymraeg gyntaf i herio rhai o werthoedd cymdeithas sylfaenol y cyfnod a hefyd i ymdrin yn onest ag oblygiadau'r cyflwr priodasol i'r fenyw. 'Beth bynnag a wnâi, byddai'n rhaid iddi aberthu rhan ohoni ei hun. I'w chyflawni ei hun, yr oedd angen y dyn a'i carai. Ac eto, y dyn hwnnw oedd y perygl mwyaf i'w hannibyniaeth ysbryd.'[44] Mewn cymhariaeth, er nad yw ysgrifennu Kate Roberts yn herio'r drefn mewn ffordd amlwg, awgryma Delyth George y ceir math o wyrdroi rolau rhywedd confensiynol yn ei gwaith. Ar y cyfan, cymeriadau goddefol ac ymylol yw'r dynion tra bo'r menywod yn rhagweithiol ac yn feirniadol iawn o'u cymheiriaid gwrywaidd. Mae ei nofelau hefyd yn tanseilio'r ddelwedd ramantus o'r briodas. Natur iwtilitaraidd sydd i'r berthynas rhwng gŵr a gwraig yn ei nofelau a storïau byrion.[45]

Neilltuir dwy bennod yn *DiFfinio Dwy Lenyddiaeth Cymru* (1995) ar gyfer gwaith awduron benywaidd, un ohonynt gan Katie Gramich a'r llall gan Jane Aaron a cheir yn y ddau ddehongliad ffeministaidd pendant o lenyddiaeth gan fenywod a Kate Roberts yn benodol. Ym mhennod Katie Gramich 'Gorchfygwyr a Chwiorydd' cyferbynnir llenyddiaeth Saesneg yr awdures Dorothy Edwards â gwaith Kate Roberts. Ystyria botensial themâu ffeministaidd yng ngwaith Kate Roberts, ond yn y pen draw, sylwa hefyd ar natur oddefol a diffyg radicaliaeth ei chymeriadau benywaidd: 'Os oedd Kate Roberts yn ffeminydd, nid oedd yn un radical: mae'n dangos ac yn egluro llawer o'r anawsterau y mae menywod yn gorfod eu hwynebu, ond nid yw'n crybwyll datrysiad i'r anawsterau hynny.'[46]

Nid yw'n hawdd asesu damcaniaethau Kate Roberts ynglŷn â tharddiad y cysyniad o'r fenyw ac ni welir hi yn aml iawn yn cloddio o dan ddelwedd y fam Gymreig am ei gwreiddiau.[47] Yn hytrach, rhoddodd y ddelwedd hon dempled ymarferol a syniadaethol ynglŷn â sut i fyw. Yn ogystal, ffurfiodd bren mesur iddi fedru asesu pob menyw arall yn ei herbyn. Yn ôl Katie Gramich, gwelodd Kate Roberts fai ar Simone de Beauvoir am y ffaith nad oedd, yn ôl ei thyb hi, yn gyfarwydd â gwaith caled, beunyddiol y fam.[48] Mae'n ddiddorol gweld bod Kate Roberts yn gyfarwydd â gwaith Simone de Beauvoir ond ni adawodd i'w syniadau am aralledd cymdeithasol menywod ffurfio sylwebaeth amlwg yn ei llenyddiaeth. Er hynny roedd pris personol uchel i'w dalu am oroesi y tu mewn i gyfyngderau'r rôl hwnnw.

Mewn cyfweliadau, dywedodd Kate Roberts dro ar ôl tro mai'r hyn yr oedd yn ei fynegi yn ei storïau oedd y teimlad o siom. Yn aml, mae'r siom hwn yn cael ei gyflwyno trwy ddiffyg cyflawniad ym mherthynas gwraig a gŵr.[49]

Gellid dadlau bod y pwysau cymdeithasol a seicolegol a gyfyngodd Kate Roberts i'r safle hwn, i raddau, yn gyffredin i nifer helaeth o fenywod: 'bu pwysau'r gymdeithas mor gryf arnom nad oedd modd inni fagu'r hyder i greu delweddau gonest ohonom ni'n hunain, trwy eiriau neu lun neu unrhyw gyfrwng arall'.[50] Yn y pen draw, mae'n debyg bod ei hanallu i gymodi â'r 'Arall' wedi peri teimladau o unigrwydd a didoliad emosiynol iddi. 'Erbyn hyn mae arnaf ofn na wnaf ddim ond sefyll y tu allan i fywyd ac edrych arno, yn lle byw fy hun.'[51]

Ymdrinia ysgrif Jane Aaron â llên Gymraeg a Saesneg gan fenywod Cymru yn y cyfnod 1973–93. Gwêl wahaniaeth arwyddocaol iawn rhyngddynt a hynny mewn perthynas â'u hymdriniaeth o un thema benodol, sef rhywioldeb y fenyw. Tra bo chwant y Gymraes Gymraeg yn peri gofid ac euogrwydd iddi, cadarnhaol yw'r un nwyd i'r Gymraes uniaith Saesneg.

> Yn hytrach na phrofi'n ddinistriol i'w hunan-barch, eu rhywioldeb yw sylfaen hyder y beirdd Saesneg; trwy ymfalchïo ynddo, llwyddant i wrthsefyll a herio'r ddelwedd negyddol o'r fenyw. Nid oes arlliw o dinc dolefus ac euog y llenorion Cymraeg yn eu llais.[52]

Sylwa Jane Aaron hefyd ar y ffaith mai barddoniaeth yn hytrach na rhyddiaith a fu yn gyfrwng i syniadau ffeministaidd yn y Gymraeg: 'Mewn llenyddiaeth Gymraeg, y beirdd yn hytrach na'r nofelwyr sydd wedi mynegi'r safbwynt ffemynyddol yn y modd mwyaf uniongyrchol efallai.'[53] Mae modd dadlau bod y patrwm hwn yn atgyfnerthu syniad Hélène Cixous mai barddoniaeth yw llais naturiol *écriture féminine*. Eto i gyd efallai fod iddo wreiddiau diwylliannol a chymdeithasol amgen. Erbyn heddiw, mae i farddoniaeth elfen breifat a phersonol, ni chrëir hi, o reidrwydd, ar gyfer cynulleidfa allanol. Meddianna'r nofel a'r stori fer dir ychydig mwy cyhoeddus ac mae natur gyhoeddus y ddrama yn rhan annatod o'i gwead. O ystyried cysylltiad agos y Gymraes â'r aelwyd, y personol a'r cartrefol, yn hytrach na'r byd cyhoeddus ffurfiol, nid oes unrhyw syndod efallai fod barddoniaeth yn gyfrwng mwy derbyniol iddi. Efallai fod hyn hefyd yn esbonio pam y gwelir nofelau ar ffurf dyddiaduron yn codi mor aml ymhlith ffuglen Gymraeg gan fenywod yr hyd y blynyddoedd.

Cyhoeddwyd cyfrol Jane Aaron, *Pur fel y Dur* yn 1998. Mae'n bosibl dadlau bod y gyfrol hon yn cynrychioli'r ymdriniaeth ffeministaidd fwyaf cyflawn o destunau llenyddol Cymraeg a geir yn yr iaith hyd yn hyn. Ymdrinnir yn benodol â'r delweddau o'r Gymraes a grëwyd gan y Gymraes ei hun yn ystod y bedwaredd ganrif ar bymtheg. Dechreua gan bwysleisio mai rhywbeth gwneuthuredig, cynnyrch y genedl-wladwriaeth, yw'r cysyniad o genedligrwydd, ac felly hefyd unrhyw ddelwedd o'r Gymraes. 'Ni chrafangodd unrhyw Gymraes ei ffordd allan o'r groth mewn het uchel ddu a chenhinen yn ei rhuban.'[54] Esgorwyd ar y ddelwedd newydd o'r Gymraes bur a chadarn fel rhan o'r adwaith cenedlaethol i gyhuddiadau tramgwyddus Brad y Llyfrau Gleision. Ond ymhell cyn hynny, gwelwai'r Cymry eu hunain yn bobl etholedig Duw. Ychwanegodd y syniad hwn drachefn at faich y cyfrifoldeb a laniodd yn benderfynol ar ysgwyddau'r Gymraes: 'Yr oedd anrhydedd ei chrefydd, felly, yn ogystal ag enw da ei chenedl, yn dibynnu ar lwyddiant y Gymraes i ddinoethi celwydd Brad y Llyfrau Gleision.'[55]

Am ychydig, cafwyd ymryson rhwng delwedd y fam gadarn, foesol Gymraeg a'r ddelwedd feddal blentynnaidd Seisnig o 'angel yr aelwyd'. Er i'r ail ennill y dydd yn y pen draw, dadleua Jane Aaron fod rhwystrau cynhenid yng nghraidd yr iaith Gymraeg wedi creu problemau sylweddol i ffyniant y ddelwedd honno:

> Y mae pob menyw yn fenywaidd yn yr ystyr 'female' ond yn Lloegr yn y ganrif ddiwethaf yr oedd yn rhaid iddi hefyd fod yn fenywaidd yn yr ystyr 'feminine'. Y mae'r ffaith nad oes gair ar wahân yn y Gymraeg i gyfleu ystyr arwyddocâd arbennig 'feminine' yn golygu ei bod yn galetach dwyn perswâd ar y fenyw i fabwysiadu rhinweddau'r cysyniad hwnnw heb ei gwneud yn amlwg fod y pwyslais newydd yn deillio o ddylanwadau sy'n estron i'r diwylliant Cymreig. Y mae'r iaith yn dangos yn eglur nad oedd delfryd benywaidd yr Angyles yn rhan gynhenid o gyfansoddiadau y Gymraes ... yr oedd ei dderbyn yn golygu ymseisnigeiddio.[56]

Cyfeiria at waith y Ffeministiaid Ffrengig Kristeva a Cixous i atgyfnerthu ei dadl ynghylch natur artiffisial y gagendor rhwng y benywaidd (*feminine*) a'r gwrywaidd (*masculine*) a sut y defnyddir y gwahaniaethau annilys hyn er mwyn ymarfer grym gwleidyddol a chymdeithasol.[57] O'i phersbectif hi yn 1998, honna mai dim ond dwy fenyw a dderbyniwyd i'r Canon Cymraeg erioed, sef Ann Griffiths a Kate Roberts.[58] Mae'n ddiddorol iawn felly fod beirniaid llenyddol wedi gweld agweddau 'gwrywaidd' yng ngwaith y ddwy.

I grynhoi, mae'n arwyddocaol bod cymaint o sylw yn cael ei roi i waith gan un llenor sef Kate Roberts yn yr achos hwn, a difyrrach fyth bod rhai wedi gweld cyffelybiaethau rhwng ei gwaith hithau a gwaith Saunders Lewis. Beth tybed sy'n ysgogi beirniaid ffeministaidd Cymraeg i ddychwelyd, dro ar ôl tro er mwyn ceisio bwydo ar esgyrn yr un hen ysglyfaeth? Yn ddiamheuol y mae Kate Roberts wedi gwneud cyfraniad sylweddol a swmpus i lenyddiaeth Gymraeg ac i statws y fenyw fel ffocws, darllenwr ac awdur llenyddiaeth. Serch hynny, ceidwadol yw natur greiddiol ei gweithiau oll, a cheir ynddynt ddiffyg radicaliaeth amlwg. Roedd radicaliaeth o'r fath eisoes wedi dechrau egino mewn llenyddiaeth dramor gan 'chwiorydd' y cyfnod a hyd yn oed yng Nghymru ei hun, megis yng ngwaith awduron fel Kate Bosse-Griffiths.

Iaith, y Corff a'r Testun: *Y Drindod Ffeministaidd*

Ychydig o drafodaeth ffeministaidd a geir yn y Gymraeg ar lefel sosioieithyddol. Sut bynnag, mewn erthygl yn *tu chwith* yn 1998, amlyga Angharad Price rai o'r prosesau patriarchaidd dichonadwy sydd ymhlyg yn yr iaith Gymraeg. Gwyddys, wrth reswm, fod y Gymraeg yn iaith sy'n dynodi cenedl ar enwau, ond dadleua Angharad Price â'r canfyddiad a hyrwyddwyd gan ein prif eiriaduron mai damweiniol yw'r categorïau 'benyw' a 'gwryw'.

> Cred rhai er enghraifft bod rhoi cenedl ar enwau gwrthrychol yn deillio o gyfnod hynafol, pan bersonolid ffenomenau'r byd gan bobl gyntefig, ac mai ymgaregiad o'r personoli hwnnw ydi cenedl enwau heddiw . . . Er mor braf fuasai cael wfftio rhywioldeb y labeli 'gwrywaidd' a 'benywaidd' mewn gramadeg, amhosibl ydy gwadu bod cenedl enwau, i ryw raddau, wedi'i seilio mewn realiti allanol.[59]

Ond nid math diduedd o realiti mo hwnnw. Er i'r arfer gael ei dderbyn fel pe bai'n gynhenid a naturiol erbyn heddiw, grym cymdeithasol oedd ei bensaer. Yn aml cysylltir statws dyrchafedig â labeli gwrywaidd ac yn gylchol felly, cysylltir enwau/rolau a chanddynt statws isel neu is â'r benyw. Ymhellach nid oes gan 'awdures' yr un grym ag 'awdur' nac felly 'brenhines' â 'brenin'.

Nid realiti biolegol sy'n pennu mai 'gwrywaidd' ydi 'bardd', ac nid oes dim chwaith yng ngwead morffoleg y gair . . . sy'n hawlio mai 'gwrywaidd' ydyw. Realiti cymdeithasol a/neu hanesyddol sydd wedi rhoi cenedl i'r enwau hyn. Confensiwn ydi'r gair sydd â'i sail yn arferion cymdeithas. Gwrywaidd fu mwyafrif beirdd Cymru erioed: a dyna pam mai cenedl wrywaidd sydd i'r gair 'bardd'. Ac felly gyda'r holl weithredwyr eraill a nodwyd (oblegid, fel y dywedodd doethyn o Sais unwaith: 'man does, woman is').[60]

Yn ei herthygl 'Gwahaniaeth a Lluosogedd: Golwg ar Rai o Theorïau'r Ffeminyddion Ffrengig' yn 1992, cyflwyna Jane Aaron grynodeb o syniadau Hélène Cixous, Julia Kristeva a'r athronydd Michèle le Doeuff. Sonia am ba mor bwysig yw'r berthynas rhwng iaith a rhagfarn rywiol yn eu gwaith; yn ôl y syniadau hyn 'mae iaith yn creu meddylfryd cymdeithas'.[61] Y broblem fwyaf i'r fenyw o fewn system batriarchaidd yw'r ffaith mai'r dyn sy'n pennu iaith y gymdeithas. 'Eu profiadau hwy, a'r pethau sy'n bwysig iddynt hwy, a ddynodir gan iaith y gymdeithas honno, gan adael y gweddill sathredig yn fud am eu profiadau arbennig hwythau.'[62]

Cysyllta'r erthygl hon yn uniongyrchol ag erthygl Angharad Price am iddi hefyd amlygu'r hierarchaeth rywiol sy'n nodweddiadol o'r iaith Gymraeg, ac wrth reswm, o nifer fawr o ieithoedd eraill hefyd.[63] Ni cheir enwau benywaidd i gyfateb i rolau uchel eu statws, e.e. 'bardd', 'athro' (prifysgol), llywydd, er bod yr iaith yn caniatáu defnydd o'r enw benywaidd 'athrawes' yng nghyd-destun yr ysgol. Ar un lefel mae'r iaith yn hyrwyddo'r disgwyliad na fydd menyw yn symud ymlaen i feddiannu'r rolau pwysicaf yn y gymdeithas.[64] Fodd bynnag, yn fwy anesmwyth byth efallai, mae gan y duedd ieithyddol hon i ffafrio persbectif y dyn, oblygiadau ar lefel sylfaenol y corff yn ogystal:

Ystyriwch er enghraifft y gair 'fagina'. Ystyr y gair yn y Lladin gwreiddiol yw 'gwain' – hynny yw llestr i dderbyn 'cleddyf' y gŵr. Gyda'r trosiad hwn, felly, mae'r corff benywaidd yn cael ei gategoreiddio yn ôl anghenion y gŵr yn unig, fel pe na bai'n perthyn i'r fenyw ei hun.[65]

Y Cefndir Theoretig

Ceir nodyn o obaith ar ddiwedd yr ysgrif hon am botensial yr iaith farddonol sy'n gysylltiedig â'r system semiotig, fel cyfrwng addas i'r fenyw adennill ei llais a'i chorff.[66]

Canolbwyntia'r rhan fwyaf o ysgrifennu ffeministaidd Cymraeg a chanddo gysylltiadau ieithyddol ar ddefnydd iaith mewn gweithiau penodol gan awduron benywaidd. Ond dichon fod asesiad treiddgar Gwenllian Dafydd o nofel farddonol Angharad Tomos, *Titrwm* (1996), yn pontio rhwng y ddwy lefel. Cytuna Gwenllian Dafydd[67] â chasgliad cynharach Jane Aaron,[68] mai esiampl o *écriture féminine* Cymraeg a geir yn y nofel arloesol hon. Sonia am y ffordd y mae Angharad Tomos yn newid y ffocws o greu a chynnal byd ffuglennol i ymchwilio natur iaith fel cyfrwng cyfathrebu:

> ynddi symudir y pwyslais oddi wrth y byd gwneuthuredig a bortreadir, gan ei roi yn hytrach ar y cyfrwng ieithyddol ei hun. Fe wna Angharad Tomos hyn yn *Titrwm* trwy gyfrwng amryw ystrywiau, megis trwy ei harddull farddonol sy'n fath o *écriture féminine*, trwy archwilio'r berthynas rhwng gair a gwrthrych, ac yn olaf trwy ystyried diffyg iaith wrth gyfathrebu.[69]

Yn ôl Gwenllian Dafydd, mae'r ffaith bod Awen, adroddwr mud a byddar y nofel, yn cwestiynu'r berthynas rhwng y gair a'r goddrych yn adlewyrchu theorïau ieithyddol cyfoes sy'n ymwneud â'r berthynas rhwng yr arwydd a'r arwyddwr. Sylwa Awen hefyd fod sylwedd y berthynas honno yn wneuthuredig.[70] Ond nid â mor bell â dad-strwythuro'r syniadau o hunaniaeth a chenedl (iaith/diwylliant) ynddynt eu hunain, dim ond pwysleisio rôl y naratif yn eu creu.[71] Tybed a oes cysylltiad yma hefyd â rhywedd? Ni ŵyr y darllenydd rywedd Titrwm ei hun, nid yw eto wedi ei greu/chreu gan eiriau.

Astudia Menna Elfyn y syniad o *écriture féminine* drwy ddehongli gwaith llenyddol penodol sef y nofel *Sarah Arall* gan Aled Islwyn. Mae'n debyg bod ei dewis o waith awdur gwrywaidd fel testun yn deillio o'r dyhead i osgoi'r hollt ystrydebol honno rhwng y 'gwrywaidd' a'r 'benywaidd' a'r ffaith nad yw'n bosibl priodoli rhywedd i ffactorau biolegol yn unig: 'seithug yw siarad am wrywaidd a benywaidd mewn gwagle heb edrych hefyd ar yr amodau cymdeithasol a'r gwerthoedd eraill sydd wedi eu creu'.[72] Enghreifftir y rhagdybiaethau cymdeithasol ynglŷn â natur y gwryw a'r benyw gan ymateb y beirniaid i gyfrol fuddugol Eurig Wyn, *Tri Mochyn Bach* yn Eisteddfod Genedlaethol Llanelli a'r Cylch 2000. 'Mae yma ddarn grymus o *écriture feminine* [sic]. Sgwennu gyda'i chorff y mae'r *awdures* hon.'[73]

Sylwa Lona Llywelyn Davies ar bwysigrwydd rhywedd yn iaith ysgrifenedig Kate Roberts a'r ffaith nad yw ond yn cyfrannu at greu awyrgylch ei storïau ond hefyd yn cyfleu gwybodaeth amgen am sefyllfa gymdeithasol a seicolegol eu cymeriadau. Fel y dywed am *Tywyll Heno*: 'Wrth i rwystredigaeth Bet gynyddu fe dyf ei hiaith yn gryfach . . . Dengys iaith ffug merched y Wenallt eu cymeriadau arwynebol a snobyddlyd, a'u hymdrechion i ymddangos yn bwysicach ac yn gyfoethocach nag ydynt mewn gwirionedd.'[74]

Dechreua Jane Aaron ei hysgrif hithau yn *Sglefrio ar Eiriau* 1992, gan gyfeirio at gylchgrawn *Y Frythones* a olygwyd gan Cranogwen (Sarah Jane Rees) yn chwarter olaf y ddeunawfed ganrif. Sonia am yr agweddau amrywiol (ac ar adegau gwrthwynebus) a geir ynddo ar swyddogaethau a rôl y Gymraes. Cwyd o dudalennau'r *Frythones* leisiau cymysg iawn o 'lais y *suffragette*' i lais 'angel yr aelwyd'.[75] Â Jane Aaron ymlaen i nodi bod amryw feirniaid diweddarach wedi clywed ynddo leisiau eraill, lleisiau mae'n debyg na fwriadodd awduron yr ysgrifau erioed eu mynegi: 'darlleniad sy'n rhedeg yn groes i raen y stori yw dadansoddiad o'r fath, a dadwneuthuriad o'r neges fwriadol'.[76]

Neilltuir y rhan nesaf o'i hysgrif ar gyfer gwaith tri Ffrancwr, sef, yr ieithydd Saussure, y beirniad ac athronydd Barthes a'r seicdreiddydd Lacan. Gwêl Jane Aaron eu dehongliad o natur iaith fel offeryn beirniadol addas ar gyfer archwilio testunau Cymraeg megis *Y Frythones*. Yn enwedig, noda bwyslais Lacan ar 'natur lithrig geiriau'. Fel rhan o'i grefft gwna'r bardd, wrth reswm, ddefnydd effeithiol o'r amwysedd hwn.[77] Ond nid yr anghysondeb rhwng yr arwyddwr a'r arwyddedig sy'n cyfleu'r unig botensial am lithriadau ieithyddol; cwyd cyfathrebiadau digymell o'r isymwybod heb fod gan yr unigolyn unrhyw reolaeth drostynt.

Yn ddiddorol iawn, fe geir yma ymdoddiad rhwng cenedl (iaith) a chenedl (rhywedd). Sonia Jane Aaron am gerdd Gymraeg o'r cylchgrawn a chanddi deitl Saesneg '*Forget-me-not*'. Mae'r gerdd ei hun yn esiampl o genre didactig ystrydebol sy'n hyrwyddo ymddygiad gweddus cyfrifol ymhlith menywod Cymru. Serch hynny, mae'r ffaith bod y gerdd yn gyfieithiad o'r Saesneg ac nad oedd yn bosibl trosi'r teitl i'r Gymraeg heb golli ei neges sylfaenol yn agor drysau i ddehongliadau ac ystyron amgen. Ceir felly lithriad difyr yn yr arwyddwr. Yn yr ystyr wreiddiol symboleiddia'r blodau tlws hyn natur ddiflanedig harddwch a phleser. Serch hynny, awgryma Jane Aaron fod hyd yn oed Cranogwen ei hun yn cysylltu tynged y sawl a ddenwyd i gasglu'r blodau â thynged yr iaith Gymraeg. Daw'r blodau bellach i arwyddo atyniad twyllodrus yr iaith Saesneg.[78]

Yn ei phennod 'Y Flodeuwedd Gyfoes' yn y gyfrol *DiFfinio Dwy Lenyddiaeth Cymru* (1995), ymdrinia Jane Aaron â'r defnydd cyffredin o chwedl Blodeuwedd ac yn benodol â delwedd y dylluan mewn ffuglen ddiweddar gan fenywod. Gwêl sgrech y dylluan yn fath o gartharsis torfol yn gwneud iawn am boen yr ormes a'r darostyngiad cymdeithasol a diwylliannol a ddioddefodd y Gymraes ar hyd yr oesau. 'Eto gellir darllen "sgrech" noeth y Blodeuwedd gyfoes yng ngwaith y llenorion Cymraeg fel ymgais i lansio'r briw hanesyddol a gollwng ei wenwyn, unwaith ac am byth.'[79] Serch hynny, mae'n bosibl dadlau fod y grymoedd hynny ar waith hyd heddiw, a bod cri'r dylluan yn rhybudd difrifol i'r Gymraes o bosibilrwydd ei hysgymuniad: cosb Blodeuwedd am ymgolli i'w benyweidd-dra yw colli iaith.

Ar yr un trywydd, ceir enghreifftiau o lenyddiaeth lle y caiff rhywioldeb y fenyw ei harneisio ar gyfer brwydr yr iaith. Yn y cyd-destun hwn, nid oes gan rywioldeb y prif gymeriad benywaidd unrhyw ddilysrwydd ond fel llawforwyn i ymgyrch yr iaith Gymraeg. Yn nofel Meg Elis *I'r Gad*, eilbeth yw ei rhywioldeb i'r prif gymeriad Mair Beuno: brwydr yr iaith sy'n dod gyntaf. Yn wir, arf i'w ddefnyddio yn y frwydr honno yw ei benywdod atyniadol.[80]

Tybed ai brwydr yr iaith i raddau a gyfyngodd ar orwelion Kate Roberts yn ogystal? Tybed a yw ei hanfodlonrwydd i ddadansoddi amgylchiadau ei chymeriadau benywaidd yn ymwneud â'r ffaith bod achosion ei chenedl (rhywedd) wedi cael eu cysgodi gan achosion y genedl (iaith a diwylliant)?

> Ei hanhawster hi yw ei bod yn ei hystyried ei hun ormod fel rhan hanfodol o'r Gymdeithas Gymreig batriarchaidd y mae'n ceisio ei diogelu i allu, neu hyd yn oed i ddymuno, sefyll y tu allan i'r gymdeithas er mwyn ei dadansoddi a'i datgymalu.[81]

Yn ei hasesiad o nofelau Angharad Tomos (2000), gwêl Jane Aaron yng nghymeriad Blodeuwedd yn *Yma o Hyd* (1985) her i'r syniadau traddodiadol ynghylch ymddygiad y fenyw a'r disgwyl y bydd yn ymwrthod â thrais fel cyfrwng cyfathrebu. Yma mae Jane Aaron yn cymharu gweithred Blodeuwedd o ddifetha nwyddau mewn siop er mwyn cyfleu ei rhwystredigaeth, â gweithred Heulwen yn ei chyfrol flaenorol *Hen Fyd Hurt* (1982) lle y mae'n ei thaflu ei hun drwy ffenest:

> y tro hwn [mae'n] troi ei rhwystredigaeth yn ddicter yn erbyn nwyddau gwneuthuredig cyfalafiaeth, yn hytrach na chlwyfo'r hunan. Mae'r ymateb yn un iachach, ar un olwg, ond nid yw'n ymateb traddodiadol fenywaidd; yn ôl yr hen ystrydebau y gwryw yn hytrach na'r fenyw sy'n fwy tebygol o weithredu'n dreisiol er mwyn rhoi mynegiant i'w rwystredigaeth.[82]

Mae'n ddiddorol iawn fod Jane Aaron yn gweld achosion rhyweddol yng ngwaith Angharad Tomos yn eu hamlygu eu hunain, nid trwy ffocws na phwrpas y weithred ond yn y ffordd y'u cyflawnir. Yma eto mae Jane Aaron yn tynnu sylw at arddull. Nid yw Angharad Tomos o angenrheidrwydd yn herio'r drefn batriarchaidd naill ai'n bwrpasol neu hyd yn oed yn ymwybodol. Ond yn bwrpasol neu beidio mae'n bosibl dadlau fod rhywbeth radicalaidd iawn ynghylch penderfyniadau'r awdur yma. Gan ymwrthod mor bendant ag iaith uniongyrchol 'rheol y tad' fel ffordd o drafod achosion rhyweddol, crea Angharad Tomos loches iddi ei hun a ddibynna ar rywbeth y tu hwnt iddi. Rhywbeth yw hwn sy'n agosach at fyd y Semiotig efallai, sy'n cyfleu profiad ac ystyr drwy fodd a chyfrwng. A chyfrwng iaith a gweithredoedd Heulwen mewn gwirionedd *yw* ei neges.

Gwna Ffion Jones (2000) sylwadau craff ar ddefnydd Manon Rhys o iaith menywod yn ei ffuglen. Yn ogystal ag ymdrin â thawedogrwydd y cymeriadau benywaidd, canolbwyntia Manon Rhys ar arddull ac ansawdd eu hiaith. Sylwa Ffion Jones fod Manon Rhys yn defnyddio gwahanol dafodieithoedd i ddynodi gwahaniaethau rhwng cymeriadau gwrywaidd a benywaidd.[83] Yn y stori 'Noson y Gêm' mae gan sylwebaeth fewnol y prif gymeriad rôl ddeublyg. Er ei bod yn sylwi ar ymddygiad eraill, yn y pen draw try yn ei herbyn ei hunan ac wrth gyhuddo menyw arall o fod yn 'hwren', glania'r sarhad yn ôl wrth ei thraed hithau. Amlyga'r sylwebaeth hon, yn ôl Ffion Jones, ddeuoliaeth boenus hunaniaeth y fenyw a'i dyhead (amhosibl) eithaf i esgus nad yw'n bodoli.[84] Honnir yma hefyd, yr ymdrinia Manon Rhys â mudandod y fenyw a'i hanallu i gyfleu profiadau trwy eiriau (yn enwedig y profiadau sy'n ymwneud â'i chorff, chwant a rhyw). Yn y stori 'Cwtsh' sy'n rhannu teitl â'r un gyfrol, mae merch ysgol yn ceisio datgelu'r gamdriniaeth rywiol a ddioddefa gan ei thad. Ni lwydda i gyfleu'r profiad mewn geiriau i'w hathrawes ond mae'n dal i obeithio, yn ofer, y bydd hi yn ei deall serch hynny.[85] Nid yw iaith symbolaidd 'rheol y tad' yn medru naill ai ddisgrifio, creu na chynnal y fenyw a'i phrofiadau: 'nid yw gosod merched oddi mewn i iaith o symbolau yn angenrheidiol yn fodd o adlewyrchu realiti ynglŷn â'u bodolaeth'.[86]

Gan ystyried y cyd-destun Cymraeg, diddorol ddigon yw bod rhai ffeministiaid yn honni mai dwyieithog yw menywod yn eu hanfod h.y. yn rhugl yn iaith/tafodiaith 'benywaidd' y fenyw ond wedi gorfod ennill rhuglder yn iaith y tad, sy'n ddominyddol yn y gyfundrefn addysg ac yn y byd cyhoeddus yn gyffredinol.[87] Myfyria Cixous ar y syniad o ddau dafod neu'r tafod fforchedig.[88] Yn waelodol, cyseinia'r syniad hwn â'r ddelwedd archdeipaidd o'r Efa dwyllodrus ond mae ganddo hefyd atseiniau â'r ystrydeb hiliol o'r Cymry dichellgar 'Taffy was a Welshman, Taffy was a thief' a drwgdybiaeth y Saeson o'u gallu i gyfathrebu yn ddwyieithog. Dichon fod yr ystrydebau hyn yn bwydo ar ei gilydd yn y diwylliant Cymraeg. Sut bynnag, mae'n bosibl dadlau hefyd fod rhaid i'r Gymraes felly bontio nid yn unig rhwng iaith (Symbolaidd) y tad ac iaith (Semiotig) y fenyw ond hefyd rhwng y Gymraeg a'r Saesneg. Gan hynny, tir ffiniol yw ei theyrnas a symuda'n fedrus ac yn gyson ar draws ei gwahanol forderi. Er i Menna Elfyn gael ei chyhuddo o fradychu'r iaith am gyhoeddi rhai cyfrolau o'i barddoniaeth yn ddwyieithog efallai fod y weithred hon yn adlewyrchu ac yn elwa o'r ddynamiaeth sydd yn rhan greiddiol o brosesau'r fenyw:

> Aiff gwaith Elfyn ar daith fwy na'r arfer trwy fod o fewn cyrraedd cynulleidfa Saesneg ei hiaith. Ond hefyd mae cael yr un gerdd mewn dwy ieithwedd yn ei chadw ar symud rhwng gwahanol bosibiliadau, yn rhoi anadl iddi.[89]

Rhaid i'r fenyw fod yn rhugl a hyfedr yn 'iaith y tad' am iddo gynrychioli'r prif ddull o gyfathrebu yn y byd cyhoeddus, ond nid yw'r gwrthwyneb o reidrwydd yn wir. Ac fel yr awgrymir gan nifer o'r ysgrifau uchod, tybed a yw'r pontio hwnnw yn annog ymdoddi rhwng cenedl (rhywedd) a chenedl (iaith a diwylliant), prosesau a hwylusir yn y Gymraeg, gellir tybio, am i'r ddau arwyddedig rannu'r un arwyddwr.

Profiadau Corfforol Unigryw y Fenyw: *'Y Dwyfol Lif'*

Prin yw'r dystiolaeth ysgrifenedig hanesyddol gan fenywod yn disgrifio eu profiadau corfforol mwyaf personol a dwys. Ceir cyfeiriadau rhywiol a scatolegol yng ngwaith Gwerful Mechain (*c*.1460–1502), a gwyddys i'w gwaith ddioddef beirniadaeth hallt ar hyd y canrifoedd o'i herwydd. Heblaw am gyfeiriadau mewn caneuon gwerin yn aml gan feirdd anhysbys, bu distawrwydd ar y testun hwn am ganrifoedd. Dim ond yn ddiweddar iawn y mae'r profiadau hyn wedi (ail) ymddangos, a chan hynny, mewn ffurf weddol gyfyng, yn ysgrifennu creadigol yr awdur benywaidd Cymraeg.

O ganlyniad, nid yw'n peri syndod mai ychydig o feirniadaeth lenyddol a ganolbwyntia ar y thema hon yn y Gymraeg. Serch hynny, rhy prosiect diddorol a gyflawnwyd ar y cyd gan Ferched y Wawr, Coleg y Drindod, Caerfyrddin ac Amgueddfa Werin Sain Ffagan gipolwg ar brofiadau menywod Cymru rhwng 1920 a 1960. Darpara'r dystiolaeth lafar hon ryw syniad o'r disgyrsiau a drosglwyddwyd i'r Gymraes ynglŷn â'i chorff ac arwyddocâd cymdeithasol ei bioleg. Ffurfia anwybodaeth, ofn, a chywilydd gefnlen anghysurus i lawer o'r hanesion personol hyn. Mae'n ddiddorol y bu'n rhaid troi yn ôl at y llafar er mwyn casglu deunydd personol o'r fath. Isod ceir darn o gyfweliad â menyw a fagwyd yn y 1940au:

> A odd 'na neb wedi deud wrtha i am y misglwyf 'de. Ag on i'n mynd ar y trên i Bwllheli, a ma'n rhaid mod i'n teimlo'n anghyffordddus odanaf a dyma fi'n mynd i'r toilet a dyma fi'n gweld golwg arna fi fy hun. On i'n meddwl bod 'na rwbath wedi digwydd i nghorff i. On i 'di dychryn . . . dyma fi'n troi a ddoish i'n ôl ar yr un trên . . . A dyma fi'n deud wrth 'y mam a ballu. 'O,' medda Mam fel 'na, 'mae dy beriods di wedi dechra.' A don i ddim yn gwbod yn iawn be oeddan nhw. Mae'n siŵr bo fi'n ryw bedair-ar-ddeg w'chi. Ag w'chi be ddeudodd hi wrtha i? 'Rhaid i ti fod yn ofalus rŵan efo hogia', medda hi. Ag on i'm yn gwbod be oedd hi'n feddwl efo hynna 'lly 'de. On i mor ddiniwad a di-glem a hynny![90]

Er bod y sefyllfa ychydig yn wahanol ym myd barddoniaeth, tan yn ddiweddar iawn, yng Nghymru, ac yn gyffredin â gwledydd eraill, ychydig o ryddiaith a geid yn ymwneud â phrofiadau corfforol yn gysylltiedig â ffrwythlondeb, e.e. dechrau mislif, beichiogi, esgor, erthylu, diwedd y mislif. Ni thybiwyd bod y testunau hyn yn rhai addas i'w trafod mewn llenyddiaeth safonol ac nid ystyriwyd hwy yn themâu pwysig dwys.⁹¹ Ni chafodd y fenyw felly'r cyfle i weld y profiadau hyn, a oedd yn greiddiol i'w hunaniaeth, yn cael eu hadlewyrchu yn gyhoeddus mewn llenyddiaeth.

Ond gwêl o leiaf un beirniad ffeministaidd fod y potensial i gyfleu ychydig o'r profiad hwn mewn modd cuddiedig, symbolaidd (ac efallai anymwybodol). Yn ei hymdriniaeth â'r emynydd benywaidd yn y bedwaredd ganrif ar bymtheg yn ei chyfrol *Pur fel y Dur*, sonia Jane Aaron am eu diddordeb neilltuol yng nghlwyf yr Iesu a'u disgrifiadau trawiadol ohonynt. Awgryma Jane Aaron y posibilrwydd bod y thema hon ar un lefel yn ymdrin yn symbolig â'u profiad o'r mislif:

> Paham, felly, y ceid diddordeb anghyffredin gan yr awduron benywaidd yn y clwyf ? Tybed a ydoedd yn gysylltiedig â'r nodwedd fenywaidd a ystyrid yn gymaint rhan o 'warth y wraig', sef y misglwyf? Y mae'n sicr fod yr emynwyr cynnar, a oedd wedi eu trwytho yng ngeiriau'r Beibl, yn gyfarwydd â'r cyfeiriadau at y misglwyf a geid yn yr Hen Destament.⁹²

Er y buasai'r mislif yn destun cywilydd a hyd yn oed yn arwydd o bechod i Gymraes y bedwaredd ganrif ar bymtheg, yn eironig ddigon yn ôl Jane Aaron, gwelwyd y 'dwyfol lif' mewn cyferbyniaeth, yn ffordd o olchi i ffwrdd ei phechod a'i brynti.⁹³ Rhy potensial gwaed yr Iesu'r cyfle i achub pob aelod o'r ddynolryw, gydraddoldeb i bob enaid (gwrywaidd neu fenywaidd) felly:

> Neges yr emynyddesau Cymreig yw bod y ferch, yn ogystal â'r mab, wedi ei hachub rhag gwarth a chosb yr hen oesoedd patriarchaidd gan addewidion y Testament Newydd. Glanhawyd hi o staen y pechod gwreiddiol gan y gwaed a redodd o glwyf y Groes, ac y mae bellach yn rhydd – yn ei hysbryd o leiaf, os nad yn faterol – oddi wrth wreiggasineb yr oesoedd patriarchaidd.⁹⁴

Gellir dadlau y bu'r strwythur patriarchaidd yn offeryn gormes mor llwyddiannus fel bod y fenyw wedi mewnoli ei ddisgyrsiau, ac yn ei sensro ei hun yn effeithiol iawn erbyn hyn. Yn ôl Ceridwen Lloyd-Morgan, 'Mae hunansensoriaeth dan ei hamryw wynebau yn bod o hyd, fel yr wyf innau'n ymwybodol wrth ysgrifennu, gan fy mod yn teimlo pwysau arnaf i ddadlau'n dawel a rhesymegol, rhag ofn i'm geiriau gael eu wfftio fel gormodiaith ffeministaidd.'⁹⁵

Ar y naill law, mae'n bosibl ystyried bod anallu'r Gymraes i gyfleu ei phrofiadau corfforol, profiadau a gysylltir yn agos â'i hunaniaeth a'i rhywioldeb wedi gadael gwagle dwys yn ein llên. Dichon y bu rhai awduron gwrywaidd yn ymwybodol o'r 'diffyg' hwn ac wedi ceisio ei lenwi yn ddirprwyol. Daw ymdriniaeth Aled Islwyn â rhywiaeth a hunaniaeth merch ifanc yn ei nofel *Sarah Arall* i'r meddwl: 'Tybed beth yw arwyddocâd y ffaith mai dynion ar y cyfan sydd wedi mynd ar ôl pynciau fel anorecsia a bulimia yn y Gymraeg?'[96] Ond ar y llaw arall, ai wedi osgoi testunau felly yn eu cyfrolau y mae awduron benywaidd, neu ddiffyg sylw beirniadaeth fanwl ar eu gwaith sydd wedi methu cael hyd i drafodaethau o'r fath? Er enghraifft ceir ymdriniaeth estynedig ac amlhaenog ag anhwylder bwyta yn *Cysgodion* Manon Rhys (1995) sy'n rhagflaenu cyfrol Aled Islwyn o flwyddyn.

Serch hynny, yn ddiweddar iawn, gwelwyd tro ar fyd a cheir awgrym fod yna *kudos* yn datblygu ymhlith rhai llenorion benywaidd ynghylch datguddio prosesau corfforol y fenyw i'r gynulleidfa Gymraeg. Yn eironig ddigon, mae'n bosibl dadlau fod yna awgrym o elfen gystadleuol *macho* yn datblygu yn y maes hwn:

> Dyna chi Mari George wedyn, yn honni mai hi ydi'r bardd cynta i sôn am PMT mewn cerddi Cymraeg. Wel mi wnes i hynny o beth o'i blaen hi yn Duwieslebog, ac mae'n siŵr fod beirdd eraill wedi gwneud hynny o'mlaen innau (onid oedd y band Pryd Mae Te? yn canu am densiwn cynfisglwyfol?). (Elin Llwyd Morgan, 2007)[97]

3. *Pontio:* Beirniadaeth Ffeministiaeth Eciwmenaidd

Ar un lefel, mae'n bosibl dadlau bod rhai o wreiddiau ffeministiaeth Gymraeg yr ail don ym mhridd sosialaeth. Yn hynny o beth, ffurfia ffeministiaeth a sosialaeth y bardd a'r beirniad Menna Elfyn ran o'i chlytwaith o gredoau. Mae ei hideoleg ar adegau yn ei chyfleu ei hun drwy ei hanfodlonrwydd i ddyrchafu rhywedd uwchben ffactorau cymdeithasegol eraill: 'Wedi'r cyfan onid yw'r beirniaid yn gwahaniaethu'n ddirfawr o ran dosbarth a chefndir cymdeithasol a diwylliannol, yn ferched a dynion?'[98] Sut bynnag, effeithiodd blynyddoedd maith teyrnasiad Margaret Thatcher yn wael ar obeithion nifer o grwpiau a ymgyrchai dros degwch a chydraddoldeb, gan gynnwys y ffeministiaid Cymraeg:

> Yn y saithdegau yr oedd gennym o fewn y mudiad ffeministaidd a sosialaidd obaith fod modd newid y gymdeithas, y byddai dynion

a merched yn gallu cydweithio i greu cymdeithas well ac ynddi gydraddoldeb cyflawn i bawb. Diflannodd y freuddwyd, collwyd y delfrydau gyda theyrnasiad diddiwedd y Toriaid.[99]

Serch hynny bu sail ehangach i siom y ffeminist â gwleidyddiaeth y chwith. Yn raddol, sylweddolwyd nad oedd Marcsiaeth neu sosialaeth ynddynt eu hunain erioed yn mynd i lwyr ennill brwydr y fenyw, am eu bod wedi'u gwreiddio'n rhy ddwfn mewn disgyrsiau patriarchaidd:

> Ond buan y daeth merched oddi mewn i'r mudiad Marcsaidd i sylweddoli na fyddai goruchafiaeth Marcsiaeth yn debygol o ryddhau'r ferch o'i hisraddoldeb. Ystyriwyd mai'r drefn batriarchaidd a gynhaliai awdurdod y gwryw, oedd y bwgan pennaf yn hytrach na'r drefn economaidd.[100]

Ategodd Menna Elfyn hefyd ei siom ynglŷn â methiant sosialaeth i wireddu ei photensial, am iddi gael, yn ei barn hithau, ei llygru gan fudreddi cynllwynion y wladwriaeth. 'Cafodd pob math o sosialaeth enw drwg yn anffodus oherwydd ei gyplysu gyda gafael y wladwriaeth'. Ond ni wêl unrhyw ddewis amgen ychwaith, dim ond ffwndamentaliaeth, cyfalafiaeth neu Ffasgaeth. Cred Menna Elfyn fod ffeministiaeth yn cynnig ffordd ymlaen i sosialaeth drwy herio ein persbectif o'r byd mewn modd di-drais.

> Erbyn hyn rwy'n credu bod ffeminyddiaeth wedi dangos y ffordd i sosialaeth gyda'r dull di-drais o greu newidiadau seicolegol ym meddyliau pobl. Diau ymhen degawd arall y gellir dileu'r label a dod o hyd i air newydd eto y bydd yn werth ymgyrchu yn ei enw.[101]

Er gwaethaf yr optimistiaeth honno, dadrithiad oedd nod y dydd, ac yn ystod y cyfnod Thatcheraidd wedi refferendwm 1979, mae'n debyg y llaciodd y cysylltiadau gwleidyddol rhwng sosialaeth a ffeministiaeth yng Nghymru. Ond roedd datblygiadau ehangach ar waith a oedd hefyd yn datod clymau felly. Newidiadau cymdeithasol a syniadaethol oedd y rhain a ddigwyddodd yn sgil datblygiadau'r technolegau newydd a'r cyfryngau torfol. Crisialwyd y ddarniaeth a'r lluosogedd a oedd yn nodwedd annatod o'r newidiadau hyn ym mydolwg ôl-foderniaeth.

Dywed Simon Brooks yn y bennod sy'n ffurfio'r diweddglo i'w gyfrol *O Dan Lygaid y Gestapo* y byddai ffeministiaeth yn blodeuo o dan ymbarél syniadol ôl-foderniaeth ar drothwy'r mileniwm newydd.[102] Tybed a wireddwyd y rhagolwg hwn? Wrth reswm mae gan ôl-foderniaeth a'i photensial i danseilio'r drefn ac i hybu cynwysoldeb gysylltiadau gwleidyddol amlwg ag ymgyrch y ffeminist. Ond cred rhai ffeministiaid fod ei thuedd i ddarnio yn fygythiad i oroesiad y cysyniad o 'fenyw' ynddo ei hun. Yn ôl y cylchgrawn *tu chwith*,

> Yn wir, mae'r safiad ôl-fodernaidd yn barlysedig, yn wleidyddol ac yn gyfreithiol. Gwaredir rhywedd rhag gwleidyddiaeth gan adael ffeminyddiaeth a phrofiadau menywod yn ddim gwell na gwleidyddiaeth ddyfeisiadol . . . Heb gyffredinoli ynglŷn â phrofiadau tebyg menywod, does gan y mudiad menywod fawr o sylwedd i'w hymgyrch.[103]

Lansiwyd *tu chwith* a'i gysylltiadau ôl-fodernaidd yn y 1990au â'r amcan o herio'r sefydliad Cymraeg a'i draddodiad. Serch hynny gwêl rhai ffeministiaid Cymraeg hyn oll yn gweithredu o dan nawdd Deddf y Tad, gan wneud fawr mwy na symud grym o fewn y system honno ym marn Francesca Rhydderch: 'cyflwynir ethos y cylchgrawn o dan Deddf y Tad, y paterfamilias, a throsglwyddo pŵer o un genhedlaeth o academyddion i'r llall'.[104]

Eto i gyd mae dad-strwythuro'r cysyniad o fenyw yn rhan bwysig o waith y Ffeministiaid Ffrengig yn enwedig Julia Kristeva sy'n honni mai yn y broses barhaol o gael ei chreu y mae'r fenyw. Mae'n amlwg i nifer o feirniaid a damcaniaethwyr benywaidd Cymraeg ymddiddori mewn syniadau ôl-fodernaidd. Yn nodedig astudia cyfrol Angharad Price *Rhwng Du a Gwyn* dechnegau ôl-fodernaidd yng ngwaith nofelwyr Cymraeg y 1990au. Yn ddiddorol, ceir cysylltiad rhwng drwgdybiaeth y Cymry a'r ffeministiaid ynglŷn â challineb a goblygiadau'r meddylfryd newydd heriol hwn. Crynhoa Angharad Price y safbwynt hwnnw felly: '[mae] angen i lenorion a beirniaid Cymraeg ystyried yn ddwys cyn mynd ati i goleddu delw-ddrylliaeth ôl-fodernaidd, a hynny oherwydd natur "fregus" y diwylliant Cymraeg'.[105] Ceir yn y gyfrol hon ymdriniaeth sensitif a threiddgar â gwaith y nofelydd ac ymgyrchydd Angharad Tomos, yn enwedig ei chyfrol *Titrwm*.[106] Serch hynny, nid yw'r gyfrol yn mynd ar ôl syniadau ffeministaidd yn uniongyrchol ac nid yw'n manteisio ar y cyfle i archwilio unrhyw gysylltiad rhwng potensial ôl-foderniaeth i ansefydlu cysyniad y fenyw a'i dylanwad arfaethedig ar dynged yr iaith Gymraeg. Ar y cyfan, prin yw'r ysgrifau sy'n ymdrin yn uniongyrchol â theori ôl-fodernaidd Ffeministaidd boed yn fudd neu'n faich i'r

Y Cefndir Theoretig

beirniad llenyddol ffeministaidd Cymraeg. Sut bynnag ymddengys nifer o ysgrifau amrywiol sy'n awgrymu bod ôl-foderniaeth yn destun diddorol iawn i'r beirniad llenyddol benywaidd Cymraeg.

Yn *Y Sêr yn eu Graddau* (2000), cyfrol a chanddi flas ôl-fodernaidd amlwg, ymddengys wyth pennod gan awduron benywaidd. Sut bynnag, dim ond dwy o'r penodau gan awduron benywaidd sy'n ymdrin â llenyddiaeth menywod, sef yr un gan Jane Aaron '"Glywi di 'nghuro?': Agweddau ar Nofelau Angharad Tomos' ac ymdriniaeth â delwedd y fenyw yng ngwaith Manon Rhys 'Yn y Cysgodion' gan Ffion Jones. Mae gan y ddwy bennod hyn bwyslais ffeministaidd pendant ac ymwnânt hefyd mewn ffordd tra chyffredinol â rhai agweddau ôl-fodernaidd yn y gwaith dan sylw. Nid oes gogwydd ffeministaidd amlwg yn yr ymdriniaethau â gwaith yr awduron gwrywaidd.

Yn ei phennod hithau, archwilia Jane Aaron y wleidyddiaeth sy'n gorwedd y tu hwnt i naratif nofelau Angharad Tomos ac mae'n olrhain hefyd yr esblygiad yn syniadaeth wleidyddol bersonol yr awdur wrth iddi ymgorffori'r newidiadau gwleidyddol ar lawr gwlad. Er bod ysgrifau'r gyfrol hon yn ymwneud â rhai themâu ôl-fodernaidd, manteisia Jane Aaron ar y cyfle i gynnig sylwadau treiddgar ar gyflwr y Gymraes gyfoes. Dyma'r agosaf a geir yn y Gymraeg efallai at ymdriniaeth ffeministaidd ôl-fodernaidd. Tâl Jane Aaron deyrnged i arddull Angharad Tomos yn ei nofel *Hen Fyd Hurt*, gan ei gweld yn allwedd i hen ddrysau a fu yn waharddedig i'r nofelydd benywaidd Cymraeg erioed. Allwedd yw hon a fu, ers talwm, ym mhoced y sefydliad patriarchaidd Cymraeg:

> Nid yw... yn arddull draddodiadol fenywaidd; nid oes ynddi arlliw yn y byd o'r gwyleidd-dra a'r goddefgarwch sy'n ystrydebol yn gysylltiedig â'r fenyw. Yn fwriadol neu beidio gwnaeth Angharad Tomos dro da a'i chwiorydd wrth fabwysiadu'r fath arddull; ar lefel mynegiant a thôn y llais, rhyddhawyd yr awdures Gymraeg oddi wrth weddillion rhagfarnau a disgwyliadau patriarchaidd gan ei hesiampl.[107]

Ymwna ysgrif Ffion Jones yn yr un gyfrol â safle a llais y fenyw yng ngwaith Manon Rhys. Rhydd sylw gofalus i'w nofel o fewn nofel *Cysgodion* a sonia am y berthynas flinderus rhwng yr artist Gwen John a'r cymeriad Lois sy'n ymchwilio llyfr ar berthynas Gwen a'r cerflunydd Rodin. Trafoda Ffion Jones yr ymdriniaeth a geir yn y nofel â'r broses greadigol a'i harwyddocâd i'r fenyw:

Yn wahanol i'r awdur gwrywaidd, cyfiawnhau'r ffaith ei bod yn ymhél o gwbl â chelfyddyd greadigol yw ei phroblem hi: 'anxiety of authorship' . . . yn hytrach na phryder yn seiliedig ar hualau dylanwad. Gweithred yn perthyn i'r dyn yw ysgrifennu a chreu — wele'r Creawdwr Mawr, hyd yn oed, sydd wedi creu dyn ar ei ffurf ei hun, neu wedi cael ei greu gan ddyn ar ffurf hwnnw.[108]

Gwêl rhai ffeministiaid greadigrwydd dynion yn ceisio gwneud yn iawn am y ffaith nad ydynt yn medru creu drwy esgor ar blentyn; math o *womb envy*,[109] yn hytrach na *penis envy*,[110] syniad sy'n llawer mwy cyfarwydd yn y diwylliant poblogaidd erbyn heddiw.

Disgrifia Ffion Jones sut y mae Gwen John yn y nofel honno yn colli gafael ar ei dawn greadigol ei hun wrth iddi droi yn fodel ar gyfer Rodin. Nid oedd y berthynas yn un gyfartal ac ni ymyrrodd ei haffêr â chreadigrwydd Rodin yn yr un modd.[111] Teimlai Gwen John fel gwrthrych yn nwylo Rodin: 'fel clai yn ei ddwylo. Fel doli glwt; yn troi felly yn wrthrych i'w siapio.'[112] Gall y pwysau i gyfiawnhau ei chynnyrch creadigol dreiddio i waith a bywyd yr artist neu'r llenor benywaidd. Yma sonia Ffion Jones am y ffordd y ceisiodd Gwen John ei dileu ei hun drwy fabwysiadu arddull gynnil iawn yn ei darluniau, ymwrthod â bwyd a chadw draw o'i theulu a'i chyfeillion. Yn ôl y nofel hon, y cyflwr delfrydol i Gwen John oedd cael byw ar ymyl bodolaeth.[113]

> Yng nghelfyddyd Gwen John, caiff 'realiti' ei ganfod mewn pethau bach (mewn darluniau pitw eu graddfa), mewn osgoi'r edrychiad (yn y lluniau o gefnau'r addolwyr yn yr Eglwys ar y Sul) a, bron a bod, mewn edrych i ffwrdd – sy'n gwbl groes i gelfyddyd wrywaidd Rodin a'r pwyslais a rydd ar yr edrychiad, ys dangosir yn nofel Manon Rhys.[114]

Wrth ddyfod yn wrthrych edrychiad gwrywol Rodin chwalwyd creadigrwydd personol Gwen John. Mae testun yr 'edrychiad gwrywol' yn bwysig i theori celfyddyd ac esthetig ffeministaidd hyd heddiw.

Ar y cyfan, honnir mai aflwyddiannus fu ymdrechion ôl-foderniaeth i gyflawni ei photensial fel hyrwyddwr achos y ffeminist yng Nghymru. Ni welwyd unrhyw gynnydd penodol yn ysgrifennu na gweithgaredd ffeministaidd yn ei sgil. Serch hynny, tybed a geir, erbyn heddiw, symudiad arall ar y gorwel sy'n gweddu yn llawer gwell i'w hanghenion a'i bydolwg? Mae'n bosibl dadlau y rhydd natur gylchol 'amser y fenyw' ymwybyddiaeth greiddiol iddi o gylchredau'r byd naturiol. Bu ymwneud beunyddiol y fenyw â'i chynefin erioed yn rhan annatod o ryddiaith awduron benywaidd Cymraeg, e.e. Winnie Parry, Kate Roberts, Eigra Lewis Roberts ac yn ddiweddar Caryl Lewis. Ceir yng ngwaith y llenorion hyn syniad o ryw drindod ysbrydol rhwng corff y fenyw, ei hiaith a'i thir. At ei gilydd, ceisia ffeministiaid ar draws y byd, gan gynnwys Cymru, ymwneud â gweithgareddau cyfrannol fel dewis amgen i hunan-ddyrchafiad unigolyddol, cystadleuol, cyfalafiaeth a'r byd patriarchaidd. Ceir arbrofi gydag ysgrifennu ar y cyd gan feirniaid ac awduron Cymraeg cyfoes, e.e. yr ysgrifau yn y rhifyn 'ffeministaidd' o'r *Traethodydd* yn 1986 a chyhoeddi, yn ddiweddar, nofel Gymraeg, *Nerth Bôn Braich* (2008) a ysgrifennwyd ar y cyd gan grŵp o fenywod.

Mae'n arwyddocaol bod Dylan Foster Evans yn dewis beirniadaeth ffeministaidd yn gymhariaeth i'r ddisgyblaeth led newydd a ffres, ecofeirniadaeth, yn y dyfyniad isod:

> Gellir dweud felly mai man cychwyn ecofeirniadaeth yw'r angen i roi sylw i'r byd naturiol wrth ddehongli llenyddiaeth. Un o'i nodau amgen yw ei gwedd ymarferol, wrth i'r ecofeirniad ymrwymo wrth yr angen i goleddu'r amgylchedd. Ac megis y bydd beirniadaeth ffeministaidd elfennol yn edrych ar y portread o ferched mewn testunau llenyddol (a rhai anllenyddol hefyd), man cychwyn yr ecofeirniad fydd archwilio'n fanwl destunau sy'n trafod byd natur.[115]

Yn y bôn, gellir dadlau bod ecofeirniadaeth a rhai agweddau ar ffeminiaeth yn rhannu perspectif tebyg, sef cydnabyddiaeth o natur gyd-gysylltiedig y byd, ac mor annigonol yw ein dibyniaeth ar y ddeuoliaeth wrthwynebus i gydnabod a pharchu'r cymhlethdodau hynny:

> Un o bennaf enillion ffeministiaeth yw gweld cyd-gysyllted pethau, a gweld y cydberthnasau sy'n bodoli yn hytrach na dibynnu fel a wnaed ar y meddwl patriarchaidd ac ar ddeublygrwydd pethau. Cyfoeth ffeministiaeth yw gweld yr amrywiaethau sy'n bodoli fel gweddau positif ar fywyd ac fel modd sy'n gallu dod at ei gilydd, er mor wahanol, mewn dull cyfrannol.[116]

Gan ystyried y pryderon cyfoes ynghylch sefyllfa'r amgylchedd tybed a welir twf yng ngrym y fath ddisgyrsiau yn y dyfodol agos?

Crynhoad

I ryw raddau, gellir olrhain math o esblygiad mewn ysgrifau beirniadol ffeministaidd Cymraeg sydd yn symud o asesu cymeriadaeth menywod yng ngwaith dynion i ymgais i ddyrchafu gweithiau 'coll' gan awduron benywaidd ac ymlaen at asesiadau o natur iaith ei hun a phwysigrwydd y Semiotig ym mynegiant y fenyw. Er bod y bennod hon wedi bwrw golwg ar wahanol agweddau ar feirniadaeth lenyddol ffeministaidd Gymraeg, y syniadau diweddaraf hyn a'r cysylltiad rhwng yr iaith a'r corff sy'n ffurfio asgwrn cefn yr astudiaeth bresennol. Un nodwedd amlwg a rennir gan ysgrifau ac erthyglau mewn cyfrolau yw eu natur dameidiog, wasgaredig, anwastad. Ys dywed eisoes, heblaw am un rhifyn o'r *Traethodydd* yn 1986, un rhifyn o *Efrydiau Athronyddol* yn 1992 a rhifyn arall *tu chwith* yn 1996 a neilltuwyd yn bwrpasol ar gyfer testunau ffeministaidd, ar y cyfan nid yw'r cynnydd yn niferodd yr erthyglau ymwybodol ffeministaidd wedi bod yn gyson. Yn hytrach gwelir ambell erthygl yn codi ei phen fan hyn a fan draw heb esgor ar unrhyw ddilyniant neu drafodaeth ddatblygedig.

Yn aml ceir beirniaid benywaidd yn dychwelyd at yr un testunau gan yr un awduron, dro ar ôl tro. Mae hwn yn arbennig o wir am waith Kate Roberts, Saunders Lewis ac ar raddfa ychydig yn llai, Islwyn Ffowc Elis. Ceir sawl diffiniad o'r term ffeministiaeth ac ambell ddisgrifiad o swyddogaethau ffeministiaeth a beirniadaeth lenyddol ffeministaidd mewn ysgrifau Cymraeg, e.e. Carys Mair Thomas.[117] Serch hynny, nid oes braidd dim trafodaeth ddadansoddol yn y Gymraeg ar ddatblygiad beirniadaeth ffeministiaeth Gymraeg, efallai oherwydd ei natur glytiog.

Gan ystyried statws y Gymraeg a'r ymdoddi a enghreifftiwyd mewn rhai o'r ysgrifau uchod ynghylch cenedl (rhywedd) a chenedl (gwlad) nid yw'n syndod efallai fod y twf yn statws y Gymraeg yn ystod y 1990au yn sgil Deddf yr Iaith Gymraeg 1993 a'r bleidlais o blaid sefydlu'r Cynulliad yn 1997 yn cyd-fynd â chynnydd yng nghynnyrch a phroffil y llenor a'r beirniad benywaidd Cymraeg yn ystod yr un cyfnod. Yn ystod y nawdegau y daeth y chwyldro o ran y nifer o gyfranwyr benywaidd i gyfnodolion Cymraeg, ac enillodd y fenyw gyntaf erioed, Mererid Hopwood, Gadair yr Eisteddfod Genedlaethol yn 2001. Haws felly i'r Gymraes ffynnu ym myd llenyddiaeth ac efallai yn y byd cyhoeddus Cymraeg yn gyffredinol ar ôl llwyddiannau arloesol o'r fath. Dros amser, mae'n amlwg bod

Y Cefndir Theoretig

newidiadau yn y gyfraith i atgyfnerthu hawliau menywod wedi dyrchafu statws y fenyw yn gyffredinol. Sut bynnag, mae'n debyg bod y dyrchafiad yn sefyllfa'r fenyw wedi'i seilio hefyd ar gynnydd tawel a ddechreuodd yn y 1960au gan gynnwys y niferoedd cynyddol o fenywod a gafodd fynediad i addysg uwch.

O'u cymharu â'u cyfoedion Eingl-Americanaidd ac Ewropeaidd, dengys y drafodaeth uchod fod cyfrolau Cymraeg ar ei hôl hi o ran cyfraniadau ymwybodol ffeministaidd. Er gwaethaf trosiant cyflym a hyblygrwydd cymharol byd y cyfnodolyn, araf oedd datblygiadau ffeministaidd i gydio yno hefyd fel y dywed Simon Brooks:

> Ni cheir erthygl gan fenyw yn *Barddas* cyn rhifyn Nadolig 1984, wyth mlynedd ar ôl ei sefydlu. Am flynyddoedd lawer bu *Taliesin*, *Barn* ac *Y Traethodydd* yn gwbl amddifad o unrhyw gyfraniad gan awduresau ac eithrio ambell adolygiad. O ran cyfraniadau ymwybodol 'ffeminyddol', ceir yr enghraifft gyntaf yn *Y Traethodydd* yn 1985, yn *Barn* yn 1987 ac yn *Taliesin* yn 1991. Hyd yn oed yn y cylchgrawn nodwedd ar gyfer menywod, *Pais*, ysgrifennwyd y golofn adolygu gan ddyn, Glyn Ifans.[118]

Nid yw'n hawdd i'r beirniad neu'r llenor benywaidd Cymraeg greu pellter rhyngddi hi ei hun a chyfraniad ei chyfoedion gwrywaidd. Mae'n bosibl y gallai hynny achosi problemau rhyngbersonol lletchwith ac anghysurus mewn arena gymdeithasol a diwylliannol mor fechan. Saif y potensial hefyd iddo ysgogi teimladau o frad a throsedd yn erbyn yr iaith Gymraeg ei hun – rhaid sefyll yn gadarn gyda'n gilydd yn fenywod a dynion er mwyn sicrhau parhad yr iaith.

Efallai mai ofn yn y pen draw yw sail y diffyg radicaliaeth yn ffeministiaeth a beirniadaeth lenyddol ffeministaidd Gymraeg, ofn y teimladau cryfion y tu ôl i'r llifddorau personol a chymdeithasol: meddai Eigra Lewis Roberts yn 1993, 'Mae gen i ofn ffeministiaeth eithafol, achos dwi'n meddwl fod yna elfennau o chwerwder a chasineb ynddo fo na fuaswn i byth yn medru'u derbyn.'[119] Sut bynnag, nid yw'r dyhead i herio gafael patriarchaeth ar feddylfryd y Cymry o reidrwydd yn nacáu'r posibilrwydd o berthnasau cadarnhaol â dynion. Ond mae'n wir iddo gymhlethu'r darlun yn sylweddol. Fel prif siaradwr mewn cynhadledd ar lenyddiaeth gan fenywod, sylwodd Katie Gramich ar y ffaith bod thema 'perthyn' yn gref a chyson mewn ysgrifennu Cymraeg a Chymreig gan fenywod.[120]

Y bygythiad eithaf i'r Gymraes efallai yw ei hofn o ddatgysylltiad oddi wrth y gymdeithas (real neu ddychmygol) glòs Gymraeg neu

Gymreig. I rai Cymraësau, hyd heddiw ceir cysylltiad symbiotig rhwng eu hunaniaeth a'u cymdeithas a dwyseir y cysylltiad hwnnw, mae'n debyg, gan wleidyddiaeth iaith. Er bod y cysyniad o berthyn, wrth reswm, yn bwysig i'r awdur o Gymro hefyd, tybed a yw sefyllfa fregus menywod o fewn y drefn batriarchaidd yn gwneud alltudiaeth yn bosibilrwydd mwy byw iddynt?

Dadleuir felly bod beirniaid llenyddol benywaidd Cymraeg yn cario beichiau ychwanegol i'w cyfoedion yn America ac yn niwylliannau mwyafrifol Ewrop. Ymwna'r beichiau hyn â'u haelodaeth o gymuned glòs lle mae eu hiaith (leiafrifol), yr iaith honno sydd yn gyfrwng eu hysgrifennu, o dan fygythiad cyson. Mae'n amlwg bod ymdrechion bwriadol rhai ffeministiaid Cymraeg i ddefnyddio'r cysylltiadau rhwng cenedl (gwlad) a chenedl (rhywedd) yn gadarnhaol wedi dechrau dwyn ffrwyth. Sut bynnag mae'n amlwg hefyd fod llawer o waith eto i'w wneud er mwyn gwau fframwaith theoretig cynaliadwy a all fod yn sail i ddatblygiadau pellach ym maes beirniadaeth lenyddol ffeministaidd Gymraeg.

TABL 1

Tabl yn dangos nifer a chanran o fenywod a fu'n beirniadu yn yr Eisteddfod Genedlaethol ar gyfer y bedair cystadleuaeth isod 1948–2010[121]

Blwyddyn	Y Gadair	Y Goron	Y Fedal Ryddiaith	Y Stori Fer	% cyfanswm y beirniaid benywaidd ar draws y pedair cystadleuaeth
1948	0	0	Elena Puw Morgan	0	10%
1949	0	0	0	0	0%
1950	0	0	0	0	0%
1951	0	0	0	0	0%
1952	0	0	0	0	0%
1953	0	0	Kate Roberts	0	10%
1954	0	0	0	0	0%

Y Cefndir Theoretig

Blwyddyn	Y Gadair	Y Goron	Y Fedal Ryddiaith	Y Stori Fer	% cyfanswm y beirniaid benywaidd ar draws y pedair cystadleuaeth
1955	0	0	0	0	0%
1956	0	0	Kate Roberts	0	9%
1957	0	0	Kate Roberts	0	10%
1958	0	0	0	0	0%
1959	0	0	0	Kate Roberts	10%
1960	0	0	0	0	0%
1961	0	0	Kate Roberts	0	10%
1962	0	0	0	0	0%
1963	0	0	0	Kate Roberts	10%
1964	0	0	0	0	0%
1965	0	0	0	0	0%
1966	0	0	0	0	0%
1967	0	0	0	Rhiannon Davies Jones	10%
1968	0	0	0	0	0%
1969	0	0	Kate Roberts	0	10%
1970	0	0	0	Kate Roberts	10%
1971	0	0	Rhiannon Davies Jones	0	10%
1972	0	0	Eigra Lewis Roberts	0	10%
1973	0	0	0	Eigra Lewis Roberts	10%
1974	0	0	Rhiannon Davies Jones	0	10%

Y Llawes Goch a'r Faneg Wen

Blwyddyn	Y Gadair	Y Goron	Y Fedal Ryddiaith	Y Stori Fer	% cyfanswm y beirniaid benywaidd ar draws y pedair cystadleuaeth
1975	0	Dilys Cadwaladr	Marion Eames	Eigra Lewis Roberts	30%
1976	0	0	0	0	0%
1977	0	0	0	Jane Edwards	10%
1978	0	0	Rhiannon Davies Jones	0	10%
1979	0	0	Jane Edwards	0	10%
1980	0	0	Rhiannon Davies Jones	0	10%
1981	0	0	Eigra Lewis Roberts	0	10%
1982	0	0	Branwen Jarvis, Rhiannon Davies Jones	Marged Pritchard	30%
1983	0	Nesta Wyn Jones	Branwen Jarvis	0	20%
1984	0	0	Rhiannon Davies Jones	Marged Pritchard	20%
1985	0	0	Eigra Lewis Roberts	0	10%
1986	0	0	Rhiannon Davies Jones	Marged Pritchard	20%
1987	0	0	Eigra Lewis Roberts	0	10%

Y Cefndir Theoretig

Blwyddyn	Y Gadair	Y Goron	Y Fedal Ryddiaith	Y Stori Fer	% cyfanswm y beirniaid benywaidd ar draws y pedair cystadleuaeth
1988	0	0	Rhiannon Davies Jones, Jane Edwards	Eleri Llewelyn Morris	30%
1989	Branwen Jarvis	Nesta Wyn Jones	Gwerfyl Pierce Jones	0	30%
1990	0	0	Marged Pritchard	Mair Wynn Hughes	20%
1991	Branwen Jarvis	0	Meg Elis	Manon Rhys	30%
1992	0	Margaret Haycock	0 0	Eigra Lewis Roberts	20%
1993	0	Nesta Wyn Jones	Jane Edwards, Meinir Pierce Jones	Eleri Llywelyn Morris	40%
1994	0	Nesta Wyn Jones	Marion Eames, Gwerfyl Pierce Jones	Marged Pritchard	40%
1995	0	Menna Elfyn	Jane Edwards, Eleri Llywelyn Morris	Margiad Roberts	40%
1996	0	Branwen Jarvis	0	Eleri Hopcyn	20%
1997	0	Nesta Wyn Jones	Marion Eames	0	20%
1998	0	Menna Elfyn	Hafina Clwyd	Beryl Stafford Williams	30%

Y Llawes Goch a'r Faneg Wen

Blwyddyn	Y Gadair	Y Goron	Y Fedal Ryddiaith	Y Stori Fer	% cyfanswm y beirniaid benywaidd ar draws y pedair cystadleuaeth
1999	0	Einir Jones	0	0	10%
2000	0	0	Angharad Dafis, Katie Gramich	0	20%
2001	0	0	Gwerfyl Pierce Jones, Manon Rhys	Eleri Llewelyn Morris	30%
2002	0	Menna Elfyn, Einir Jones	Meg Elis	0	30%
2003	0	Nesta Wyn Jones	Jane Edwards	0	20%
2004	0	0	Hafina Clwyd	0	10%
2005	0	0	Catrin Stevens, Meinir Pierce Jones	0	20%
2006	0	Menna Elfyn, Gwyneth Lewis	Jane Aaron	Meleri Wyn James	40%
2007	Mererid Hopwood	Nesta Wyn Jones	Jane Edwards, Angharad Price	0	40%
2008	Nia Powell	Elin ap Hywel	Catrin Beard	Elan Closs Stephens	40% 40%
2009	Branwen Jarvis	0	Manon Rhys	Karen Owen	30%
2010	0	Mererid Hopwood	Caryl Lewis	0	20%

Rhan 2
Darlleniad Ffeministaidd o'r Cyfrolau

Cyflwyniad i'r Cyfrolau

Seilir y dadansoddiad hwn ar ddetholiad o ffuglen, naill ai'n nofelau neu'n gasgliadau o storïau byrion, a gyhoeddwyd gan fenywod rhwng 1948–2010. Darllenwyd 160 o lyfrau gan 60 gwahanol awdur a rhoddir gwybodaeth lawn am y cyfrolau hyn yn y Llyfryddiaeth. Ni chyfeirir yn uniongyrchol at bob cyfrol naill ai oherwydd diffyg perthnasedd y deunydd i'r astudiaeth neu er mwyn osgoi pentyrru enghreifftiau.

Yn nyddiau cynnar y cyfnod dan sylw, a hyd at ddechrau'r 1960au roedd nifer y cyfrolau gan fenywod yn bitw. Daethpwyd o hyd i namyn un gyfrol o ffuglen Gymraeg a gyhoeddwyd gan fenyw (ar ei phen ei hun) yn 1948 a thair cyfrol yn 1949. O ganlyniad, ceisiwyd darllen pob cyfrol a oedd ar gael o'r blynyddoedd cynnar hyn, ond nid oedd yn bosibl darllen popeth wrth i'r cyfnod fynd yn ei flaen oherwydd swmp y gwaith. Mae'n rhaid pwysleisio felly nad yw'r drafodaeth bresennol yn hollgynhwysol a bod modd ychwanegu at y gwaith yn y dyfodol. Wedi dweud hynny, gwnaethpwyd ymdrech deg i gynnwys ystod eang o awduron ac nid yn unig y rhai amlycaf a mwyaf blaenllaw. O fwriad, ni roddwyd pwyslais arbennig ar enillwyr gwobrau eisteddfodol ac ati oherwydd gor-gynrychiolaeth beirniaid gwrywaidd mewn cystadlaethau o'r fath (gweler Tabl 1). Yn hyn o beth cynhwysir esiamplau a oedd yn unig gyfrol i'w hawduron, e.e. Catrin Lloyd Rowlands *Ar Chwâl* (1958) a Marian Rees *Lle i Dri* (1972). O ran yr awduron mwy adnabyddus a chynhyrchiol, lle nad oedd yn bosibl darllen eu holl *oeuvre* dewiswyd esiamplau o wahanol gyfnodau yn eu gyrfaoedd, e.e. Kate Roberts, Eigra Lewis Roberts a Bethan Gwanas. O ran awduron lle mae'r corff benywaidd yn amlwg yn ganolog i'w holl waith, e.e. Jane Edwards, dewiswyd darllen pob cyfrol o ffuglen ganddynt. Yn anochel, yn y drafodaeth, caiff rhai cyfrolau lawer mwy o sylw na'i gilydd am iddynt weddu mor dda i orchwyl yr astudiaeth hon, e.e. *Mae'r Galon wrth y Llyw* Kate Bosse-Griffiths (1957), *Rhodd o Ferch* Grace Roberts (1988), *Cysgodion* Manon Rhys (1993) ac yn bennaf, *Titrwm* Angharad Tomos (1994).

Oherwydd prinder deunydd yn y blynyddoedd cynnar, defnyddiwyd rhai cyfrolau a gyhoeddwyd eisoes mewn ffurf arall, e.e. fel stori gyfres mewn cylchgrawn neu bapur newydd, e.e. *Dyddiadur Jane Parry* (1965) Amy Parry-Williams, neu fel storïau ar y radio, e.e. *Tyfu* Jane Edwards (1984). Ond tueddir i hepgor y deunydd hwn ar ôl dechrau'r 1990au, e.e. cyfres *Y Palmant Aur* Manon Rhys (1998), eto oherwydd swmp y nofelau traddodiadol a oedd ar gael erbyn diwedd y cyfnod dan sylw. Ar y cyfan, ac eto oherwydd ymarferoldeb, osgoir ffuglen i blant. Fodd bynnag, mae un neu ddwy o gyfrolau sy'n cael eu marchnata ar gyfer pobl yn eu harddegau, e.e. *Annwyl Smotyn Bach*, Lleucu Roberts (2008) a *Deryn Glân i Ganu*, Sonia Edwards (2008), wedi cael mynediad am iddynt ymdrin â deunydd sydd o ddiddordeb i'r drafodaeth bresennol. Mae hynny'n cysylltu â phwynt arall ynglŷn â rôl yr awdur o Gymraes. Am resymau y trafodwyd eisoes yn y gyfrol hon, bu'r Gymraes yn araf yn dechrau cyhoeddi ei ffuglen ei hun, ac yn y dyddiau cynnar, cysylltid nofelau gan fenywod â deunydd i blant. Mae'r duedd i fenywod ysgrifennu ar gyfer y ddwy gynulleidfa yn nodwedd gyffredin o'u gwaith hyd heddiw, ystyrier er enghraifft Bethan Gwanas, Caryl Lewis, Angharad Tomos a Mererid Hopwood. Yn hyn o beth, gellir dadlau bod sawl un o'r nofelau o gyfnod cynharaf y gyfrol hon yn pontio rhwng ffuglen i blant a ffuglen i oedolion. Ymwna rhai ohonynt â themâu ditectif/antur/ysbïo sy'n meddu'r tir canol hwn, e.e. Dyddgu Owen *Cri'r Gwylanod* (1953) a Rhiannon Davies Jones, yn ei nofel gynnar, *Y Llwynog* (1949) a cheir nofelau eraill sy'n trafod prifiant plant a'r bywyd teuluol; yr enwocaf yn eu plith yw *Te yn y Grug* Kate Roberts (1959).

Mae Delyth George eisoes wedi sylwi mai 'nofelau cartrefol, pentrefol, gwledig, cyfarwydd'[1] yw norm ffuglen Gymraeg hanner cyntaf yr ugeinfed ganrif. Yn aml iawn defnyddir y cymeriad y Gymraes syrthiedig fel moeswers lem i atgoffa'r Cymry o'u cyfrifoldebau moesol, ac yn wir, gellid dadlau bod elfen o hyn wedi goroesi hyd heddiw. Ond yn raddol ac yn ysbeidiol, gwelwyd nifer o gyfrolau gwefreiddiol yn ymddangos a oedd yn torri tir newydd o ran arddull neu ddeunydd trafod. Y gyntaf o'r rhain efallai yw *Mae'r Galon wrth y Llyw* Kate Bosse-Griffiths (1957), cyfrol sydd yn hoelio sylw yn ddigamsyniol ar fyd a diddordebau'r oedolyn. Dyma esiampl brin iawn yn y cyfnod hwn o awdur benywaidd yn defnyddio llwyfan y nofel mewn ffordd hunanymwybodol i drin a thrafod syniadau mawr ei hoes, yn bennaf – seicdreiddiad, athroniaeth, llenyddiaeth a ffeministiaeth. Mae gan y corff benywaidd le canolog yn y gwaith hefyd fel cwndid yn cynnal disgyrsiau sy'n trafod moesoldeb a gwerthoedd cymdeithasol. Er y gellid dadlau bod cyfrolau megis *Brynhyfryd* Eigra Lewis Roberts (1959)[2] wedi arloesi ym maes llenyddiaeth menywod, o ran cylch gorchwyl yr astudiaeth hon, *Dechrau Gofidiau* Jane Edwards[3] oedd y garreg filltir nodedig nesaf. O'r diwedd yn y cyddestun Cymraeg, dyma'r fenyw ifanc syrthiedig yn cael cymryd safle herfeiddiol ac yn ymwrthod â mefl 'cywilydd.' Agorodd gwaith Jane Edwards, yn ei gyfanrwydd, nifer o ddrysau, a oedd eisoes yn waharddedig i lenorion benywaidd eraill. Er bod nofelau awdur arall y cyfnod, Beti Hughes, yn ymylu ar yr ystrydebol a'r sentimental, maent yn ddiddorol oherwydd iddynt ddefnyddio corff y fenyw yn gyson fel maes y gad i gynnal y brwydrau rhwng yr hen werthoedd 'traddodiadol' Cymraeg ac ymosodiadau disgyrsiau'r diwylliant Eingl-Americanaidd. Ceir yr esiamplau gorau o hyn yn *Dwy Chwaer* (1964)[4] a *Carchar Hyfryd* (1965)[5] er bod y thema yn gyffredin i'r rhan fwyaf o'i gwaith. Mae gan gorff y fenyw swyddogaeth newydd ac arswydus yng nghyfrol ysgymarol dameidiog Ennis Evans *Pruddiaith* (1981).[6] Yma caiff poen seicolegol personol a'r disgyrsiau cymdeithasol annifyr sy'n creu delwedd y fenyw eu taflunio yn hunan-dreisgar ar y corff benywaidd.

Cymerodd yr egni creadigol gyfeiriad amgen yn y 1970au a'r 1980au gyda gwaith Meg Elis ac Angharad Tomos a'u cysylltiadau agos â bywyd colegol oddi cartref ar y naill law, â brwydr yr iaith ar y llaw arall. Er nad oes gan ffuglen gynnar Angharad Tomos megis *Hen Fyd Hurt* (1982)[7] ac *Yma o Hyd* a (1985)[8] yr un cysylltiadau amlwg â'r corff beichiog â'u cyfrolau dilynol *Titrwm* (1994)[9] ac *wrth fy nagrau i* (2007)[10] mae darlleniad agos o'r testun yn dadlennu defnydd cynnar o'i bwysigrwydd trosiadol yn ei gwaith a thrafodir hyn yn ddiweddarach yn y gyfrol hon.

Er nad yw'n ymarferol i grynhoi cyfraniad pob llenor benywaidd, gwelir bod ambell i awdur yn haeddu sylw arbennig. Er enghraifft, adeiladodd Marion Eames ddisgyrsiau cadarnhaol o amgylch y corff benywaidd yn ei gwaith a gwnaeth Marged Pritchard gyfraniad arwyddocaol at normaleiddio disgyrsiau am brofiadau a phryderon corfforol menywod mewn llenyddiaeth. At ei gilydd, yn y 1980au a 1990au gwelwyd gyrfaoedd llenyddol nifer o awduron benywaidd Cymraeg pwysig eraill yn blaguro, yn bennaf efallai Eirwen Gwynn,

Sonia Edwards, Angharad Tomos, Manon Rhys ac Angharad Price. Ceir hefyd ambell gyfrol nad esgorodd ar yrfa lenyddol bellach i'w hawdur, ond sydd ynddi ei hun yn nodedig yng nghyd-destun theori a beirniadaeth lenyddol ffeministaidd Gymraeg, e.e. *Y Dylluan Wen* Angharad Jones (1995)[11] a *Fflamio* Ann Pierce Jones (1999).[12]

Ers y 1980au, gwelir cynnydd sylweddol yn nifer y cyfrolau a gyhoeddwyd gan fenywod ac yn y nifer yr awduron benywaidd sy'n cyhoeddi. Erbyn diwedd y nawdegau a dechrau'r mileniwm newydd gellir dadlau bod chwa ôl-foderniaeth wedi chwythu'n ogleisiol drwy'r maes hwn a bod yr arddull chwareus, dyfeisgar, tafod-yn-y-boch wedi dylanwadu i raddau, o leiaf, ar waith awduron megis Angharad Price, Angharad Tomos, Manon Rhys, Meleri Wyn James, Elin Llwyd Morgan, Sonia Edwards, Mererid Hopwood a Gwyneth Lewis ymhlith eraill. Mae'n bosibl ystyried hefyd fod gwawr y mileniwm newydd, a sefydliad Llywodraeth Cymru wedi gweld beiddgarwch newydd yn yr ysgrifennu. Erbyn diwedd degawd cyntaf y ganrif newydd ceir hyd yn oed golwg gwatwarus/eironig ar ffeministiaeth ei hun yn nofel fuddugol Fflur Dafydd *Y Llyfrgell* (2009).[13] Er bod culni'r gorffennol wedi goroesi yn ystyfnig mewn rhai achlysuron, eto i gyd, mae'r hunanhyder newydd wedi tywys awduron benywaidd Cymru ar hyd llwybrau amgen o ran arddull a chynnwys. Ar y naill law, mae ffuglen Gymraeg gyfoes gan fenywod yn gyforiog o themâu cyfrannol a rhyngdestunol, ond ar y llaw arall mae hi hefyd yn dra amrywiol. Er y defnyddir yr ymadrodd 'yr awdur o Gymraes' yn gyson yn y gyfrol am resymau ymarferol, mae'r blwraliaeth gyfredol mewn ffuglen Gymraeg gan fenywod ar un lefel efallai yn cwestiynu ei ddilysrwydd.

3

Beichiogrwydd

Rhagymadrodd

Er gwaethaf eithriad eiconig a chynhennus *Monica* Saunders Lewis (1930), bu beichiogrwydd yn un o dabŵs tawel Llenyddiaeth Gymraeg hyd at ganol yr ugeinfed ganrif. Heblaw am ei swyddogaeth gul fel moeswers gywilyddus, dim ond yn ail hanner y ganrif y ceir trafodaeth ddyfnach ac ehangach ar y ffenomen gan awduron benywaidd Cymraeg. Mae'n debyg nad tawedogrwydd sy'n neilltuol i'r Cymry na'r Gymraes yn unig yw hwn ond ffenomen gymdeithasol lawer ehangach. 'Pregnancy, childbirth and breastfeeding are still, in many communities – including the academic ones I have belonged to – unspoken, perhaps unspeakable.'[1] Ar un lefel, mae'n anhygoel ystyried bod profiad sy'n uno pob bod dynol (o un safbwynt o leiaf) wedi hawlio cyn lleied o sylw gan ein llenorion. 'The one unifying, incontrovertible experience shared by all women and men is that months-long period we spent unfolding inside a woman's body.'[2]

Mae gan y corff beichiog arwyddocâd dwys i'r unigolyn ac i'r gymdeithas ehangach ill dau. I'r fenyw mae ei chorff beichiog yn gysylltiedig â synwyriadau corfforol, newidiadau seicolegol a theimladau angerddol. Sut bynnag, er bod beichiogrwydd yn brofiad preifat mae ganddo yn ogystal ystyron diwylliannol a chymdeithasol pwysig.

Hyd at o leiaf chwarter cyntaf y ganrif ddiwethaf ystyriwyd beichiogrwydd yn gwbl anghydnaws â deallusrwydd.[3] Er y dyrchafwyd y fam, yn hanesyddol, gan y diwylliant (Cristnogol) Cymraeg, rhannol ac amwys oedd y dyrchafiad hwnnw ac nid oedd yn ymestyn i'w doniau ymenyddol neu ieithyddol. 'Y mae'n ffasiwn ers tro bellach weiddi gyda'r dyrfa mor ardderchog yw mamau Cymru. Boed hynny fel ag y bo, nid ar eu gwybodaeth o geiniog y Gymraeg y gorffwys yr ardderchogrwydd hwn.'[4] Er y gwelwyd gwerth sylfaenol y fenyw yn ei rôl fel mam, beichiogrwydd hefyd oedd wrth wraidd ei gallu israddol honedig. 'If motherhood is what makes woman "valuable", it is also paradoxically, what constitutes her intellectual and therefore social and political inferiority.'[5] Cyfeiria nifer o awduron ffeministaidd at y ddeuoliaeth hon yn hunaniaeth yr awdur benywaidd, yn fwyaf trawiadol efallai, Julia Kristeva yn ei hysgrif, 'Stabat Mater' sy'n cyferbynnu gwaith academaidd manwl ar y Forwyn Fair â'i phrofiadau goddrychol o famolaeth mewn dwy golofn ar yr un tudalen:

Head reclining, nape finally relaxed, skin, blood, nerves warmed up, luminous flow: stream of hair made of ebony, of nectar, smooth darkness, through her fingers, gleaming honey under the wings of bees . . .	Very soon, within the complex relationship between Christ and his mother where relations of God to mankind, man to woman, son to mother, etc, are hatched, the problematics of time similar to that of cause loomed up.[6]

Yn hanesyddol mae'r tyndra rhwng 'dyletswyddau' traddodiadol a chorfforol y fenyw i esgor ar blant a'i hawydd i gyfrannu yn ehangach at y byd academaidd, gwleidyddiaeth, y celfyddydau, gwyddoniaeth ac ati, yn cyrraedd ei benllanw yn negawdau cynnar y cyfnod dan sylw. Meddai traethydd nofel Beti Hughes, *Melodïau Coll* (1977), 'Yr oeddwn yn teimlo'n ddau berson. Credai un hanner ohonof y gallai bywyd fod yn rhwydd a hapus fel gwraig ifanc newydd briodi yn Hafod Meigan, ac ysai'r rhan arall am ryddid i ganu, a bodloni hunan.'[7]

Bu'r blynyddoedd yn union ar ôl yr ail ryfel byd yn helbulus a rhwystredig i nifer o fenywod. Cyflawnai miloedd ohonynt swyddi a dyletswyddau cyfrifol a thraddodiadol 'gwrywaidd' eu natur yn ystod y brwydro ond bellach, disgwylid iddynt ailgydio yn ei rôl draddodiadol fel 'angel yr aelwyd'. Yn sicr yr oedd nifer sylweddol ohonynt yn hapus i geisio dychwelyd at ryw fath o 'normalrwydd' teuluol heddychlon ar ôl erchylltra'r rhyfel, yn ôl Bethan Mair Hughes:

> Daeth y pumdegau a dryswch ynglŷn â safle'r wraig yn y gymdeithas . . . Ar y naill law, ni fynnai gwragedd a brofodd rhyddid cymharol cael swydd lawn-amser yn ystod y Rhyfel aberthu'r rhyddid hwnnw er mwyn dychwelyd i fyd golchi a glanhau, magu plant a gweini ar y gwŷr. Ar y llaw arall, roedd yn hanfodol er mwyn adfer trefn gymdeithasol, a safle'r dyn yn y gymdeithas, fod y gwragedd yn ail-gymryd at eu cyfrifoldebau teuluol ac yn rhoi o'r neilltu unrhyw feddwl am annibyniaeth a hunanfoddhad.[8]

Serch hynny, i eraill, yr oedd y byd wedi newid am byth, ac nid oedd y *status quo* a fodolai cyn y gwrthdaro yn bosibl bellach. Dichon fod y tensiynau hyn ynghyd ag ansicrwydd a dogni materol y gymdeithas ôl-ryfel yn esbonio cyn lleied o fenywod a oedd yn cyhoeddi ffuglen o gwbl yn y Gymraeg yn y blynyddoedd rhwng 1948 a 1960. Ond mewn gwirionedd, prin iawn fu cyfraniad y fenyw i ryddiaith Gymraeg *erioed* tan ganol y ganrif ddiwethaf.[9]

Awgrymid hefyd fod tlodi cymharol Cymry'r cyfnod yn rhwystr arall iddynt o ran ysgrifennu nofelau. Dioddefai'r Gymraes felly o anfantais ddeublyg oherwydd ei statws economaidd is a'i statws is fel menyw. Nid oedd ganddi hithau unrhyw obaith o ennill yr hyn a oedd yn hanfodol ar gyfer ysgrifennu nofel yn ôl Virginia Woolf yn *A Room of One's Own* (1929), sef ystafell bersonol ac incwm annibynnol. Yn y pen draw, dibynna creadigrwydd a rhyddid meddwl nid ar allu ond ar arian: 'intellectual freedom depends on material things',[10] ac fel rheol, yn enwedig yn y cyfnod hwnnw, gan y dyn yr oedd y manteision economaidd hynny.

Dadleua rhai academyddion bod modd cymharu profiad y Fenyw fel bod dynol dan anfantais, a safle lleiafrifol yr iaith Gymraeg:

> Gyda chymaint o fewnfudwyr a'r effaith a gaiff hynny ar ein diwylliant cynhenid, hwyrach bod ansicrwydd bellach ynglŷn â'r hyn sy'n gynhenid Gymreig a'r hyn sy'n ganlyniad i effaith diwylliant cryfach. Mentraf ddweud mai'r un yw sefyllfa'r ferch yn aml, yn rhannu ei haelwyd ag aelod o ddiwylliant arall macho sy'n cyflyru ei dull o feddwl, yn peryglu ei hunaniaeth ac yn ei chadw'n ddarostyngedig iddo.[11]

Gellir honni, oherwydd sefyllfa ddarostyngedig y genedl, fod gan y Gymraes feichiau ychwanegol i'w cludo o'i chymharu â'i chwiorydd dros y ffin: 'fel yr honnai ffeminyddion, roedd sefyllfa menywod yn waeth yng Nghymru nag yn Lloegr. Yn wir gellid dadlau bod yr esgeulustod hwnnw'n sgil-effaith i drefedigaethedd.'[12] Er bod safle'r Cymro yn wan, gwannach fyth yw safle'r Gymraes: 'mae rhai dan ormes yn aml iawn yn ceisio gormesu yn eu tro y rhai sydd hyd yn oed yn fwy di-rym, er mwyn eu cysuro eu hunain fod rhywfaint o bŵer ganddynt.'[13] Sylwer bod disgyrsiau ffeministaidd ar y cyfan yn debyg iawn i ddisgyrsiau ôl-drefedigaethol. Mae'r ddau yn ymdrin â'r frwydr yn erbyn anghyfiawnder a gormes ac ymwrthodant yn huawdl â'r drefn batriarchaidd a goruchafiaeth grym y dyn gwyn. Gwelir maes o law fod y cyffelybiaethau hyn yn cyd-blethu yn agos iawn yng ngwaith y nofelydd benywaidd Cymraeg.

Sut bynnag, o'r 1960au ymlaen, daeth tro ar fyd ym mywydau menywod Cymru. Dechreuasant wneud cynnydd ym myd addysg a gwaith gyda nifer sylweddol ohonynt yn mynychu prifysgolion a maes o law yn ymuno â phroffesiynau am y tro cyntaf.[14] Enillwyd cydraddoldeb swyddogol yn sgil y Ddeddf Cyflog Cydradd (1970), Y Ddeddf Gwahaniaethu ar sail Rhyw (1975) a'r Ddeddf Amddiffyn Cyflogaeth (1977).[15] Daeth cynnydd mewn amodau byw a gofal iechyd â gwelliant yn iechyd a disgwyliad oes y fenyw. Menywod a phlant a elwodd fwyaf yn sgil sefydlu'r GIG yn 1948, oblegid dyma'r tro cyntaf iddynt fedru derbyn gofal iechyd di-dâl. Yn araf hefyd gwelwyd newid mewn agweddau cymdeithasol, ac i raddau, edwinodd hen ragfarnau yn erbyn y fam sengl, hawl y fenyw i erthylu, ei hawl i reoli ei ffrwythlondeb, a'i dewisiadau rhywiol.

Mae'n ddiddorol bod rhai o'r awduron benywaidd mwyaf adnabyddus a fu'n ysgrifennu yn hanner cyntaf yr ugeinfed ganrif eu hunain yn ddi-blant, e.e. Moelona, Kate Roberts, Fanny Edwards, Eluned Morgan. Roedd y nofel yn gyfrwng ifanc i'r Gymraeg yn y cyfnod hwn,[16] ac yn gyfrwng ifancach byth i'r awdur o Gymraes.[17] Dim ond yng nghanol yr ugeinfed ganrif, mae'n debyg, y daeth y cyfle i gyfuno cyhoeddi nofelau â magu teulu mewn unrhyw ffordd gynaliadwy. Nid oes syndod felly mai yn y cyfnod hwn y daeth testun beichiogrwydd yn un dilys i'w drafod mewn ffuglen gan fenywod, oblegid dyma'r tro cyntaf, ar unrhyw raddfa, y cafodd mamau'r cyfle i gyhoeddi cyfrolau o ffuglen.

Anghyffredin yw'r cyfrolau Cymraeg gan fenywod sy'n defnyddio beichiogrwydd ei hun yn brif thema. Serch hynny, mae'n bosibl darganfod esiamplau o ryddiaith sy'n rhoi blaenoriaeth i feichiogrwydd a'i arwyddocâd ar hyd y cyfnod dan sylw, e.e. *Mae'r Galon Wrth y Llyw,* Kate Bosse-Griffiths (1957),[18] *Dechrau Gofidiau,* Jane Edwards (1962),[19] *Dros Fryniau Bro Afallon,* Jane Edwards (1976), *Rhodd o Ferch,* Grace Roberts (1988), *Titrwm,* Angharad Tomos (1994) *Annwyl Smotyn Bach,* Lleucu Roberts (2008). Llawer mwy cyffredin yw'r nofel/stori fer sy'n defnyddio beichiogrwydd fel rhan integredig ond arwyddocaol o'i naratif, e.e. *Dwy Chwaer,* Beti Hughes (1964), *I Hela Cnau,* Marion Eames (1978), *Mis o Fehefin* Eigra Lewis Roberts (1980), a *Corcyn Heddwch* Beca Brown (2006).

Wrth ystyried cyfrolau o ryddiaith Cymraeg gan fenywod, mae'n amlwg bod defnydd pwrpasol o feichiogrwydd fel rhan greiddiol o wead y naratif wedi cynyddu yn sylweddol dros y degawdau ers 1948, ac wedi cyrraedd ei anterth ar ddechrau'r mileniwm newydd. Yn gyffredinol, mae'r ffenomen ei hun wedi symud o rywbeth sy'n bodoli ar gyrion y naratif i fod yn rhan anhepgor ohoni mewn nifer o nofelau cyfoes. Hyd at ddiwedd y 1970au, mae'r prif ddefnydd o feichiogrwydd yn y naratif yn archwilio'r cywilydd a oedd, ar y pryd, yn gysylltiedig ag esgor ar blentyn anghyfreithlon. Dyma brofiad personol un fenyw ddi-briod o dde Ceredigion a feichiogodd yn 1945:

> Oherwydd y stigma ni chaniatâi ei mam iddi ddod i olwg clos y fferm rhag ofn y deuai ymwelwyr heibio. Yn hytrach, cai ei hanfon draw i'r gweunydd i 'drensho' – agor rhewyn dwr gyda rhaw a phicas gyda'r gwas. Na, meddai, 'och chi'n cal dim maldod, nag och, och chi'n cal eich erlid'. Aeth hi ddim i'r capel o gwbwl pan oedd hi'n disgwyl. Pan anwyd y baban gofynnodd ei mam iddi, 'Pwy yw tad y mwngrel 'ma?'[20]

Yn y nofelau dan sylw, mae awydd yr awdur i gyfreithloni'r fam a'r plentyn yn gryf iawn ar adegau, felly gwelwn y fam yn priodi (er nad yw'n debyg iawn y bydd hyn yn arwain at fywyd dedwydd) fel yn achos *Hela Cnau*, lle mae Dani Meredydd yn cael ei orfodi i briodi'r Emma Quinn feichiog. Gan amlaf, sut bynnag, mae gan y llithriad moesol hwn ganlyniadau trychinebus ac yn aml ceir naill ai marwolaeth y fam, y plentyn neu'r ddau ohonynt. Weithiau, gohirir y 'gosb' megis yn *Deryn Diarth* (1966) lle mae Nen (y plentyn siawns) yn cyrraedd un ar hugain oed cyn marw. Mewn esiampl arall, sef *Carchar Hyfryd* (1966) gwelir math diddorol o drawsleoliad. Nid y prif gymeriad syrthiedig sy'n beichiogi a marw, ond gwraig briod barchus sy'n ymddwyn, yn ôl pob tebyg, fel bwch dihangol iddi. Yn y nofel *Y Graig Noeth* (1967), mae beichiogrwydd ei merch ddi-briod yn peri i Jane Gruffydd farw o '[g]ywilydd a thor-calon.'[21] Mae'n amlwg fod yr awydd i gosbi, ac felly adfer y cydbwysedd moesol, yn bwerus iawn yn y nofelau cynnar hyn. Weithiau mae dadrithiad y fenyw syrthiedig yn ei rhwystro rhag mwynhau perthynas agos rywiol yn y dyfodol, megis yn *Ar Chwâl* Catrin Lloyd Rowlands (1958). Yn ei chyfrol enwog *Of Woman Born*, dadleua Adrienne Rich fod adwaith tanbaid i anghyfreithlondeb yn gynnyrch y drefn batriarchaidd, oherwydd iddi danseilio buddion gwrywaidd a bygwth y sefydliadau cymdeithasol sy'n cynnal y manteision hynny. Un sefydliad o'r fath, gellir dadlau, yw'r teulu ei hun: 'Wedi i mi ynganu'r frawddeg, dadfeiliodd cwlwm y teulu. Alla i ddim diddymu caledwch llygaid 'Nhad o'm meddwl. Alla i ddim dileu o'm cof y siom ddaeth i lygaid Mam.'[22] Wedi sefydlu'r fath drefn, daw menywod eu hunain i'w blismona, cystal ag unrhyw ddyn.

Ceir ymdriniaeth hefyd â'r ymdeimlad o warth a ddaw yn sgil beichiogrwydd anghyfreithlon, i'r fam ac i'r plentyn. Yn *Dwy Chwaer*, Beti Hughes (1964), mae'r bachgen anghyfreithlon Iolo yn cael ei wawdio gan blant eraill yn yr ysgol am nad oes ganddo dad: ' "Roedd Gareth yn dweud . . . yn dweud nad oedd gennyf Dadi yr un peth â phlant eraill." '[23] Hefyd, yn *I Hela Cnau* (1978), cofia Dani Meredydd am y gwatwar a ddioddefodd yn blentyn 'Dani Llwyn-drain, baban dan berth!'[24] Yn y nofel *Ystyriwch Lili* (1988), mae'r prif gymeriad yn ei cheryddu ei hun am ei chwantau rhywiol ac yn ei gweld ei hun yn 'ddim mymryn gwell na Bessie, oedd yn yr ysgol gyda hi, yn cael plentyn siawns, neu Enid a briododd wythnos cyn geni'i phlentyn'.[25] Sonnir hefyd am yr adlach grefyddol yn erbyn mamau sengl: 'Y pechod mawr oedd cael plentyn siawns. Roedd pawb yn gytûn ar y mater hwnnw. Trafodent y pwnc yn yr Ysgol Sul' (1972).[26] Yn aml, arweinia eu 'pechod' at alltudiaeth o gymuned y capel: 'Yn y seiat noson waith diarddelwyd Guto a Maggie. Bu Morris yn cynghori a cheryddu, a galw'r ddau'n bopeth ond plant yr Hwn sy'n maddau pob pechod' (1967),[27] ac eto, 'Ni châi Bronwen wydr cymun eto.' (1962).[28]

Thema gyfarwydd hyd at ganol y 1970au yw'r ferch ddibriod barchus sy'n beichiogi ar ôl un llithriad ffôl â phartner hollol anghymwys, e.e. *Dal i Ddisgwyl* (1967), a'r *Gri Unig* (1975). Yn *Edafedd Dyddiau* (1975), caiff y prif gymeriad, Gwenlais, ddihangfa 'ffodus' ar ôl carwriaeth o'r fath, gyda'i phrawf beichiogrwydd yn dychwelyd yn negyddol. Achubir Gwenlais rhag ei phechod gan 'edefyn aur aberth', h.y. salwch ei mam, a'r anghenraid arni i adael ei swydd fel athrawes er mwyn gofalu amdani. Mae'r pennill telynegol sy'n dod i feddwl Gwenlais yn crynhoi'r disgwrs anghysurus y tu ôl i'r naratif hwn sy'n pwysleisio pa mor bwysig yw'r syniad o berthyn i'r Gymraes. Sicrheir ei chydymffurfiaeth hi gan yr ofn y bydd un cwymp bychan ar lwybr parchusrwydd yn ei hysgymuno yn gymdeithasol:

> Pan fo seren yn rhagori,
> Fe fydd pawb â'i lygaid arni,
> Pan ddêl unwaith gwmwl trosti,
> Fe anghofia pawb amdani.[29]

Yn y nofela *Dal i Ddisgwyl* (1967), ceir yr argraff bod beichiogrwydd y prif gymeriad di-briod, Nest, mor gywilyddus fel y gorfodir yr awdur i gyfleu gwybodaeth am ei chyflwr mewn modd anuniongyrchol a gwylaidd i'r darllenydd. Cyhoeddir beichiogrwydd Nest wrth i rywun gynnig ei sêt iddi ar fws: '"Steddwch misus", meddai'n gyfeillgar. Treiddiodd ei geiriau fel cyllyll i'm calon, a oedd o'n amlwg iddi felly na ddylaswn fod yn Miss! Medrais ddiolch iddi rywsut, ac yna caeais fy llygaid i geisio cadw'r byd a'i lygaid miniog draw.'[30] Ni cheir rhagor o fanylion am y beichiogrwydd ei hun, a chyrhaedda'r baban heb unrhyw gyfeiriad at yr esgor.[31] Eithr mae'n debyg nad cyflwr y fam ddi-briod yn unig a fagai gywilydd yng nghyfrolau degawdau cynnar y cyfnod dan sylw, ond hyd yn oed beichiogrwydd ei hun. Yng ngwaith Kate Roberts ceir plant yn ymddangos heb unrhyw sôn am sut y daethant i'r byd, e.e. *Te yn y Grug* lle y cyfeirir at faban newydd yn nhŷ Begw heb unrhyw awgrym blaenorol o feichiogrwydd ei mam neu enedigaeth y plentyn.[32] Beichiogrwydd yw'r dystiolaeth amlycaf bod y fenyw, er gwaethaf pob ymdrech i osgoi'r ffaith, yn endid rhywiol.

Thema gyfarwydd a red drwy wead y naratif o ganol y 1970au hyd heddiw yw'r Gymraes ifanc sy'n mynd i'r coleg ac yn ceisio dygymod â'r ffaith bod ganddi un droed yng Nghymru draddodiadol (ac yn aml amaethyddol) ei theulu a'r droed arall yn y Gymru ryddfrydig (yn aml fetropolitan), ffenomen a nodwyd gan Derec Llwyd Morgan mewn adolygiad o nofel fer Ennis Evans, *Y Gri Unig* (1975): 'byd rhwng glaslencyndod ac aeddfedrwydd, rhwng dysg a dwli, rhwng profi a dyfaru'.[33] Yn yr un flwyddyn ceir esiampl amlwg arall o'r gogwydd hwn yn *I'r Gad* Meg Elis. Mewn nofelau o'r fath, cwyd beichiogrwydd neu fygythiad beichiogrwydd yn ddrychiolaeth gyson. Mae'n bosibl deall y thema hon yng nghyd-destun y 1960au, y 1970au a hyd yn oed y 1980au efallai, ond mae'n syndod ei bod wedi goroesi cyhyd yn llenyddiaeth y Gymraes gyfoes megis *Hi yw fy ffrind* (2004), *Hi oedd fy ffrind* (2006), *Ffreshars* (2008). Efallai fod y duedd hon yn enghreifftio'r frwydr sydd gan yr awdur benywaidd Cymraeg, hyd heddiw, wrth geisio ei phortreadu ei hun yn fenyw aeddfed annibynnol yn y diwylliant sydd ohoni er ei bod, yn yr iaith Gymraeg o leiaf, yn fythol ferch.

Sut bynnag, yn raddol o fewn y ffuglen hon gwelir newid ffocws oddi wrth yr ymateb cymdeithasol i feichiogrwydd, a thuag at brofiad goddrychol y fenyw ohono. Gellir honni bod archwilio'r cysylltiadau biolegol dwys rhwng y fam â'r baban yn disodli pryderon cymdeithasol ynghylch moesoldeb. O'r persbectif hwn, mae'n bosibl ystyried y weithred o ysgrifennu am feichiogrwydd ac esgor yn un wleidyddol, am iddi darfu ar seiliau'r system batriarchaidd. Dibynna'r system hon ar anfon y fenyw a'i phrofiadau unigryw i'r cyrion ac nid ar eu dadlennu ar ganol y llwyfan. Fodd bynnag, o ddiwedd y 1960au ymlaen felly ceir disgrifiadau mwy manwl a chorfforol o brofiadau'r fenyw. Mae hynny'n wir nid yn unig am feichiogrwydd ac esgor, ond hefyd am y pethau bach diflas pob dydd sy'n rhan greiddiol o fagu plant bach fel yn yr esiampl hon o'r stori 'Terfysg' yn y gyfrol *Dyddiau Teisen Bwdin* (1989): 'Bywyd yw poteli babi a chlytiau, byrgars a sglodion, bath a'r Smyrffs, cyn dechrau gwneud swper.'[34]

Dros y degawdau, mae'n amlwg bod awduron benywaidd Cymraeg wedi bod yn ymestyn ffiniau derbynioldeb, proses sy'n caniatáu iddynt gyflwyno'n fanwl eu profiadau personol mwyaf dwys ac angerddol. Ceir erbyn heddiw, ymdriniaethau llawer mwy cymhleth a deuol â'r berthynas rhwng y fam a'r baban yn ei chroth (neu'r baban newydd-anedig). Diflannodd y fam gadarn stoicaidd sy'n caru ei phlentyn er gwaethaf popeth:

> Nid bod y babi yn cymryd llawer o sylw ohoni hithau ychwaith, ond yr oedd hi yn ei garu fel yr oedd, a heb fod yn disgwyl ymateb. Yr oedd o'n blentyn iddi hi, ac yr oedd hynny'n ddigon. (1972)[35]

Ac yn ei lle daeth y fam sydd ar adegau yn digio wrth ei baban ac yn dyheu am gael gwared ohono:

> Cofiaf gerdded at y llofft un bore, a gobeithio yn fy nghalon na fyddai Lora yn fyw wrth i mi agor y drws. Y byddai wedi diflannu yn y nos, yr ellyllon wedi mynd a hi, rhyw grafanc wedi dod drwy'r ffenest a'i chipio ymaith. Mor hawdd fyddai pethau! Mor rhwydd! (2007)[36]

Ar adegau, defnyddir beichiogrwydd gan gymeriadau yn ddyfais er mwyn ennill gwobr, megis yn y stori 'Troseddwr' o'r gyfrol *Dyddiau Teisen Bwdin*: 'Felly daru ni benderfynu cael babi er mwyn cael tŷ cownsil. Gafodd ffrind Mish dŷ er bod hi wedi splitio hefo'i bloc.'[37] Trwy enau'r hen wraig Sera Puw mae'r awdur yn synfyfyrio ar y newidiadau cymdeithasol a fu yng nghymdeithasau Cymru ar hyd y blynyddoedd: 'Onid oedd y byd wedi newid, meddyliodd Sera Puw. Ers talwm, cael eu troi dros y trothwy fyddai tynged greulon mamau plant siawns. Ddoe colli cartref, heddiw ennill un.'[38] Yn y nofel *Ffreshars* (2008), cynllunia Cerys, un o'r prif gymeriadau, i feichiogi er mwyn rhwydo ei chariad priod, Marc. 'Roedd Marc yn foi traddodiadol ac os darganfyddai Cerys trwy "hap a damwain" ei bod yn feichiog, yna fyddai ganddo ddim dewis ond gadael ei wraig bathetig i fod gyda hi.'[39] Nid yw cynlluniau Cerys yn llwyddo, ac yn y pen draw ildia i'r pwysau arni i erthylu'r baban.

Cyflwynwyd y bilsen atal-cenhedlu gyntaf, sef *Conovid*, i fenywod Prydain yn 1961.[40] Fodd bynnag, fe'i rhoddwyd i wragedd priod yn unig ar y dechrau. Mae'n debyg bod dulliau eraill o atal cenhedlu, fel condomau, wedi bod yn anodd i fenywod di-briod eu caffael hefyd: 'Wedi priodi yn unig y caech wybodaeth am atal cenhedlu. Deuai hysbysebion wedyn drwy'r post ac anfonent i ffwrdd am gondomau.'[41] Gwelir nifer o gyfeiriadau yn y cyfrolau, ers y 1960au, at y defnydd o'r bilsen i atal beichiogrwydd ac o dro i dro at y newidiadau cymdeithasol a ddaeth yn ei sgil megis y sylw hwn gan yr athrawes ifanc Nia yn nofel Carys Richards *Ynys y Cylch* (1987): 'Y mae digon o le yn fy ystafell i: mae'n rhaid bod y lle wedi ei adeiladu ar gyfer yr adeg cyn y bilsen pan oedd y dosbarthiadau yn afresymol o fawr.'[42]

Mae rhai o'r disgyrsiau a amlygir, yn enwedig yn y dyddiau cynnar, yn ddrwgdybus ynglŷn â'i dylanwad moesol a chymdeithasol, 'a'r genod, y genod yma yn y Colej – mae'u hannar nhw ar y Pil, wsti. Hannar nhw. Ffwr' oddi cartra, weldi, maen nhw'n mynd yn wyllt – gneud be fynnan nhw.'[43] Y bilsen atal cenhedlu yw un o'r datblygiadau pwysicaf ym maes iechyd menywod yn ystod cyfnod y cyfrolau dan sylw – rhoddodd i fenywod y grym i fedru rheoli eu ffrwythlondeb eu hunain yn effeithiol am y tro cyntaf erioed. Gwelir esiampl gynnar o'r grym a'r annibyniaeth newydd yn nofel Jane Edwards *Bara Seguryd* (1969), lle mae Lena yn penderfynu cymryd y bilsen heb yn wybod i'w gŵr.[44] Mae'n ddiddorol bod golygfa o'r fath yn dal i ymgorffori pwynt ymrafael rhwng y rhywiau hyd heddiw, fel yr amlygir yn *Y Maison du Soleil* (2008) wrth i Non hefyd wneud penderfyniad cyffelyb.[45] Serch hynny, ar y cyfan, daeth â buddiannau amlwg nid yn unig i'r fenyw ond, gellir tybio, i'w phartner hefyd, fel y crybwyllir yma yn *Catrin Jones yn Unig* (2000): 'Sa i wedi ei weld e mor gynhyrfus ers i mi fynd ar y pil a rhoi caniatâd iddo daflu'r condoms.'[46]

Datblygiad technolegol arall sydd wedi effeithio yn fawr ar fywydau menywod yw'r prawf beichiogrwydd cartref. Nid oedd profion cartref o'r fath ar gael ym Mhrydain tan ddiwedd y 1970au; cyn hynny bu'n rhaid i'r fenyw wneud ymweliad chwithig â meddyg y teulu, megis Gwenlais yn y gyfrol *Edafedd Dyddiau* (1975), er mwyn cadarnhau ei chyflwr. Yn amlwg, rhoddwyd i'r fenyw fwy o annibyniaeth, preifatrwydd a rheolaeth ar ei chorff ei hun yn sgil y datblygiad hwn. Ond nid pob menyw sy'n fodlon dibynnu ar y canlyniadau hyn, na thystiolaeth ei llygaid ei hun chwaith, gellir tybio: 'Mentrais brynu pecyn prawf, ac roedd hwnnw'n bositif. Ond chefais i mo'r sicrwydd llwyr nes ymweld â'r meddyg. Trodd hwnnw ataf, ac ni fedrai atal ei wen. 'Bingo', meddai'n siriol, 'rydych chi wedi'i neud o! 'Roeddwn wedi ennill.'[47] Er bod menywod mewn amgylchiadau amgen yn fodlon ymddiried yng nghanlyniad y prawf cartref, nid yw hwnnw, o reidrwydd, yn ganlyniad i'w groesawu:

> Dyma fi'n pi-pi ar y tamaid plastic ac ista am rai eiliada'n gwylio'r gwlybaniaeth ac wele'r glesni'n ffurfio llinell denau drwy ganol y ffenest fach. Shit. Dwi 'di blydi gneud hi rŵan.[48]

Yn ddiddorol, nid oes fawr sôn am y technolegau ffrwythlondeb newydd megis *IVF* ac ati yn y cyfrolau dan sylw, nac ychwaith lawer o draethu ar ganlyniadau'r broses o fedicaleiddio gwasanaethau mamolaeth drwyddi draw. Dyma un o'r esiamplau prin o'r flwyddyn 1993, sy'n cyfleu rhywbeth o ddieithrwch y prosesau hyn ar y pryd: 'Jackie merch Yvonne, oedd yn disgwyl triplets ar ôl bod yn yr ysbyty yn cael *gift* (beth bynnag oedd felly).'[49] Bu'r broses hon o fedicaleiddio, yn enwedig yn nyddiau cyfrolau'r astudiaeth hon, gan amlaf yn nwylo dynion; er bod effaith patriarchaeth ar brosesau ffrwythlondeb a beichiogrwydd wedi codi yn y Saesneg mewn cyfrolau adnabyddus megis *The Handmaid's Tale* Margaret Atwood, ychydig, mae'n debyg, mae'r testun hwn wedi cael ei drafod mewn ffuglen Gymraeg gan fenywod hyd yn hyn.

> Medicalisation introduced practices which have been criticised recently as detrimental to women, and most obviously in the way in which control over the birthing process has been taken away from the very women who are giving birth. Pregnant women are pathologised as 'ill', and in their 'case' handed over to a practitioner who is often male. Endemic in this medicalisation is an extremely disturbing attitude to the body. A pregnant woman is often treated as a receptacle, a 'walking womb', and an object rather than a subject with her own needs and desires.[50]

Un eithriad yw'r gyfrol *Annwyl Smotyn Bach* sy'n portreadu *dystopia* dyfodolaidd o safle'r Gymraeg yn y flwyddyn 2040 a thu hwnt. Mae'r gyfrol hon yn enghreifftio'r pryderon cyfoes ynglŷn â'r broses o fedicaleiddio beichiogrwydd a grym cynyddol y meddyg dros y fenyw feichiog a'r plentyn yn ei chroth.

> '*No Physical Deformities, no disposition to diabetes, coronary disease, cancer, nervous disorders, circulatory problems, major organ conditions . . .*' Rhestrodd y technegydd sgrinio gryn ugain o gyflyrau posib. Oll yn negyddol. Gwasgodd dy dad fy llaw a gwenu'n gefnogol arna i. Dim llawdriniaeth yn y groth. Dim angen chwistrellu gwthienynnau i geisio atal llwybr unrhyw haint na chyflwr. '*However . . .*' aildechreuodd y technegydd, '*there are degrees of character-deficient gene-patterns . . .*'[51]

Sut bynnag, yn *Y Llyfrgell* (2009), nofel ffantasiol fuddugol Fflur Dafydd, gwelir esiampl o gymeriad benywaidd grymus yn hawlio technoleg ffrwythlondeb er mwyn ei rhyddhau ei hun o efynnau patriarchaeth. Datgelir bod mam yr efeilliaid Ana a Nan wedi beichiogi o ganlyniad i broses ymhadiad artiffisial: 'Ac rwyt ti'n cofio beth ddywedodd Mam – ni ddaw unrhyw ddaioni o gyffwrdd mewn dyn. Wnaeth hi erioed wneud, naddo?'[52]

Datblygiad newydd yw priodoli'r fath bŵer i fenywod, a hyd yn oed yn yr esiampl uchod mae naws amwys, led watwarus i'r amlygiad. I'r gwrthwyneb, ceir beirniadaeth ar sefyllfa ddiymadferth y fam ac ymyrraeth y proffesiwn meddygol ym mhroses y geni yn *wrth fy nagrau i*: 'Yn noeth, yn flinedig, yn llawn cyffuriau, rydw i'n ildio a gadael iddynt wneud fel a fynnont.'[53] Ond anelir llid y prif gymeriad hefyd at ddiffyg gonestrwydd menywod a'u hanfodlonrwydd i rannu eu profiadau mwyaf barbaraidd o'r esgor. '"Pam na fyddech chi'n dweud?" gofynnais i fy mam, "pam na fyddech chi'n dweud mor erchyll oedd yr enedigaeth?"'[54]

Gwelir datblygiad diddorol iawn yn *Gwrach y Gwyllt* Bethan Gwanas (2003). Ar ôl llofruddiaeth y prif gymeriad, sef y wrach Siwsi, mae ei chyd-wrachod yn torri ffetws o'i chroth (er nad oedd Siwsi ei hun yn ymwybodol o'i chyflwr beichiog) a thrwy hud a lledrith, trefnant i'w faethu.[55] Yr arwyddocâd pwysig yma yw'r ffaith mai'r fenyw sy'n meddu ar y wybodaeth a'r 'dechnoleg' i reoli'r sefyllfa ac i oruchwylio'r 'famolaeth'. Dichon fod y senario hwn yn cynnig her i'r proffesiwn meddygol gwrywaidd traddodiadol:

> Whisgit, whisgit, tân a brwmstan,
> Dyma'r groth, mae yma'n gyfan;

> Cysga di yn bur, y fechan,
> Lapiwn di mewn swyn a ruban,
> Cadw di am nawmis cyfan
> 'mhell o boen a phethau aflan
> Yn dy wely hyfryd arian.
> Whisgit, whisgit, tân a brwmstan,
> Collwyd Siwsi, ond dyma'i baban.[56]

Sonia Kristeva, Irigaray a Cixous ill tair yn eu hysgrifau am y fenyw 'as a witch, someone outside of patriarchal discourse, or at least, thrown to the edge, the border between the known and the otherness'.[57] Pwynt diddorol, efallai nad yn anghysylltiedig â hyn, yw'r ffaith bod gwaith Bethan Gwanas, ar y cyfan, wedi cael ei ddiystyru fel ffuglen o'r iawn ryw mewn cylchoedd academaidd, er iddo gyfleu themâu a disgyrsiau benywaidd o bwys. Dylid nodi hefyd yn yr esiampl hon, y ffaith mai merch yw'r baban a gaiff ei (h)achub, gweithred sy'n mynd yn groes i'r arfer yn ffuglen y Gymraes. Fel arfer, ond nid ar bob achlysur, e.e. *Martha Jac a Sianco* (2004)[58] gwelir mai merch yw'r baban sy'n cael ei golli, e.e. *Annwyl Smotyn Bach* (2008),[59] *Dwy Chwaer* (1964)[60] a *Rhodd o Ferch* (1988).[61]

Nid yw'n bosibl osgoi'r ffaith bod colli plentyn yn thema gref a chyson mewn ffuglen Gymraeg gan fenywod. Mae'n ddiddorol sylwi bod erthyliad neu gollgludiant yn thema amlach hyd yn oed na beichiogrwydd ac esgor llwyddiannus. Wrth reswm, mae gan golled o'r fath botensial dramatig gwell na beichiogrwydd llwyddiannus, ond gall fod mwy o arwyddocâd i'r ffenomen hon na dyfais lenyddol yn unig. Gellir ystyried potensial alegorïaidd y golled hon fel ymateb mewnol, corfforol y nofelydd benywaidd i ddirywiad cymdeithasol yr iaith Gymraeg yn ystod y cyfnod dan sylw. Ceir cysylltiadau digamsyniol, alegorïaidd, creiddiol rhwng beichiogrwydd a'r iaith Gymraeg mewn o leiaf ddwy nofel sef *Titrwm* ac *Annwyl Smotyn Bach* a chysylltiadau llai ond eto, difyr iawn mewn nifer o gyfrolau eraill. Ymdrinnir ymhellach yn yr adran hon o'r gyfrol â'r modd y defnyddir y corff beichiog gan yr awduron benywaidd dan sylw i archwilio cyflwr cymdeithasol ehangach y Gymraeg a'r Gymraes a hefyd, ar lefel sylfaenol, i ddadansoddi'r berthynas rhwng iaith a benyweidd-dra *per se*.

Mae ffocws ar y baban yn y groth fel goddrych, yn ddatblygiad diweddar iawn yn y cyfrolau dan sylw. Cyn canol y nawdegau, roedd y baban heb ei eni yn anweladwy, yn anghlywadwy ac yn ddienw.

Gellir dadlau bod hyn i raddau yn adleisio cyflwr y Gymraes ei hun o dan lach y drefn batriarchaidd: 'Welsh women writers had to battle against a patriarchal culture which sought to render them invisible.'[62] Wrth i'r fenyw ennill tir a grym, dichon ei bod yn bosibl iddi fuddsoddi ychydig o'r awdurdod hwn yn y ffetws ei hun. Yn rhannol, efallai mai sgil effaith y datblygiadau technolegol megis sganiau uwchsain sydd wedi amlygu'r ffetws *yn llythrennol* i'r awdur benywaidd Cymraeg yw'r esblygiad llenyddol hwn. Sut bynnag, mae'n ddiddorol iawn bod awduron benywaidd Cymraeg wedi dechrau gweld potensial hunaniaeth y ffetws ei hun fel safle addas i archwilio gwahanol densiynau seicolegol a diwylliannol. I'r fenyw, cynrychiola'r ffetws ddeuoliaethau ei hunaniaeth a'i chorff adeg ei beichiogrwydd. Fodd bynnag, ar lefel symbolaidd gwelir bod y ffetws hefyd yn fan cymwys i ymdrin â'r deuoliaethau diwylliannol ac ieithyddol sydd ymhlyg yn y berthynas rhwng y Gymraeg a'r Saesneg. Canolbwyntir nawr ar drafodaeth helaethach o'r modd y mae rhai o'r ffenomenau pwysicaf uchod yn eu hamlygu eu hunain yn y cyfrolau.

Y Corff Beichiog yn y Testun

Patriarchaeth a'r Corff Beichiog

Gwêl rhai mai beichiogrwydd, neu yn gywirach, canfyddiad y dyn ohono, sydd wrth wraidd twf patriarchaeth.[63] Honnir bod ymwybyddiaeth y dyn o'i wahaniad (corfforol) oddi wrth y broses o feichiogrwydd ac esgor yn peri iddo deimlo uwchlaw grymoedd byd natur. Sut bynnag, teimla hefyd gymhelliad cryf i reoli a meddiannu'r broses y mae eisoes wedi ei ysgymuno oddi wrthi. Er mwyn cyflawni hyn, rhaid gorchfygu a darostwng y fenyw. Yn ôl y ddadl hon, oherwydd ei brofiad o arwahanrwydd corfforol, gwêl y dyn ei hun yn fodolaeth ymenyddol, resymol wedi ei hymbellhau o brosesau'r byd naturiol. Fel canlyniad, taflunnir ei ansoddau corfforol a'i anghenion anifeilaidd ar y fenyw. Yr esiampl eiconig o hyn yn y diwylliant gorllewinol yw Efa yn cario baich y bai am bechod Adda. Gellir honni bod ei chosb, sef i ddioddef poenau esgor, yn cadarnhau'r ddadl hon ynglŷn â tharddiad patriarchaeth. 'Roedd o hyd yn oed yn ein rhybuddio yn y Beibl mai mewn poen oedd gwraig yn esgor ac mai dyna oedd ei chosb am fod y gyntaf o'i rhywogaeth wedi derbyn afal gan neidr.'[64]

Er bod y fenyw yn symbol o fywyd a genedigaeth, daw hefyd i gynrychioli marwolaeth a phydredd oherwydd ei chysylltiad agos ag agweddau ffisiolegol y ddynoliaeth: 'The body's desires and needs are coded as feminine, while the male citizen in effect sheds his own fallible body as he becomes part of the larger social body. The feminine is what must be contained or controlled.'[65] Rhaid rheoli'r fenyw rhag i'r dyn gael ei halogi gan ei chorff materol, ffaeledig, byrhoedlog. Trwy reoli'r fenyw mae'n bosibl i'r dyn ei dwyllo ei hun ei fod yn gorchfygu natur. Oherwydd iddo ddarostwng y fenyw, mae gan y dyn hefyd y grym i'w diffinio; ymhellach mae ganddo ddiddordeb personol mewn sicrhau bod y diffiniad hwn yn ei chlymu wrth ei bioleg. Trwy gyflawni hyn, gall y dyn sicrhau ei fod yntau yn ei ymryddhau ei hun, yn seicolegol, o fygythiad arswydus ei farwoldeb.

Yr awdur benywaidd cyntaf yn y cyfrolau dan sylw i ymdrin mewn dull ymwybodol â beichiogrwydd o fewn cyd-destun y drefn batriarchaidd yw'r Almaenes-Gymraes Kate Bosse-Griffiths yn ei nofel *Mae'r Galon wrth y Llyw* (1957) (*Mae'r Galon*). Mae'r nofel hon yn unigryw o'i chymharu ag enghreifftiau eraill o ryddiaith Gymraeg gan fenywod o'r un cyfnod. Ar un lefel ymddengys yn stori serch draddodiadol a chanddi foeswers lem. Mae cyfochredd amlwg yma â *Monica* Saunders Lewis (1930); menyw ifanc yn troedio tuag at hunan-ddinistr am iddi beidio â chydymffurfio â'i rôl ddisgwyliedig fel mam a gwraig. Eithr nid ymdriniaeth o bechod a geir yn *Mae'r Galon* ond rhywbeth llai didactig a mwy diddorol. Mae ei symbolaeth amlhaenog a'i hunanymwybyddiaeth graff yn cyfoethogi'r gyfrol ac yn ei dyrchafu i lefel newydd nas gwelwyd o'i blaen yn ffuglen Gymraeg y fenyw. '[I]t is umistakedly a novel of ideas and, in this regard, can be regarded as representative of a slight generic shift in Welsh women's writing.'[66]

Defnyddia'r nofel nifer o syniadau mawr ei hoes, yn bennaf dirfodaeth, seicdreiddiad a ffeministiaeth. Er enghraifft, awgryma'r dyfyniad isod fod Kate Bosse-Griffiths yn gyfarwydd â syniadau ffeministaidd ynglŷn â grym a sail y drefn batriarchaidd a'i chysylltiadau â chyfalafiaeth. Yn yr olygfa hon mae tad a gŵr yr 'arwres' Doris yn ei hwynebu â'r ffaith ei bod yn feichiog o ganlyniad i garwriaeth odinebus:

Wynebodd Doris yn dawel iawn y ddau sydd wedi cynrychioli awdurdod er oesau cynharaf y byd – y tad a'r gŵr. Yr oedd y ddau ohonynt, y tad a'r gŵr yn ei charu hi yn eu ffyrdd arbennig eu hunain. Ac ni chyhuddwyd hi oherwydd iddi droseddu yn erbyn eu serch, a brifo eu teimladau. Cyhuddwyd hi oherwydd iddi ddolurio eu balchder a'u hawliau perchnogol.[67]

Achosa beichiogrwydd broblemau i'r drefn batriarchaidd drwyddi draw. Gellir dadlau mai dyma pryd mae gafael y dyn ar y fenyw yn wan oherwydd y posibilrwydd iddi lwyr sylweddoli, yn gorfforol a seicolegol, ei grym cynhenid i genhedlu – grym sy'n hollol ddieithr ac y tu hwnt i allu'r dyn. Heria beichiogrwydd hefyd drefn symbolaidd 'rheol y tad' drwy ansefydlogi'r cysyniad o'r goddrych fel unigolyn diffiniadwy a chanddo ffiniau eglur. Mae'n bosibl fod y bygythiadau hyn, i raddau, yn esbonio'r tabŵ isganfydol yn erbyn beichiogrwydd fel testun 'dilys' llenyddiaeth yn y gorffennol. Hefyd, gellir dadlau bod beichiogrwydd yn cynyddu nerth a gwerth y fenyw yn gymdeithasol, ac yn ei hamlygu yn gorfforol ac yn rhywiol, ffenomen sy'n hollol groes i'r traddodiad patriarchaidd o'r ferch wylaidd a gostyngedig. Dichon fod y profiad goddrychol i'r fenyw hefyd yn dilysu ei rhywioldeb a'i phwrpas, ac efallai am y tro cyntaf erioed, yn rhoi lle digamsyniol iddi yn y byd: 'the pregnant woman not only doubles her market value but, especially, valorizes herself as a woman in her own eyes, and undeniably, takes on weight and sex'.[68]

Ceir enghraifft o hyn mewn golygfa yn *Mae'r Galon* lle mae Doris yn ceisio esbonio i'w gŵr newydd ei theimladau dyfnaf ers iddi feichiogi gyda'u plentyn cyntaf:

Wyddos [sic] ti, John, yn sydyn mae fy mywyd wedi derbyn cyfeiriant pendant, nad oedd gennyf mono o'r blaen. Cyn hynny 'roedd yno o hyd lu o bosibiliadau i ddewis rhyngddynt, 'roeddwn yn amau o hyd a oeddwn yn iawn, neu'n hytrach a oeddwn yn colli rhyw gyfle dihafal. Ond yn awr mae hyn i gyd wedi newid. Rwy'n teimlo'n siŵr fy mod mewn cytgord a natur, mewn cytgord a'r greadigaeth i gyd.[69]

Yn *The Second Sex* sonia Simone de Beauvoir am y ffaith bod ystyr newydd yn dod i fywyd rhai menywod beichiog, yn bennaf am iddynt deimlo rhyw undod newydd â byd natur.[70] Mae'r baban yn ei chroth yn caniatáu iddi ffocysu ar ei chorff ei hun a'i gymryd o ddifri. Wrth reswm, ceir rhyw eironi yn y ffaith nad yw'r fenyw yn profi llwyr berchnogaeth o'i chorff ond wrth iddi ei rannu ag endid arall:

Previously they had always felt a desire to observe themselves, to scutinize their bodies; but they had not dared to indulge this interest too freely, from a sense of social propriety. Now it is their right; everything they do for their own benefit they also do for the child.[71]

Mae rhai o'r tensiynau hyn i'w gweld yn *Dechrau Gofidiau*, nofel gyntaf Jane Edwards, a enillodd y fedal ryddiaith yn Eisteddfod Genedlaethol Llanelli yn 1962. Mae'r gwaith trwyddo draw yn ymwneud â'r tensiynau cymdeithasol a oedd yn amlwg ar ddechrau'r ddegawd honno. Seilir y tyndra hwn ar y gwrthdaro rhwng gwerthoedd 'traddodiadol' crefyddol yr aelwyd Gymraeg a moesau llacach a wreiddiodd yn y gymuned yn sgil y diwylliant Eingl-Americanaidd. Gwelwyd y sefyllfa hon yn un drychinebus i'r genedl Gymraeg gan rai Cymry blaenllaw.[72] Mae'n ddiddorol iawn fod menyw ifanc o'r cyfnod hwn wedi defnyddio beichiogrwydd yn benodol i ddarlunio'r sgism cymdeithasol gan roi iddo le canolog yn y naratif. Yn y nofel hon gellir dadlau bod y frwydr symbolaidd sy'n digwydd yn cael ei chynnal drwy gyfrwng y corff benywaidd. Datblygwyd y syniad o'r corff benywaidd fel maes y gad gan ffeministiaid ym Mhrydain, America a Ffrainc, e.e. mae'n destun amlwg yng ngwaith yr artist Americanaidd ffeministaidd enwog Barbara Kruger.

Yng ngolygfa gyntaf *Dechrau Gofidiau* gwelwn Elin Parry yn torri'r newyddion i'w gŵr, Dafydd, fod eu merch hynaf, Bronwen yn disgwyl plentyn 'anghyfreithlon'. Mae'r nofelydd yn cyd-blethu a chyferbynnu'r sefyllfa bresennol â sefyllfa'r genhedlaeth flaenorol yn grefftus iawn drwy gyfres o ôl-fflachiau i ddyddiau caru a chenhedlu Elin a'i gŵr. Dyma ddisgrifiad o Elin yn datgan ei beichiogrwydd i'w gŵr rai blynyddoedd yn gynt:

Eisteddai Elin yn ymyl y tân yn gweithio plethi i'w barclod gyda'i bysedd byr cochion, a'i gwallt yn olau fel gwallt Bronwen yn awr. A'r fath ryddhad a gafodd pan ddywedodd ei phryder wrtho. 'Roeddynt yn mynd i gael brawd neu chwaer fach i Bronwen. Trodd ati'n dawel a dweud: 'Wel Elin bach, rhywbeth i fod yn hapus yn ei gylch yw genedigaeth.' 'Ond 'rown i'n arfar meddwl nad oedd arnat ti isio mwy o blant.' 'Bobol bach, lle c'est ti'r fath syniad? Mi fydd brawd neu chwaer fach yn gwmni i Bronwen.'[73]

Ond yn y presennol, dyma ymateb Dafydd o glywed y newyddion am feichiogrwydd eu merch:

'Wyt ti'n meddwl fod y gwirionadd yn addfwynach heddiw am ei bod hi'n fore Sul? Tydi o ddim, wsti: du ydi du a phechod ydi pechod a fedri di ddim gwisgo pechod mewn gwisg dydd Sul mwy nag y medru di galchu parddu'.[74]

Ni allai'r gyferbyniaeth rhwng y ddwy olygfa fod yn gliriach. Disgrifia'r gyntaf weithred a ddigwyddodd o fewn sancteiddrwydd priodas, ac felly rhywbeth i'w dathlu; sonia'r ail am weithred anfoesol sy'n bechod digamsyniol. Mae'n ddiddorol bod hyd yn oed y dyfyniad cyntaf yn amlygu elfen o betruster yn natganiad Elin. Ni all fod yn hollol sicr o ymateb ei gŵr i'w chyflwr. Mae derbyn sêl ei fendith yn hollbwysig iddi felly, ond ni all ei gymryd yn ganiataol. Yn yr ail ddyfyniad, efe sydd â'r hawl a'r pŵer i draethu yn erbyn ei ferch ac i'w chondemnio yn llwyr. Ond erbyn hyn, teimlai hyd yn oed Dafydd ei hun fod ei afael ar ei deulu yn dechrau llithro. Cwyna fod Elin wedi beiddio cadw'r wybodaeth am feichiogrwydd ei ferch oddi wrtho am ddiwrnod cyfan ac o ganlyniad, wedi tanseilio ei awdurdod fel penteulu dilys: 'fe ddyle' ti fod wedi deud wrtha' i neithiwr, neu 'falla' nad wy' i ddim yn fistar ar fy aelwyd fy hun bellach'.[75] A chaiff ei awdurdod absoliwt ei herio eto gan Elin wrth iddi fygwth ei adael petai ef yn cyflawni ei fwriad i droi Bronwen allan o'r tŷ.[76] Yn wir, mae'r bygythiad i'w awdurdod i'w weld yn ei gynhyrfu yn fwy na'r newyddion am feichiogrwydd ei ferch.

Mae Bronwen wedi medru ymryddhau (ac nid yw'r rheswm am hyn yn hollol amlwg) o gyfyngiadau moesoldeb cul ei thad: 'Dwi ddim yn teimlo'n euog. 'Does a wnelo dŵad a baban i'r byd ddim byd ag euogrwydd.'[77] Ond ar ddechrau'r nofel, mae ei chwaer wedi ei thrwytho yn yr hen werthoedd sy'n glwm wrth fywyd crefyddol y teulu a'i statws cymdeithasol parchus. Yn y capel, mae'r chwaer ieuengaf, Ceri, yn gwrido wrth glywed y gweinidog yn sôn am 'ferched ifanc yn colli eu coron mewn bywyd'[78] ac nid yw ei hymateb yn dianc rhag sylw craff eu cymydog busneslyd Magi Gruffydd.[79] Poen ac ofn mawr Ceri fydd gweld ei chwaer yn cael ei halltudio o'r gymdeithas grefyddol glòs oherwydd ei gweithredoedd.[80]

Yn y pen draw mae'r tad yn fodlon cadw Bronwen yn y cartref, nid oherwydd ei gariad at ei ferch a'i bryder amdani, ond yn hytrach am iddo ddod i'r penderfyniad y byddai mwy o warth yn disgyn ar y teulu petai yn ei throi ymaith: 'Ond er mwyn dy fam a Cheri, a rhag i Magi Siân y Gors ga'l sbort am y'n penna ni 'rwy'n fodlon i chdi ga'l aros yma.'[81] Ond nid cynnig diamod mohono: 'mi gaiff hynny o gariad sy gin i i' rannu, ar yr amod ei bod hi'n ymddiheuro inni fel teulu am y gwarth ma' hi wedi'i dynnu arnon ni, ac i ddeud pwy ydi tad y plentyn ma' hi'n ei gario'.[82] Nid yw Dafydd eto wedi ystyried hyd a lled y chwyldro sydd ar y gweill. Rhywsut, mae'r newidiadau sydd wedi dyfod yn sgil ei beichiogrwydd wedi rhoi hyder i Bronwen ac wedi ei galluogi i wrthsefyll awdurdod ei thad:

> 'Os dyna'r amod mi gewch gadw'ch cariad', ebe Bronwen, a'i llygaid yn tanio a gewynnau ei dwylo'n wyn wrth iddi wasgu breichiau'r gadair. 'Mi ges i 'nysgu bob amser nad oes amoda' lle ma' gwir gariad. Ond o ran hynny, Tada, pam na fyddwch chi'n onast am y tro? 'Does ganddoch chi ddim cariad i'w rannu. Drychwch ar mam, faint o gariad gafodd hi ganddoch chi 'rioed? Dydych chi ddim ond talp o hunan-oldeb'.[83]

Hunanoldeb efallai sy'n gynnyrch sicrwydd mai'r dyn yw'r bod uwchraddol ac adlewyrchiadau lled ddiffygiol a gwan ohono yw'r fenyw neu'r plentyn: 'From the feminist point of view of Edwards's novel . . . the patriarch is revealed as a self-centred, narrow minded tyrant.'[84]

Unben gydag obsesiwn am ei statws cymdeithasol yw'r tad hefyd yn nofel Beti Hughes *Dwy Chwaer* (1964) o'r un cyfnod: 'Fi sy'n galw'r ddawns yn y tŷ 'ma tra bo'n llyged i ar agor. Dawnsio yw'ch gwaith chi a'ch tebyg.'[85] Beichiogrwydd eto sy'n herio'r drefn batriarchaidd. Lleolir y stori ar fferm Gymreig adeg yr Ail Ryfel Byd, ac fel yr awgrymir gan y teitl hanes dwy chwaer sydd yma sef Minwel a Non a'u gwahanol agweddau a'u hymatebion i'r byd. Mae'r tad, Watkin, yn ffafrio Minwel. Ond er ei fod yn cadw Non a'i mab anghyfreithlon, Iolo, ar ei aelwyd, rhaid iddynt ddioddef ei ddirmyg a'i greulondeb emosiynol yn gyson: "Dyw pethau ddim yn dda acw fel y gwyddost ti. A 'dyw 'nhad byth wedi medru madde imi am . . . am . . . Iolo.'[86]

Yn y pen draw, daw uchafbwynt y naratif wedi i Non roi genedigaeth i'w hail blentyn anghyfreithlon, y tro hwn yn faban i garcharor rhyfel Eidalaidd, Heinz, a fu'n gweithio ar y fferm. Mae Non yn darganfod fod Heinz a'i thad wedi taro bargen yn ystod ei beichiogrwydd; caiff briodi Heinz a mynd i'r Eidal wedi'r rhyfel ond iddi adael Iolo bach (ei phlentyn cyntaf) ar ôl ar fferm ei daid. Mae'r wybodaeth yn ei chynddeiriogi, a heb gynsail, yn ei chyflyru i herio ei thad yn gyhoeddus: 'Wel ble mae Heinz a'i addewidion da am fywyd gwell? A ble mae Dad sy' wedi bod wrthi'n cynllunio gydag ef? Beth oedd i ddigwydd i Iolo, Dad? Pam nad oedd e yn y cynllun crand hefyd?'[87] Ergyd fwyaf y nofel yw'r ffaith bod Non yn lladd ei merch newydd anedig drwy ei boddi mewn afon gerllaw'r fferm: 'Mae wedi boddi ers oriau, a minnau gobeithio wedi medru boddi'r hunllef 'ma 'rwy' wedi bod drwyddo.'[88]

Mae'r gyfraith yn cydnabod bod newidiadau hormonaidd, seicolegol a chorfforol yn gallu cyflyru mam newydd i gyflwyno trosedd o'r fath. Ym Mhrydain (o dan ddeddf 1938), ni chaiff mam plentyn o dan ddeuddeg mis wynebu cyhuddiad o lofruddiaeth eithr y cyhuddiad llai o fabanladdiad. Ond mae'n amlwg nad ffactorau biolegol yn unig sy'n achosi babanladdiad – mae'r drefn gymdeithasol sydd ohoni yn chwarae rhan hanfodol yn hyn. Er enghraifft, amcangyfrifir bod deng miliwn o fabanod benywaidd newydd-anedig wedi'u lladd yn India ers canol y 1980au (UNICEF 2006). Diddorol bod y baban sy'n cael ei aberthu yn y nofel hon yn ferch. Ar un lefel, gellir ystyried y weithred yn rhyw fath o ddial masocistaidd ar y drefn batriarchaidd, oherwydd ers dechrau'r nofel mae Non yn beio ei thad a'i ddisgyblaeth lem am y ffaith iddi feichiogi yn y lle cyntaf:

'Rhywbeth ffôl ar y funud oedd y caru a roddodd fod i Iolo bach. Ac oni bai fod 'nhad yn fy nghadw i mor gaeth â minnau'n gweld merched eraill yn mynd i'r dre a'r dawnsfeydd i fwynhau'u hunain, fyddai peth fel hyn ddim wedi digwydd o gwbl.'[89]

Beichiogrwydd hefyd yw thema ganolog y nofel ddiweddarach *Rhodd o Ferch* (1988) gan Grace Roberts. Yma, yn debyg i *Three Women* (1962), drama radio/gerdd gan y llenor Americanaidd adnabyddus Sylvia Plath, cyferbynnir sefyllfa tair menyw, bob un ohonynt newydd roi genedigaeth i ferch fach. Mae Anest yn briod ac yn esgor ar blentyn iach ond â ymlaen i ddatblygu iselder wedi'r geni. Yr ail yw Mattie, gwraig ddosbarth gweithiol, eisoes yn fam i wyth o blant ond cael ei eni'n farw yw tynged ei baban olaf. Yn y dyfyniad hwn, mae'r drydedd ohonynt, Teleri, merch yn ei harddegau, a drefnodd i'w baban gael ei fabwysiadu, yn dadlau â'i thad awdurdodol:

'Dyna chi eto', cyhuddodd Teleri, 'yn honni'ch bod chi am anghofio ond yn mynnu codi gwrach bob munud. Mi feth'soch a nghadw allan o drwbl o'r blaen on'd do? Beth sy'n gwneud i chi feddwl y llwyddwch chi o hyn allan?'

'Rhag eich cywilydd chi Teleri! Feiddiech chi ddim siarad fel yna hefo fi o'r blaen. Rydych chi wedi newid.'

'Siwr iawn 'mod i 'di newid. Fedrwch chi ddim cael babi a'i roi i rywun arall i'w fagu a smalio nad oes dim wedi digwydd.'[90]

Eto mae'r broses o gael baban, ac yn yr achos hwn, ei roi i ffwrdd, wedi cyflyru rhyw elfen wrthryfelgar yn y fenyw. Mae'r profiad angerddol, creiddiol o gario baban a rhoi genedigaeth iddo wedi torri trwy'r rhagfur cymdeithasol sy'n cynnal statws y tad.

Erbyn heddiw mae cymeriadaeth y tad patriarchaidd wedi meddalu ychydig. Yn nofel Meinir Pierce Jones, *Lili dan yr eira* (2007), nid yw tad y prif gymeriad, Nant, i'w weld mor amlwg o ormesol â'i ragflaenwyr mewn cyfrolau blaenorol. Yn wir nid yw'n bresennol, yn gorfforol, yn y nofel o gwbl, oherwydd iddo farw cyn dechrau'r naratif. Serch hynny, mae ei statws uchel fel meddyg teulu a'i safle breintiedig yn y gymdeithas yn taflu cysgod dros Nant ac yn ei chaethiwo. Ymestyn ei rym drosti hyd yn oed y tu hwnt i'r bedd. Gadawodd ei gyfoeth i gyd i'w fab ac yn groes i'r disgwyl (oherwydd iddi ofalu amdano yn ei henaint) y tŷ teuluol yw unig etifeddiaeth Nant:[91]

> Y dynion oedd wedi llenwi'i bywyd mor gyforiog nes nad oedd yna ddim lle hyd yn oed iddi hi ei hun ynddo fo. A hyd yn oed rŵan fod . . . ei thad, o'r diwedd wedi mynd, roedd o'n dal yma. Roedd o wedi'u cyffwrdd – os nad eu trywanu – gyda'i ewyllys groes.[92]

Methiant Nant i ddynwared llwyddiannau academaidd ei brawd a'i thad ac i ffitio'r mowld maent eisoes wedi ei greu iddi sy'n ei gyrru i feichiogi. Yma defnyddia feichiogrwydd fel modd o arbed neu warchod ei hanfod rhag disgwyliadau cul y drefn batriarchaidd:

> A be wnes i . . .? Agor fy nghoesa i Ed ar dwyni Beffro un nos Wenar ddechrau'r ha, yn syth wedi i mi neud llanast o 'mhapura Biol, a'u cadw nhw'n agorad drw'r ha. Heb fynd ar y bilsen na dim dull atal cenhedlu arall, a finna'n gwbod yn iawn . . . Gwallgo.[93]

Ond tybed ai dianc a wnaeth neu ynteu ei chaethiwo ei hun drachefn? A yw'n achub rhan greiddiol a greddfol o'i hunaniaeth, neu'n adleisio disgyrsiau patriarchaidd gwahanol?

How can any historical (i.e. 'real life' mother) know whether what she thinks she wants reflects her subjective desire, or whether she wants it because it serves patriarchy (that has been constructed to want to please)? Since patriarchy wants women to want children, in other words, how can a woman distinguish her desire for the child from that imposed on her?[94]

Yn aml mewn llenyddiaeth Gymraeg fenywaidd, personolir y drefn batriarchaidd fel tad, neu yn llai aml, brawd neu ŵr gormesol. Er bod y portread hwn wedi ystwytho ychydig yn ddiweddar, erys grym y tad yn ddylanwad cryf er gwell neu er gwaeth ar fywyd y fenyw; yn ôl Delyth George,

> Mae ffigur y tad neu'r brawd creulon yn un cyffredin yng ngweithiau merched. Un esboniad a gynigir ar hyn yw bod y gwryw cas yn cynrychioli rhwystredigaethau'r ferch; hynny yw fe daflunnir arno ef ymwybyddiaeth y ferch o'r cyfyngderau sydd arni – nid oherwydd ei natur na'i gallu, ond am ei bod yn aelod o gymdeithas sydd wedi cadw grym o'i dwylo, a'r ofn a ddaw yn sgil hynny.[95]

Ceir adlewyrchiadau diddorol o ddiffyg llais y Gymraes yn y nofelau diweddar, *Titrwm* (Angharad Tomos) a *Troi Clust Fyddar* (Lleucu Roberts). Yn y ddwy gyfrol hyn, defnyddir dyfais y prif gymeriad benywaidd mud a byddar i gyfleu dinodedd ac anabledd y fenyw yn y gymdeithas draddodiadol Gymraeg a'r ffaith iddi gael ei hanwybyddu a'i hesgeuluso: 'a fynta 'run mor fyddar i ngeiriau i, fatha tasan nhw rioed 'di cael deud.'[96] Mae'n bosibl dadlau bod y diffyg llais hwn yn ymestyn yn ôl i ganlyniadau difrodus y Llyfrau Gleision sef *Report of the Commissioners of Inquiry into the State of Education in Wales, 1847.* Gadawyd y Gymraes mewn cyflwr o barlys cymdeithasol a gwleidyddol gan ei gyhuddiadau difrïol. Ni fedrai leisio ei barn rhag tynnu mwy o warth ar bennau'r Cymry i gyd.

> Yn Lloegr yn yr 1840au gwelwyd nifer o ferched . . . yn beirniadu'r statws israddol a'r anghyfiawnderau a wynebai ferched. Ond yng Nghymru ymddengys mai'r unig ymateb ysgrifenedig sylweddol gan ferch oedd eiddo Jane Williams ('Ysgafell'), *Remarks on the Reports of the Commissioners of Enquiry into the State Education in Wales*, a gyhoeddwyd o dan y ffugenw 'Artegall' ym Mawrth 1848.[97]

Beichiogrwydd, ac yn enwedig beichiogrwydd anghyfreithlon yw ffordd y llenor o Gymraes i dalu'r pwyth yn ôl. Heblaw ei charcharu ddydd a nos, nid oes gan y tad, oni bai ei fod yn dad treisgar fel yn nofel Marged Lloyd Jones, *Siabwcho* (2002), lwyr reolaeth dros gorff ei ferch. Yn yr esiamplau uchod, i bob pwrpas, nid oes gan y fenyw lais cyn iddi feichiogi. Gwyddys oddi wrth ymateb y tadau nad oes cynsail i ffrwydradau eu merched – mae fel petai'r corff beichiog wedi rhoi cyfrwng i'r fenyw fedru mynegi ei dicter. Yn drosiadol yn y nofelau hyn, mae'n bosibl gweld delwedd y corff beichiog wedi ei chwyddo nid gan faban ond gan holl lid a chynddaredd y Gymraes am iddi orfod cydsynio yn ddi-lais â'r drefn batriarchaidd am gyhyd: 'write yourself. Your body must be heard . . . inscribe the breath of all women.'[98]

Am nifer o resymau – yn bennaf ei statws israddol fel menyw, ei statws israddol fel aelod o ddiwylliant lleiafrifol ac efallai'r ddyletswydd arni fel gwarchodwraig (neu fam) yr iaith Gymraeg – nid yw herio'r drefn batriarchaidd trwy ddefnyddio cynnyrch symbolaidd y drefn honno (sef yr iaith ei hun) wedi bod yn opsiwn gweithredol i'r Gymraes. Mae rhaid dysgu gwrando yn astud mewn ffordd amgen er mwyn canfod ei llais yn y naratif, naratif sydd ar adegau yn cyfleu ei hun yn uniongyrchol drwy'r corff ac yn cyseinio yn soniarus â syniadau Cixous a'i chyfoedion am *écriture féminine* a'r drefn Semiotig. Er mwyn dadansoddi gweithiau llenyddol Cymraeg gan fenywod yn effeithiol a datblygu theori yn y maes hwn, mae'n bwysig bod yn fodlon gwrando 'for ways in which bodies serve as conduits of sonorous language, and how such sounding language in turn serves as a conduit for theory'.[99] Gellir dadlau felly fod profiadau corfforol beichiogrwydd yn cynnig cyfwng i'r Gymraes gyfathrebu ei theimladau, ei phryderon a'i hanghenion ehangach.

Cyfogi

I fenywod, un o'r profiadau mwyaf cyffredin yn ystod cyfnod o feichiogrwydd yw cyfogi. Hwn yw un o'r symptomau amlycaf a gysylltir â beichiogrwydd, yn arbennig yn ystod y misoedd cyntaf:

> Mae'n gyffredin iawn teimlo'n sâl yn ystod cyfnod cynharaf beichiogrwydd – bydd hyn yn effeithio ar oddeutu 80 y cant o fenywod. Fel arfer, ceir salwch bore yn ystod tri mis cyntaf y beichiogrwydd, er y gall bara'n hirach i rai menywod.[100]

Nid oes unrhyw syndod felly nad yw cyfogi neu deimlo'n gyfoglyd yn ymddangos yn weddol aml ymhlith disgrifiadau menywod o feichiogrwydd mewn ffuglen Gymraeg, ers y 1960au, a hyd heddiw, e.e. 'Rhaid 'mod i wedi gyrru dwy filltir ar hyd y lon cyn penderfynu rhaid stopio'r car i chwydu.'[101] Ac eto: '[t]eimlodd hi rywbeth yn wahanol yn ei pherfedd a'r salwch boreuol yn dechrau'.[102] Mae'r sgil effaith anffodus hwn yn hysbys hyd yn oed i ferched ifainc megis Blodeuwedd, 'arwres' *Hen Fyd Hurt*: 'Ofnadwy fyddai bod yn feichiog a chwydu bob bore.'[103] Ynghyd ag absenoldeb y mislif, dyma un o'r prif arwyddion sy'n deffro'r fenyw i'r posibilrwydd ei bod yn feichiog. Yn nofel Beca Brown, *Corcyn Heddwch*, nid yw'r ddarpar fam yn ymwybodol o'i chyflwr cyn i'r episod ganlynol ddigwydd:

'Mmmm!' Medda fi gan bwyntio'n desberet at fy ngheg, sydd yn prysur lenwi efo beil sur.
'Shit, ty'd reit handi wir . . .' ac mae Ses yn fy hebrwng ar ras at y toiled, gan ddal fy ngwallt yn ôl wrth imi ddeud helohow-ar-iw wrth hyn a ddisgrifiwyd yn groissant fyny grisia bora 'ma.[104]

Gall y weithred o gyfogi neu deimlo'n gyfoglyd hefyd arwyddo cyflwr y fenyw i eraill, megis yn y dyfyniad hwn o *Merch Noeth*: 'Mi sylwodd Mam bron yn syth. Roedd te a choffi'n troi fy stumog.'[105] Yn *Hi oedd fy ffrind*, salwch y prif gymeriad sy'n cadarnhau ei chyflwr i'w ffrind gorau:

'Jest ty'd â ffag, nei di?'
'Ella y bydd un menthol yn ocê,' meddai gan estyn pecyn St Moritz i mi. Taniodd ei leitar a'i ddal o mlaen i. Tynnais yn ddwfn – a theimlo fy stumog yn corddi.
'O, ych . . . damia. Mae'n troi arna i. Hwda. Cym di hi.'
'O shit. Ti wir yn disgwyl, dwyt?'
'Yndw, dwi 'di deud 'tha chdi unwaith!'[106]

Nid darpar famau yn unig yw ffocws y chwydu hwn ychwaith. Yma gwelir Jane Edwards yn canolbwyntio ar faban yn cyfogi. Cyfeiria hefyd at y ffiniau aneglur rhwng y ddau gymeriad, wrth i gyfog y plentyn dreiddio drwy siwmper y fam. Mae ffiniau seicolegol a chorfforol y naill yn ymdoddi i'r llall mewn ffordd wyrdroëdig – dychwela'r llaeth melys a ddaeth o'r fron, yn ôl ati yn gyfog sur:

Cyfogodd y babi ei laeth am ben siwmper Lena. Treiddiodd ei gynhesrwydd at ei bron a'i surni i'w ffroenau. Siwmper newydd sbon oedd hi, a brynwyd ar gyfer ymweliad Carys. Digiodd wrthi ei hun am fod mor ffôl â newid ei dillad cyn trin y babi, a digiodd fwy wrth hwnnw am beidio â threulio'i fwyd. Syllodd yn flin ar y slafan ddrewllyd gan geisio meddwl beth arall allai hi ei wisgo. Roedd ei dilladau i gyd naill ai'n rhy fach iddi, wedi treulio, neu yn drewi o daflu-i-fyny.[107]

Yn ddiau, cysylltir cyfogi â beichiogrwydd yn aml yn y gweithiau dan sylw, ac adlewyrchir y profiadau hyn yn agored ac yn gyson yn ysgrifennu'r Gymraes erbyn heddiw. Yn y gyfrol *Melodïau Coll* gan Beti Hughes, ar yr olwg gyntaf ceir cyfogi a beichiogrwydd yn cydfyw, heb unrhyw gysylltiad yn y testun.[108] Sut bynnag, yn yr ail gyfeiriad, mae'n amlwg (ar ôl darllen ymlaen) fod rhyw adlais o'r cyflwr sy'n ymaros (neu sydd, o bosibl, eisoes wedi cyrraedd) Gwenhwyfar, y prif gymeriad yn y cysylltiad rhwng cyfogi a *beichio* wylo, megis: 'Roedd Tudur wedi mynd a chynyddai fy anobaith. Teimlwn y cyfog yn codi hyd dwll fy ngwddf, a chofiaf imi feichio wylo dros bob man.'[109] Ond nid yw cyfogi a beichiogrwydd wedi eu cyplysu bob tro yn y ffuglen dan sylw. Yn y nofel *Epil Cam* (1972) gan Jane Edwards ceir pum cyfeiriad at gyfogi, weithiau yn gysylltiedig ac weithiau heb gyswllt â beichiogrwydd.

Er bod gan gyfogi gysylltiadau cryf â beichiogrwydd mae'n amlwg y defnyddir y weithred o gyfogi fel *trope* ehangach yn y gwaith dan sylw, ac yn hyn o beth mae'n bwysig rhoi peth ystyriaeth i'r ffenomen honno am fod ganddi berthnasedd i'r drafodaeth yng ngweddill y gyfrol. Ymhellach, er bod 'y fenyw feichiog yn cyfogi' yn is-gategori'r *trope* ehangach, sef, 'menyw yn cyfogi', nid yw wastad yn bosibl nac yn fanteisiol i dynnu ffin artiffisial rhyngddynt. Ymhellach, gwelir bod trosiad y Gymraes, feichiog neu beidio, yn cyfogi yn creu porth rhwng disgyrsiau ffeministaidd a rhai ôl-drefedigaethol. Mae *trope* cyfogi yn gyffredinol yn ymddangos yn rheolaidd mewn llenyddiaeth ôl-drefedigaethol a ffeministaidd ill dwy, ac yn amlach na pheidio, defnyddir i arwyddo atgasedd a gwrthodiad.[110] Ymhellach, awgryma rhai gysylltiad rhwng y weithred o gyfogi a'r broses o fwrw'r baban ymaith o'r groth.[111] Yn hyn o beth mae'n bosibl priodoli agweddau creadigol a chynhyrchiol i *trope* cyfogi o dan rai amgylchiadau.

Yn y cyfnod dan sylw, mae delweddau'r fenyw, neu'r ferch yn chwydu nas cysylltir yn amlwg â disgwyl plentyn, yn dechrau efallai â'r olygfa ganlynol o *Te yn y Grug* Kate Roberts yn 1959:

> Buasai'n llonydd cyd mewn siamber glòs, yn taflu i fyny o hyd, ac ofn arni i'w mam ei gadael am eiliad. Ceisiai ei gorau i beidio â thaflu i

fyny, ond fe ddôi heb iddi feddwl fel pistyll yn y lôn, a'i mam yn rhedeg i roi ei llaw gref ar ei thalcen.[112]

Dyma esiampl noethach fyth o *Bara Seguryd* Jane Edwards ddegawd yn ddiweddarach: 'Fe'i llusgodd ei hun yn ei phlyg i'r lle chwech. Ymbalfalodd am y sêt. Chwydodd yr amhuredd a'r surni drwy'i cheg a'i ffroenau. Yr oedd yn chwysu fel afon';[113] ac eto o *Cysgodion* Manon Rhys ar ddechrau'r nawdegau, 'Dwi newydd biwcio am y trydydd tro, mae 'mhen i fath â pwcad a mae 'na ryw dyfiant gwyn anghynnes fath â myshrwms ar 'y nhafod i.[114] Yn y dyfyniad hwn o'r nofel arobryn, *Fflamio* gwelir y profiad corfforol, yn amlwg, yn foddion ar gyfer anhwylder emosiynol: 'Eisiau cael taflu i fyny, cael gwared ar yr anesmwythder annioddefol yma, yr asid yn treiddio trwy leinin ei chydwybod.'[115]

Dichon nad yw'r disgrifiadau gweddol gyson o gyfogi yn y cyfrolau yn anghysylltiedig ychwaith â'r ffaith mai benywaidd yw 90 y cant o ddioddefwyr anorecsia neu fwlimia.[116] Ac mae problemau anhwylder bwyta a'r pwysau ar fenywod i gydymffurfio â delwedd unffurf ohonynt wedi cynyddu ac ehangu yn ddirfawr yn ystod y degawdau diwethaf: 'Eating disorders have mushroomed: media images of female bodies are thinner and less achievable; women have cosmetic surgery not out of vanity but to feel "normal".'[117] Cyfeirir at broblemau bwyta, mewn gwahanol ffurf mewn sawl cyfrol megis yn y dyfyniad canlynol o *Hi oedd fy ffrind* Bethan Gwanas:

A dyna ni, o fewn eiliadau, ro'n ni wedi cael gwared ar yr holl ginio Dolig llawn caloris, a'r cwrw oedd yn gneud i mi wneud petha gwirion. Roedd o mor hawdd, ac ro'n i'n teimlo gymaint well yn syth. 'Dwi'm yn gwybod sut ti'n gallu gneud i dy hun chwydu mor hawdd,' meddai Ruth, 'mae jest meddwl am y peth yn troi arna i.' 'Ti'n dod i arfer,' meddwn i.[118]

Ymdriniaeth arosgo a chynnil o anhwylder bwyta a geir yn *Cysgodion* Manon Rhys. Awgryma cyfogi Lois anhwylder bwyta'r fenyw o'r gorffennol sy'n destun ei hymchwil, sef yr artist Gwen John. Caiff y cysylltiad hwn ei atgyfnerthu yn grefftus hefyd gan gyfogi'r gath,[119] anifail a gyplysir yn aml â rhywioldeb benywaidd. Mae'r nofel ar ei hyd yn amlygu rôl flaenllaw y fenyw yn awen i'r dyn:

The roots of [eating disorders] can be located in our troubled relationship to our violated, objectified and driven bodies. It stems from partiarchal capitalism with racism playing a complementary role. It resides in our reduction to body, our designation as body-for-others, and our dual function as body for the sexual pleasing of males and body for domestic service and the nurture of others.[120]

Yn nofel Fflur Dafydd *Y Llyfrgell* (2009), mae'r genedl ei hun yn cael ei phersonoli fel endyd sy'n 'ail-gyfogi'r hyn roedd hi wedi llyncu yn ddwfn i'w chylla'.[121] Mae'r broses o gyfogi yn y cyd-destun hwn yn fwy o adennill diwylliannol na gwaredu. Gwêl awduron eraill nid yn unig bosibiliadau cathartig yn y broses o chwydu, ond hefyd y potensial o ddial, megis y prif gymeriad, Lois Daniel, yn *Cysgodion Manon Rhys*: 'Ond chwydu drostyn nhw i gyd o'n i isio'i neud, nid rhyw daflu fyny bach parchus, sidêt mewn toilet. Carthiad mowr Vesuvius . . . Nes bod y cyfan yn llifo'n beil melyn dros y diawliaid i gyd . . . Yn un foddfa fawr ddrewllyd.'[122] O ystyried sgript gymdeithasol lem y Gymraes a'r pwysau arni i ymddwyn yn 'sidêt' a pharchus ac i reoli ei chorff a'i brosesau yn haearnaidd, sylwer bod cysylltiad beil â dicter yn y dyfyniad hwn yn ddigamsyniol. Yma mae llifddorau'r corff yn ffrwydro dan nerth yr hyn a'i ataliwyd y tu ôl iddynt, a'r cynnwys ffiaidd felly yn halogi corff yr Arall.

Mae'r broses o geisio gwagio'r hunan o bethau annymunol yn rhan greiddiol o theori Julia Kristeva. Sonia am y *chora* (term a fenthycwyd o Plato) i gyfleu gofod cyn-Oedipaidd sy'n fenywaidd ac yn gysylltiedig â'r semiotig. Yn y cyflwr semiotig nid yw ffiniau'r goddrych ei hun yn glir, yn hytrach, maent yn toddi i gorff y fam. Sut bynnag, mynnai'r cyflwr symbolig sy'n datblygu yn sgil y cyfnod Oedipaidd fod y goddrych yn diffinio ei hun er mwyn iddo weithredu yn rhesymegol ym myd yr Hunan a'r Arall. I raddau mae prosesau symbolaidd 'Iaith y tad' felly yn darostwng prosesau benywaidd hynafol y drefn semiotig. Serch hynny nid yw'r darostyngiad hwn yn un hollol gyflawn; ceir gollyngiad o'r semiotig i'r symbolaidd mewn mannau gwan, e.e. gwallgofrwydd, barddoniaeth/ysgrifennu barddonol, breuddwydion, cerddoriaeth, celf, a gellir tybio beichiogrwydd.

> The symbolic control of the various semiotic processes is, however, tenuous and liable to break down or lapse at certain historically, linguistically and psychically significant moments. It results in an upheaval in the norms of the smooth understandable text. The semiotic overflows its boundaries in those privileged 'moments' . . .[123]

Mewn cyfnod o feichiogrwydd nid yw ffiniau'r goddrych yn glir bellach; gwelir ei statws fel endid cyflawn diffiniedig yn ffragmenteiddio. Fel y dywed Mazzoni, 'Pregnancy and childbirth bring both language and the body to their limits, where they paradoxically encounter one another at the same time as they face their ultimate incompatibility: for the unity of the speaking subject, essential to its ability to formulate a univocal "I", gets fractured in the mother-child merging and parting.'[124] Mewn cyfnod o feichiogrwydd, ceir un o'r cyfleodd prin i'r fenyw fedru gysylltu â'r semiotig ac i brofi agweddau o'i benyweidd-dra nad ydynt ar gael iddi, yn arferol, o dan realaeth y drefn symbolaidd. Ar yr un pryd nid yw grym 'Iaith y tad' yn cilio yn llwyr chwaith, a dichon y ceir tensiwn rhwng pleser y ddarpar fam o'i chysylltiad serendipidaidd â'r semiotig a'r pwysau i atgyfnerthu ei ffiniau fel goddrych unigol, cyflawn. Sonia Kristeva yn ei chyfrol enwog *Powers of Horror* am yr *abject*, y broses o waerediad sy'n ceisio amddiffyn ffiniau'r goddrych drwy ei gwaredu ei hun o bethau sy'n bygwth cyfanrwydd y goddrych: 'The spasms and vomiting that protect me. The repugnance, the retching that thrusts me to the side and turns me away from defilement, sewage and muck.'[125] I ddiffinio'r hunan, rhaid cael gwared ar bopeth sy'n annerbyniol neu estron iddo drwy ei leoli y tu allan i ffiniau'r goddrych ei hun. Cyrff meirwon sy'n cynrychioli'r bygythiad mwyaf i'r unigolyn, am eu bod yn arwyddocáu dilead yr hunan. Y corff mawr yw'r gwrthrych *abject* eithaf felly; mewn un olygfa yn *Cysgodion*,

> Roedd rigor mortis drwy'r corff i gyd . . . Aeth allan i'r landing a chau'r drws yn dawel. Gafaelodd yn y pot ac eistedd ar y gris uchaf. Nid oedd y tywyllwch mwyach yn ddim o'i gymharu â'r cyfog a godai yn ei gwddf . . .[126]

Mae'r *abject* yn bodoli mewn gwagle rhwng y semiotig a'r symbolaidd: 'The abject is unstable, ambivalent. Behind it in its past lies the mother's body; beyond it, in its future, language, the symbolic order.'[127] Yn ysgrif enwog Irigaray, *This Sex Which Is Not One*, ceir cyfeiriad at broses dynamig tebyg, ac iddi hi, yma yn y cyffyrdd diflanedig, rhwng y semiotig a'r symbolaidd, gellir tybio y mae canfod llais y fenyw yn sibrwd: 'Gad i mi sibrwd gwirioneddau yn dy glust sydd eto i'w ffurfio.'[128] Rhaid datblygu 'clust'[129] amgen sy'n addas at y dasg o ganfod ei llais tawel, dynamig amwys: 'One must listen to her differently in order to hear an "other meaning" which is constantly in the process of weaving itself, at the same time ceaselessly embracing words and yet casting them off to avoid becoming fixed, immobilized.'[130]

Yn y pen draw, ofer yw'r broses o warediad; mae'r atgasrwydd y ceisir ei yrru allan yn rhan dragwyddol o'r corff. Mae'r broses yn un barhaus felly heb obaith o weld terfyn neu ddatrysiad:

> What is abjected is radically excluded but never banished altogether. It hovers at the periphery of one's tenuous borders of selfhood. What makes something abject and not simply repressed is that it does not entirely disappear from consciousness. It remains as both an unconscious and a conscious threat to one's own clean and proper self. The abject is what does not respect boundaries. It beseeches and pulverizes the subject.[131]

Yn achos y fenyw feichiog, y peth amlycaf sy'n cyfaddawdu ei ffiniau yw'r baban y tu mewn iddi: 'Un ydyn ni, fuon ni, fyddan ni. Ti ynof fi, a minnau amdanat tithau.'[132] Mae'n bosibl ystyried ar un lefel mai estron yw pob baban i gorff y fenyw feichiog. Ond cynnyrch trais yw'r baban Titrwm yng nghroth ei ddyddiadurwraig o fam ac yn fwy estron a chynhennus byth oherwydd hynny: 'Driais i dy chwydu di allan o'm bod yn y dyddiau cyntaf.'[133]

Yn ei astudiaeth ddiddorol iawn ar lenyddiaeth Saesneg Cymru, gwêl Harri Garrod Roberts y posibilrwydd o ymestyn syniadau Kristeva am yr *abject* i lefel fwy cymdeithasol a diwylliannol. Nid unigolion yn unig sy'n ceisio amddiffyn eu ffiniau seicolegol, ond grwpiau diwylliannol hefyd:

> the construction of cultural or group identities is itself informed by the logic of abjection, the attainment of a collective identity by the subject requiring first the jettisoning of all elements that are incompatible with this identity: elements which, in order for the subject to 'belong', must be deposited on the far side of the border separating self from other.[134]

Tybed ai rhyw gorfforiad o'i hawydd i wared ei hun o ymdreiddiad patriarchaeth yw ymwneud yr awdur benywaidd Cymraeg â'r broses o chwydu – ei hymgais i yrru'r dyn allan o'r ddynes? O bosibl mae ei hailgysylltiad â'i hochr benywaidd, semiotig trwy gyfrwng beichiogrwydd (real neu wneuthuredig) yn atgyfnerthu ei gallu i fedru cyfleu'r dyhead hwnnw. 'Parch, parch, parch. O ma'r gair yn codi cyfog arno'i',[135] a pharch wrth gwrs yn llawforwyn y drefn batriarchaidd.

Ond mae yna arwyddocâd amlwg arall yma, arwyddocâd sydd i'r Gymraes yn glwm wrth batriarchaeth, sef ei pherthynas â'r iaith Saesneg. Yn ddiau nid yw'n amherthnasol mai'r Sais Eli Guthrie yw treisiwr Awen, a thad Titrwm felly. Er bod y baban y tu mewn iddi yn gynnyrch y ddau beth sy'n cynrychioli bygythiad gormesol iddi, sef patriarchaeth a'r Saesneg, eto i gyd y mae'n rhan integredig ohoni ac yn alegori bellach o gyflwr y genedl: 'mae yntau hefyd, yr hanner Cymro, hanner Sais, yn ymgnawdoliad o Gymru ranedig diwedd yr ugeinfed ganrif'.[136]

I raddau, mae delwedd y Gymraes ohoni hi ei hun yn seiliedig ar ddiffiniad y drefn batriarchaidd Gymraeg ohoni, diffiniad y mae pwysau arni i'w dderbyn er mwyn amddiffyn ei Chymreictod. System gaeedig anodd ei gwrthod yw hon, a adeiladwyd, yn symbolaidd, ar sgaffaldiau'r corff benywaidd. Ei phensaer, i raddau helaeth, oedd cyhuddiadau trahaus y Llyfrau Gleision. '[T]he 1847 report's focus on the female body – and its transformation of that body into a privileged locus and transcoder of moral, social and cultural debates – has worked to silence female voices and perpetuate patriarchal attitudes within Wales.'[137]

Dyma'r eironi eithaf i'r Gymraes efallai, sef bod y ddelwedd rinweddol haearnaidd batriarchaeth ohoni, y ddelwedd y mae pwysau anferth arni i'w derbyn er mwyn sicrhau goroesiad Cymry a'r Gymraeg, yn seiliedig ar werthoedd Seisnig a goruchafiaeth y Saesneg:

> While challenging the verdict of the commissioners, this emphasis on Welsh virtue in practice endorsed the social, cultural and political values underpinning the Report, and effectively accepted the supremacy of the English language in the spheres of education, economics and political life.[138]

Ymgeisio i chwydu nid dim ond ymyrraeth patriarchaeth yn ei diffiniad o'i hunan, ond efallai hefyd ymdreiddiad y Saesneg i'w hunaniaeth, y mae'r awdur Cymraeg benywaidd. Dichon fod yr ymgais gathartig hon yn anobeithiol oherwydd cydberthynas llosgachol y ddau ffactor, a'r ffaith bod yr iaith Saesneg (ei Titrwm) erbyn hyn yn rhan greiddiol ohoni: 'Oherwydd EI ddyfod, bydd deuoliaeth yn dy fod yn dragywydd. Bydd ynot ddraig wen yn ymladd â draig goch.'[139] Yr unig obaith yw i'r baban gydio yn y chwedlau, y breuddwydion a'r farddoniaeth mewn dull sy'n adleisio'r cyflwr semiotig ac yn adfer y berthynas (sydd eisoes wedi ei bastardeiddio) rhwng y Gymraes, ei chorff a'r iaith: 'Dim ond trwy sugno ar ysgrifbin ei fam ac uniaethu â'r hiraeth chwyldroadol sy'n ffynnu o'r geiriau y gall Titrwm feddiannu ei etifeddiaeth.'[140]

O'i gymharu ag ail nofel Angharad Price *O! Tyn y Gorchudd* a enillodd y Fedal Ryddiaith yn 2002,[141] ychydig o sylw beirniadol a gafodd *Tania'r Tacsi*.[142] Nofel ddinesig yw hon a ddefnyddia rai o syniadau a dyfeisiau ôl-foderniaeth i herio rhith 'realiti'. O ddiddordeb arbennig i'r astudiaeth hon yw anhwylder bwyta'r prif gymeriad a'i chyfogi rheolaidd drwy gydol y gyfrol, e.e. 'Yr unig gysur wrth imi lwytho pob fforchaid i mewn imi oedd y cawn, cyn bo hir, a chyn i'r saim dreiddio gormod, chwydu'r cyfan i lawr y toilet.'[143] Ceir awgrymiadau pryfoclyd bod Angharad Price yn defnyddio'r cyfogi hwn i ddynodi *abjection* y cymeriad o batriarchaeth a Seisnigrwydd.

Yn ei hadolygiad o'r nofel, gwêl Gwenllian Dafydd ymgorfforiad o'r hen densiynau rhwng cefn gwlad (yn symboleiddio gwerthoedd Cymraeg traddodiadol) a'r ddinas (yn symboleiddio newydd-deb cosmopolitan Saesneg) yn 'salwch' Tania:

> Ond pam mae Tania'n ysgymuno'r cwbl o'i chorff. Ai mater o ormod o bwdin dagith gi? Neu ai am fod mynd yn ôl i'r wlad yn ffordd o garthu budreddi'r ddinas ac yn broses gorfforol ac ysbrydol i lanhau a phuro ei hun?[144]

Yn y pen draw ni all y gollyngiad ymysgarol hwn ei gwaredu rhag adleisiau cyhuddol ei diwylliant:

> Roedd oglau'r stwff llnau toilet yn llenwi'r lle. Mi helpodd fi i chwydu. Yn fy mhen, wrth i'r bwyd llifo dros fy ngwefusau ac i mewn i'r bowlen borslen, dro ar ôl tro yn hyrddiadau caled, ro'n i'n clywed geiriau fel 'anniolchgar', a 'cywilydd'.[145]

Pe derbynnid y cysyniad mai proses gathartig i Tania yw chwydu, catharsis anghyflawn, anfoddhaol ydyw ar ddiwedd y dydd. Mae'n debyg bod cywilydd yn peri mwy o fwrn i'r Gymraes nag unrhyw faban i'w fam feichiog.

Gellir dadlau mai'r dyfyniad canlynol yw un o'r llinellau fwyaf arwyddocaol *Tania'r Tacsi*: 'Deud oedd hi 'mod i'n denau neis a f'asennau i'n sticio allan fel telyn drwy'r croen.'[146] Rhaid i Tania ddileu ei benyweidd-dra (allanol) drwy newynu ei chorff, cyn bod ei Chymreictod (wedi'i symboleiddio yma gan y delyn) yn medru dod i'r amlwg: 'Some researchers have proposed that anorectic girls may lose weight in order to deny their sexuality . . . (that is, by way of a regression to a boyish figure and a lack of menstrual periods).'[147] Ymryson sydd yma rhwng ei chorff benywaidd nwydus aeddfed a'i Chymreictod: nid yw'n bosibl, mae'n debyg, i'r ddau gyd-fyw. Nid brwydr newydd mo hon; ymestynna ei gwreiddiau yn ôl eto at ddiwedd y bedwaredd ganrif ar bymtheg a dewisiadau dieflig y Gymraes yn sgil goblygiadau cymdeithasol y Llyfrau Gleision:

> Either she abandoned her Welsh allegiances and adopted the English middle-class model of refined femininity, however inappropriate that may have been to her cultural roots and her social position; or she defensively asserted her Welshness in the face of insult, and to prove its virtues, clad herself in an armour of strict propriety which would inevitably have entailed self-suppression on a larger scale than mere sexual self-control; or she accepted the English definition of herself as the libidinous hoyden of primitive Wild Wales.[148]

Yn drawiadol, darlunia Angharad Price un o brif arwyddluniau'r diwylliant yn rhan integredig o gorff y fenyw, gan gynnig fframwaith iddi. Ymhellach, mae'n bosibl gweld bod gan y cyfeiriad at asennau gysylltiad Beiblaidd â stori creadigaeth Efa o asen Adda ar y naill law, ac ar y llaw arall gysylltiad â phrosesau pydredd a thranc. Ieuir y ddeuoliaeth o fywyd a marwolaeth yn aml iawn â'r corff benywaidd, ffenomen a ddychwelir ato eto maes o law.

Dadleuir bod y Gymraeg, drwy ddelweddu cyfogi yn ei ffuglen yn amlygu'r *abject* a'r broses o waredu ar lefel unigol a diwylliannol. Yn ôl Kristeva, un o brif swyddogaethau llenyddiaeth yw cyflawni 'an unveiling of the abject: an elaboration, a discharge, and a hollowing out of abjection through the Crisis of the Word'.[149] Gellir ystyried y broses o chwydu hefyd yn fath o golled (gwirfoddol neu anwirfoddol) o'r corff. Gweithred ydyw sy'n ymwneud â chroesi ffiniau ac â chyfryngu rhwng y Goddrych a'r Arall. O ran beichiogrwydd, ceir ymdriniaeth eithaf helaeth yn y cyfrolau am fath arbennig arall o golled gorfforol, sef erthyliad neu gollgludiant.

Colled

Erthyliad (naturiol neu bwrpasol) yw'r ffurf amlycaf ar golled sy'n gysylltiedig â beichiogrwydd, ac fel beichiogrwydd ei hun, testun gwaharddedig ydoedd mewn llenyddiaeth tan yn ddiweddar iawn. 'The taboo of making . . . miscarriage too public persisted until quite recently. Most novels, short stories and self-help books appeared in the 1970s and 1980s.'[150] Serch hynny, yn groes efallai i'r disgwyl, yn y ffuglen Gymraeg gan fenywod sydd wedi ei chynnwys yn yr astudiaeth hon, yn enwedig ers diwedd y 1960au, gwelir bod erthylu yn destun mwy cyffredin hyd yn oed na beichiogrwydd neu esgor llwyddiannus. Mae'n bosibl fod y ffocws hwn ar golled corfforol yn fath o gyfathrebu semiotig gan y Gymraes i gyfleu ei galar am ddirywiad yr iaith Gymraeg. Mae ganddo hefyd gysylltiadau amlwg â'r *abject*, nid yn unig oherwydd bod gwaed yn hylif corfforol sy'n codi braw a ffieidd-dra ond fel y dywed eisoes, am fod y corff marw yn cynrychioli'r gwrthrych *abject* eithaf.

Testun cysylltiol a gyfyd yn aml yw marwolaeth y fam, weithiau wrth iddi geisio cyflawni erthyliad fel yn achos *Mae'r Galon wrth y Llyw* (1957), neu wrth roi genedigaeth yn naturiol fel yn achos *Y Stafell Ddirgel* (1969).[151] Mewn achosion eraill gwelir y fam yn goroesi ond y plentyn yn marw, e.e. *Martha Jac a Sianco* (2004),[152] ac weithiau ceir marwolaeth y ddau fel yn *Carchar Hyfryd* (1964).

Eto, yn y maes hwn, y nofel arloesol *Mae'r Galon wrth y Llyw* oedd un o'r gyntaf i ymdrin â'r testun hwn. Yr oedd erthylu yn parhau i fod yn anghyfreithlon ym Mhrydain tan y ddeddf a gyflwynwyd fel Mesur Aelodau Preifat gan yr Aelod Seneddol ifanc David Steel yn 1967,[153] ddeng mlynedd ar ôl dyddiad cyhoeddi *Mae'r Galon*. Cyn dyfodiad y gyfraith newydd mae'n debyg y bu erthylu answyddogol yn gyffredin iawn ym Mhrydain, ond amrywia'r amcangyfrif o hyn yn sylweddol.[154] Sut bynnag, honnir y bu'r ymarfer peryglus ac yn aml, barbaraidd ac aflwyddiannus hwn yn gyfrifol am 15 y cant o farwolaethau ymhlith mamau ym Mhrydain yn y blynyddoedd cyn 1967. Yn 2010 cafodd 17.5 o erthyliadau eu perfformio yn y GIG am bob mil o fenywod rhwng 15 a 44 oed, ffigwr sydd wedi bod yn cynyddu yn raddol bob blwyddyn ers 1967.[155]

Gellid tybio fod gwyntyllu syniadau am y pwnc llosg hwn yn risg anferth i Gymraes barchus yn y 1950au. Nid oes syndod felly fod Kate Bosse-Griffiths wedi dewis arddull aml-haenog ac wedi creu darn o lenyddiaeth sy'n pentyrru syniadau, delweddau a disgyrsiau mewn modd a ganiatâ i'r darllenydd eu dehongli yn ôl ei anghenion ei hun. O safbwynt y themâu dan sylw, nofel flaengar iawn yw hon; ni ddaeth ymdriniaeth arall sylweddol o erthylu mewn ffuglen Gymraeg gan fenywod tan waith Jane Edwards dros ddegawd yn ddiweddarach.

Mae'r prif gymeriad, Doris, nyrs ifanc o deulu Cymraeg barchus *bourgeois* yn cwympo mewn cariad â darlithydd, Arthur, sydd eisoes wedi dyweddïo â Siân, menyw ifanc draddodiadol. Mewn eiliad o hunanaberth, mae Doris yn rhoi terfyn ar ei pherthynas ag Arthur er mwyn iddo fedru cyflawni ei addewid i Siân. O ganlyniad prioda Doris ddeintydd, John, nad yw'n rhannu ei hagwedd athronyddol/ ysbrydol tuag at fywyd. Ond mae marwolaeth drasig un o blant Doris a John yn ei gwthio hi yn ôl at Arthur. Arweinia eu perthynas ddirgel estynedig at ddau o blant eraill ac yn y pen draw, at farwolaeth Doris wrth iddi geisio erthylu'r trydydd plentyn anghyfreithlon:

> Feiddiais i ddim tynnu'r ddau deulu i ddyfnder o helyntion newydd. Dyma pam y ceisiais i wneud i ffwrdd â'r baban newydd cyn iddo gael ei eni. 'Roeddwn i am gael y plentyn yn fawr, wyddost ti, Gwenda, achos plentyn Arthur ydoedd. Ond fe ledais i'r plentyn ynof. 'Rwyf wedi dioddef yn erchyll cyn dod at y penderfyniad. A nawr mae'r plentyn yn fy lladd i.[156]

Yn aml defnyddia'r awdur is-naratifau i ragfynegi prif ddigwyddiadau'r gyfrol. Ar adegau, y bwriad yw tanseilio moesoldeb neu fydolwg y cymeriadau mewn ffordd chwareus ac eironig. Ar adegau mae ei dull yn ymdebygu i'r un a ddefnyddiwyd gan lenorion ôl-fodernaidd y 1990au. Yma mae Doris yn cyfleu ei dicter tuag at nofel y bu'n ei darllen yn ddiweddar. Yn ôl Doris, mae'r nofel yn dangos y nyrs mewn golau gwael, am iddi bortreadu 'Nyrs yn disgwyl plentyn siawns, a thad y plentyn yn ddyn ieuanc a astudiai feddygaeth. Ystafell isel lle ceisiai'r nyrs yn ofer gael gwared o [*sic*] ffrwyth ei chorff.'[157] Proffwyda plot y 'nofel o fewn nofel' hon gwymp Doris ei hun yn y prif naratif. Mewn *vignette* arall sy'n blaenori'r prif ddigwyddiadau, gwelwn Doris yn nyrsio mam ifanc ar ei gwely angau yn yr ysbyty ar ôl i'r fam honno esgor ar ei phlentyn. Mae'r olygfa eto yn rhyw fath o argoel o'r dynged a wynebir gan Doris ei hun maes o law. Ond hefyd dwysâ'r portreadau bychain hyn y teimlad o golled, oferedd a thrasiedi ac awgryma hefyd mor gyffredin a chysylltiedig yw profiadau menywod yn gyfan gwbl.[158]

Ceir cyfeiriad digon ffwrdd-â-hi at erthylu bwriadol yn nofel Jane Edwards 1964, *Byd o Gysgodion*. Yma mae'r athrawes ifanc Aurien yn synfyfyrio ar ffilm a welodd: 'Gwelodd ffilm unwaith lle 'roedd dynes yn cymryd bath berwedig ac yn yfed 'dwn-i-ddim-faint o gins i geisio gael gwared a'r baban yn ei chroth. Ych, 'roedd y weithred yn afiach. Meddwi mewn bath!'[159] Mae Jane Edwards yn cyflwyno'r cyfeiriad hwn yn gelfydd, bron yn ddiarwybod i'r darllenydd. Yn fwy medrus byth, awgrymir nad yw'r weithred o erthylu ynddi ei hun yn gofidio Aurien, ond yn hytrach yr act ddi-chwaeth o feddwi yn y bath!

Erbyn 1972 mae cyfeiriad Jane Edwards at erthylu yn y nofel *Epil Cam* yn fwy uniongyrchol o lawer. Nid oes ymdrech yma i ymbellhau oddi wrth y naratif drwy sôn am erthylu yn rhan o brofiad eilaidd y cymeriad fel gwyliwr. Yma mae'r weithred yn digwydd, er iddi gael ei halltudio i orffennol un o'r prif gymeriadau. Yn y gyfrol hon eto ceir stori tair menyw – Kate, Catrina a Rhosfair. Yn fuan iawn yn y nofel, gwyddys bod Catrina, rai blynyddoedd yn ôl, wedi ceisio erthylu ei phlentyn, ond bod y weithred wedi mynd o chwith: 'roedd hi wedi gwthio gwaell i fyny i'w chroth; ond bu'n rhaid i lawfeddyg mewn ysbyty orffen y gwaith'.[160] Yr ail golled a ddaw yn sgil yr erthyliad hwn yw anffrwythlondeb Catrina, sy'n ganlyniad i'r weithred flaenorol drychinebus.

Ceir atgofion o erchylltra'r erthyliadau cartref mewn sawl man arall hefyd. Yn *Lili Dan yr Eira* (2007) er enghraifft, dyma hen Nyrs Beti a fu'n gweithio ym meddygfa tad Nant yn hel atgofion:

> 'Mi fasach chi'n synnu rhai o'r petha fydda'n digwydd pan oeddwn i'n nyrs ifanc. Mi welais i ferch ifanc wedi mynd at ryw hen wrach, waeth i chi ddeud, yn ardal Gwyddelwern i gael ffiseg erthylu. Fu bron a marw, siŵr. Mi glywish am ddynas arall, gwraig barchus, yn ei herthylu'i hun efo gwallen wau a chladdu'r babi yn yr ardd.'[161]

Mae yna eironi creulon yn y ffaith bod nifer o'r golygfeydd hyn yn sôn am fenywod yn defnyddio offer gwau i geisio achosi erthyliad. Maent yn symbol amlwg o'u bywyd cartref ac yn arwydd o'r brwdfrydedd sy'n cael ei ymgorffori yn nelwedd y fam draddodiadol ddelfrydol. Gellir tybio ei bod yn orfodol ar y Gymraes, yn amgenach na'i chwiorydd dros y ffin efallai, i gynnal ac amddiffyn y ddelwedd hon yn sgil helynt difrodus Brad y Llyfrau Gleision. Yn eironig, noda Harri Garrod Roberts fod diffyg sgiliau gwniadwaith honedig y

Gymraes wedi cael ei weld fel tystiolaeth o'i natur anwaraidd yng nghorff adroddiad y Llyfrau Gleision: 'the local informant . . . cites an ignorance of needlework as ultimate proof of the area's barbarity'.[162]

Yng nghyfrol ddiweddar Caryl Lewis, *Plu*, sonia'r stori gyntaf 'Wyau Tsieina' am erthyliad cartref, eto gweithred a achosodd anffrwythlondeb i ferch ifanc. Sut bynnag, dengys y stori mai annoeth yw delfrydu chwaeroliaeth menywod. Nid cyd-ddioddefwyr yw'r gwragedd yn yr enghraifft hon ond y sawl sy'n trefnu a chyflawni'r act arswydus:

> Tynnwyd hi o'r gwely ganol nos a gyrrwyd hi i dŷ cyffredin yn y dre. Talwyd yr arian. Llefodd hithau. Roedd y fenyw yn ddidrugaredd. Safodd ei mam y tu allan i'r drws, ei breichiau wedi'u croesi a'i hwyneb wedi ei droi i'r cyfeiriad arall. Arhosodd Olwen yn y gwely am wythnosau yn gwaedu, yn gorwedd fel cwrlyn gan ballu yngan gair.[163]

Isod gweler esiampl arall o'r un ffenomen, a ddaw o gyfrol gignoeth ysgytiol Ennis Evans *Pruddiaith* (1981). Portreadir y fenyw fel arteithiwr a gelyn yn hytrach na chwaer a chyfaill. Rhaid i'r fenyw ifanc ddioddef am iddi foddio ei chwantau rhywiol:

> 'Ai bwrw llo wyt ti clywed? Rŵan ta, gwthia. GWTHIA fwy 'wnei di, yr hen ast?' meddai Sister Morus wrth Mali gan ymbalfalu gyda dwylo rhawiau yng ngwain hen gariad Bryn, fel pe bai'n cymysgu bwyd moch. 'AAH! PLIS!' 'Dyna wers go dda iti Miss am achosi'r holl strim-stram-stremach 'ma i foddio chwiwyn o chwant.'[164]

Yn y stori 'Babis' yn *Datod Gwlwm* Angharad Jones (1990) mae'r prif gymeriad eto yn teimlo dicter tanbaid tuag at ei chwiorydd hŷn am eu diffyg cydymdeimlad a chefnogaeth pan oedd wedi beichiogi tra oedd yn fyfyrwraig ifanc rai blynyddoedd yn gynharach. Yr unig ofid iddynt hwy oedd cost y driniaeth a sut i'w rannu rhyngddynt: 'A chamodd o'r ward, yn gweld babi gwaedlyd ar fwrdd yn Leamington Spa a dau gan punt yn llygaid glas ei chwiorydd.'[165]

Nid yw'n gyffredin iawn, hyd yn hyn yn y Gymraeg, i'r cymeriad sy'n dioddef yr erthyliad neu'r gollgludiant lefaru'r naratif yn y person cyntaf. Pan fo hyn yn digwydd, e.e. *Annwyl Smotyn Bach* (2008) a'r stori 'Babis' uchod, cofio am achlysur a ddigwyddodd ymhell yn ôl yn y gorffennol y mae'r cymeriadau. Yn ogystal, weithiau, ceir datgymalu yn y naratif, e.e. drwy newid persbectif yn gyson rhwng y presennol a'r gorffennol neu drwy ddefnydd o fwy nag un adroddwr. Mae'n sicr fod y teimladau angerddol cymhleth a chymysg sy'n gysylltiedig â digwyddiad o'r fath yn ei gwneud hi'n anodd cyfleu'r profiad yn uniongyrchol. Awgrymir bod adrodd y naratif yn y trydydd person neu ei leoli yn y gorffennol yn ymbellhau'r awdur a'r darllenydd oddi wrth noethni'r angerdd a gyflëir. Fel y dywed Hansen, 'First-person narration is not the perspective of choice in most stories of the mother without child. Where it does appear . . . it tends to be interrupted, intermittent, shared among more than one "I".'[166] Ceir enghraifft dda o hyn yn *Y Goeden Wen*, Sonia Edwards (2001). Adroddir y naratif gan sawl un sy'n agos at y prif gymeriad, Nen. Sut bynnag, erbyn dechrau'r nofel mae Nen eisoes wedi diflannu ac wrth reswm nid yw'n bresennol ei hun. Clywn am ei chollgludiant hithau, oddi wrth ei hen fodryb a oedd ei hun wedi dioddef profiad o'r fath. Eto cyflëir y teimlad yn gadwyn o boen sy'n rhwymo menywod wrth ei gilydd:

> Ydi, ma' colli plentyn yn styrbio rhywun. Tu mewn. A na, nid jyst i lawr yn fan'na dwi'n feddwl. Nid jyst be' ma' rhywun yn gorfod ei weld, ei deimlo, ei lanhau . . . Nid jyst bod 'na lot fawr o waed a . . . ballu. Fel lladd mochyn. Na, nid jyst hynny. Mi ydach chi fel tasech chi'n galaru dros rywun na ddaru chi mo'i nabod. Mo'i weld hyd yn oed . . . dim ond yn eich meddwl. Efallai. Peth chwithig ydi o. Rhyw damaid ohonoch chi wedi mynd am byth.[167]

Mae'r sylw bod y fenyw yn gorfod glanhau llanast yr erthyliad ei hun yn un ingol ac arwyddocaol. Amlyga hyn rôl ddomestig, israddol y fenyw a'r ffaith bod pwysau arni i guddio'r erchyllter oddi wrth aelodau eraill y teulu. Yn ogystal, awgryma natur gudd y weithred deimladau o euogrwydd, cywilydd ac unigedd. Nid oes modd iddi rannu ei phoen yn gorfforol neu yn emosiynol, yn hytrach rhaid iddi ei sgwrio ymaith.

Euogrwydd yw'r prif emosiwn y mae cymeriad canolog nofel ddiweddar Angharad Tomos *wrth fy nagrau i* (2007) yn ei gysylltu â cholli ei baban yn naturiol. Cyflëir y profiad fel un corfforol iawn, yr euogrwydd yn fwy o faich, hyd yn oed na beichiogrwydd ei hun. Sonnir am chwedl Rhiannon yn y Mabinogi, cysylltiad rhyngdestunol sy'n hoelio'r euogrwydd hefyd o fewn y cyd-destun Cymraeg gan awgrymu hirhoedledd y cysylltiad rhwng y profiad a'r emosiwn. Eto gellir synhwyro cadwyn o boen yn ymestyn dros y canrifoedd.

Rhiannon ddeuai i'm meddwl . . . Gwyddai'r storïwr pa mor ddychrynllyd ydyw i wraig gyfaddef iddi golli babi. Ac mae baich yr euogrwydd yn gyfystyr a chludo person o faint llawn ar eich cefn am gryn bellter. Mae'n bwysau sy'n eich llethu.[168]

Mae'r 'dydw i ddim yn credu 'mod i'n eithriad' yn crefu am gyswllt ac am rannu profiad â menywod eraill. Mae hunaniaeth Llio hefyd yn cael ei siglo gan golled ei baban yn *Annwyl Smotyn Bach*. Achosa'r collgludiant iddi 'Colli'r "fi" go iawn'.[169] Teimla drueni hefyd dros ei mab arall, 'y bychan oedd wedi fy ngholli ers dros fis'.[170]

Mae Ilid yn *Fflamio*, y nofel a enillodd Wobr Goffa Daniel Owen i Ann Pierce Jones yn 1999, yn teimlo ei bod wedi colli rhyw sylwedd corfforol a seicolegol ers genedigaeth ei phlant a phortreadir corff y fenyw eto fel maes y gad:

> Teimlai ei hun yn fach ac yn ddiymadferth yn wyneb y llifeiriant o dedi-bêrs, y cenllysg o frics adeiladu a'r pared o Farbies. Ac yn fwy na dim, y nhw. Roedd y ddau ohonynt yn sâl am ei sylw. Y bychan yn crafangu drosti, ei dyrnu efo'i dyrnau bach caled, cynhyrfus. Maia'n dal, yn denau ac yn ystwyth, yn ei choreddu ei hun o gwmpas corff ei mam, ei thagu a'i chusanu, yn chwilio am ei thethi i sugno. Gadawodd i fyddin eu cariad fartsio drosti.[171]

Sonnir gan awduron benywaidd eraill am ansawdd corfforol y galar a ddaw yn sgil colli baban:

> Yn sydyn teimlodd Mattie ryw wacter annioddefol o'i mewn, a'i breichiau'n brifo o awydd gafael yn dynn yn rhywbeth, unrhyw beth. Tynnodd y cwrlid yn ôl a chipiodd yr hen banda unllygeidiog o'r gwely a'i gofleidio'n dynn. Eisteddodd ar yr erchwyn a'i fagu fel babi bach am ysbaid cyn ei gorfodi'i ei hun i'w roi yn ôl . . . Buasai'r ysfa am fagu'n ei chnoi byth er pan gollasai ei geneth fach, ac am eiliad gadawsai iddi ei threchu.[172]

O dro i dro gwelir cysylltiad penodol rhwng y galar a'r corff. Yn yr enghraifft nesaf, gwelir bod y tristwch yn tarddu, yn drosiadol, o'r groth ei hun: 'Yn sydyn dechreuodd y dagrau lifo i lawr gruddiau Mattie. Wylodd, nid o'i chalon, ond o rywle yng ngwaelodion ei hymysgaroedd, o'i chroth, nes bod ei hochneidiau'n ei dirdynnu.'[173] Gwneir cysylltiad tebyg iawn gan Angharad Tomos yn *wrth fy nagrau i*. Yma, estynnir y trosiad un cam ymhellach gan gyplysu dagrau nid â'r groth ei hun ond â chynnyrch y groth. 'Ni ddaru'r dagrau – na'r gwaed – beidio am dros bythefnos.'[174] Gan hynny mae'r galar emosiynol a'r golled gorfforol yn rhannu priodweddau materol cyffelyb, sef hylifedd. Yng ngwaith Irigaray ceir y syniad o hylifedd y fenyw yn cyferbynnu â natur fwy sefydlog y dyn.[175] Gwelir y corff benywaidd yn fwy agored na chorff gwrywaidd ac yn dueddol i golli ei gynnwys yn annibynnol o ewyllys y fenyw. Mae dynion yn amheus felly o'i harllwysiadau ac yn eu gweld yn llai cyfan, cyflawn a diddisgybledig. Gwêl Irigaray hylifau'r fenyw yn rhan greiddiol o'i chyfathrebiaeth semiotig, cyfathrebiaeth sy'n anhyglyw i'r dyn. Gellid tybio mai llaeth y fam yw'r 'white effusion' yn y dyfyniad isod sydd ei hun yn dibynnu ar y corff fel cyfrwng cyfathrebiaeth:

> You do not hear. So my words divide us. Divide us from the song. How could that white effusion reach you? That intense candour still cannot be heard. That white candour does not listen to itself: it is mourning for a tongue.[176]

Nid yw'r fenyw yn gwerthfawrogi ei chyfathrebiaeth ei hun; yn hytrach, sianelir ei hegnïon at alaru am ei safle difreintiedig yn y drefn batriarchaidd.

Yn amlwg, mae newidiadau cymdeithasol wedi effeithio yn enfawr ar agweddau tuag at erthylu bwriadol yn ystod cyfnod y nofelau dan sylw. Yn nofel Eigra Lewis Roberts *Mis o Fehefin* (1980), clywir am feichiogrwydd un o'r prif gymeriadau, Lena, rhyw ugain mlynedd ynghynt ac ymdrechion ei chariad, Richard, a'i fam i'w pherswadio i erthylu'r baban:

> Am iddi gael gwared a'r babi yr oedden nhw ac yn barod i dalu i 'rywun iawn' . . . Roedd hithau wedi holi pa 'rywun iawn' fyddai'n fodlon bwtsiera corff merch a lladd y bywyd newydd o'i mewn ac wedi ychwanegu, yn bropor iawn, ei bod hi'n gywilydd eu bod nhw, oedd wedi eu magu ar fronnau'r Ysgol Sul, yn barod i gyflogi llofruddiaeth.[177]

Sylwer yma fod yr Ysgol Sul, ac wrth reswm hefyd y capel, yn cael eu personoli fel mam yn magu ei baban, a hynny er mwyn miniogi'r ergyd foesol a dwysau'r cysylltiad â Chymreictod. Ni fedr crefydd y Cymry ei hachub rhag erchylltra erthylu (nac erchylltra rhagrith chwaith, gellir tybio).

Erbyn heddiw, sut bynnag mae'r afael foesol wedi ei rhyddhau ychydig ac awgrymir ar adegau mai rhywbeth cyffredin bron yw erthylu. Gwelir arwydd o hyn yn neialogau nofel Beca Brown, *Corcyn Heddwch* (2005) sy'n ymdrin â helyntion Mam ifanc yn dychwelyd i'r gwaith ar ôl cael ei baban cyntaf. Mae'n darganfod maes o law ei bod yn feichiog eto o ganlyniad i garwriaeth odinebus: 'Os mai erthyliad fydd isho, wel dyna ni ynde. Duwcs, tydi o'n beth digon cyffredin dyddia yma. Dim byd i fod a chywilydd yn 'y gylch.'[178] Ond eto i gyd, efallai nad yw'r darlun yn un hollol ddu a gwyn. Yn dilyn y dyfyniad o *Mis o Fehefin* ceir y frawddeg 'Roedd y bregeth, er nad oedd ronyn o argyhoeddiad y tu cefn iddi, wedi cyrraedd adra',[179] ac yn y detholiad o *Corcyn Heddwch* ceir elfen o hunan-berswad neu hunan-dwyll yn nofio'n agos iawn i'r wyneb. Dichon fod menywod ar hyd y degawdau wedi wynebu'r un poenau meddyliol wrth wneud y penderfyniad ofnadwy hwn. Hyd yn hyn, nid erthylwyd cywilydd nac euogrwydd o gydwybod Llenyddiaeth Fenywaidd Gymraeg.

Ceir rhai o'r disgrifiadau mwyaf trawiadol a hunllefus o euogrwydd y fenyw wedi erthyliad bwriadol ei phlentyn yn y casgliad o storiâu byrion *Pruddiaith* gan Ennis Evans. Dioddefai Ennis Evans, llenor ifanc addawol ar y pryd o salwch meddwl difrifol ac o ganlyniad bu farw'n annhymig. Yn y stori 'Ffrind Sali' mae menyw ifanc yn dioddef mewn ysbyty meddwl o ganlyniad i erthylu ei baban. Mae ei heuogrwydd yn ei dinistrio ac nid oes awydd byw arni bellach:

> Mae'n rhyfedd, wyddost, ond mae fy holl chwantau'n farw gelain – nwydau rhywiol, archwaeth bwyd, hyd yn oed awch bywyd ei hun. Y Bywyd hwnnw 'roeddwn i'n arfer a gorfoleddu ynddo yn y Coleg! Eithr gwn yn awr nad ydwyf yn haeddu byw gan fy mod wedi lladd fy mabi.[180]

Mewn cyfres o lythyrau at ei ffrind dychmygol Sali, mae'r prif gymeriad Heledd (cysylltiad rhyngdestunol sydd eto yn gosod yr euogrwydd o fewn cyd-destun Cymraeg ac yn dwysau'r golled a'r gwallgofrwydd) yn disgrifio ei bywyd yn yr ysbyty a'r hunllefau arswydus sy'n eu harteithio:

> Rydw i am frathu dy dethi di i ffwrdd! Dyna nhw! Darnau bach o groen ar ôl yma– snip, snip efo siswrn miniog! Dyna welliant! Siglo'r ddau lwmp bach gwaedlyd yn ôl ac ymlaen fel pendil o flaen fy llygaid. 'Am glustdlysau bach del, ynte?' meddai, gan roi fy nhethi wrth ei chlustiau a gwenu arnaf. 'Ond rhaid cael pinnau ar glustdlysau, wyddost yr hen gnawes fach fudr! Beth am wthio'r pinnau i mewn i'r tyllau 'na lle'r

oedd dy dethi di funud yn ôl? Mi ydw i'n hoffi gem o ddartiau! Ping! Ping! Ping! Ping! Deuddeg o binnau ym mhob twll. A thithau'n methu yngan gair efo lwmp o wadin wedi'i sodro yn dy geg! Druan ohonot! Ond paid a chrio, Heledd. Mae dy fabi di yma, wyddost? Lladd dy gnawd dy hun? Gadael i'r meddyg ei lusgo allan ohonot a llosgi'r peth bach mewn ffwrnais? Lol i gyd, 'nghariad i. Dyma fo iti mewn siôl wen! Am faban hardd gyda gwallt melyn! Edrycha ar dy blentyn cariad. Onid o'r un ffunud a Philip?' Codi ar f'eistedd a phipian yn eiddgar dros ymyl y siôl. Colsyn o ben. Tyllau mawrion yn lle llygaid. Rhes o dethi coch yn geg. Gweiddi a gweiddi.[181]

Mae'n amlwg fod euogrwydd a dicter Heledd wedi eu gwyrdroi a gwelir felly bortread patholegol o fasochistiaeth ddinistriol, wedi ei amlygu eto yn gignoeth o gorfforol. Yma mae'r corff wedi ei ffragmenteiddio, a chollir i raddau y ffiniau rhwng y 'baban' a'r fam wrth i'w thethi ddod yn rhan o geg y plentyn grotesg, hunllefus. Cysylltir beichiogrwydd â gwallgofrwydd yn aml yn ffuglen y fenyw, e.e. *Carchar Hyfryd* Beti Hughes, *Epil Cam* Jane Edwards a *wrth fy nagrau i*, Angharad Tomos. Hwyrach bod beichiogrwydd a gwallgofrwydd ill dau yn gyflyrau sy'n herio delwedd y system symbolaidd o'r goddrych holliach unigol a'i ffiniau clir diffiniedig. Ar y naill law ceir chwant i chwalu ffiniau'r goddrych ac i ddychwelyd at gorff y fam ond ar y llall, ofnir bydd y weithred honno yn arwain at wallgofrwydd neu ddinistr. Bodola'r ddwy reddf gystadleuol hyn yn ein hymateb i'r *abject*:

> Unlike fear of an object, to which one reacts with attempts to control, defense and counteraction, phobic fear of the abject is a paralyzing and vertigious dread of the unnameable. At the same time the abject is fascinating bringing out an obsessed attraction.[182]

Mae iaith symbolaidd, iaith bob dydd yn ddibynnol ar wadu'r berthynas â chorff y fam. Fel y dadleua Kristeva, 'Language as symbolic function constitutes itself at the cost of repressing instinctual drive and continuous relation to the mother.'[183] Gwêl fod iaith farddonol a'i chysylltiad â'r semiotig yn ffordd o gwestiynu ffiniau clir y goddrych ac yn ein hatgoffa o'r berthynas gynnar â chorff y fam. Cyniga ysgrifennu barddonol/ysgymarol/corfforol gyfrwng i herio'r drefn gymdeithasol drwy adennill y cysylltiad hynafol â chorff y fam: '[literature is] the very place where social code is destroyed and renewed'.[184]

Mae teimladau'r fam yn *wrth fy nagrau i* hefyd yn gwyrdroi'r ddelwedd ystrydebol o'r fam ddelfrydol, gariadus, ymroddgar. Mewn cyfnod o iselder ôl-eni cynllwynia'r fam i gael gwared ar ei merch trwy ddod o hyd i rywun i'w mabwysiadu. Nid yw ei gŵr na'i theulu yn gallu dirnad na chredu'r hyn mae am ei wneud: 'Yn ein hoes ryddfrydol, eangfrydig, rywiol gyfforddus, amhosibl i'w dychryn, sinicaidd ni, mae yna UN peth na chaniateir o gwbl, a mam ddim eisiau ei phlentyn ydi hwnnw.'[185] Negyddwyd ei theimladau drwy eu hystyried yn ddim ond cynnyrch ei salwch meddwl.

Disgrifia llawer o'r naratifau uchod arwahanrwydd corfforol y fam a'r plentyn, ac yn ôl rhai ymchwilwyr mae gan storïau o'r fath le pwysig mewn theori lenyddol ffeministaidd am iddynt ddatguddio rhai o reddfau treisgar ac ymosodol y fam a gaiff eu gwthio o'r neilltu yn y delweddau confensiynol ohoni. 'Stories of the mother without child confront without flinching the often-ignored hate, the fantasies of aggression, the desire even to kill her child that is allegedly repressed by conventional accounts of maternity.'[186] Hyd yn oed yn y gymdeithas fodern hon gwelir y teimladau hyn yn gwbl wrthun mewn bywyd pob dydd.

Ymhellach awgrymir fod gan golled sy'n gysylltiedig â beichiogrwydd arwyddocâd cymdeithasol ehangach, ac yn aml fe'i defnyddir i gyfleu newidiadau annymunol yn y gymdeithas sydd ohoni. 'Recent stories use the loss of a child to represent threatening social change.'[187] Gellid dadlau bod diddordeb yr awdur o Gymraes yng ngholled corfforol erthylu hefyd yn delweddu a chorffori ei galar am ddirywiad yr iaith Gymraeg yn ystod y cyfnod dan sylw: 'And now I can't even speak it to my own grandson, can't read him a story or nothi' . . . Sad really.'[188]

Gellir ystyried bod collgludiant yn amlygu a thanlinellu'r berthynas fynwesol a fodolir rhwng bywyd a marwolaeth. Dadleuir gan rai mai'r cysylltiad hanfodol hwnnw, a'r ffaith bod y corff benywaidd ffrwythlon yn ein hatgoffa o'n bioleg a'n natur ddarfodedig sy'n achosi cymaint o broblem i'r drefn batriarchaidd. Diddorol felly bod dau nofelydd benywaidd diweddar wedi dewis defnyddio'r cyplysiad hwnnw mewn ffordd amlwg yn eu gwaith. Defnyddia nofel Siân Owen *Mân Esgyrn* (2009) filltir sgwâr benodol i archwilio'r cysylltiadau agos rhwng dicotomïau byd-eang, megis genedigaeth a marwolaeth, y gorffennol a'r presennol, byd natur a natur dynolryw. Yn ddiamau, mae gan feichiogrwydd arwyddocâd pwysig a phellgyrhaeddol yn y gyfrol a seilir y teitl ar hen idiom Cymraeg deniadol 'magu esgyrn bach' sy'n cyfeirio at gyfnod o feichiogrwydd. Mae gan yr idiom hon ôl-ergyd pwerus am iddo gyfleu yn gynnil y wybodaeth fod darfodedigaeth yn rhan anochel o greadigaeth.

Cyflawnir rhywbeth tebyg yn nofel Caryl Lewis *Naw Mis* (2009) sydd hefyd yn cyplysu beichiogrwydd â marwolaeth mewn modd dyfeisgar. Yn hytrach na chyfeirio at gyfnod o feichiogrwydd, mae'r teitl yn son am gyfnod trosiannol honedig sy'n bodoli rhwng y byd hwn a'r nesaf. Mae'r prif gymeriad, merch un ar bymtheg oed o'r enw Cara (sydd eisoes wedi cael ei llofruddio), yn treulio naw mis yn yr 'Arhosfyd' yn paratoi i symud ymlaen at y byd nesaf. Y tu hwnt i'r teitl ei hun, câi'r berthynas rhwng marwolaeth a mamolaeth ei hatseinio yng ngrym y berthynas rhwng y ferch a'i mam nôl ar y ddaear. Mae deuoliaethau colled a chreadigaeth/bywyd a marwolaeth wedi eu gwau yn dynn ac yn ddwys trwy gydol ffuglen Gymraeg gan fenywod. Caent eu trin a'u trafod ar lefelau corfforol, rhyngbersonol a chymdeithasol yn y gwaith ac yn aml mae'r cysylltiadau â chenedlaetholdeb a'r iaith Gymraeg yn anochel.

Y Gair a'r Groth

Yn ddiau, mae gan feichiogrwydd gysylltiadau dwys ag iaith ar nifer o lefelau. Caiff y baban ei eni, nid yn unig i'r byd materol ond hefyd i iaith. Yn wir, o ran prosesau symbolaidd a chymdeithasol, gellid delweddu'r iaith ei hun yn esgor ar y plentyn: 'Instead of seeing language as a tool used by selves, those who use the term *subjectivity* understand that language helps produce subjects.'[189] Crybwyllir rhywbeth tebyg efallai gan y dyfyniad hwn o'r gyfrol *Y Cwlwm Gwaed*: 'Yn y Gymraeg y ganwyd plant y pentre bron bob un.'[190] Sut bynnag, dechreua'r broses o ymgyfarwyddo ag iaith ymhell cyn yr enedigaeth. Mae'n debyg bod llais y fam yn glywadwy i'r baban yn y groth, ac awgryma ymchwil ddiweddar fod y newydd-anedig yn medru adnabod y llais hwnnw o'r dechrau. 'That newborns prefer their mothers' voice is perhaps not surprising, since the mother's voice is reported to be the most intense acoustic signal that has been measured in the prenatal environment.'[191]

Yn y groth, gellir tybio, mae sŵn yn rhywbeth corfforol iawn i'r baban ac yn cael ei drosglwyddo iddo drwy gyfrwng yr hylif amniotig. Mae'r broses hon yn meddalu ac yn ystwytho'r synau hynny sy'n cyrraedd clustiau'r ffetws. Yn llythrennol ac yn ffisiolegol felly, corff y fam ei hun sy'n cyflwyno iaith i'r baban. Yn ôl Kristeva hefyd, i'r baban, mae cyfathrebiaeth y cyfnod semiotig (sy'n rhagflaenu'r Cymhlethdod Oedipus a datblygiad y Symbolaidd felly) yn seiliedig ar berthynas y baban â chorff y fam: 'the free floating sea of the womb and the enveloping sensuousness of the mother's breast are the first places of pre-Oedipal experience'.[192] Ei berthynas faterol â chorff y fam a rydd y fframwaith seicolegol i'r bychan fedru cyfathrebu, mewn ffordd gyn-ieithyddol, â'i amgylchfyd.

Yng ngwaith Kristeva, Irigaray a Cixous ill tair, mae gan brosesau ysgrifennu a darllen gysylltiadau agos iawn â'r profiadau o feichiogrwydd ac esgor; '[In Stabat Mater] language and childbirth are seen as originating from the site of a primary wound. The experience of reading is analogous to the experience of pregnancy.'[193] Yn ei hysgrif 'Coming to Writing', dyma Cixous yn mabwysiadu delweddaeth esgor er mwyn cyfleu perthynas y fenyw â phrosesau creadigol ysgrifennu:

> Writing: as if I had the urge to go on enjoying, to feel full, to push, to feel the force of my muscles, and my harmony, to be pregnant and at the same time to give myself the joys of parturition, the joys of both the mother and the child. To give birth to myself and to nurse myself, too. Life summons life. Pleasure seeks renewal.[194]

O'r persbectif hwn, gweithred atgynhyrchiol yw ysgrifennu sy'n caniatáu i'r fenyw esgor ar ei hunan. Ceir dwy nofel Gymraeg amlwg lle yr archwilir yn drylwyr ar lefel symbolaidd y berthynas rhwng beichiogrwydd ac iaith. Ac yn y ddwy esiampl mae gan bresenoldeb y ffetws le hanfodol yng nghynhaliaeth y ddelweddaeth honno. Yn arwyddocaol tu hwnt, nid yw'r babanod yn cael mynediad i'r byd, gan i'r nofel gyntaf, *Titrwm*, orffen cyn yr enedigaeth, ac yn yr ail gyfrol, *Annwyl Smotyn Bach*, mae'r baban yn marw yn fuan ar ôl ei enedigaeth ond ymdrinnir â phwysigrwydd y ffetws ei hun maes o law.

Yn ddiau, y nofel Gymraeg gyntaf sy'n ymgorffori'r syniadau o'r cysylltiad trosiadol rhwng beichiogrwydd ac ysgrifennu mewn unrhyw ddyfnder, yw *Titrwm*.[195] Ffurfia'r ddelwedd hon drosiad estynedig trwy gydol y gyfrol. Gellid cytuno â Gwenllian Dafydd: 'Gan fod Awen yn feichiog, mae'r gyfatebiaeth rhwng prifiant yr embryo a thyfiant y gyfrol yn un ganolog i'r llyfr, sy'n cymathu'r broses greadigol gelfyddyd a thema cregarwch bywyd ei hun.'[196] Mae gan y cysylltiad rhwng y gair, y groth a'r greadigaeth flas Beiblaidd iawn ar adegau, 'Bydded goleuni, a goleuni a fydd. Ac fe rennir y goleuni hwnnw yn liwiau o bob math.'[197] Yn wir, ysgrifennwyd yr holl gyfrol mewn iaith farddonol lled Feiblaidd, lled fytholegol, lled hynafol. Naws yr iaith hon sy'n creu realiti amgen y nofel, ei hawyrgylch cyfarwydd domestig, agosatoch ar y naill law ac estron, arallfydol ar y llall. Ac mae grym iaith i greu realiti yn thema gref yn y gwaith: 'Falle nad ydym yn bod, dim ond mewn chwedlau. Efallai mai chwedl ydym ni, wn i ddim beth yw'r gwahaniaeth. Pryd mae chwedl yn dod i fod? Pryd mae'n darfod?'[198] Awgrymir bod bodolaeth y goddrych yn ddibynnol ar fodolaeth y gair ac mae dinodedd yr unigolyn yn cael ei amlygu gan hollbresenoldeb y gair: 'Un llyfr bychan yw dy fywyd mewn 'stafell gyforiog o lyfrau mewn llyfrgell nad yw'n darfod.'[199] Ond mae'r gair ysgrifenedig yn arf deufin. Er ei fod yn gwarchod a chadw'r iaith y mae eto yn ei charcharu a'i rhewi. Tebyg yw caethiwed y ffetws yng nghorff ei fam. Fel mae'r gair ysgrifenedig yn ddibynnol, yn y pen draw, ar yr iaith lafar fyw i'w gynnal, mae'r baban yn ddibynnol ar gorff y fam am ei gynhaliaeth ef:

> Cymer mai ti yw'r smotyn diwethaf yna i gael ei nodi ar y ddalen hon. Mae o'n rhwym mewn gair ac ni all symud oddi yno. O fewn y gair, mae'n rhan allweddol ohono, ond o fewn y frawddeg, mae ei arwyddocâd yn llai. Yng nghyd-destun paragraff, mae ei safle yn llai fyth, ac o edrych ar y ddalen yn ei chyfanrwydd, dim ond megis smotyn bychan yw. Dyna sut wyt ti ar hyn o bryd, a smotyn yng nghorff dy fam, a hithau'n un ymysg miloedd o wragedd. Nid oes i ti fwy o allu i symud na'r smotyn hwnnw ar ganol dalen.[200]

Gwêl rhai mai nofel wahanol iawn sydd yma o'i chymharu â chyfrolau cynharach Angharad Tomos.[201] Dadleuir mai hon yw cyfrol fwyaf radicalaidd Angharad Tomos o ran ffeministiaeth ac achos yr iaith. Yma ceir yr awdur yn cyfleu ei (h)etifeddiaeth a'i hunaniaeth Gymraeg drwy gyfrwng y corff benwaidd beichiog, a hwn i gyd wedi ei fynegi drwy iaith farddonol synhwyrus sy'n chwarae mig â ffiniau anystwyth 'iaith y tad'. Tybed a yw *Titrwm* mewn gwirionedd *mor* wahanol i weithiau eraill Angharad Tomos? O ran ei hymdriniaeth â'r berthynas rhwng beichiogrwydd, y corff benywaidd ac iaith mae'n bosibl gweld cysylltiadau pwysig rhwng *Titrwm* a'r nofelau cynnar, yn enwedig *Hen Fyd Hurt* ac *Yma o Hyd*. Gellid dadlau ei bod yn bosibl dirnad gwreiddiau'r syniadau hyn yng nghyfrol gyntaf oll Angharad Tomos, sef *Hen Fyd Hurt* (1982), lle y defnyddir delweddaeth eithaf cyson i gysylltu iaith, dysg a beichiogrwydd/mamolaeth: 'Rwyf fel petawn yn disgwyl plentyn a byddaf yn esgor ar yr holl wybodaeth ym mis Mehefin.';[202] ac eto, 'Fel plentyn wrth fronnau ei fam, sugnwn faeth ei ddysg fel yr aeddfedwn i fod yn hufen cymdeithas.'[203] Ond yn y pen draw siomedig yw Heulwen, prif gymeriad y nofel â chynnyrch y broses hon ac nid yw'r canlyniad yn un hyfyw: 'Yr oeddwn yn feichiog unwaith, yn feichiog o ddysg. Esgorais, a rhoi geni i frych marw.'[204] Siom efallai sydd ar un lefel i'w weld mewn llenyddiaeth Gymraeg fel adwaith i refferendwm aflwyddiannus 1979: 'when one turns to Welsh prose, and to the work of novelists as diverse in style as Angharad Tomos (1958–), Aled Islwyn (1953–) and Robat Gruffudd (1943–), it is difficult to escape the shadow of 1979'.[205]

Mae'r cysylltiad rhwng beichiogrwydd/esgor ac iaith (ac yn fwy penodol yma, yr iaith Gymraeg) yn treiddio i'w hail lyfr *Yma o Hyd*. Yn y carchar, myfyria Blodeuwedd ar arwyddocâd hen glwyf ar ei morddwyd; canlyniad anffodus un o'i gweithredoedd helyntus dros achos yr iaith: 'mi fydda i'n meddwl weithiau mewn rhyfeddod, pe bawn i'n rhoi genedigaeth byth, mai'r peth cyntaf a wêl fy mhlentyn ydi arwydd Saesneg ar gnawd ei fam'.[206] Myfyria hefyd ar ei magwraeth ei hun, a'r ffaith bod iaith, fel llaeth yn llifo yn naturiol o'r fam i'r baban. Gwelir dysgu iaith a derbyn maeth y fam ill dau yn weithredoedd corfforol, greddfol. Sut bynnag, daw cymhlethdodau a goblygiadau ychwanegol i siaradwyr y Gymraeg (fel iaith leiafrifol o dan ormes) sy'n medru suro'r broses naturiol lefn:

> Fan hyn roedd 'na fam yn magu ei babi a'r babi yn sugno'r fron yn awchus. Wyddwn i ddim bryd hynny, 'ro'n i'n gwbl anwybodus. A dwi'n bendant erbyn hyn na wyddai hithau. Roedd hi'n fy mwydo'n ddiniwed a'r unig faeth oedd ganddi hi; doedd hi ddim i wybod y byddai'n troi'n sur ymhen amser.[207]

Mae'r cysylltiad rhwng beichiogrwydd, iaith a diwylliant yn ddigamsyniol hefyd yn *Annwyl Smotyn Bach*. 'Fedar y llyfr Du ddim peidio â bod tra byddwn ni. Mae o ynof i, Smotyn, fathag wyt ti ynof i. Mae'r gorffennol a'r dyfodol *ynof i!*'[208] Yma mae'r ddelwedd o'r corff benywaidd fel llestr yn un drawiadol. Mae ei chorff hithau yn cynnwys a chynnal nid yn unig gorff y baban, ond hefyd corff y testun diwylliannol. Yn ddiau mae ganddi gyfrifoldeb aruthrol a, gellir tybio, gorff gorlawn, ffaith nad yw'n anghysylltiedig efallai â'r ffaith bod cyfogi yn thema mor gyffredin yn ffuglen y Gymraes.

Gellir gweld potensial alegorïaidd yma. Yn anochel, mae'r fenyw feichiog yn datblygu perthynas â'r endid sydd y tu mewn iddi, endid nad yw'n llwyr ran o'i hunan nac yn oddrych ar wahân ychwaith. Adlewyrcha'r cyflwr hwn berthynas y Gymraes â'r iaith Saesneg hefyd, sydd erbyn hyn yn rhan integredig ohoni ond eto i gyd yn estron ar yr un pryd. Fel y trafodwyd uchod, mae'n bosibl dadlau fod y Cymraësau, i wahanol raddau ar hyd y cyfnod dan sylw, wedi bod yn gaethferched mud i'r undeb dieflig rhwng patriarchaeth a'r diwylliant Cymraeg: 'mae'r hen Lyfrau Gleision diawl wedi gwneud eu gwaith'.[209]

Nid oes syndod efallai fod y broses o ymchwilio'r cyswllt rhwng beichiogrwydd ac iaith wedi cynnig posibiliadau newydd iddi adennill ei llais a'i grym drwy gyfrwng cadarnhaol y corff benywaidd ffrwythlon. Ymhellach, mae'n bosibl fod y broses o fewnoli symbolau diwylliannol yn gorfforol yn creu i'r Gymraes ddarluniad mwy boddhaol o'i pherthynas ag iaith. Gellid ei weld yn caniatáu iddi gysylltiad dyfnach â'r chyfathrebu cyn-eiriol semiotig sy'n ganolog, yn ôl Kristeva a'i chyfoedion i hunaniaeth y fenyw.

Ond bellach mae'r ymdriniaeth hon wedi ein harwain at diriogaeth amgen gyffrous, tiriogaeth sy'n bodoli y tu hwnt ac eto y tu mewn i'r corff benywaidd, sef corff y ffetws (neu'r baban) ei hun.

Cydnabod y Baban

Mewn cyfrol ddiddorol iawn, *Making Babies* (2003), gwêl Sandra Sabatini gysylltiad rhwng newidiadau cymdeithasol yn ystod yr ugeinfed ganrif a defnydd cynyddol o ddelwedd y baban a'r plentyn mewn llenyddiaeth o Ganada. Gellid ystyried bod arwyddocâd yn y ffaith mai gwlad a chanddi agenda dwyieithrwydd yw Canada hefyd ac mae'n bosibl dadlau bod syniadau Sandra Sabatini yn trosgwyddo yn effeithiol i'r cyd-destun Cymraeg. O ran ffuglen Gymraeg, yn ystod y 1960au, 1970au a'r 1980au gwelir bod awduron benywaidd Cymraeg wedi bod yn brwydro â diffiniadau patriarchaidd o feichiogrwydd: ei ystyr, ei bwrpas a'i safle cymdeithasol. Ar un lefel, arwydda *Titrwm* (1994) gyfeiriad newydd yn yr ymryson hwn trwy droi sylw'r fam oddi ar y gymdeithas sydd ohoni ac i'w chorff ei hun a'r baban y tu fewn iddi. Yn wir, mae'n debyg bod cyfathrebiaeth Awen â'r baban yn ei chroth yn ddwysach, yn gyfoethocach ac yn fwy deniadol iddi nag y bu unrhyw gyfathrebiaeth arall ganddi erioed. Dichon nad yw mudandod Awen yn unrhyw rwystr i ddatblygiad y berthynas rhwng y fam a'r plentyn *in utero*. Er bod Awen yn fud, mae'r baban yn ei chroth mewn gwirionedd yn rhoi 'llais' iddi. Ar un lefel gellir clywed y llais hwn yn datgan hawl y fenyw i ddisgrifio ac i fod yn berchen ar ei phrofiadau ei hun. Ar lefel arall mae'r 'llais' hwn yn sefydlu sianel o gyfathrebiaeth rhwng y fam a'r baban, rhwng y goddrych a'r arall. Mae ffurf ddatblygedig y ffetws Titrwm yn ymddwyn fel *caleidosgop* yn taflu golau amryliw ar y Goddrych a'r Arall, y ddwy ffurf yn ymdoddi ac yn gwahanu yn dragwyddol. Disgrifir y broses gan Kristeva:

> Cells fuse, split and proliferate; volumes grow, tissues stretch, and body fluids change rhythm, speeding up or slowing down. Within the body, growing as a graft indomitable, there is an other. And no one is present within that simultaneously dual and alien space, to signify what is going on. 'It happens, but I'm not there.' 'I cannot realize it, but it goes on.' Motherhoood's impossible syllogism.[210]

Hwyrach bod atseiniau yma hefyd o'r berthynas rhwng y Gymraeg a'r Saesneg. Mae'r baban yn rhan o'r Hunan wrth iddo fod y tu mewn i'w ffiniau ond ar yr un pryd mae'n amlwg iddo fod yn Arall hefyd. Mae'r fam Gymraeg sydd wedi ei hymdreiddio gan Saesneg yn medru cyfathrebu â'r ffetws yn ei chroth ond nid yw'r baban, fel y Sais neu'r Saesnes, yn medru cyfathrebu â'r fam honno drwy gyfrwng ei hiaith ei hun. Cyhoeddwyd *Titrwm* yn 1994, dair blynedd cyn yr ail refferendwm ar ddatganoli ar 18 Medi 1997. O bosibl mae symbolaeth y gyfrol hefyd yn adlewyrchu'r awyrgylch gwleidyddol ansicr ond lled obeithiol ar y pryd. Roedd y Toriaid yn wannach nag y buont ac roedd gobaith am eu disodli. Yn sgil apwyntiad Tony Blair fel arweinydd y Blaid Lafur yn 1994, daeth posibiliadau o newid gwleidyddol a chynnydd yn y cwest am ddatganoli. Yn *Titrwm* yn arwyddocaol efallai, nid yw Awen yn cael cyfarfod â'i baban wyneb yn wyneb gan i'r gyfrol orffen cyn yr enedigaeth. Er gwaetha'r dyfodol ansicr, yn ddiau ceir yma ronyn o obaith. Serch hynny, yn y pen draw, amwys iawn yw brawddegau terfynol y gyfrol: 'Fyddi di'n gallu tywys dy fys ar hyd y geiriau a gwneud ystyr ohonynt? Fyddi di'n deall yr iaith? Byddi, Titrwm – oni'n gwahenir ni . . .'.[211] Yr eironi, wrth reswm, yw bod yr enedigaeth ei hun yn sicr o achosi'r gwanhau hwnnw: 'the child becomes an object, a gift to others, neither self nor part of the self, an object destined to be a subject, an other'.[212]

Nid cysurlon chwaith yw safbwynt dwy gyfrol arall yn ymwneud â beichiogrwydd a gyhoeddwyd tua deng mlynedd ar ôl sefydlu'r Cynulliad sef *wrth fy nagrau i* (2007), eto gan Angharad Tomos ac *Annwyl Smotyn Bach* Lleucu Roberts (2008). Mae'r baban yn *wrth fy nagrau i* yn goroesi'r enedigaeth ac yn cael ei (h)enwi. Mae'n ddiddorol efallai ei bod yn derbyn enw Saesneg (a chanddo sillafiad Cymraeg), sef 'Lora'. Er hynny, ni fedr y fam fondio â hi oherwydd iselder ar ôl y geni. Yn *Annwyl Smotyn Bach* mae'r baban yn marw yn fuan iawn ar ôl ei enedigaeth gynamser: 'A ganed Smotyn. Ac anadlodd, ac ebychodd, fel tasa hi wedi sbïo rownd yn sydyn a phenderfynu, "na, dwi'm isio bod fa'ma" a bu farw.'[213] Er bod y fam yn *wrth fy nagrau i* yn cymodi â'i phlentyn yn y pen draw, dichon fod perthynas gythryblus neu amhosibl y fam a'i baban newydd-anedig yn y gyfrol hon (ac *Annwyl Smotyn Bach*) yn cyfleu pryderon am y Gymraeg yn nyddiau cynnar y Cynulliad. A fydd yr amgylchiadau yn ddigon ffafriol i fedru cynnal y plentyn, neu a yw natur boenus a maith yr esgor wedi creu rhwyg difrifol rhwng y fam a'i hepil? Ni chaiff babanod *Titrwm* ac *Annwyl Smotyn Bach* enwau 'go iawn', dim ond y llysenwau sy'n cynnig teitl i'r cyfrolau ill dwy. Sut bynnag, gellir gweld y ffaith bod dwy nofel gyfoes wedi defnyddio'r enw mynwesol a roir i'r baban yn y groth fel teitl i'r gyfrol, yn dystiolaeth o bwysigrwydd cynyddol y ffetws ei hun yn y naratif.

Mae enwi'r baban yn thema weddol gyson yn y ffuglen dan sylw. Nid oes syndod efallai fod hwn yn gyfle da arall i ymdrin â grym a dylanwad patriarchaeth ar fywyd y Gymraes. System batriarchaidd o enwi plentyn yw'r drefn dadenwol Gymraeg draddodiadol. Ond yn ddiddorol, cyn sefydlioli cyfenwau (tuedd a ddechreuodd yn yr unfed ganrif ar bymtheg a chynt), arferai menywod gadw eu henwau morwynol ar ôl priodi, am nad oedd cyfenw, fel y cyfryw, iddynt i'w fabwysiadu. Sut bynnag, gan amlaf, tan ddechrau'r ganrif ddiwethaf, roedd enwau bedydd hefyd yn debyg o fod yn enwau teuluol a drosglwyddid o un genhedlaeth i'r llall fel yr awgrymir gan y rhigwm hwn yn y nofel *Y Graig Noeth* (1967):

> Richard oedd fy nhaid
> Richard oedd fy nhad,
> Richard ydwyf finnau,
> Y gorau yn y wlad.[214]

Er hynny, yn amlwg, nid pob baban a aned o fewn perthynas briod gyfreithlon. Yn y gyfrol *Cudynnau*, dyma Eigra Lewis Roberts yn disgrifio ymateb mam o'r fath i gwestiwn ynglŷn ag enw ei baban newydd: '"Be 'dach chi am alw'r hogyn bach?" "Rydw i am adal i rywun arall roi enw arno fo."'[215] Ar y naill law gellir dadlau bod y fam yn gwrthod enwi ei mab er mwyn ei harbed ei hun rhag y poen o ddechrau bondio ag ef. Ond ar y llaw arall efallai fod y baban yn cynrychioli'r hyn na ellir ei ddweud. Mae'r broses o roi enw ar faban yn ei dderbyn i deyrnas 'Iaith y Tad', y deyrnas symbolig. Yn symbolaidd, mae bod heb dad gwirioneddol efallai yn cadw'r baban o fewn y drefn semiotig a'r tu hwnt i ddiffiniad icithyddol. Mae'r ffaith hefyd bod merch ifanc ddi-briod yn rhoi genedigaeth yn weithred gywilyddus (adeg y stori) ac yn ychwanegu at natur anhraethadwy'r plentyn bach ei hun.

Yn arferol, enwau Cymraeg a gâi babanod yn y cyfrolau dan sylw, hyd yn oed yn yr achosion lle y gwelir tyndra rhwng y cenhedloedd: Er bod Bronwen wedi ymbellhau o foesau traddodiadol Cymraeg ei rhieni, enw Cymraeg dewisa i'r baban yn hytrach na enw ffasiynol Saesneg.'[216] O dro i dro canmolir mamau oherwydd y dewisiadau hyn:

'Be 'dach chi am ei galw hi?'
'Llinos, Llinos Mair.'
'Enw del. Enw Cymraeg da. Mi synnech chi glywed yr enwau mae rhai'n eu rhoi ar eu plant. Juanita a Dino a Carlos a phethau felly!'[217]

A cheir esiamplau eraill o gymeriadau yn sylwi, yn aml yn feirniadol, ar ddieithrwch enwau di-Gymraeg fel yn y darn hwn o *Eluned Caer Madog* gan Hazel Charles Evans:

'Crwt bach yn ddwy o'd 'da nhw erbyn heddi cofiwch.'
'Neis iawn.'
'Enw rhyfedd, serch 'ny. Y . . . beth yw e nawr? Y . . . Dean. Felna chi'n i weud e?'[218]

Yn nofel Eirwen Gwynn *Caethiwed* (1981), y ffermwr o frawd gwladgarol, Hywel, sydd â gwraig a phlant Cymraeg eu henwau, megis Mair, Guto a Siân. Mewn cyferbyniaeth, mae gan ei frawd mwy cosmopolitan wraig a phlant a chanddynt enwau di-Gymraeg megis Helen, Richard a Philip, er bod pob un o'r cymeriadau hyn yn amlwg yn medru'r Gymraeg. Baromedr syml o ymrwymiad y teuluoedd (ac yn enwedig y tadau) i'w Cymreictod yw'r enwau yn y gyfrol hon mae'n debyg.[219] Weithiau ceir enwau Saesneg eu cysylltu â chymeriadau neu ddigwyddiadau tywyll neu fygythiol. Er mai

Cymraeg, mae'n debyg, yw iaith teulu bach camweithredol *Mis o Fehefin*, enwau Saesneg sydd ganddynt oll, sef Les, Pat a'r baban Robert. Yn amlwg, y gŵr unbenaethol treisgar a ddewisodd enw'r mab heb unrhyw ymdrech i ymgynghori â'i wraig.[220] Yn y nofel *Cysgu ar Eithin*, clywn fod y prif gymeriad Mererid wedi dioddef trais rhywiol gan gariad ei mam tra oedd yn blentyn. Yn ystod y gamdriniaeth hon cafodd ei henw ei Saesnigo i 'Meri' (Mary) gan ei threisiwr.[221] Enw Saesneg (digon eironig), sef 'Frank', oedd gan y troseddwr hwn hefyd. Hwyrach y cysylltid enwau Saesneg ar adegau â sefyllfaoedd teuluol annymunol neu dreisgar. Yr esiampl eithaf o hyn oll efallai yw'r ffaith mai'r Sais Eli Guthrie yw treisiwr Awen, ac yn dad i Titrwm felly.[222] Gwelir cysylltiad yma â theori Kristeva am yr *abject*, gyda'r Saesneg a'r Sais yn ymgorffori'r ffiaidd, yr hwnnw sydd y tu hwnt i ffiniau'r Hunan. Er bod nofelau diweddarach, yn enwedig *Tirwm* yn archwilio'r disgyrsiau hyn mewn ffordd fwy soffistigedig, mae'n deg gofyn pa mor ddilys yw hi i'r Cymry manteisio ar ethnigrwydd yr 'Arall' er mwyn cyfleu safbwynt ôl-drefedigaethol.

Yn llai eithafol ond ar yr un trywydd, yn y gyfrol *Cudynnau*, dyn priod yw cariad un o'r prif gymeriadau ac mae'n dad i'w baban newydd-anedig. Cymharir ei ymweliadau dirgel, amheus â hithau â'r Saeson yn ymweld â'u tai haf. Y gwahaniaeth amlwg yn yr esiampl hon yw'r ffaith bod y fenyw yn bartner parod yn y cynllwyn llechwraidd. 'Beth petai'n sôn wrthi am y gŵr a oedd ganddi ar fenthyg ac fel y deuai ati i swmera fel y deuai Saeson i'w tai haf yng nghefn gwlad?'[223] Er gwaetha goblygiadau difrifol y testunau hyn, gwêl ambell awdur benywaidd y posibilrwydd o hiwmor yn ei hymdriniaeth ag ymdreiddiad yr iaith a'r diwylliant Saesneg megis Manon Rhys yn *Tridiau ac Angladd Cocrotshen*:

> Ddiwedd Hydref deallodd Reenee ei bod ar fin bod yn nain. John fyddai enw ei hŵyr, ar ôl John Lennon, a Reenee fyddai yn ei fagu gan y byddai Nicolette y Drwyn yn rhy brysur yn chwilio am lystad addas iddo. Cyn pen blwyddyn arall byddai gan John frawd o'r enw Paul. Wn i ddim a oes ganddo bellach ddau frawd arall o'r enw George a Ringo.[224]

Ceir esiampl anghyffredin o'r tensiynau rhwng mam (ddwyieithog) a thad priod (sydd i bob pwrpas yn uniaith Saesneg) wrth ddewis enw i'w plentyn yn y nofel *Ystyriwch Lili* gan Mari Ellis. Er mai yn y Gymraeg y mae'r ddeialog yn cael ei chyfleu, gwnaethpwyd yn hollol glir gan yr awdur mai yn y Saesneg y cyfathrebai'r gŵr a'r wraig yn feunyddiol:

> 'Creulondeb i eneth fach ydi rhoi enw Cymraeg amhersain arni, a neb yn medru ei ynganu.'
> 'Ond mae 'na ddigon o enwau Cymraeg byrion, tlws.'
> 'Bronwen, Blodwen – na, dim diolch: merched blowsi'r nofelau Eingl-Gymreig; dim byth.'
> 'Beth am Angharad, neu Eluned?'
> 'Canoloesol; dyna chi, y Cymry Cymraeg yn mynd yn ôl i ryw oesoedd niwlog. Merch fach o'r ugeinfed ganrif ydi hon; enw Saesneg, call ddylai hi gael.'[225]

Y tensiwn ieithyddol hwn sydd yn y pen draw yn difetha'r berthynas:

> Siaradai Lili Gymraeg a'r baban o'r dechrau; ni allai wneud yn amgen. Ni allai Arthur yntau ddim ond siarad Saesneg wrth ei magu ac yn ddiweddarach ei dandlwm ar ei lin. Ni wnaeth yr un ymdrech i loywi ei dipyn Cymraeg er ei mwyn a gwyddai Lili nad oedd fawr o ddyfodol i'w priodas gyda brwydr iaith barhaus rhyngddynt . . .[226]

O ystyried mai priodasau 'cymysg' rhwng partneriaid Cymraeg ac uniaith Saesneg yw'r norm yng Nghymru erbyn heddiw, ar y cyfan, ychydig o drafodaeth a geir ar ddynamig y sefyllfa hon. Yn wir, gellir tybio bod trin y berthynas rhwng y Gymraes a phartneriaid o ddiwylliannau eraill, e.e. *Dwy Chwaer* (1964), *Tridiau ac Angladd Cocrotshen* (1996), *Fflamio* (1999) a *Merch Noeth* (2003), yn fwy deniadol i'r awdur benywaidd Cymraeg. Lle y gwelir y Sais neu'r Cymro di-Gymraeg yn ennill calon y Gymraes Gymraeg ei hiaith, fel arfer, methiant neu drychineb yw'r canlyniad. Mae'n bosibl darganfod esiamplau o'r duedd hon cyn cyfnod yr astudiaeth bresennol, fel yr amlygir gan gymeriad Bertie yn *Traed Mewn Cyffion* Kate Roberts (1936). Ceir esiampl brin yn *Caethiwed* (1980) o Gymro Cymraeg yn priodi Saesnes ond gyda'r un diweddglo blin. Dichon fod y duedd hon yn atgyfnerthu'r ddadl bod y Sais (neu'r Cymro di-Gymraeg sy'n wrthwynebus i'r iaith) yn aml yn cynrychioli'r *abject* yn ffuglen y Gymraes gan iddo fedru corffori iddi ormes patriarchaeth a'r iaith Saesneg ill dwy. Caiff y disgwrs arferol ei droi ar ei ben yn *Bywyd Blodwen Jones*, nofel i ddysgwyr gan Bethan Gwanas (1999).[227] Yma mae'r prif gymeriad sy'n ddysgwraig yn ysu am gael priodi ei thiwtor a bod yn rhugl yn y Gymraeg. Fodd bynnag, mae'n bosibl dadlau bod y ddyfais o bortreadu'r Sais (neu'r Cymro di-Gymraeg) fel yr *abject* yn creu deuoliaeth fisâr i'r Gymraes gyfoes. Mae'n debyg bod pwysau arni hyd heddiw i ladd ar y Sais yn ei ffuglen, ond erbyn hyn mae'r mwyafrif o famau Cymraeg eu hiaith (sy'n cydfyw neu'n briod) yn magu eu plant mewn teuluoedd dwyieithog.[228] Ai dysgu byw â rhwyg rhwng realiti bob dydd a'i llenyddiaeth y mae'r Gymraes gyfoes, neu ai dim ond lleisiau un fath o Gymraes a glywir yn ei ffuglen, sef y Gymraes 'draddodiadol' a chanddi bartner Cymraeg ei iaith? Er bod y cwestiwn yn un diddorol iawn, nid oes modd ei ateb heb ragor o ymchwil sydd y tu hwnt i ffiniau'r astudiaeth bresennol.

Gwelir arwyddocâd y broses o enwi'r baban yn cyrraedd iselbwynt trawiadol ac anobeithiol yn *Annwyl Smotyn Bach* wrth i'r prif gymeriad sylweddoli mai er mwyn ei phlesio hi y mae ei wyres wedi bod yn dysgu ychydig eiriau o Gymraeg. Nid oes gan honno unrhyw wir ymrwymiad i oroesiad yr iaith nac i'w throsglwyddo i'w phlant ei hun chwaith. Mae'r iaith, fel yr hen wraig, ar ddarfod:

'*What will you call him or her?*' Holais gan geisio dychmygu ai tebyg i deulu Megan neu deulu Evan fyddai'r bychan. '*Paul if bachgen, Stevie if merch*', atebodd Megan heb oedi. Rhaid bod fy llygaid wedi bradychu rhyw syndod gan i'w gwen rewi mymryn, bron fel cywilydd, wrth iddi fy ngwylio, ac adlewyrchu syfrdandod bychan fy llygaid i. '*Or a Welsh name*', ychwanegodd.[229]

Yn y Gymru gyfoes, gellir priodoli'r cynnydd diweddar yn y nifer sy'n medru'r Gymraeg yn ardaloedd diwydiannol y de yn bennaf i lwyddiant addysg Gymraeg. Serch hynny, yn aml cyfyngedig yw defnydd yr unigolion hyn o'r iaith y tu allan i'r ysgol, ac i lawer ohonynt, Saesneg yw iaith yr aelwyd a'r gymdeithas. Ar yr un pryd, gweler y cymdeithasau Cymraeg traddodiadol yn crebachu. Dichon fod yr olygfa hon o *Annwyl Smotyn Bach* yn crisiali'r pryder am ddyfodol y Gymraeg fel iaith naturiol feunyddiol. Bu farw'r iaith Gymraeg ar farwolaeth Smotyn Bach a Saesneg ei iaith fydd baban y genhedlaeth newydd.

4

Y Mislif

Rhagymadrodd

Mewn sawl ffordd, mae'n bosibl gweld bod beichiogrwydd a'r mislif yn ddwy ochr yr un geiniog. Am gyfnod sylweddol ym mywyd unrhyw fenyw, mae presenoldeb un ohonynt yn debyg o arwyddo absenoldeb y llall. 'Roedd o'n ddewis o waedu neu fod yn feichiog ... Tra byddai eu cyrff yn feichiog, byddai'r dorau ynghau, ond wedi'r naw mis, byddai'r llif yn ailddechrau.'[1] Un o brif nodweddion beichiogrwydd yw ei gwelededd; cyhoedda corff y ddarpar fam ei stad i'r byd, ac yn enwedig tua diwedd y naw mis, nid yw'n hawdd iddi ei chelu.

I'r gwrthwyneb, fel arfer, rhywbeth cuddiedig, cyfrinachol yw'r mislif. Dim ond dan amodau penodol gall y fenyw ddadlennu'r ffaith ei bod yn gwaedu. Ni chaiff braidd neb (dim ond efallai fam y ferch yn ei harddegau, neu bartner rhywiol y fenyw neu'r meddyg) weld y gwaed hwnnw. Yn hytrach, treulia menywod lawer o'u hamser a'u hegni, a gwariant symiau sylweddol o'u harian, yn cuddio eu mislifoedd: 'Most women feel shame at the prospect of soiling themselves publicly with menstrual blood and try earnestly to conceal it.'[2] Yn eironig, wrth gwrs, nid yw'n gyfrinach bod menywod *yn gyffredinol* yn gwaedu, ond yn gymdeithasol, nid yw'n dderbyniol i wybod bod gan unrhyw fenyw benodol ei mislif, fel y gwelir yma yn nofel Meleri Wyn James *Fyny Lawr*: 'menywod o'n ni i gyd y noson honno a does dim byd cywilyddus am gael mislif. Er, fel y dywedodd Erin, fyddwn innau chwaith ddim eisiau i bawb wybod ei bod yr amser yna o'r mis.'[3] Crisiala'r dyfyniad hwn hefyd y ddeuoliaeth deimlad sy'n nodweddiadol o'r gymdeithas gyfoes. Os nad yw'r mislif i'w weld yn gywilyddus bellach, pam felly fod menywod unigol yn parhau i fod mor awyddus i'w guddio? Nid oes unrhyw amheuaeth o'r fath ym meddwl Awen, prif gymeriad *Titrwm* Angharad Tomos:

'Rhywbeth a gadwai pob merch iddi hi ei hun oedd o. Cymerais fod y boen arteithiol oedd yn rhwygo 'nhu mewn yn rhan o'r fargen, ac yn rhywbeth pellach i gywilyddio yn ei gylch.'[4]

Yn ddiddorol, yn y gwaith dan sylw, y sôn amlaf a geir am y mislif yw ei swyddogaeth yn arwyddo beichiogrwydd, ac wrth reswm felly ei absenoldeb, e.e. 'Yr oedd yn siŵr o fod yn feichiog. Rhwng y cyfogi a cholli ei misglwyf, nid oedd unrhyw amheuaeth yn ei meddwl.'[5] Yn ddiau, mae gan feichiogrwydd ei hun elfennau amwys, sy'n ymwneud â'i amlygrwydd fel arwydd o rywioldeb menywod. Ond yn gymdeithasol, o dan y drefn batriarchaidd, mae ganddo ochr dderbyniol hefyd yn gysylltiedig â llinach ac etifeddiaeth. Mae'n bosibl dadlau y rhydd ochr dderbyniol beichiogrwydd gyfrwng i'r awdur benywaidd o Gymraes fedru cyffwrdd ar destun amwys y mislif mewn ffordd gymeradwy.

Fel y trafodwyd yn y bennod flaenorol, yn amlach na pheidio, sôn am feichiogrwydd annisgwyl neu ddigroeso y mae'r awduron benywaidd, megis Ennis Evans yn *Y Gri Unig* ac yn ysu felly i weld eu mislifoedd, 'O pam na ddaw'r misglwyf?'[6] Ac er nad yw'r mislif colledig o reidrwydd yn ddiwedd y byd iddynt, gall gorffori eu galar am ddrysau a gaeant yn ei sgil: 'Fe gawson nhw fisoedd o ryddid felly cyn iddi sylweddoli ei bod hi bythefnos yn hwyr ac y byddai'n rhaid i Richard ei phriodi.'[7] Yn negawdau cynnar y ganrif ddiwethaf, i'r fenyw ddi-briod roedd colli mislif yn rhywbeth i gywilyddio yn ei gylch: 'Wy ddim wedi dod i'n lle ers bron i ddeufis.'[8] Ond hyd heddiw ceir awgrym o dro i dro fod rhyw gyfrinachedd yn gysylltiedig â beichiogrwydd annisgwyl: 'Pan sylweddolais i 'mod i'n hwyr yn dod mlaen – hwyr iawn a deud y gwir – 'nes i brynu bocs o Predictor ar y slei o'r gwaith.'[9] Mae'n amlwg bod yr iaith a ddefnyddir i gyfleu senarios o'r fath wedi mynd yn fwy gonest yn y cyfrolau dros y blynyddoedd. Fodd bynnag, ni fedr arddull fwy agored yr iaith guddio'r ffaith fod y stigma ei hun yn llechu y tu ôl iddi. Yn aml felly darganfu'r Gymraes (fel menywod eraill) ei hun mewn man anghysurus rhwng dwy stôl, ar y naill law ceir cywilydd (neu yn fwy diweddar, efallai, deuoliaeth teimlad) yn gysylltiedig â methu mislif, ond ar y llaw arall, ceir y cysylltiadau tywyll, annymunol a chywilyddus ynghlwm wrth y mislif ei hun.

Yn anthropolegol, trafodir hollbresenoldeb y 'tabŵ' mislifol yn eang mewn cyfrolau academaidd.[10] Ceir nifer helaeth o honiadau (weithiau yn groes i'w gilydd) ynghylch arwyddocâd y mislif yn rhyngddiwylliannol. Serch hynny, er iddo gael ei ddefnyddio yn gyson, nid yw pob ymchwilydd yn fodlon gyda chynodiadau'r term 'tabŵ'. Fodd bynnag, yn y pen draw, ceir cytundeb cyffredinol bod bron pob diwylliant yn pwysleisio'r mislif mewn un ffordd neu'i gilydd:

> The menstrual taboo as such does not exist. Rather, what is found in close cross-cultural study is a wide range of distinct rules for conduct regarding menstruation that bespeak quite different, even opposite, purposes and meanings . . . The menstrual taboo, in short, is at once nearly universal and has meanings that are ambiguous and often multivarient.[11]

Nid yw'n bosibl siarad yn gyffredinol am bwysigrwydd neu arwyddocâd y mislif i'r fenyw unigol chwaith, oblegid rhywbeth a welir yn amrywio yn sylweddol gan ddibynnu ar y cyd-destun diwylliannol a'r sefyllfa bersonol yw honno. Serch hynny, nid oes modd osgoi'r ffaith bod y mislif yn symbol cryf iawn o fenyweidd-dra a dichon fod y ffordd yr ymdrinnir â'r mislif mewn cymdeithas yn rhoi rhyw awgrym o agwedd y gymdeithas honno tuag at fenywod. 'Menstruation may not be important in itself, but it is highly symbolic of femaleness, and the ways in which people deal with it show us a lot about how women are regarded.'[12]

Yn aml, mae'r ffocws cymdeithasol ar y mislif yn ymwneud ag effaith ddichonadwy y corff benywaidd ar ddynion, yn hytrach nag ar unrhyw ystyriaeth o brofiad goddrychol menywod ei hunain o'r mislif: 'the experience of menstruation is reconstructed in a way as to emphasise an image of women's lives as circumscribed by men's gaze.'[13] Ymhellach, gwêl rhai bod natur guddiedig y mislif yn adlewyrchu natur guddiedig rhywioldeb menywod eu hunain, ac i'w gwrth gyferbynnu ag amlygrwydd y ffalws.[14] Mae'n ddiddorol hefyd bod beichiogrwydd wedi denu llawer mwy o sylw ffeministaidd na'r mislif,[15] a hynny er gwaetha'r ffaith bod y mwyafrif o fenywod wedi rhannu'r profiad o waedu yn rheolaidd, ond llai na 80 y cant a gaiff y profiad o fod yn famau.[16]

Ceir awgrym o'r her y mae datblygu fframwaith ideolegol i drafod y mislif wedi'i gynnig i'r ymchwilydd ffeministaidd, wrth sylwi bod y maes wedi'i rannu yn ddwy garfan. Ar y cyfan, ac i symleiddio'r darlun braidd, tueddai disgyrsiau ffeministaidd naill ai i leihau arwyddocâd a phwysigrwydd y mislif (ac felly'r gwahaniaeth rhwng y dyn a'r fenyw), neu i'w ddathlu a'i ogoneddu. Ar eu heithaf, agweddau anfoddhaol yw'r rhain, sydd ar y naill law yn anwybyddu profiadau creiddiol menywod, ac ar y llall yn eu dyrchafu i'r fath radd fel bod diffiniad 'y fenyw' yn gyfystyr â'i natur fiolegol: 'Dyna'n diben ni. Dyna pam y cawsom ein creu. Dyna pam y gwaedwn. Os na allwn ni gael rhywun arall i ddod allan ohonom ni cyn i'n hamser ddod i ben, rydan ni'n fethiant.'[17]

Mae profiad y mislif, wrth reswm, yn wahanol i bob menyw ond, gellir cyffredinoli efallai ei fod, ar y cyfan, 'not a glorious experience, but rather a personal bodily experience process that causes many women some discomfort or annoyance some of the time. The process nevertheless carries emotional meaning for many women.'[18] Gellir honni fod ystyr emosiynol y mislif ynghlwm wrth yr ystyr cymdeithasol a grëir o'r broses fiolegol honno. Er enghraifft, yn aml ceir dehongliad cymdeithasol yn seiliedig ar natur 'afreolus' y llif misol a'r ffaith nad yw'r llif ei hun o dan reolaeth ymwybodol y fenyw. Er bod disgwyl cymdeithasol arni i reoli ei chorff yn ystod y gwaedu, mewn gwirionedd, nid oes ganddi unrhyw lywodraeth dros y llif hwnnw. 'The expectation that girls and women control their bodies to conceal this process seems especially unjust because this excretion is not controllable'.[19] Heblaw efallai am esiampl (wahanol iawn) gwlybfreuddwydion, nid oes, yn achos dynion, unrhyw gyfatebiaeth i'r broses hon. Ymhellach, nid oes gan semen yr un cysylltiadau llygredig â gwaed mislifol: 'Neither tears nor sperm, for instance, although they belong to the border of the body, have any polluting value . . . Menstrual blood, on the contrary, stands for the danger issuing from within the identity (social or sexual).'[20] Mae modd dadlau y caiff nodweddion materol y broses fiolegol hon eu cyffredinoli, a'u dehongli ar lefel gymdeithasol. Honnwyd fod diffyg llywodraeth menywod dros eu cyrff yn ystod eu mislifoedd yn peri iddynt ymddangos yn llai dibynnol ac yn ddiddisgyblaeth o'i herwydd.[21] Ar y cyfan, yn y gymdeithas sydd ohoni, ystyrir menywod yn llai dibynnol, yn wannach, ac yn salach na'r dyn. Dichon fod y canfyddiad hwn yn ymwneud â natur gyfnewidiol ei chorff a'i phrosesau biolegol 'From "her time of the month" to 'when her time comes in childbirth, a woman's body goes through greater time-changes than a man's.'[22] O dan y gyfundrefn batriarchaidd, cysylltir iechyd (corfforol a meddyliol) â sefydlogrwydd, ond mewn gwirionedd, cyflwr anghyffredin yw hwn ar draws y ddynoliaeth:

> Health is associated with stability, equilibrium, a steady state. Only a minority of persons, however, namely adult men who are not yet old,

experience their health as a state in which there is no regular or noticeable change in body condition.[23]

Oherwydd i'r cyflwr corfforol a meddyliol dymunol gael ei gysylltu â gwastadrwydd, arwydda newidiadau corfforol menywod eu simsanrwydd ar sawl lefel, e.e. eu rolau cymdeithasol fel dinasyddion, rhieni a gweithiwyr cyflogedig:

> Masculine society places high value on people being the same over time, being reliable as employees, consistent as parents. Approval attaches to 'being yourself' and diapproval to 'not being yourself today.' But the very word *self* implies a false singularity. Women are never one, they are at least two, at different times; when I'm ovulating, I'm not the same as when I'm premenstrual.[24]

Mae'r ddelwedd o'r fenyw yn endid ffaeledig yn un gyffredin iawn. Ffocysir ar y problemau ymenyddol a ddaw yn sgil y mislif ei hun, diwedd y mislif, ac yn ystod beichiogrwydd. Tybir mai rhywbeth negyddol yw'r newidiadau cyson yn ei chorff, newidiadau sy'n sicr o achosi problemau ffisiolegol neu seicolegol iddi: 'The potential of women's internal space as an integrated psychosomatic entity, rarely tends to be acknowledged. Rather the emphasis is on the dysfunctional nature of women's relationships with their bodies in terms of psychosis, eating disorders and somatic complaints.'[25] Yn anaml y ceir ystyriaeth o fanteision, dynamiaeth a rhyfeddod y prosesau grymus hyn.

Gwna Jane Ussher ddefnydd ehangach o derm Barbara Creed y 'monstrous feminine' a fathwyd yn sgil ei hasesiad ffeministaidd o'r *genre* arswyd i ddisgrifio popeth dychrynllyd, ofnus, ffiaidd ac *abject* a gysylltir â'r fenyw.[26] Gwêl gysylltiadau amlwg rhwng y mislif a'r 'monstrous feminine' sy'n cyrraedd ei anterth yn yr amser cyn-fislifol:

> Associations between the monstrous feminine and menstruation is most clearly evident in discursive representations of the premenstrual woman as mad, bad or dangerous – driven to violence or criminality because of corporeality out of control, with the abject body blamed for a host of aberrations from murder to madness and everything inbetween.[27]

Er hyn i gyd, nid oes unrhyw amheuaeth bod agweddau tuag at y mislif wedi newid yn sylweddol dros y degawdau diwethaf. Tybia rhai fod cyfalafiaeth wrth wraidd y newidiadau hynny.[28] Gan ddilyn y trywydd hwn, mae'n bosibl dadlau bod hysbysebion am damponau, tywelion ac ati wedi normaleiddio'r mislif yn y gymdeithas gyfoes. Serch hynny, er bod yr hysbysebion hyn wedi codi proffil y mislif, maent hefyd wedi atgyfnerthu gwahanol ddisgyrsiau yn ymwneud â pherygl ac anniogelwch y llif mislifol, er enghraifft, ceir ymadroddion megis 'Take Care', 'Make Sure', Play Safe' mewn hysbyseb gan y cwmni Kotex am dyweli mislif yn y 1970au.[29]

Ym Mhrydain, gwaharddwyd hysbysebu'r nwyddau hyn ar y teledu yn gyfan gwbl tan 1979 a nis gwelwyd yn rheolaidd tan ganol y 1980au.[30] Er bod y rheolau wedi llacio dros y blynyddoedd, hyd heddiw ceir cyfyngiadau ar yr hysbysebion hyn, e.e. ni cheir eu darlledu gyferbyn â rhaglenni sy'n debyg o fod o ddiddordeb i blant o dan ddeg oed, ac nid ydynt, fel arfer, yn cyfeirio at, neu yn dangos gwaed (neu unrhyw hylif coch arall) rhag iddynt dramwyo rheolau 'diffyg chwaeth' yr Asiantaeth Safonau hysbysebu. Erbyn heddiw, ym Mhrydain, canolbwyntia'r hysbysebion *'Sanpro'* (*Sanitary Protection*) ar berswadio'r fenyw bod defnydd o'u cynnyrch penodol hwy yn caniatáu iddi o leiaf anwybyddu ei mislif, ac ar y gorau i fyw ei bywyd i'r eithaf. 'If we keep our bodies clean, fresh, and well-scented, we can conceal our periods and be carefree.'[31] Ceir felly'r jôc gyfoes am fachgen bach yn mynd i'r fferyllydd i brynu *Tampax* iddo'i hun er mwyn iddo fedru sglefrfyrddio a gyrru beic. Nid oes gan y delweddau hyn unrhyw gysylltiad â phrofiadau goddrychol, bob dydd y mwyafrif o fenywod o'r mislif a gellir dadlau eu bod yn annog menywod i gladdu ac i ddiystyru'r profiadau personol hyn.

Ar y cyfan, cyfeiriadau cynnil, chwim a geid at y mislif mewn ffuglen Gymraeg gan fenywod hyd heddiw. Yn aml maent yn ei gyfleu drwy eiriau teg megis 'amser o'r mis' ac ati (sy'n arfer hefyd, wrth reswm, yn y Saesneg). Un eithriad amlwg yw gwaith Manon Rhys, un o'r ychydig lenorion Cymraeg benywaidd i sôn yn uniongyrchol, mewn disgrifiadau estynedig, am brofiad goddrychol y mislif. Yn yr esiampl hon o *Tridiau ac Angladd Cocrotshen* defnyddia'r prif gymeriad Eleri ei mislif i draethu ar y gwahaniaethau cenedlaethol rhyngddi hi a'i mam. Nodir bod y sôn ar ddechrau'r darn am y Viet Cong (a'r cysylltiad â lliw coch y comiwnydd) yn cyfleu agwedd weledol y gwaed sy'n rhagflaenu'r testun ei hun:

> Am saith o'r gloch roedd sgrech y larwm a llais Mama'n gweiddi arnaf yn waeth nag artaith y Viet Cong. Ac ar ben y cyfan, roedd patshyn o waed oddi tanaf.

Shit and corruption and great balls of fire! Byddai Mama yn fy lladd. Sawl gwaith ma'n rhaid i fi ofyn i ti ragweld pryd fydd dy fisglwyf di? 'Misglwyf'! Fel petai rhyw graith fawr, waedlyd yn ymddangos yn fy nghorff unwaith y mis! A sawl gwaith yr oedd yn rhaid i mi egluro wrthi bod fy mhatrwm misol yn anwadal? Doedd dim dal arno o fis i fis, felly roedd ambell ddamwain fel hon yn siŵr o ddigwydd. Digwyddodd yr un peth iddi hi yn ei harddegau, debyg, ond ei bod hi'n dewis anghofio hynny. Ond roedd ei holl 'fisglwyfau' hi'n rhan o niwl ei gorffennol erbyn hyn.[32]

Yn anaml iawn yn y ffuglen dan sylw y ceir disgrifiadau mor fanwl ac ymarferol o'r profiad o'r mislif:

Gwyddwn y byddai poen bol yn fy llethu drwy'r dydd. Gwyddwn hefyd fod problem yn fy wynebu ynglŷn â'r Lillettes. (Roedd Valmai a minnau wedi eu meistroli o'r diwedd ar ôl sawl sesiwn seithug yn y toiled, a sawl Lillette cam). Byddai'n rhaid talu ymweliadau mynych â'r toiledau cyhoeddus ar y Prom, heb dynnu sylw'r General; ac wrth gwrs roedd gwisgo'r Playtex Panty Girdle yn amhosibl am resymau amlwg.[33]

Ffactor anghyffredin iawn a welir yng ngwaith Manon Rhys yw ei thuedd i dynnu sylw'r darllenydd at y gwaed ei hun a'i natur redegog; strategaeth feiddgar a phwrpasol heriol gellir tybio, o ystyried cysylltiadau ffiaidd y gwaed hwnnw: 'Rhedais i fyny'r grisiau i chwilio am fy siwmper polo-neck. Wrth agor drws fy llofft teimlwn waed yn llifo rhwng fy nghoesau. *Shit!*'[34] ac eto 'Teimla'r gwaed yn diferu'n araf bach rhwng ei choesau. Ochneidia a chwilota am ddarn o gadach mewn drôr.'[35]

Er gwaetha'r cysylltiadau amheus, yn ddiau, erbyn heddiw mae ffiniau derbyniolrwydd wedi symud ac adlewyrchir hyn i raddau yn llenyddiaeth gyfoes y Gymraes. Heddiw, mae'n hollol dderbyniol i ffrindiau benywaidd drafod eu profiadau mislifol (o fewn paramedrau) a cheir cyfeiriadau cyson at dyndra cyn-fislifol (PMT) yn gymdeithasol ac yn y cyfryngau. Er hyn i gyd, mae'r cywilydd sy'n gysylltiedig â'r gwaed ei hun wedi goroesi yn styfnig: 'it still appears that menstruation is considered toxic, both to women themselves and to others.'[36] Yn y bennod hon, trafodir rhai agweddau ar thema'r mislif fel y'i portreadir yn nhestun y cyfrolau, a gosodir y cyfeiriadu hyn o fewn cyd-destun diwylliannol a fframwaith damcaniaethol ffeministaidd.

Trawsffurfiadau: Dechrau'r Mislif, Diwedd y Mislif a'r Cylch Misol

Nid oes unrhyw amheuaeth nad yw dyfodiad y mislif cyntaf yn garreg filltir bwysig iawn ym mywyd bron pob menyw ac yn achlysur sy'n debyg o aros yn ei chof drwy gydol ei bywyd.

> In a study of recollections of menarche, Golub and Catalano (1983) found that almost all of the 137 women studied, ranging from 18 to 45, remembered their first menstruation. And a majority could describe, in detail, where they were when it happened, what they were doing and who they told. How many events in our lives are so vividly recalled?[37]

Ar gyfartaledd, mae merched yn cyrraedd y *menarche* ym Mhrydain tua 13 mlwydd oed.[38] Digwyddiad trawiadol yw hwn sy'n taro'n fwy sydyn nag unrhyw newid corfforol yn y gwryw: 'the menarche is more sudden and symbolic than any male equivalent.'[39] Serch hynny, cleddyf deufin yw'r digwyddiad pwysig hwn. I'r fenyw ifanc, arwydda'r gwaed ei haeddfedrwydd corfforol a'i dyrchafiad i'r categori 'menyw' ond yn y pen draw, categori amwys iawn ei statws yw hwnnw. Er bod y *menarche* yn achlysur i'w ddathlu (yn dawel fach, gyda pherthnasau benywaidd agos, efallai), arwydda hefyd gyfnod hir iawn ym mywyd menywod o dawedogrwydd cymdeithasol ynglŷn â natur a chyflwr ei chorff:

> On the one hand, girls should take pride in becoming women, with the sexual and reproductive powers that this entails. On the other hand, they must take care to hide evidence of their bleeding from family members, schoolmates, and even strangers on the street.[40]

Yn ddiau, y disgwrs gwaelodol sy'n cyflyru'r safiad hwnnw yw bod gwaed mislifol yn afiach ac yn annerbyniol. Gellir tybio bod y neges gref honno yn sicr o ddylanwadu ar ryw lefel ar ganfyddiad menywod o'u hunain 'the connotations of disgust with which menstruation is associated cannot fail to affect women's core sense of identity and subjectivity.'[41]

Mae'n bosibl dadlau o un persbectif y caiff gwefr ac arwyddocâd y mislif cyntaf eu gwyrdroi gan y drefn batriarchaidd gyda'i dehongliad halogedig o'r corff benywaidd.

But for most, an over-masculinized society steals the sweet, especial magic of the menarche and replaces it with a stain; a muddy stain in your knickers and a maddening stain in your mind. It is a lonely, silent, anti-ceremonial humiliation, a soiling shame for which girls have to be toilet-trained a second time. How to twist behind you to see if the bulge of a sanitary towel shows in the bum of your jeans, checking the blood hasn't leaked onto the back of your skirt. How to go to the toilet smuggling tampons in your socks, how to wrap it up, or how to flush it away, how to wipe the blood off the seat before others see it.[42]

Er gwaethaf arwyddocâd y mislif cyntaf i'r mwyafrif o fenywod, lleiafrif o'r cyfrolau dan sylw sy'n disgrifio neu'n cyfeirio yn uniongyrchol at y digwyddiad hwnnw. O ystyried ei gysylltiadau amheus yn y gymdeithas batriarchaidd, a rôl arbennig y corff benywaidd yn y diwylliant Cymraeg, ni ddylai hwn fod o unrhyw syndod efallai. Hyd yn oed mewn llenyddiaeth Saesneg, ni welir cyfeiriadau plaen a chyson at y mislif yn ffuglen menywod tan ddechrau'r 1960au, a chafodd *The Golden Notebook* Doris Lessing (1962) ei ddyrchafu yn fath o Feibl ffeministaidd o'i herwydd.[43] Ar y cyfan, yn hynny o beth, mae'r cyfrolau Cymraeg cyfatebol yn ymddangos tua degawd ar ôl cynnyrch eu chwiorydd Saesneg.

Weithiau, yn enwedig yn y cyfrolau Cymraeg ar ddechrau'r 1970au, ceir cyfeiriadau anuniongyrchol, symbolaidd, sy'n awgrymu'r mislif, ond heb ei enwi yn agored. Yr esiampl amlycaf yw cyfrol *Tyfu* Jane Edwards sy'n ymdrin â glaslencyndod dwy ferch, y prif gymeriad Nans a'i chwaer Gwen. Yn ddiau, byddai dechrau'r mislif yn garreg filltir bwysig iawn i ferched o'r oedran hwn, ond yn ddiddorol, ni cheir unrhyw gyfeiriad uniongyrchol at y digwyddiad hwnnw yn y gyfrol. Yn lle hynny, gwelir dau gyfeiriad graffig at waedu arall, ar un achlysur ar ôl i Gwen gwympo[44] a'r llall, yn dilyn ymweliad Nans â'r dentist:

> Mae hi fel y bedd yn y stafell ddosbarth, fel steddfod pan fo'r beirniad ar fin dyfarnu'r goreuon. Mae pawb yn edrach arna i fel petawn i'n rhyw fath o ryfeddod. Rydw i'n dangos y gwaed ar y clytia iddyn nhw ac yn torsythu.[45]

Nid oes modd osgoi'r posibilrwydd bod y cyfeiriadau eraill hyn at waedu yn awgrymu'r *menarche* heb ei enwi. Dichon fod defnydd Jane Edwards o ddulliau cwmpasog tebyg (e.e. ei breuddwydion anesmwyth) yn yr un gyfrol i ddisgrifio rhywioldeb blodeuol Nans, yn cefnogi'r dybiaeth hon. Er y ceir cyfeiriadau mwy agored yn rhai o weithiau eraill Jane Edwards, mae'n bwysig ystyried mai sgriptiau ar gyfer y radio oedd y rhan fwyaf o'r storïau yn y gyfrol *Tyfu*. Gellir tybio felly y bu cyfyngiadau llymach arnynt o ran derbynioldeb.

Er, mae'n debyg, nad oedd gan y Gymraes y rhyddid i gyfeirio yn ddiffuant at y mislif tan ddiwedd y 1960au o leiaf, nid oedd y posibilrwydd o ddefnyddio delweddau cymdeithasol o waed a gwaedu fel cyfrwng i gadarnhau neu awgrymu ei phrofiadau creiddiol, corfforol yn ddieithr iddi. Fel y trafodwyd eisoes, yng nghyd-destun Anghydffurfiaeth y ddeunawfed ganrif, noda Jane Aaron y byddai'r Gymraes yn gyfarwydd iawn â photensial gwaed fel delwedd grefyddol a gysylltai ar ryw lefel â'i phrofiadau corfforol personol. 'Cawsai fywyd newydd pur trwy Ei waed, ac y mae'n amlwg y byddai'r cysylltiad rhwng llifeiriant gwaed a bywyd newydd yn un cyfarwydd a thrawiadol i wragedd yn enwedig.'[46] Yn y dyfyniad hwn o *Epil Cam*, gwelir cysylltiad digamsyniol rhwng gwaed iachawdurus Iesu Grist a'r llif mislifol:

> Ac wrth wrando ar bregethwr yn mynd i hwyl deuai teimlad o ddiogelwch diddig drosti am ei fod yn sôn am *waed yr Oen yr hwn sy'n ein hiachau ni oddi wrth bob rhyw bechod* . . . Y pechod mawr oedd cael plentyn siawns.[47]

I'r ychydig awduron benywaidd sydd wedi mentro ymdrin â thestun y mislif yn uniongyrchol, mae croesi'r bont o blentyndod i fenyweidd-dra yn thema amlwg a phwysig, megis gan Sonia Edwards yn *Gloynnod*: 'Ti'n cael nhw bob mis nes dy fod ti'n hanner cant! Dyna sut wyt ti'n mynd yn ddynas go iawn ac yn medru cael babis!'[48] Yn y dyfyniad hwn o *Hela Cnau*, mae Marion Eames fel petai yn mynd allan o'i ffordd i bwysleisio gorfoledd y mislif cyntaf ac yn ysgafnhau'r achlysur drwy ei gysylltu â chwerthin a hiwmor. Eto i gyd, nid eir mor bell â rhoi disgrifiad materol o'r gwaed, dim ond yn symbolaidd drwy'r cyfeiriad at y mefus:

> Emma a fu gyda hi yn chwerthin yn fuddugoliaethus y diwrnod y sylwodd ar y gwaed yn llifo am y tro cyntaf, a hithau'n meddwl ei bod wedi bwyta gormod o fefus cochion, ond Emma'n dweud ei bod hi'n ddynes rŵan, nid yn blentyn.[49]

Ond rhywbeth dychrynllyd yw dyfodiad y mislif yn *Haul a Drycin* Kate Roberts. Yma ceir Winni Ffinni Hadog, sydd bellach yn gweini i deulu cefnog, yn clywed gan Gwen, morwyn fwy profiadol, am

> y newid . . . yn ei bywyd yn fanwl heb guddio dim, a mynegodd iddi beth y byddai'n rhaid iddi ei gael i roi cysur ar ei chorff, ac addawodd roi'r cysuron hynny iddi, oblegid gwyddai nad oedd gan Winni yr arian i brynu deunydd a'r cysuron hynny. Dychrynodd Winni ac aeth i grio.[50]

Yn y tair esiampl uchod, ffrindiau sy'n rhannu'r profiad, un ohonynt yn fwy gwybodus na'r llall ac yn ymddwyn felly fel athrawes neu ddarpar fam i'w chyfaill: 'We dwell in the delicious space of shared secrets and protect one another from ridicule.'[51] Caiff nifer o'r cyfeiriadau at y cyfnod hwn eu gosod yng nghyd-destun chwaeroliaeth, ac yn benodol, perthynas menyw ifanc â menyw arwyddocaol arall, fel arfer ffrind gorau, mam neu chwaer. 'In a woman's world, the menarche and subsequent periods can have an enchanted, inspired – and communal – aspect; women's trysts with each other and with the moon.'[52] Yn aml, defnyddir y mislif cyntaf naill ai i bwysleisio pwysigrwydd y berthynas hon, neu i dynnu sylw at ei habsenoldeb, ynteu ryw ddiffyg ynddi. Yma mae Caryl Lewis wrth bwysleisio absenoldeb y fam hefyd yn ffocysu ar y gagendor cyfathrebu rhwng y ddau ryw:

> Fe ddechreuodd y pennau tost wrth iddi droi'n fenyw, pan waedodd hi am y tro cyntaf. Fe fuodd hi am fisoedd yn golchi clytiau yn y stafell molchi, yn ffaelu'n deg a dweud wrth ei thad. Byddai'r merched eraill yn cael mynd i'r dref gyda'u mamau a rheiny'n esbonio [sic] cyfan iddyn nhw a phrynu'r pethau roedd arnyn nhw eu hangen.[53]

I Winni Ffinni Hadog hefyd mae ei hanwybodaeth ynghylch y mislif yn tanlinellu'r ffaith iddi golli ei mam, 'Petasai mam yn fyw, mi fuasai hi wedi fy nysgu.'[54]

Er bod siarad yn gyhoeddus am y mislif i raddau yn waharddedig, awgrymir yn y cyfrolau bod y sibrwd bach sy'n digwydd rhwng menywod yn cryfhau'r clymau rhyngddynt. Mae'r sgyrsiau bach cyfrinachol hyn, unwaith eto yn pwysleisio diffyg llais cyhoeddus menywod, ac er bod y cyfyngiadau ar lefaredd menywod ar un lefel yn eu huno, eto i gyd, gall hefyd fod yn rhwystr i'w perthynas, hyd yn oed â menywod eraill. Crea'r diffyg llais, a phrinder cyfle i gyfleu eu cyfanrwydd biolegol, corfforol a seicolegol yn onest ac agored, hunan-amheuaeth ac ansicrwydd ynddi, ac mae'n bwydo'r cywilydd sy'n cnoi fel poenau'r mislif ei hun yn ddwfn yn ei chylla. Enghreifftir hyn yn glir yn y detholiad isod o *Titrwm* lle y defnyddir mudandod Awen unwaith eto i dynnu sylw at sefyllfa ehangach y Gymraes yn ei chymdeithas:

> Un noson, rown i'n eistedd yn fy nghoban o flaen y tân cyn noswylio pan deimlais wlybaniaeth oddi tanaf. Rhuthrais i'm llofft a dychryn o sylweddoli 'mod i'n gwaedu. Torrais y newyddion ar frys i Mam gan feddwl fod afiechyd mawr yn bod arnaf. Wna i byth anghofio ei hymateb. Yn lle dychryn gyda mi a ffonio'r meddyg, neu ddangos pryder gwironeddol, dim ond edrych yn anghredadwy arnaf a wnaeth. Wyddwn i ddim? I guddio ei lletchwithdod, aeth i nôl Bedwen. Beth ar y ddaear oedd yn bod arnaf? Oeddwn i'n odiach nag a ddychmygais? Pam 'mod i'n gorfod bod mor wahanol? Gadwyd y ddwy ohonom yn y 'stafell yn eistedd yn nerfus ar erchwyn y gwely. Nid oedd gan Bedwen y syniad lleiaf sut i ddelio â'r sefyllfa, ac roedd yn gwrido'n ddwfn. Eglurodd nad oeddwn i'n wahanol, roedd y gwaedlif yn gwbl normal. Roedd o'n rhan o dyfu'n wraig.
>
> Oeddwn i'n wraig felly – yn ddeuddeg oed? Oeddwn. Gyda difrifoldeb dwys, datgelodd Bedwen nad unwaith fyddai hyn yn digwydd. Bellach, byddwn i'n gwaedu yn y modd hwn am ychydig ddyddiau pob mis o'm bywyd. Fedrwn i mo'i chredu. Sut ar y ddaear oedd rhywun i allu derbyn y fath gywilydd?[55]

Mae 'odrwydd' Awen yn ymwneud nid yn unig â'r ffaith ei bod yn fud, ond hefyd â'r ffaith ei bod yn fenyw. Nid yw'r corff safonol, h.y. y corff gwrywaidd yn gwaedu yn rheolaidd fel hyn, rhywbeth bisâr a chyntefig ac yn perthyn yn fythol i'r 'Arall' yw'r mislif. 'The normal body, the default body, the body that every body is assumed to be, is a body not bleeding from the vagina.'[56] Nid oes gan y corff mislifol unrhyw le cadarnhaol o fewn y drefn batriarchaidd. Nid oes ganddo le yng ngeirfa 'Iaith y Tad' ychwaith, eithr fel testun gormes, gwawd a darostyngiad. Rhywbeth lletchwith, anghyfleus, amherthnasol nad yw'n ymyrryd ond ychydig iawn ar ymylon y gymdeithas wrywaidd yw'r mislif, nid rhan greiddiol o brofiad y cyflwr dynol: 'as though it [the menstrual cycle] was not a factor in normal mental life, or as though it were merely a periodic illness only of significance as an inconvenient time-waster. Irrelevant to properly lived masculine straight-line neat life.'[57]

Mae 'odrwydd' Awen hefyd yn ymwneud â'r ffaith ei bod yn siarad iaith leiafrifol. Mae ei llais wedi'i boddi fel menyw ac fel siaradwr y Gymraeg ill dau. Fe gysylltir patriarchaeth â'r iaith Saesneg (yn aml wedi'i gorffori fel Sais go iawn) yn gryf yn seice'r Gymraes. Fel y dywedwyd eisoes, i'r awdur o Gymraes, cynrychiolir yr Arall yn aml gan y Sais treisgar, neu drahaus. Gellir ystyried hyn yn rhan o ddisgwrs ôl-drefedigaethol sy'n gwyrdroi rhai o'r disgyrsiau trefedigaethol blaenorol a ddefnyddiodd ddelwedd benyw y diwylliant o dan ormes i gynrychioli'r Arall: 'It is no coincidence, for example that the Other of colonial discourse is often both feminized and the possessor of attributes – bestiality, immorality, profligacy – which the normative self (the dominant colonizing group) must deny and displace.'[58]

Ond mae'n bosibl dadlau i'r gwrthwyneb, bod benyweidd-dra a'r Gymraeg hefyd wedi eu cyplysu yn yr un modd i bortreadu'r Hunan. Sut bynnag, efallai mai'r iaith farddonol yn hytrach na iaith bob dydd sydd wedi cynnig y cyfrwng mwyaf effeithiol i'r awdur o Gymraes. Mae'n debyg bod mwy o brofiadau dwys, personol y Gymraes wedi'u trafod drwy gyfrwng barddoniaeth neu ysgrifennu barddonol/*avante-garde* yn hytrach na rhyddiaith draddodiadol. Mae'n bosibl ystyried bod gan yr iaith farddonol honno, sy'n trigo ar y ffin rhwng y Symbolaidd a'r Semiotig, arwyddocâd ychwanegol y tu hwnt i ddisgrifiadau o *éctriture féminine* i'r Gymraes. Rhydd diffyg ffiniau'r diriogaeth hon ryddid arbennig i'r Gymraes. Yn y gofod hwn mae genedigaeth yr iaith a'r fenyw, yn uno am namyn ennyd . . . ac yna'n gwahanu drachefn. Yma ceir rhythmau cynnar yr iaith, rhythmau sy'n cyfateb yn rhannol i rythmau'r corff ac sy'n corffoli a lapio felly ei phrofiadau mwyaf creiddiol ac ymysgarol hithau. Yn eironig, yma mae'r fenyw yn gyflawn ond hefyd yn ddi-fin, yn newydd-anedig ac yn hynafol:

> There is a voice crying in the wilderness Catherine Clément and Hélèn Cixous say – the voice of a body dancing, laughing, shrieking, crying. Who is it? It is they say, the voice of a woman, newborn and yet archaic, a voice of milk and blood, silenced but savage.[59]

Ysgrifennu (barddonol) sy'n cynrychioli un o'r ychydig ffurfiau lle y gall yr awdur ail-greu'r cyflwr diflanedig hwnnw. Hon yw'r wir famiaith; synau rhythmig cyntaf yr unigolyn a'r genedl ill dau, ar fin croesi'r bont at y Symbolaidd ac Iaith y tad. Ar fin hefyd cael eu halltudio o Ardd Eden am byth. Seintwar yw ffiniau eithaf y drefn semiotig, nid yn unig i hunaniaeth menywod, ond hefyd i rythmau cynharaf y Gymraeg. Yn amlwg gwelir y cysylltiad hwn yn cael ei wneud (er ar ffurf amrywiol) yng ngwaith rhai o'n hawduron benywaidd pwysicaf, e.e. y dair Angharad: Tomos, Jones a Price, lle y ceir cysylltiadau digamsyniol rhwng y corff benywaidd a'r Gymraeg. Dywed Kristeva fod mythau (a gellir tybio, mytholeg) diwylliant yn cyseinio â dechreuadau (semiotig) ei iaith: 'Thus myth projects on contents that are vitally important for a given community those binary oppositions discovered at the level of phonematic concatenation of language.'[60] Wrth reswm, mae mytholeg o bwys mawr i awduron gwrywaidd Cymraeg hefyd, ond mae'n ddiddorol bod cyfeiriadau at fytholeg a llenyddiaeth gynnar (yn enwedig ei chymeriadau benywaidd) yn gyffredin dros ben yng ngwaith awduron benywaidd cyfoes. Tybed a oes gan y trawsffurfiadau corfforol sy'n rhan integredig o fytholeg (e.e. yn y Gymraeg, Ceridwen, Blodeuwedd a Rhiannon), gyseinedd arbennig â'r newidiadau a ddigwydda yn y corff benywaidd? 'Myth is full of transformings, from Proteus to Cerridwen [sic] and Taliesin.'[61] Yn ysgrif enwog Hélène Cixous *Le Rire de la Meduse* a gyhoeddwyd yn gyntaf yn Ffrangeg yn 1975, dadleuir bod mytholeg yn cynnig ysbrydoliaeth i'r ffeminist. Gwêl Cixous gysylltiad agos rhwng byd hynafol chwedloniaeth a'i syniad (newydd) o *écriture féminine* a photensial y berthynas hon i greu gofod radicalaidd chwyldroadol. Mae gan y gofod hwn y grym i newid ein canfyddiadau cymdeithasol o'r fenyw: 'You only have to look at the Medusa straight on to see her. And she's not deadly. She's beautiful and she's laughing.'[62]

Gyda dyfodiad y drefn symbolaidd a 'Rheol y tad' daw'r rheidrwydd i amddiffyn, diffinio ac ailddiffinio terfynau. Yma, ni all yr iaith fod *yn* gorff, bellach, dim ond yn arwyddo *o'r* corff. Honna Kristeva fod canfyddiadau o natur lygredig y gwaed mislifol yn deillio o'r ymwrthod â'r cysylltiadau corfforol rhwng y plentyn a'r fam sy'n bygwth tanseilio cyfanrwydd y goddrych. 'Menstrual blood is a reminder of the corporeal connection with the maternal body that the child must disavow in order to achieve a stable subject position.'[63] Gellir tybio bod y mislif cyntaf felly, ar lefel seicolegol ddofn yn ysgogi'r fenyw ifanc i ddatgysylltu oddi wrth gorff y fam, fel yr awgrymir yn y dyfyniad hwn o gyfrol *Cwtsho* Manon Rhys: 'Un fach deuddeg oed yn cario'i dolur misol am y tro cyntaf, wrth groesi'r bwlch at ddrws dieithrio.'[64] Ac o'r foment honno ymlaen cluda'r ferch faich *abjectio*n ar ran yr holl gymdeithas: 'women every month carry the burden of abjection'.[65]

Nid oes unrhyw amheuaeth bod syniad Kristeva o'r *abject* yn ddefnyddiol iawn er mwyn trafod nid yn unig datblygiad mewnseicig yr unigolyn, ond safle cymdeithasol menywod, ac yn arbennig efallai, menywod o fewn diwylliant lleiafrifol. Ychydig iawn o sylw damcaniaethol y mae'r testun hwn wedi'i ddenu hyd yn hyn, ond yn ôl Harri Roberts:

> marginalized and coded abject within patriarchal language, women must necessarily struggle to acquire a stable subject position . . . less thoroughly explored, is the complex position of women within a cultural grouping such as the Welsh, that has itself been constructed as inferior and abject by a dominant colonial power.[66]

Mae'n bosibl ystyried fod safle cyffelyb y Gymraeg a'r Gymraes wedi rhoi i honno fewnwelediad dwys ar lefelau diwylliannol, seicolegol a chorfforol o'r profiad o fod yn oddrych *abject*. Er gwaetha'r grymoedd yn eu herbyn, mae sawl awdur benywaidd Cymraeg wedi darganfod drwy amgen dechnegau (e.e iaith farddonol, symbolaeth y corff a mytholeg), ffordd i oresgyn mudandod llethol eu hetifeddiaeth amheus, safle darostyngedig a enghreifftir gan statws y mislif ei hun: 'menstruation can be considered to be a metaphor for women's symbolic absence, marginalization, fragile status, inarticulacy, and misrepresentation'.[67] Er i 'Iaith y tad' ei phrofi ei hun yn gyfrwng anfoddhaol neu anghyraeddadwy iddi, mae'r mislif, fel beichiogrwydd wedi cynnig ei hun i'r awdur o Gymraes fel cyfrwng creadigol i gorffori ei phrofiadau creiddiol o'i hunaniaeth a'i diwylliant. Mae'r dyfyniad hwn o *Elain* Sonia Edwards yn crisialu'r broses hon, ac yma, caiff yr iaith Saesneg ei chymharu â dieithrwch ac anghysur y *menarche*. Dichon fod yma gysylltiad dyfnach â natur *abject* y mislif a'r awgrym felly o sylwedd *abject* y Saesneg hefyd: 'Mae o'n boenus a chwithig fel misglwyf cyntaf. Y Saesneg 'ma.'[68] At hyn, mae ochr Saesneg ei hunaniaeth Eingl-Gymraeg yn boenus i'r prif gymeriad, a gwelir hithau yn Cymreigio ei henw bedydd 'Elaine' i 'Elain' yn ddiweddarach yn y nofel. Diddorol iawn felly yw bod esiamplau symbolaidd i'w canfod o'r iaith Saesneg wedi'i darlunio hefyd fel rhan integredig o gorff y Gymraes, yn fwyaf amlwg (ac yn rhannol) baban Titrwm a'r mislif. A diddorol hefyd yw nodi mai pethau ydynt yn y pen draw sy'n sicr o gael eu bwrw ymaith y tu hwnt i ffiniau ei chorff, yn achos y mislif, drosodd a throsodd drachefn.

Fel y soniwyd eisoes, o'i gymharu â chyfeiriadau at ddechrau'r mislif, ychydig o'r cyfrolau sy'n trafod profiadau pob dydd y mislif er bod rhai yn cyfeirio at effeithiau tyndra cyn fislifol. Un o'r cyfeiriadau cynharaf a geid at y ffenomen hon yn y cyfrolau dan sylw yw'r canlynol o *Epil Cam* Jane Edwards: 'Roedd hi wastad yn bigog ac yn ddrwg ei hwyl cyn i'w misglwyf dorri.' Awgrymir tueddiadau mwy afreolus byth yn y dyfyniad hwyrach hwn o *Pant yn y Gwely* gan yr un awdur: 'Gofyn o'n i'n dodda o PMT. Deud fod lot o ferched yn gneud petha anghyfrifol radag honno o'r mis – torri, dwyn, ymosod, lladd.'[69] Erbyn yr ail esiampl, dichon nad yw'r awdur yn medru ymatal rhag gwneud sylwebaeth gynnil ar gyflwr cymdeithasol menywod. Yn hynny o beth, a yw'r rhestr gynyddol ddifrifol ar ddiwedd y darn yn creu naws fygythiol sy'n arwyddo pŵer creiddiol (atgynhyrchiol) menywod, sydd wrth wraidd eu safle fel y 'monstrous feminine'?

Er gwaetha'r sylw a rydd i'r syndrom cyn-fislifol yn y cyfryngau, yn ddiweddar ceir tystiolaeth gynyddol yn awgrymu mai rhywbeth gwneuthuredig yw'r ffenomen: 'Associations of insanity with menstrual dysfunction persist in modern judicial decision-making... despite a growing body of evidence that pre-menstrual tension is a socially constructed disorder.'[70] Yn wir, ar y cyfan, nid oes unrhyw dystiolaeth ddibynadwy sy'n cefnogi syniad bod prosesau meddyliol menywod yn dirywio o gwbl ar hyd ei chylch mislifol drwyddi draw: 'among the general population of women, menstrual cycle variables do not interfere with cognitive abilities – abilities of thinking, problem-solving, learning and memory, making judgements and other related activities'.[71] Yn ogystal, ceir disgyrsiau tebyg, yn ymwneud â phroblemau corfforol, meddyliol ac emosiynol yn cael eu cysylltu â diwedd y mislif yn ffuglen y Gymraes:

> Daeth ton o chwys drosti a theimlai ei hwyneb yn fflamgoch a'i phen yn troi. Byddai'n rhaid iddi ofyn i Dr Griffiths am ragor o'r tabledi hormon. Ceisiai anadlu'n arafach; ar ôl munud neu ddau 'roedd y gwres wedi cilio. Am ba hyd eto, tybed? Bu'r peth yn para yn llawer rhy hir iddi hi. (Marion Eames, *Y Ferch Dawel*, 1992)[72]

Yn y nofel *Melodïau Coll* gan Beti Hughes, gwelir cyn-gariad y prif gymeriad, Gwen, yn cael ei chludo i ysbyty meddwl oherwydd 'Mae mewn oedran anodd medde'r Doctor'.[73] Yn y cyfrolau dan sylw, mae'n bosibl darganfod disgyrsiau hefyd sy'n awgrymu mai gorchudd yw problemau diwedd y mislif ar adegau, am anawsterau eraill ym mywyd menywod: 'Ni allai Gwenan benderfynu a oedd ei rhieni yn gwybod ond doedd ei mam ddim mewn hwyliau da, a rhoddai'r bai i gyd ar y *change* a'r *menopause*.' (Edwards, *Pant yn y Gwely*)[74]

Dichon *fod* yna rhyw sgitsoffrenia, rhyw wallgofrwydd afreolus yn gysylltiedig â sylwedd menywod. Ymwna'r 'gwendid' hwnnw nid â rhyw nam cynhenid yn eu cyfansoddiad, ond â'r ffaith y'u gorfodir i fyw anwiredd cyson, i wadu eu cyrff a'u rhythmau grymus ac i esgus eu bod yn ffitio'n ddestlus i'r mowld amhriodol a grëwyd ar eu cyfer:

> Women as menstruators live through a split subjectivity insofar as we claim the public face of normalcy and a fear of exposure of the private fluidity of our flesh. Given the dominant disembodied norms of clean and proper, it is difficult for me not to experience my being as defiled and out of control.[75]

Iaith, Patriarchaeth a'r Corff Mislifol

Yn enwedig y tu allan i gylch cyfyngedig eu ffrindiau neu berthnasau agos, ar y cyfan, nid oes hawl gan fenywod i dynnu sylw at eu mislifoedd, neu i gyfeirio atynt. Mae'r rhai sy'n dewis torri'r rheol dawel ond rymus hon yn agored i ddarostyngiad a cherydd. Yn eironig, er bod y mislif i'w weld y tu hwnt i diriogaeth y gwryw, nid yw'r fath reol yn bodoli yn yr un ffordd i'r dyn. Mae'n bosibl i'r dyn ddewis sôn am y mislif, neu beidio, yn ôl ei fympwy. 'Women are discredited by any behaviour which draws attention to menstruation, while men may more freely refer to it if they choose to.'[76] Ymhellach, mae'r eirfa a ddefnyddir gan ddynion a menywod i drafod y mislif yn wahanol iawn, ffaith sy'n adlewyrchu eu safleoedd cymdeithasol amrywiol: 'men and women actually have two separate vocabularies and hence range of discourses about menstruation'.[77]

Yn y cyfrolau, mae'r ymadroddion a ddefnyddir i drafod y mislif ar y cyfan yn rhai gwylaidd, swil ac amwys, e.e. '[c]warfod misol',[78] 'radag honno o'r mis',[79] 'petha merched',[80] 'amser y mis',[81] 'yr amser yna o'r mis',[82] 'bechingalws',[83] 'dolur misol',[84] 'patrwm misol',[85] 'dod i'n lle',[86] 'dod mlaen',[87] 'newid mawr'.[88] Yn llai cyffredin, ceir y geiriau 'safonol' Cymraeg sef 'misglwyf'[89] a'i olynydd 'mislif',[90] neu'r gair Saesneg (weithiau wedi'i Gymreigio) 'periods',[91] 'piriyds',[92] neu yn llai cyffredin byth 'gwaedu'.[93] Gan ystyried statws amwys y mislif a'r cyfyngiadau ar sgript gymdeithasol menywod, nid oes unrhyw syndod felly bod eu hieithwedd fel arfer yn dawedog ac amhendant.

Sut bynnag, mae'n ddiddorol iawn i gymharu'r ymadroddion hyn ag ymadroddion llafar cyfoes sy'n cyfeirio at y mislif fel y'u rhestrir ar wefan y 'Rhegiadur' – geiriadur answyddogol o regiadau a dywediadau 'anweddus' yn y Gymraeg.[94] Eto mae'r esiamplau hyn yn osgoi enwi'r mislif neu'n sôn yn uniongyrchol am waedu ond defnyddiant destunau gwrywaidd iawn – rygbi/pêl droed neu faneri (a'u cysylltiadau milwrol) i hawlio'r diriogaeth. Mae'r cyfeiriad at liw coch y gwaed yn ganolog i bob un ohonynt. A heblaw am yr esiampl olaf efallai, mae gan bob un ohonynt fin direidus gwatwarus:

> Wrecsam yn chwarae adre
> Cymru'n chwarae adre
> Y faner goch yn chwifio
> Yr afon goch/llanw coch
> Wythnos baner Siapan
> Mae mam yn gwneud jam
> Mae hi yn ei blodau

Drwy ieuo'r gwaed mislifol â math o fwyd, sef jam, mae'r adroddiad gobennol yn gwysio'r atgasedd a ffieidd-dra sy'n gysylltiedig â statws *abject* y gwaed hwnnw. Ar y cyfan, nid oes gan ymadroddion fel hyn unrhyw le yn y cyfrolau (hyd yn oed y rhai diweddar iawn) dan sylw, dichon oherwydd nid ydynt, ar y cyfan, yn cyfleu disgyrsiau sy'n eiddo neu'n berthnasol i'r fenyw. Sut bynnag, nid yw hynny'n eithrio'r posibiliad y gall menywod ddefnyddio'r ymadroddion hyn at eu pwrpasau eu hunain ac yn sicr y gellid dod o hyd i esiamplau felly y tu hwnt i gwmpas y gyfrol hon.

Yn 'Y Rhegidaur', ceir rhestr arall o eiriau, yn ymwneud nid â'r mislif ei hun, ond yn cyfeirio at y weithred o gyfathrach rywiol â menyw adeg ei mislif:

> Brechdan jam
> Cerpyn jam
> Llysywen sos coch
> Ffwcsan goch
> Os yw'n gwaedu, barod i ledu

Gwelir bod y rhain yn fwy direidus byth a'r cysylltiad â bwyd – jam, neu sos yn cael ei ail-adrodd. 'Male groups in this society produce a sexist culture which contains reference to menstruation – jokes which men see as "sick", which centre upon sex during menstruation, often linking it with violence.'[95] Mae'r esiampl olaf yma yn arbennig o bryderus am iddo awgrymu bod rhyw â merch ifanc o dan oed cydsynio yn hollol dderbyniol.

Pwrpas hyn i gyd, yn ôl Laws, yw sicrhau bod y mislif yn cael ei ddiffinio yn ôl agenda'r dyn heterorywiol ac yn dod felly o dan ei awdurdodaeth 'male joking attempts to bring menstruation within the arena of sexuality – under male-centred heterosexual control'.[96] Yn ôl Ussher, mae gan enwau negyddol dynion am y mislif swyddogaeth ychwanegol hefyd. Nid yn unig y datganant awdurdodaeth dynion dros fenywod, ond hefyd fe atgoffant fenywod o'u statws *abject* yn y gymdeithas:

> The euphemisms used by men to describe menstruation . . . are more negative than those used by women, and serve to express men's dominance over women, reminding girls that their bodies are abject, and that their fecundity is a sign of difference, deviance and deficiency.[97]

Er gwaethaf natur *macho* ymffrostiol yr ymadroddion ar wefan y rhegiadur, nid yw rheolau cymdeithasol y gymuned Gymraeg ynglŷn â chyfathrach rywiol adeg y mislif yn hollol glir, fel y dangosir yn y cyfrolau dan sylw. Yn yr esiampl hon o *Catrin Jones yn Unig* gwelir dau ddisgwrs batriarchaidd yn cael eu datgan. '"Ody hi'n amser y mis?" gofynnodd. "Ma' Simon yn gadel ti mas i whare."'[98] Yma mae'r fenyw yn cael ei phortreadu yn ddigamsyniol fel eiddo'r dyn. Câi ei rhyddid dim ond adeg ei mislif oherwydd yr awgrymir, nid yw o unrhyw ddiddordeb rhywiol i ddynion yr adeg honno. Mewn mannau eraill, gwelir hefyd ei bod yn rheidrwydd ar y dyn parchus i esgusodi ei wraig rhag ei 'dyletswyddau' rhywiol adeg ei mislif:

> I have heard the idea that 'a decent man leaves his wife alone then'. Behind this formulation we can plainly see a familiar set of beliefs about male sexuality as constant, energetic; female sexuality as nonexistent – sexual service as the wife's marital duty.[99]

Yma, gwelir Eigra Lewis Roberts yn cyfathrebu disgwrs o'r fath yn ei chyfrol *Mis o Fehefin*: 'Roedden nhw wedi dod i gytundeb, flynyddoedd yn ôl, ei fod i gael ei damaid bob nos Iau a nos Sadwrn ond pan fyddai hi'n gwaedu. A rŵan, nid oedd ganddi'r esgus hwnnw hyd yn oed.'[100] Yn yr esiampl nesaf o'r gyfrol *Cwtsho*, mae'r hiwmor yn codi o'r ffaith bod y siaradwraig yn ceisio gwneud ei phwynt drwy adrodd stori am brynu Tampax, a'r dyn felly yn gwrthod uniaethu â'r pwynt hwnnw oherwydd natur y ddelweddaeth:

'Ma hi'n medru bod yn embarrassing iawn, 'chi. O ddifri rŵan . . . Wei, cymrwch chi ddoe ddwytha. Prynu 'Nhampax yn Boots o'n i, a dyma'r ddynas 'ma ata i – diolch ma dynas oedd hi 'te – a gofyn, 'Chi ydi Bronwen Hughes? Wel be fedrwn i ddeud? Isio'n llofnod i oedd hi, wrth gwrs . . . Mi wyt tithau 'di cael yr un profiad, debyg, Ieu . . .'

'Tydw i ddim yn iwsio Tampax, diolch i Dduw!' (Rhys, *Cwtsho*)[101]

Er nad yw'r fenyw yn cael ei cheryddu na'i gwatwar yma, mae'r dyn yn sicrhau ei fod yn rhoi digon o bellter rhyngddo'i hun a'r testun amheus ac yn cyfleu'r argraff mai rhywbeth annymunol amhleserus iawn yw'r mislif. Os nad yw'r mislif yn cael ei gyfleu yn afiach neu'n annymunol, yna'n mae'n rhywbeth dibwys ac amherthnasol: 'Dad yn tuchan a rholio'i lygaid fel petai bod bron â marw yn ddim byd mwy nag un arall o "broblemau merched".' (Wyn James, *Fyny Lawr*)[102]

Fel endid mislifol mae'r fenyw yn ddibynnol ar air y dyn i'w chyfreithloni. Mae statws (derbyniol neu lygredig) y gwaed mislifol ac felly'r fenyw ei hun o dan awdurdod y dyn o fewn rhyngweithiadau cymdeithasol. 'The woman may not *presume* that she will not be found offensive.'[103] Yn ei nofel *Pant yn y Gwely*, eto defnyddia Jane Edwards symbolaeth anuniongyrchol ond trawiadol i gyfeirio at y mislif. Yma cyflëir ffieidd-dod y dyn tuag at waed mislifol drwy ddelwedd gwaed y dylluan wen.[104] Mae'r dylluan yn symbol cryf o fenyweidd-dra mewn llenyddiaeth Gymraeg gan fenywod a thrafodir hyn yn helaethach yn hwyrach yn yr astudiaeth hon. Mae gan y dyfyniadau isod arwyddocâd arall hefyd am i'r prif gymeriad Gwenan gael ei geni, flynyddoedd ynghynt, mewn *Hackney cab*. 'Y funud honno hedodd tylluan wen yn syth yn erbyn y ffenest flaen nes bod yr Hackney'n sgidio o un ochr i'r llall . . . Ma'r sglyfath wedi gadal 'i gwaed ym mhobman.'[105] Ac eto: '"Tynn o, tynn o." A chuddio'i llygaid efo'i law, am fod gwaed y dylluan yn troi arno fo . . . A'r wawr yn torri yn staenau gwaedlyd rhwng cribau'r mynyddoedd i fatsio'r staeniau ar ei chrys.'[106]

Mewn amgylchiadau penodol, mae gan y gymdeithas batriarchaidd awdurdod ychwanegol dros y corff benywaidd:

> In circumstances where women's lives are under especially close control, these matters take on a different significance. Women in prison often complain that menstruation is used to punish or humiliate them, for example by the prison authority's witholding adequate sanitary wear. Any bodily functions may become an arena of struggle in such circumstances, but menstruation lends itself also to sexual degradation.[107]

Awgryma'r dyfyniad nesaf o gyfrol *Carchar* Meg Elis fod menywod a garcharwyd dros yr iaith yn ystod y 1970au a'r 1980au wedi dioddef wrth law ymarferion tebyg, a saif yn esiampl arall o gysylltiad rhwng yr iaith Gymraeg a phrofiadau corfforol creiddiol y Gymraes:

> beth yfflon wna'i pan ddaw hi'n gwarfod misol, a chitha ddim yn cael defnyddio Tampax yn y carchar, dim ond rhyw hen glytia y rhoesoch chi'r gorau i'w defnyddio pan oeddech chi'n bymtheg oed. Does neb yn sôn am y pethau bach.[108]

Gellir hefyd ofyn a yw'r 'pethau bach' yn cyfeirio yn benodol at ddiffyg darpariaeth mislif o fewn awyrgylch cyfyngedig, sefydliad y carchar, neu yn fwy cyffredinol at y tawedogrwydd cyffredinol ynghylch y mislif ei hun. Tybed a oes yma hefyd islais rhyngdestunol yn cyfeirio at 'gwnewch y pethau bychain' Dewi Sant a chysylltiad pellach rhwng prosesau biolegol benywaidd â'r iaith Gymraeg felly?

Yn arferol yn y gymdeithas Gymraeg gyfoes, gwelir naill ai anwybodaeth o fodolaeth y mislif neu ddiffyg dealltwriaeth o effeithiau'r mislif ar fywyd menywod; a hynny er gwaetha'r ffaith bod y ffenomen yn achosi o leiaf peth anhawster i nifer sylweddol ohonynt. 'Fe fydda hi'n cael trafferth adeg cwarfod misol, periods felly, ac yn colli'n drwm.'[109]

Ymhellach, yn aml, ceir disgyrsiau patriarchaidd sy'n cyhuddo menywod o ddefnyddio eu mislifoedd i osgoi tasgau annymunol, ac yn y cyd-destun hwn, yn baradocsaidd, y gwelir y mislif yn arf annheg: 'They [men] accuse women of "using" periods to "get out of things" – defining this as an illegitimate use of power on women's part.'[110] Ceir rhai esiamplau amlwg o'r disgwrs hwn yn y cyfrolau dan sylw, e.e. *Tridiau ac Angladd Cocrotshen* 'Chi Eleri Williams, 'dy'r unig hogan yn y byd sy'n cael amser-y-mis pob pythefnos',[111] ac eto o *Dal hi!*, nofel Caryl Lewis am dîm o fenywod sy'n ffurfio tîm tynnu rhaff, dyma lais ei hyfforddwr, 'Dim booze, dim slaco, dim "ww, 'ma period pains 'da fi".'[112] Ond yn ddiddorol iawn, mae Sonia Edwards yn y nofel *Cysgu ar Eithin* yn gwyrdroi ac felly yn datguddio'r disgwrs hwn, wrth ddangos y cynghorydd ymffrostgar Sam Arfon yn defnyddio esgus y mislif i guddio effeithiau trais domestig ar ei wraig.[113]

Yn hanesyddol, mae'n bosibl dadlau bod cysylltiadau estynedig yr iaith Gymraeg â chrefydd Cristnogol traddodiadol wedi cyfrannu at ddiffyg llais a safle darostyngedig y Gymraes. Yn academaidd, ceir cytundeb cyffredinol am rôl bwysig y Beibl Cymraeg yng ngoroesiad yr iaith Gymraeg a'i llenyddiaeth ac yn ffurfio hunaniaeth y genedl, e.e. gweler pennod Derec Llwyd Morgan *Y Beibl a Llenyddiaeth Gymreig* (1998) am ymdriniaeth â'r testun.[114] Ar y naill law, mae'n deg honni felly fod gan y Beibl le amlwg yn ymwybyddiaeth y genedl Gymraeg hyd heddiw. Ar y llaw arall, mae'r Beibl (yn enwedig yr Hen Destament) yn heigiog â disgyrsiau patriarchaidd sy'n cyfleu'r syniad bod y corff mislifol yn halogedig ac aflan.

> Y mae'n sicr fod yr emynyddion cynnar a oedd wedi eu trwytho yng ngeiriau'r Beibl, yn gyfarwydd â'r cyfeiriadau ar y misglwyf a geid yn yr Hen Destament. Yno disgrifir y misglwyf fel 'clefyd' sy'n peri bod y fenyw yn 'aflan': 'fel dyddiau gwahaniaeth ei misglwyf y bydd hi aflan', meddir yn Leficitus, ac yn Eseciel rhestrir 'nesáu at wraig fisglwyfus' fel pechod gwrywaidd nad yw'n llai gwrthun na 'halogi gwraig cymydog'. Pan fo Duw yr Hen Destament am ddisgrifio aflendid, y mae'n aml yn defnyddio delwedd y wraig fisglwyfus fel cymhariaeth.[115]

Mae'r Gymraeg felly, o leiaf yn rhannol, yn ddyledus am ei bodolaeth i lyfr sy'n hybu ac atgyfnerthu delweddau gormesol, tanseiliol a diraddiol o'r fenyw a'i chorff. Nid yn unig yw'r ffaith hon yn un gynhennus ac anghysurus, ond hefyd nid yw'n hawdd dehongli ei llwyr arwyddocâd yng nghyd-destun tameidiog ôl-ôl-fodernaidd y gymdeithas Gymraeg gyfoes.

Cylchedd, Amser a'r Mislif

Er y gellir dadlau bod llawer o hen werthoedd a chredoau wedi darnio dros y cyfnod dan sylw, nid yw'r un peth yn wir am ein canfyddiad o amser. I'r gwrthwyneb, mae'n bosibl dadlau fod cynnydd technolegol fel y ffôn symudol a'r gliniadur wedi strwythuro ein hamser yn dynnach ac yn llymach, ac wedi cynyddu ein hymwybyddiaeth ohono. Cyn mentro ymlaen, mae'n deg gofyn pam y dylid disgwyl i sylwedd amser newid (dros amser); onid yw'n ffenomen ffisegol, wyddonol, ddigyfnewid, nid rhywbeth amhendant a chymdeithasegol megis 'gwerthoedd'? Yn ôl rhai academyddion, nid yw'r sefyllfa mor glir â hynny:

> if time were in some sense objectively real, we might expect to be able to actually perceive it. However, there does not appear to be neurological apparatus which enables us to perceive global time. This has led

a range of scholars to suggest that time may not be objectively real in the literal sense imagined by the common-place view.[116]

Y tu hwnt i'r digwyddiadau seryddol, gellir dadlau mai rhywbeth gwneuthuredig yw amser, wedi ei greu at bwrpas penodol, sydd yn ffafriol i'r drefn batriarchaidd. Disgwylir i fenywod fyw o fewn y gyfundrefn amseryddol hon ond maent yn gaeth hefyd i system amser amgen, sef eu clociau biolegol mewnol. Gwelir yn y dyfyniad hwn o'r stori 'Tua'r gorllewin' yn y gyfrol *Tinboethach* gyfeiriad at y ddwy drefn, a'r berthynas rhyngddynt. Ymhellach, yn ddiddorol, yn yr esiampl hon, yr amser cylchol benywaidd sy'n gosod yr amser traddodiadol 'gwrywaidd': 'dim ond echdoe gwples i'n bechingalws ... a galla i osod 'yn watch wrthyn nhw bob mis'.[117] Wrth reswm, mae hwn yn cyd-fynd ag ethos cyfrol sy'n archwilio rhywioldeb menywod mewn ffordd feiddgar nas gwelwir yn aml yn y Gymraeg.

Er eu bod yn medru byw o fewn paramedrau amser y byd patriarchaidd, mae gan fenywod un glust yn gwrando byth a beunydd ar dipiau eu clociau mewnol. 'Byddai'n teimlo'r wy yn rhwygo mewn cwmwl o waed o'i hofari bob mis.'[118] Gŵyr felly yn gynhenid, fod amserau eraill yn bodoli y tu hwnt i amser a gynlluniwyd o fewn y drefn batriarchaidd. Gellir cymharu'r wybodaeth greiddiol hon efallai â'r gwahaniaeth rhwng bod yn unigolyn uniaith neu ddwyieithog. Deall menywod (megis pobl ddwyieithog yn achos iaith) lluosogrwydd y drefn amserol am fod ganddi droed mewn dau fyd. 'Because their bodily processes go with them everywhere, forcing them to juxtapose biology and culture, women glimpse every day a conception of another sort of social order.'[119]

Rhywbeth sy'n symud yn syth ymlaen heb unrhyw wyriad, megis heol Rufeinig, ac a deithia'n ddidrugaredd at y dyfodol, yw amser y drefn batriarchaidd. I'r gwrthwyneb, gwelir cylchedd amser menywod yn rhywbeth amrwd, sy'n ymyrryd, eto ar ffiniau'r drefn daclus ddynamig hon. Ond nid oes gan linelled, gan amlaf, fawr o le ym myd natur, dim ond yn y byd a grëwyd yn bennaf gan ddynion. Adeiladwyd y byd hwnnw fel castell ar dywod yn sgil yr Oleuedigaeth:

> The scientists of the Enlightenment saw themselves as objective spectators. But what you see depends on how you look ... No science has ever been truly objective, and when classical physicists viewed time, they saw it in the image of their – male – minds; as linear, phallic, rigid and absolute.[120]

Ond mae cylchedd yn rhan annatod o'r byd naturiol drwyddi draw, nid rhyw agwedd amheus o gyfansoddiad biolegol menywod, 'Cyclicity is an integral part of the fabric of earthly existence, not an aberrant characteristic of the second sex.'[121] Ond er gwaetha'r ymdrechion i anwybyddu amser menywod, neu i'w fowldio a'i gydffurfio, yn y pen draw nid oes modd ei ddiddymu'n llwyr: 'menstrual time which patriarchy has tried so hard and yet so unsuccessfully to flush away will just keep coming back as that horrible returnee, that disgusting periodic madness, that obstinate red floater, the tampon in the toilet'.[122]

Yn gymdeithasol ceir disgyrsiau hyd heddiw sy'n dehongli'r newidiadau cyson a chylchol ym mywyd menywod fel rhywbeth annymunol, peryglus neu afiach, a cheisir felly i'w ddiddymu: 'Men's society seeks to homogenize women's time, by mocking, hating or ignoring that exquisitely timeful cycle.'[123] Cyrhaedda'r perygl hwn ei uchafbwynt yn ystod y dyddiau sy'n rhagflaenu'r mislif ac ar ddyddiau'r mislif ei hun. Pwysleisir elfennau negyddol y cyfnod hwnnw, y tyndra a'r poen, e.e. ond i rai menywod gall fod yn gyfnod creadigol sy'n dwysâu eu profiadau goddrychol o'r byd. 'Women's inner, menstrual time is still treated with visceral disgust, making her lustrous, powerful time of the month one of shame and hatred.'[124] Gan ystyried y gefnlen ddisgyrsiol hon, nid oes unrhyw syndod mai prin iawn yw'r esiamplau o awduron benywaidd Cymraeg yn dathlu'r arwydd gref hon o'i benyweidd-dra, ei chylchedd a'i grym. Sut bynnag, ceir yn nofel arloesol Angharad Jones *Y Dylluan Wen* ddatganiad cadarnhaol o'r fath: 'Sylla Myfi ar y cylch arian sy'n llawn fel y groth fisol cyn i'r clwy' ddod a charthu gwastraff y gorffennol, carthu gwastraff y gorffennol er mwyn cychwyn cylch newydd, main, glân.'[125] Er nad oes lawer o dystiolaeth wyddonol neu feddygol i gadarnhau cysylltiad arwyddocaol rhwng cylchau corfforol menywod a chylchau'r lleuad, dichon fod digon o brofiad anecdotaidd i awgrymu rhyw berthynas: 'Some of the midwives who work with women choosing natural pregnancy and birth are more reluctant to plan evenings out with their partners and friends at certain times of the lunar cycle because they know from their experience they are more likely to be called out.'[126] Mae'n debyg bod y lleuad a'r mislif wedi'u cysylltu mewn ffordd ddofn ond amhendant yn yr ymwybyddiaeth gyfunol, cyplysiad a enghreifftir yn y dyfyniad hwn o'r nofel *Gwenynen Bigog* gan Meleri Wyn James: 'Rwy'n dal i deimlo'r boen pan fydd y lleuad yn llawn.'[127] Gellir tybio bod yr ieuad hwn rhwng y corff benywaidd a'r lleuad yn atgyfnerthu'r dylluan, fel creadur y nos, yn symbol cryf o fenyweidd-dra. Gwelir adnabyddiaeth hefyd o gysylltiad cylchred y mislif a chylchau ehangach byd natur, sydd yn y pen draw yn uno bywyd a marwolaeth fel yng nghyfrol Sonia Edwards *Gloynnod*, lle y gwelir Mari yn dechrau ei mislif ar yr un diwrnod mae ei mam yn colli babi.

Hwyrach fod atseiniau o safle cylchedd biolegol menywod yn eu gwaith traddodiadol hefyd. Mae gwaith tŷ a magu yn cynnwys nifer fawr o dasgau sy'n cael eu hailadrodd drosodd a thros. Fel arfer nid oes gan unrhyw waith ailadroddus fel hwn statws uchel yn y gymdeithas sydd ohoni ac nid yw'n denu llawer o arian neu glod. Yn draddodiadol, y dyn yw'r artist, y bardd, yr adeiladwr. Weithiau caiff gwaith traddodiadol benywaidd ei ddyrchafu mewn rhai amgylchiadau, ac o hynny ymlaen y daw'n rhan o diriogaeth y dyn, e.e. safle'r *chef* yn y gymdeithas gyfoes:

> Traditional women's work, including the work of motherhood is cyclical, it must be done over and over again . . . Women's work is perishable work, including creating mere, non-durable human beings. Men's work – linear, lasting over time, massive developments, one-off rather than repetitive – is considered much more valuable.[128]

Ond, dychweler am eiliad at y cysylltiad honedig rhwng cylchau'r mislif a'r lleuad. Bydded felly neu beidio, mae'n amlwg bod y lleuad yn adnabyddus am ei dylanwad ar lanw a thrai'r môr ac fel hynny, hawdd gweld sut y daeth yn gysylltiedig â llifau'r corff benywaidd. Y llifau hynny, sydd yn ôl y dweud, yn achosi'r fath broblem i'r drefn batriarchaidd sy'n bodoli i raddau, y tu hwnt i'w hawdurdod:

> women's genitals and breasts are the loci of (potential) flows, red and white, blood and milk, flows that are difficult to appropriate while under constant threats of personal and legal appropriation, flows that signal both a self-contained autoerotic pleasure and a site of potential social danger in so far as they are resistant to various cultural overlays.[129]

Yn ddiddorol iawn, honnir bod y tyndra hwn yn crisialu rhyw wrthwynebiad deuol cynhenid rhwng menywod a dynion, gyda'r benywaidd yn corffori'r awydd i lifo a'r gwrywaidd yn corffori'r awydd i gronni:

> To be male is to dam. To be female is to flow . . . But patriarchy dams the flow, forcing mega-dam projects in the Third World. This is a conflict which encapsulates a far wider struggle – between patriarchy and women – a conflict of the dam-principle versus the flow principle.[130]

Yn ddiau mae gan hyn gyseinedd pwysig iawn yn y diwylliant Cymraeg cyfoes gan ystyried amlygrwydd symbolaeth Tryweryn a Chapel Celyn i'r hunaniaeth Gymraeg. Yma ceir cyswllt dwys a diddorol rhwng profiadau creiddiol corfforol y Gymraes a'i phrofiadau diwylliannol ac ieithyddol. Yn amlwg yn y cyd-destun hwn, cysylltir yr iaith Gymraeg â benyweidd-dra – y llif a'r Saesneg – yr argae â'r gwrywaidd. I'r Gymraes unwaith eto, cyplysir y gwryw (patriarchaidd) â'r iaith Saesneg nid yn unig ar lefelau diwylliannol ond hefyd yn gorfforol yn llif ei gwaed.

Nofel sy'n datguddio profiadau corfforol mwyaf sylfaenol y Gymraes, ei rôl gymdeithasol, ac effaith patriarchaeth ar ei hunaniaeth a'i hiaith yw *wrth fy nagrau i* Angharad Tomos. Gan ystyried yr agenda hwnnw felly, dichon fod rhywbeth yn y dyfyniad isod sy'n awgrymu nid yn unig cylchedd byd menywod (wedi'i gyfleu gan y cyd-destun domestig) ond potensial grymus ei llif. Nid y llif a achosodd erchyllter Tryweryn ond yr argae a rwystrodd y llif. Yn debyg i'r anian fenywaidd o dan y drefn batriarchaidd, dichon mai peth peryglus, dinistriol ac anhrefnus yw llif a ataliwyd:

> Dipyn o lanast fuo'r bore – digwyddodd rhywbeth i'r peiriant, ac roedd hi fel Tryweryn yn y stafell olchi . . . 'Yn y diwedd, roedd y dŵr wedi llifo allan i'r coridor, wedi gwlychu'r lloriau yno, ac maen nhw wedi gorfod cau'r coridor hwnnw nes bydd y llanast wedi'i glirio.'[131]

Am nifer o resymau, mae proses fiolegol y mislif wedi'i thrwytho mewn disgyrisau diwylliannol, rhywiaethol ac ieithyddol ychwanegol i fenywod Cymru. Un o'r ychydig awduron benywaidd Cymraeg i archwilio'r berthynas rhwng profiad corfforol y mislif a'i arwyddocâd diwylliannol ehangach yw Manon Rhys. Yn y nofel *Cysgodion* archwilia Manon Rhys rywioldeb benywaidd mewn ffordd gynnil a soffistigedig wrth i hanes y prif gymeriad adleisio bywyd testun ei hymchwil, sef yr artist Gwen John. Defnyddia linell eiconig T. H. Parry-Williams o'r gerdd *Hon*, sy'n cyfeirio yng nghyd-destun themâu'r nofel, nid yn unig at Gymru a'r Gymraeg ond hefyd at y profiad o fod yn fenyw: 'Ni allaf ddianc rhag hon'.[132] Eto felly gwelir yr awdur benywaidd Cymraeg yn atgyfnerthu'r trosiad o Gymru neu'r Gymraeg, fel menyw. Hefyd, mae'r syniad hwn o fod yn gaeth i'w bioleg, ac arwyddocâd y fioleg honno i'w weld yng ngwaith Kristeva: 'What Kristeva suggests about menstrual flow seems . . . complicated and problematic; for her, it is a danger, internal to identity, and threatens the relationships between the sexes. It cannot be escaped or fled from, for it is the condition, qua maternity, of life and sexual difference.'[133]

I'r Gymraes, nid oes modd dianc rhag ei chenedl (*gender*) na'i chenedl (*nation*) ac awgryma'r sôn am y mislif yn ffuglen ddiweddar y Gymraes bod y ddwy wedi'u cyfuno yn ddwfn yn ei hisymwybod.

5

Y Corff Benywaidd Symbolaidd

Rhagymadrodd

Yn rhannol, mae'r ffocws diweddar ar gorfforiad wedi datblygu yn sgil gwaith heriol a chyffrous Foucault ac eraill, sydd wedi cwestiynu ein syniadau am y corff fel endid biolegol sicr.[1] Ond gellir olrhain y diddordeb yn arwyddocâd y corff dynol ymhell yn ôl i'r gorffennol. Defnyddid y corff, ers dyddiau cynhanesyddol, fel symbol grymus i greu a chyfleu ystyron cymdeithasol pellgyrhaeddol.[2] Ynghyd ag eraill, sylweddolodd yr anthropolegydd dylanwadol Mary Douglas botensial y corff, fel system gaeedig, i gynrychioli cyfundrefnau cymdeithasol cyffelyb: 'The body is a model which can stand for any bounded system. Its boundaries can represent any boundaries which are threatened or precarious.'[3] I'r perwyl hwn, mae'r posibilrwydd o ddefnyddio'r corff i draethu ar sefyllfa'r Cymry a'r Gymraeg yn dod i'r amlwg. Ffurfia potensial y trosiad hwn 'asgwrn cefn' cyfrol farddonol Gwyneth Lewis *Y Llofrudd Iaith*:

> Beth yw cnawd ar berson
> Ond math o bridd?
> Beth yw'r tywydd ond iechyd tu fas?
> Beth yw'r corff ond math o gymdeithas?[4]

Yma hefyd gwelir Angharad Tomos, yn ei chyfrol arbrofol *Titrwm*, yn gwneud defnydd angerddol o'r trosiad i gysylltu'r Cymry â'u gwlad:

> Haen ar haen o lwch fy mhobl ydi gwead y tir yma. Cochni eu gwaed sy'n lliwio'r rhedyn. Sgaffaldiau eu hesgyrn sydd yn rhoi ffurf i'r mynyddoedd, eu dagrau hwy sy'n llifo'n rhaeadrau ac yn cronni'n llynnoedd, eu mêr hwy sydd yn y mwynau . . . Y rhain yw dy bobl dithau.[5]

Yn y bennod hon, canolbwyntir yn benodol ar ddelweddau symbolaidd sy'n gysylltiedig â'r corff benywaidd yn y ffuglen dan sylw, ac yn arbennig ar sut y cyplysir y symbolau hynny â syniadau yn ymwneud â chenedl, rhywedd ac iaith.

Ers adeg y chwyldro Ffrengig, defnyddiwyd delweddau alegoriaidd o'r fenyw-yn-genedl i gyfleu gwahanol ddisgyrsiau gwleidyddol. Ar y naill law, ar brydiau, cyfleant syniadau imperialaidd ynghylch sefyllfa wan y wlad o dan ormes. Ond ar y llaw arall, fe'u mabwysiadwyd hefyd i gyfleu disgyrsiau cenedlaetholgar, neu yn fwy diweddar, rai ffeministaidd.[6] Yn ôl Kirsti Bohata, cafodd y cysylltiad rhwng y fenyw a'r genedl ei sefydlu yng Nghymru erbyn y bedwaredd ganrif ar bymtheg: 'The figure of woman-as-nation is inevitably inflected in Wales by the nineteenth-century construction of Welsh people as a feminine race, who would naturally benefit from the masculine guidance of the (racially distinct) English.'[7] Sut bynnag, ar yr un pryd ceir disgyrsiau cenedlaetholgar am arwyr cenedlaethol (gwrywaidd) yn achub y genedl (fenywaidd) rhag ei gormeswyr.[8] Mae'n bosibl ystyried bod portread y fenyw-yn-genedl yn ganmoliaethus i'r Gymraes, ond eto i gyd, byddai'n gamarweiniol tybio bod y symbol bob amser yn adlewyrchu statws uchel y fenyw:

> This use of the female figure elevates and semi-deifies women on the symbolic level, but can contribute to disenfranchising them from the position of citizen on a practical level. The symbolic elevation appears to value women's role in the nation but it masks the political powerlessness of actual women.[9]

O bersbectif tebyg, gellir dadlau bod pwysigrwydd statws y fenyw symbolaidd yn cyferbynnu â statws israddol y fenyw go iawn.

Yn y cyd-destun Cymreig, gwelir defnydd cynnar o symbol y fenyw-yn-genedl yng ngwaith cartwnydd y *Western Mail* a'r *Evening Express* J. M. Staniforth, ar ddiwedd y bedwaredd ganrif ar bymtheg. Cymeriad cyffredin yn ei waith yw 'Dame Wales', y fam stoicaidd Gymreig sy'n siarad (yn ddigon teg, er yn chwerthinllyd o ystrydebol) dros y Cymry. Mae ei gwisg yn seiliedig ar syniadau rhamantus Arglwyddes Llanofer yn yr 1860au, a daeth y wisg hon yn ddelwedd gyffredin ar gardiau post a nwyddau cartref erbyn diwedd y ganrif. Mae cartŵn J. M. Staniforth (Ffigur 1) yn sylwi ar ddatblygiadau yn y Rhyfel Mawr yn 1915:[10]

Ffigur 1: *Cartŵn Joseph Morewood Staniforth*, Western Mail, *18 Chwefror 1915*

Diddorol ddigon fod 'Dame Wales' yn y cynrychiolaethau hyn wedi'i dadrywio'n llwyr. Mae'r delweddau hyn (fel mae'r enw yn ei awgrymu) yn debycach i berfformiwr *drag* na menyw go iawn. Tybed nad oedd dewis cymeriad lled gomig, anfenywaidd i symboleiddio'r fam Gymreig yn awgrymu'r anghysur a oedd wedi parhau ynghylch corff y Gymraes yn sgil cyhuddiadau'r Llyfrau Gleision? Fel y nodwyd gan yr hanesydd Deirdre Beddoe, 'if a creature from outer space landed in Wales, obtained a National Library of Wales reader's ticket and concientiously worked through Welsh history, she would be really perplexed as to how the Welsh procreated, even the Daughters of Rebecca were men in drag!'.[11]

Ond yn fwy aml o lawer, mae gan ddelwedd y fenyw-yn-genedl isleisiau rhywiol. Er enghraifft, o ran ei hamlygiadau diweddar yn y cyd-destun Cymraeg, gwelir enghraifft dda o'r trosiad ar glawr y cylchgrawn *Barn* (Ffigur 2): 'Wedi 600 o flynyddoedd genedigaeth y Gymru Newydd', rhifyn Ebrill 1999. Yma, defnyddir llun menyw feichiog noeth i ddarlunio'r pennawd.

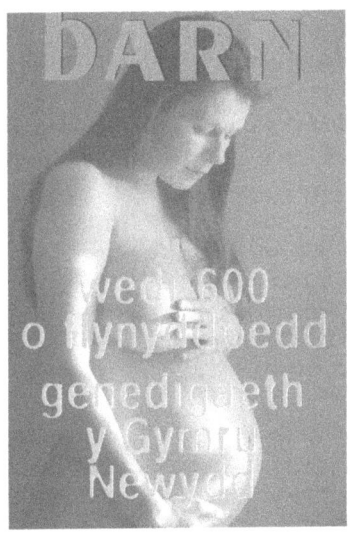

Ffigur 2. *Clawr* Barn, *rhifyn Ebrill 1999, 'Wedi 600 o flynyddoedd genedigaeth y Gymru Newydd'*

Heddiw, ceir un o'r esiamplau mwyaf trawiadol ac estynedig o'r berthynas rhwng Cymru a'r corff benywaidd (nwydus) yng ngwaith yr arlunydd Iwan Bala. Cysyllta Iwan Bala gorff y fenyw ag amlinelliad o Gymru mewn cyfres o brintiau a darluniau. Yn gyffredinol felly, mae'n deg ystyried bod cysylltu'r fenyw â Chymru'r wlad yn arfer cyfarwydd a rhyngdestunol yn y diwylliant Cymraeg a Chymreig erbyn heddiw. Yr ieuo hwn sydd wrth wraidd *Hon*, cerdd eiconig T. H. Parry-Williams a fu yn sbardun i waith Iwan Bala. Gwneir defnydd o'r ddelwedd sawl gwaith yn llenyddiaeth y Gymraes hefyd, e.e. y nofel *Hon* gan Eirwen Gwynn a'r cyfeiriad at y gerdd wreiddiol yn *Cysgodion*.

Ond er bod iddo oblygiadau gwleidyddol diweddar, hen, hen drosiad wedi'i ail-fframio yw cysylltiad y fenyw â'r wlad, y famwlad: 'the metaphorical nexus of mother, land and nation evokes something older than institutional inceptions of nation'.[12] Dychwela'r cyswllt symbolaidd hwn at rai o fythau hynafol gwareiddiad, sef myth y fam ddaear a'r greadigaeth. Tueddai diwylliannau amaethyddol cynnar i ddatblygu credoau yn seiliedig ar fyth y fam ddaear, duwies a roesai enedigaeth i'r byd a darparu maeth ar ei gyfer. Daeth corff y fam ddaear yn ei dro i symboleiddio, ac yn ôl y credoau hyn, i ddylanwadu ar brosesau amaethyddiaeth a chylch natur.[13] Mae'n debyg bod hyn hefyd yn wir am ddiwylliant hynafiaid Celtaidd y Cymry.[14]

Mae symbol y fam wlad/ddaear yn arbennig o berthnasol nid yn unig yn y cyd-destun Cymraeg cyfoes, ond hefyd yn llawer ehangach, fel yn y darlleniad hwn o waith Iwan Bala:

> Dehongliad arall yw gweld delwedd o'r fam fel symbol o Gymru, fel ynys, sy'n cael ei chaethiwo a'i boddi, sef bygythiad i'n hiaith, i'n diwylliant ac i'n bodolaeth! Yr un pryd, gellir dehongli'r fam fel mam ddaear y byd hwn sydd dan fygythiad, yn ecolegol, yn ddiwylliannol a chymdeithasol heddiw.[15]

Sut bynnag, erbyn heddiw, gwêl eraill, yn enwedig Ecoffeministiaid, nad yw cyplysu'r fenyw â'r tir yn hollol iach. Honna rhai mai'r trosiad hwn sydd wrth wraidd yr argyfwng amgylcheddol cyfoes am iddo atgyfnerthu seiliau'r drefn batriarchaidd: 'the uses and abuses of the environment that have led to what they see as the potentially catastrophic present are largely due to a patriarchal environmental ethic which has conceptualized land as woman'.[16] Gellir canfod syniadau pryderus ynghlwm wrth drefedigaethedd y trosiad hwn. Yn y pen draw, fel corff y fenyw ei hun, rhywbeth i'w orchfygu yw'r tir, fel yr enghreifftir yn y gerdd 'gofyn amdani' o gyfres adnabyddus y Wyddeles Carmel Gahan, *Lodes Fach Neis*:

> mae Cymru ar ei chefn
> yn gaeth
> gydag offeryn y Sais
> heb os nac oni bai
> tu fewn[17]

Ceir enghraifft arall o'r trosiad hwn yn y cyd-destun Cymreig ehangach yn nheitl nofel enwog Alexander Cordell *Rape of the Fair Country* (1959). Bodola'r *trope* hwn hefyd mewn diwylliannau Celtaidd eraill, e.e: '[I]f a country is not just a tract of land but a whole person then clearly Scotland has been fucked . . . Scotland has been fucked and I am one of the fuckers who fucked her.' (Alasdair Gray, *Janine*, 1984)[18] Mae'r elfen erotig i'r delweddau hyn, ar adegau, yn portreadu'r wlad a'r fenyw, ill dwy, fel temtwragedd hudolus a chanddynt afael grymus ar y Cymro truenus.

Yn ogystal, gellid awgrymu bod cyplysu rhywioldeb y fenyw â'r genedl yn creu sefyllfaoedd peryglus yn y byd go iawn. Mewn terfysgoedd diweddar, e.e. yn Fietnam, Bosnia, a Rwanda, defnyddiwyd trais rhywiol torfol fel rhan o brosesau rhyfel i ddynodi bod gwlad neu genedl wedi'i threchu yn llwyr.[19] Ar yr un trywydd, yn ddiweddar clywid bod tystiolaeth ar gael i awgrymu bod Gaddafi wedi dosbarthu cyffuriau megis Viagra i'w filwyr er mwyn iddynt gyflawni trais rhywiol fel offeryn gormes yn y terfysg yn Lybia.[20] Yn ôl Joanne Sharp, esbonia sefyllfaoedd felly pam y gwaherddir menywod, fel arfer, rhag ymladd yn rheng flaen y fyddin:

> the violation of female soldiers is one of the reasons why women ground troops have not been allowed to fight at the front line . . . Prevention of foreign penetration of the motherland – and women's bodies as symbols of it – is at the very heart of national-state security.[21]

Yn hynny o beth, mae'n bosibl gweld bod argaeledd rhywiol y fenyw a'i ffrwythlondeb yn hanfodol i lwyddiant y trosiad:

> Nation-as-woman expresses a spatial embodied femaleness: the land's fecundity, upon which the people depend, must be protected by defending the body/nation's boundaries against invasion and violation. But nation-as-woman is also a temporal metaphor: the rape of the body/nation not only violates frontiers but also disrupts – by planting alien seed or destroying reproductive viability – the maintenance of the community through time.[22]

Mewn nifer o ddiwylliannau, priodolir ansoddau benywaidd, nwydus amlwg i elfennau penodol o'r tirwedd hefyd, megis yr ogof, y goedwig, y ffrwd neu'r nant a'r ddaear ei hun.[23] Ac yn aml cysylltir y symbolaeth hon yn agos iawn â meta-symbol y fenyw-yn-genedl. Gwêl rhai fod trosiadau yn ymwneud â'r genedl a'i thirwedd yn arwain yn ôl at gorff y fam, a'r ffiniau rhwng yr Hunan a'r Arall.[24] Gwêl eraill, er enghraifft y ffeminist flaengar Kelly Oliver, mai corff y fenyw neu'r fam sydd wrth wraidd trosiadau anifeilaidd hefyd: 'all animal bodies become symbols for the maternal body and its relation to the bodies of children (i.e., all of us, since we all are born from a maternal body)'.[25] Mewn perthynas â symbolau cenedlaethol, gall y cysylltiadau hyn atgyfnerthu'r syniad mai endid 'naturiol' yw'r genedl honno.[26] O'r safbwynt hwn felly, ymwna'r symbolau mynych a seilir ar yr amgylchedd a rhywogaethau eraill yn y bôn â'n perthynas â'r Arall, am eu bod yn cyfeirio'n ôl, yn y pen draw, at y ffiniau rhwng y fam a'r baban. Yn ogystal, mae gan rai o'r symbolau hyn arwyddocâd diwylliannol dwfn (er yn aml ar lefel isymwybodol), yn bennaf oherwydd eu gwreiddiau crefyddol hynafol.[27]

Ymdrinnir yn ehangach â goblygiadau'r symbolaeth hon yn y cyswllt Cymraeg ar ddiwedd y bennod hon. Ond cyn hynny, ystyrir yn fanylach y ddwy ffordd benodol o symboleiddio'r corff benywaidd yn y ffuglen dan sylw. Yn gyntaf sylwir ar y berthynas rhwng y corff benywaidd a'r amgylchedd (naturiol a gwneuthuredig) ac yn ail, ar ei gysylltiad symbolaidd ag anifeiliaid. Dewisir enghreifftiau penodol yn y ddau gategori i'w trafod ar sail eu cyfraniad at oleuo gwahanol ddisgyrsiau rhyweddol a diwylliannol.

Corff y Fenyw a'r Amgylchedd

Mae ymylon y corff yn cynrychioli'r rhyngwyneb rhwng yr Hunan a'r Arall ar lefel unigol. Yn yr un modd, dynoda ffiniau'r wlad y rhyngwyneb rhwng yr Hunan a'r Arall ar lefelau diwylliannol, gwleidyddol, cymdeithasol ac ieithyddol. Bu'r disgyrsiau sy'n cyplysu Cymru'r wlad â chorff y Fenyw/Fam yn ffynonellau rhyngdestunol creiddiol i lenorion ac artistiaid Cymraeg a Chymreig ers cenedlaethau, a buont yn ysbrydoliaeth i'r awdur o Gymraes hefyd. Fel y noda Katie Gramich: 'Time and time again, we have seen the Welsh women writers of the twentieth century figuring Wales as a nourishing mother and as a repository of historical memory.'[28] Gellir gweld bod y swyddogaeth hon wedi'i chlymu hefyd wrth symbol y fenyw-yn-genedl a'i dyletswydd fel gwarchodwraig genedlaethol a diwylliannol.

Yn ei chyfrol *Twentieth-Century Women's Writing in Wales: Land, Gender, Belonging* canolbwyntia Katie Gramich nid yn unig ar drosiad y famwlad ond ar berthnasau trosiadol mwy penodol rhwng y byd ffisiolegol a chorff y fenyw. Er enghraifft, o ran y dirwedd, mae gan yr ogof a'r bryniau gyswllt trosiadol (Ffreudaidd) amlwg â phriodoleddau'r corff benywaidd. Yn ddiddorol ddigon, honna Kirsten Stirling fod y defnydd o symbolaeth y tirwedd ryweddol hefyd yn atgyfnerthu delwedd y fenyw-yn-genedl.[29] Sylwir yn awr ar esiamplau penodol o drosiadau o'r amgylchedd (naturiol a gwneuthuredig) ac fel y'u defnyddir i gyfleu disgyrsiau am y fenyw a'i chorff yn y cyfrolau dan sylw.

Y Ddaear

Mae cysylltiadau symbolaidd rhwng ffrwythlondeb y Ddaear/daear a ffrwythlondeb y fenyw yn aml a chyffredin ledled y byd.[30] Gwêl rhai fod cysylltiad agos rhwng trosiad y ddaear yn fam a throsiad y fenyw-yn-genedl: 'the female body is also associated with the land itself, both aesthetically and metaphors of fertitlity ... the female body can represent both the physical geographical existence of nation and also the more abstract ideas or essence of nation'.[31]

Yn ddiddorol, gwelir yn ffuglen y Gymraes, o dro i dro, gyfeiriad at gladdu corff baban, sydd yn aml yn fastard na chafodd yr hawl i fyw fel rhan o'r gymdeithas barchus. Gellir honni bod y ddelwedd hon yn gyfeiriad symbolaidd at gysyniad hynafol y fam ddaear, neu yn benodol efallai, ddelwedd y ddaear yn groth: 'the female body is more commonly associated with earth than the male ... Harbouring the child within her, the woman is herself a place'.[32] Yn y dyfyniad hwn o *Martha Jac a Sianco*, gwelwn Martha yn gwylio Jac yn aredig y cae lle mae ei baban marw-anedig wedi'i gladdu:

> Safodd Martha'n gwylio Jac yn gollwng yr arad i lawr wrth y giât ac yna, fe ddechreuodd droi. Roedd stumog Martha'n troi gyda phob clysten ... Teimlodd Martha'n wan yn sydyn fel petai salwch y môr arni. Aeth i bwyso ar y giât. Edrychodd i fyny i gyfeiriad y clawdd o dan y dderwen fawr, clawdd nad oedd eto wedi egino ar gyfer y gwanwyn. Roedd y tractor yn agosáu ati o gŵys i gŵys, a phenysgafnder Martha yn cynyddu gyda phob troedfedd ... Roedd Jac wedi pilo croen y cae mewn stribyn hir erbyn hyn a'r cochni oddi tano'n ffyrnig. Roedd yn rhaid gwneud hyn. Pilo'r croen a gadael y cyfan i waedu'n gignoeth er mwyn ei ddihuno.[33]

Mae'n bosibl dadlau bod y disgrifiad o stumog Martha'n troi, a'r ddelwedd drosiadol o'r tir yn gwaedu yn adlais o gollgludiant. I'r Gymraes efallai fod gan yr olygfa hon, a naws dywyll glawstroffobig y nofel yn gyffredinol, botensial trosiadol ehangach sy'n ymwneud â chysylltiadau corff y fenyw â chenedl yr iaith leiafrifol o dan gysgod angau.

Yn *Lili dan yr eira* (2005) ceir golygfa o gorff baban marw-anedig yn cael ei gladdu ddegawdau ar ôl ei farwolaeth, mewn seremoni anffurfiol ar ddarn o dir cyffredin. Eto gellir dadlau bod yma ddarlleniad trosiadol, o ddychwelyd y baban i groth y fam ddaear. Tair menyw yn unig sy'n dystion i'r ddefod fach hon. Fel yn achos yr olygfa o *Martha Jac a Sianco*, cyfrinach ydyw nad yw'n bosibl (neu nad yw'n berthnasol) ei rhannu â dynion. Gellir dadlau hefyd yr adlewyrchir y syniad o'r fenyw yn bodoli yng nghysgodion gwareiddiad yng nghyfrinachedd benywaidd y ddwy olygfa uchod. Yn *Rhodd o Ferch* Grace Roberts, mae penderfyniad Mattie i chwilio am fedd ei merch farw-anedig yn rhoi rhyddhad mawr iddi: 'Wylodd, nid o'i chalon, ond o rywle yng ngwaelodion ei hymysgaroedd, o'i chroth.'[34] Yma, mae'r cysylltiad rhwng y bedd a'r groth, genedigaeth a marwolaeth yn glir. Fel y ddaear mae'r groth yn ffynhonnell bywyd ond hefyd yn darddle poen a galar.

Mae'n bosibl gweld arwyddocâd yn y ffaith mai babanod a aned y tu allan i barchusrwydd perthynas briodasol yw'r tri yn yr esiamplau uchod. Gellir ystyried y parchusrwydd patriarchaidd hwnnw yn fygythiad uniongyrchol i'r fenyw drwy ymyrryd â'i chorff, drwy wyrdroi ei phrosesau atgynhyrchiol neu hyd yn oed ei halltudio i gyrion y drefn honno. Mae'r ffaith i ddau o'r babanod hyn gael eu claddu y tu hwnt i dir sanctaidd (a'r llall mewn bedd anhysbys) o bosibl yn corffori statws trothwyol y fenyw yn y drefn batriarchaidd. Gellid dadlau hefyd fod rôl crefydd anghydffurfiol yn ategu'r alltudiaeth yma, fel y trafodwyd eisoes ym mhennod 3. Yn *Martha Jac a Sianco* mae'r bygythiad yn ddeublyg a'r *pathos* wedi'i ddwysau gan y ffaith mai cynnyrch trais rhywiol yw baban Martha. Y drefn batriarchaidd sy'n gosod ffiniau cul parchusrwydd ar gorff y fenyw, a'r drefn honno hefyd sy'n cosbi'r fenyw am ildio i ymosodiadau treisgar (trefedigaethol o bosib) ar yr un corff. Yng Nghymru gellir ystyried bod y disgyrsiau rhyweddol hyn yn cyd-blethu'n agos iawn â rhai sy'n ymwneud â hunaniaeth genedlaethol. Ni all pob Cymro, efallai, fod yn hollol ymroddedig i wlad nad yw wedi llwyddo i'w hamddiffyn: 'Also important in the patriarchal metaphor is a tacit agreement that men who cannot defend their woman/nation against rape have lost their "claim" to that body, that land.'[35] Mae'n bosibl felly y gall symbol y fenyw-yn-genedl dreisiedig naill ai gyflyru teimladau o ddicter neu o gywilydd a diymadferthedd.

Mae'n amlwg bod symbolaeth y ddaear fel croth yn uno â symbol ehangach y fam wlad, ac efallai, yn ei thro, â chysyniad y famiaith hefyd. Ymhellach, mae'r esiamplau uchod o drosiad o'r fath yn ei ymestyn a'i angerddoli drwy gyfeirio at agwedd arall arno hefyd sef y ddaear fel bedd. Mae'n bosibl bod rhywbeth o brofiad yr awdur o Gymraes yn 'Ysgrifennu ar ymyl trychineb'[36] ymhlyg yn y corfforiad hwn. Er iddi fedru esgor ar gynnyrch llenyddol ffrwythlon, nid oes unrhyw sicrwydd o hyfywdra ei hepil (geiriau). Gwelir felly yn ffuglen y Gymraes, ar adegau, fod y groth, y ddaear a'r bedd yn rhannu nodweddion pwysig a'u bod yn cael eu portreadu yn boenus o agos at ei gilydd. Fel y nodwyd ynghynt, mae gan gorff y fenyw gysylltiad agos â bywyd a marwolaeth fel ei gilydd, ac yn hynny o beth, gellir crybwyll bod corff y fenyw yn dueddol o gael ei lwytho ag ystyr symbolaidd ychwanegol yng nghyd-destun diwylliant yr iaith leiafrifol o dan fygythiad.

Yr Ogof

Fel y ddaear, mae'r ogof yn crisialu grymoedd gwrthwynebol bywyd a marwolaeth ac mae potensial ei symbolaeth wedi ysbrydoli athronwyr, seicolegwyr, diwinyddion a storïwyr ar hyd y blynyddoedd. Yn aml, mae gan y ddelwedd gysylltiadau sanctaidd, e.e. o ran eiconograffi Cristnogol cysylltir yr ogof â genedigaeth Iesu Grist a hefyd ei farwolaeth ac atgyfodiad. Mae gan symbol yr ogof hefyd le blaenllaw mewn theori ôl-Freudaidd megis yng ngwaith Carl Jung a Bruno Bettelheim lle y cysylltir yr ogof nid yn unig â'r groth ond hefyd â'r isymwybod. Mewn storïau gwerin rhyngwladol, mae'r ogof yn ddelwedd gyffredin a chyfarwydd megis stori Ali Baba yn y chwedl Arabaidd. Mae iddi le blaengar hefyd yn chwedloniaeth y Cymry; ystyrier er enghraifft stori Arthur a'i wŷr ynghwsg yn Ogof Myrddin, ogof y lleidr pen ffordd Twm Siôn Cati, neu chwedl Ogof Ddu Cricieth, lle y carcherid am byth, yn ôl yr hanes, grŵp o gerddorion anffodus.[37] Yn ôl rhai, cysylltir yr ogof hefyd yn rhyngddiwylliannol â'r corff/rhywioldeb benywaidd oherwydd ei botensial fel caeadle tywyll i gyfleu rhywbeth o'r profiad cyn-geni.[38]

Yng nghyd-destun y gyfrol hon, mae gan ogof drosiadol Plato (Llyfr 7, *Y Weriniaeth*) le blaenllaw yng nghyfrol adnabyddus Irigaray, *Speculum de l'autre Femme* (1974) a ymddangosodd yn y Saesneg fel *Speculum of the Other Woman* yn 1985.[39] Ym marn Irigaray, mae ogof alegorïaidd Plato yn cynrychioli disgwrs patriarchaidd. Yn yr alegori wreiddiol, disgrifir dynion cyffredin yn eistedd gyda'i gilydd o amgylch y tân mewn ogof sydd megis carchar iddynt. Yr athronydd (gwrywaidd) yn unig sy'n medru crafangu ei ffordd allan o'r tywyllwch hwn i'r goleuni y tu allan. Gwêl Irigaray fod y fenyw wedi'i chau allan yn gyfan gwbl o'r olygfa hon, ac iddi hi mae'r esgeulustra hwn yn tanlinellu'r angen i droi yn ôl at y tywyllwch ac at gorff y fam.[40]

I raddau, amcan Irigaray yw datguddio arwyddocâd trosiadol yr ogof fel croth, cysylltiad sydd yn hollol absennol yn chwedl wreiddiol Plato. Gellir dadlau felly fod alegori'r ogof yn symboleiddio'r ffordd y caiff menywod eu halltudio o'u cyrff (crothau) eu hunain. Y groth sy'n cynnal (a charcharu) dynion. Nid yw dynion hyd yn oed yn ymwybodol o'i bodolaeth: 'So men have lived in caves since their childhood. Since time began. The cave is the representation of something always already there, of the original matrix/womb which these men cannot represent since they are held down by chains.'[41] Nid oes gan y fenyw unrhyw safle fel goddrych gweithredol yn yr hen alegori hon, a dyna ei sefyllfa, gellid dadlau, o fewn y drefn batriarchaidd ers hynny. Mae'n bosibl honni hefyd fod yr ogof a'i thystiolaeth gelfyddydol (e.e. y lluniau ar furiau'r ogofâu yn Lascaux, De Ffrainc) o darddiad y gwareiddiad dynol, yn crynhoi'r tensiynau rhwng y drefn Semiotig a'r drefn Symbolaidd. Yn yr ogof, man geni symbolaeth ac iaith, mae'r fam/fenyw yn colli ei grym, ei safle fel goddrych llefarol (*speaking subject*) a'i chorff yn ogystal. Mae'r ogof hefyd yn corffori disgyrsiau sy'n cynnal y deuoliaethau gwrthwynebus sylfaenol 'da' a 'drwg' a'r 'Hunan' a'r 'Arall'. Ystyrier er enghraifft y ddelweddaeth gyfryngol ddiweddar o Osama bin Laden (Arall, drwg) cyn iddo gael ei ladd, yn llechu yn ogofâu Tora Bora.[42] Ac yn debyg i drosiad y ddaear, er y medra'r ogof, ar y naill law, symboleiddio'r groth a genedigaeth, ar y llaw arall mae'n atgof tragwyddol o'r bedd a thranc.

Mae cysylltiadau trosiadol cyntefig yr ogof (neu'r cafn) â'r groth yn berthnasol i'r awdur o Gymraes. Yn y cyswllt hwn, sonia Katie Gramich am nofel arloesol Jane Edwards, *Dechrau Gofidiau* (1962): 'Interestingly, Ceri's favourite place in the landscape is a large hollow called the Bowlen (Bowl) where she sits to do her homework, read and dream',[43] ac yn y pen draw, mae'r lleoliad hwn yn gysylltiedig â datblygiad perthynas rywiol Ceri.[44] Ymddangosodd cafn symbolaidd arall a chanddo gysylltiadau â deffroad rhywiol bum mlynedd yn gynharach yn *Mae'r Galon wrth y Llyw* (1957):

> 'Doris in Kate Bosse-Griffith's nofel, *Mae'r Galon wrth y Llyw* (The Heart's at the Tiller) has her first, powerful sexual experiences in a cave

on the Gower. The cave . . . appears to stand as the hidden place, associated with taboo madness or sexuality – and, interestingly, affording shelter to transgressive female characters.[45]

Sylwa Katie Gramich hefyd ar yr elfen ysbrydol yn y lleoliadau naturiol hyn, ond ysbrydolrwydd yw hwn sy'n hollol groes i gyfyngiadau'r grefydd anghydffurfiol draddodiadol: 'the cave is one of the opposites of the chapel, two confined spaces where women find different kinds of solace, one socially sanctioned and the other condemned'.[46] Mae'n bosibl ei bod hefyd yn ymgorffori deuoliaeth y corff benywaidd ei hun; yn sanctaidd ac yn halogedig ar yr un pryd.

Yn y nawdegau, gweithred rywiol sy'n cyflwyno'r darllenydd i'r ogof arwyddocaol yn *Tania'r Tacsi*:

Tamp ac oer oedd yr ogof, a hynny'n braf ar ôl tanbeidrwydd yr haul. Doedd hi ddim yn wag chwaith, nac yn rhy dywyll. Cyn imi gynefino, dim ond amlinell y dyn barfog a'r farwnes a welwn yn cusanu'i gilydd yn wyllt. Hi oedd y wylltaf: a'i grys-T yntau eisoes wedi'i rwygo oddi amdano, dyna lle roedd hi'n trio agor ei falog o.[47]

Gan ein hatgoffa o safle'r fenyw yn alegori Plato efallai, *voyeur* ac nid gweithredwr yw'r prif gymeriad yn yr olygfa hon. Ymhellach, nid lloches gymeradwy nac anghymeradwy yw'r ogof i Tania; yn hytrach lleoliad bygythiad eithafol sy'n pryfocio adwaith ffyrnig ynddi:

Mae un peth yn siŵr: pan ga i jans eto i fynd i lan-y-môr, mi ddringa i i mewn i'r ogof yn y clogwyn dan Nyth Brân, a gwneud be wnâi'r setsmyn efo ithfaen mynydd Gororwig ers talwm, sef creu twll mawr. Gwybod yn union sut i fynd ati: llenwi'r ogof efo powdwr a choed sych a ffelt; smentio dros y tamprwydd yn y graig; gosod gwifrau trydan i gynnau'r cyfan; ac yna creu ffrwydrad anferth nes bod Plasty Pedran yn tasgu i'r awyr, a'r farwnes gandryll yn hofran yn fanno efo'r gwylanod, a'i gwaed hi'n bwrw ar y bobl noeth ar y traeth. Ches i ddim fy ngalw'n Tania am ddim byd wedi'r cyfan.[48]

Mae'n ddiddorol bod Tania yn addo dinistrio'r ogof (a'i chysylltiadau symbolaidd â'r corff benywaidd) ac o ganlyniad felly, gorff y farwnes. Arwyddocaol efallai hefyd yw'r ffaith i Tania ymhyfrydu yn nelwedd corff y farwnes yn chwalu, a'i gwaed yn halogi cyrff y bobl oddi tani, cyrff sydd i bob pwrpas yn bwydo'r diwydiant twristiaeth. Canlyniad dymuniad treisgar Tania fyddai dryllio'r ddelwedd afreal ac artiffisial honno o'r diwylliant Cymraeg. Wrth ddinistrio'r ogof byddai Tania hefyd yn chwalu'r corff benywaidd sydd wedi'i ffosileiddio yn y diwylliant Cymreig gwneuthuredig, sef y corff sydd yn dempled (lled gyfyngol, ar adegau, efallai) i bob Cymraes. Wrth reswm, mae yna elfen fasocistaidd yn gysylltiedig â'r weithred hon, ac fel y trafodwyd eisoes, ym Mhennod 3, mae ymosodiadau anorecsig Tania ar ei chorff ei hun hefyd yn amlygu tueddebyg. Yn y pen draw, er bod yr ogof yn faich iddi, wrth ei difetha byddai Tania, ar yr un pryd, yn dileu ffynhonnell grym y fenyw:

> Here is immanence with no hope of transcendence, nature seduced and betrayed by culture, enclosure without any possibility of escape.
>
> Or so it would seem.
>
> Yet the womb-shaped cave is also the place of female power, the umbilicus mundi, one of the great antechambers of the mysteries of transformation. As herself a kind of cave, every woman might seem to have the cave's metaphorical power of annihilation.[49]

Mae rhai wedi gweld cysylltiadau diddorol rhwng yr hunan-ddinistr sy'n tanio prosesau anorecsia a sefyllfaoedd cenedlaetholgar. Ceir esiampl ddiddorol o hyn yn y cyd-destun Gwyddelig. Yn ei herthygl 'From Cathleen to Anorexia' (1994) mae Edna Longley yn trafod y trosiad sydd ymhlyg yng ngherdd Paul Muldoon 'Aisling' o'r casgliad *Quoof* (1983) a ysgrifennwyd adeg ympryd Bobby Sands:

> Was she Aurora, or the goddess Flora,
> Artemidora or Venus bright,
> Or Anorexia who left
> A lemon stain on my flannel sheet?[50]

Craidd y trosiad yw na ddylid symboleiddio Iwerddon bellach gan dduwiesau hardd na'r fenyw ddelfrydol-yn-genedl, ond gan y salwch anorecsia ei hun. Gwêl Edna Longley fod anorecsia i ryw raddau yn mapio dirywiad y genedl (neu yn benodol efallai ddirywiad cenedlaetholdeb): 'Anorexic patients pursue an unreal self-image-in practice, a death-wish. Similarly, the Irish Nationalist dream may have declined into a destructive neurosis.'[51] Yn amlwg mae sefyllfa Iwerddon a Chymru yn wahanol iawn, ond defnyddiwyd ympryd fel arf hefyd wrth gwrs gan Gwynfor Evans yn 1980 er mwyn sicrhau sianel deledu Gymraeg i'r genedl. Mae ymprydio, fel cyfogi, yn ymwneud â phlismona ffiniau ar lefel corfforol, seicolegol a diwylliannol neu genedlaethol. Nid yw'r nofel *Tania'r Tacsi* yn ymwneud â chenedlaetholdeb yn uniongyrchol (er efallai yn fwriadol anuniongyrchol), ond yn hytrach â delweddau gwneuthuredig o'r genedl a phryder bod ystrydebau'r diwylliant twristiaeth yn disodli profiadau beunyddiol o fyw yn y byd fel Cymry. Yn hynny o beth, mae'n bosibl efallai darllen *Tania'r Tacsi* fel nofel sy'n crcu paralel rhwng y cyrchu am yr hunanddelwedd ddiwylliannol afreal honno a phrosesau gwrthnysig anorecsia.

I grynhoi, gellid dadlau bod grymoedd gwrthgyferbyniol 'bywyd' a 'marwolaeth' yn cael eu cyplysu yn nelwedd yr ogof â disgyrsiau ehangach ynghylch corff y fenyw. Mae gan y fenyw'r gallu amlwg i greu bywyd (a'r genedl ei hun efallai), ond hefyd i'w ddifetha.

Y Tŷ, yr Aelwyd a'r Gegin

> Paid â bwydo'r tân anniddig
> sy'n herciog herio hedd dy dŷ,
> Gad 'ddo farw yn dy fynwes
> neu adfail fydd dy aelwyd di.
>
> Ac adfail fyddi dithau hefyd
> Os mynni fwydo'r fflamau taer,
> Er fod dy aelwyd i ti'n garchar
> Mae'r carchar hefyd i ti'n gaer.
>
> Caer i'th warchod rhag unigedd,
> Caer i'th arbed rhag pob briw,
> Caer i'th ddofi rhag dy anian,
> Caer i'th rwystro di rhag byw.[52]

Mae gan leoedd gwneuthuredig botensial trosiadol hefyd yn llenyddiaeth y Gymraes: 'In Welsh women's writing, houses and rooms are often imbued with meanings which construct a sense of belonging and identity; the spatial becomes a metaphor for the psychological.'[53] Yn hanesyddol, y tŷ yw tiriogaeth y fenyw, a chaiff ei ddefnyddio yn rheolaidd fel symbol o'r corff benywaidd. Yn aml, cysylltir y Gymraes yn benodol â'r gegin neu'r aelwyd: 'Within the farmhouse itself, and in the terraced houses of industrial Wales, the focus of attention is frequently on the kitchen, a space traditionally gendered as female.'[54] Mae goblygiadau rhyweddol a diwylliannol i'r 'aelwyd' yn y cyd-destun Cymraeg/Cymreig. Gwelir yr ymadrodd 'yr aelwyd Gymraeg' yn cyfleu disgyrsiau cenedlaetholgar yn seiliedig ar werthoedd cyfrannol tybiedig. Mae gan yr aelwyd gysylltiadau iachus, cartrefol ond hefyd o bosibl rai nwydus a rhywiol. Yn ei hastudiaeth MPhil ar y nofel ddomestig, canolbwyntia Nia Angharad Watkins ar safle newidiol yr aelwyd yn ffuglen y Gymraes yn ystod y ganrif ddiwethaf a'i hynt o seintwar i garchar (a'r tu hwnt). Yn negawdau agoriadol y ganrif, megis yng ngwaith Moelona, awgryma Watkins fod yr aelwyd ei hun yn cael ei chorffori a'i chnawdoli o fewn y testun:

> Yn amlach na heb, yr aelwyd yw prif leoliad Moelona ac yn achos ei dwy nofel enwocaf – *Teulu Bach Nantoer* a *Ffynnonloyw* – amlygir hynny cyn agor eu cloriau gan mai enw'r aelwyd a ddefnyddir yn deitlau. Dyma gyflwyno'r aelwyd bron iawn fel cymeriad canolog ynddo ei hun.[55]

Mae gan yr aelwyd yng ngwaith Moelona bwerau adferol sy'n medru maethu ei thrigolion fel y fam archdeipol ei hun: 'Pan fyddo'i angen, fe ddarpara'r aelwyd gysgod ac amddiffynfa rhag y byd tu allan ac fe lwydda i anadlu einioes yn ôl i'r rhai sydd ar fin diffygio.'[56] Mae Watkins yn awgrymu bod corff y Gymraes a'r aelwyd, ar adegau, yn rhyngnewidiol ac yn hynny o beth gwêl ddymchweliad moesol Marged yn y nofel *Ffynnonloyw* yn gyfystyr â dirywiad yr aelwyd Gymreig ei hun: 'Cwymp yr aelwyd a geir yma mewn gwirionedd, nid cwymp Marged. Sefydlir yr aelwyd Gymreig gan Moelona'n brif fangre moesoldeb, ond gyda beichiogrwydd Marged, siglir sylfeini'r moesoldeb hwnnw.'[57] Mae'n ddiddorol bod y ffenomen o enwi'r aelwyd yn nheitl y cyfrolau hyn yn atseinio â defnyddio llysenw y baban heb ei eni fel teitl i ddwy gyfrol wahanol ar ben arall y ganrif, sef *Titrwm* ac *Annwyl Smotyn Bach*. Tybed a yw hyn ar y naill law yn atgyfnerthu dadl Watkins am y cysylltiad rhwng yr aelwyd â'r corff benywaidd, ac ar y llaw arall yn awgrymu newid ffocws graddol oddi ar amgylchedd y Gymraes i'w bywyd mewnol?

Fodd bynnag, yng nghyfnod Moelona roedd terfynau'r cartref a ffiniau'r corff benywaidd yn rhannu nodweddion symbolaidd eraill. Rhaid oedd amddiffyn y ddau rhag ymyrraeth o'r tu allan. I gadw ei chorff yn gyflawn a rhinweddol gorfodid y fenyw i gadw ei thŷ yn dwt ac yn ddestlus. Roedd presenoldeb corfforol y fenyw yn y cartref yn angenrheidiol:

the boundaries of the house were invested with ideological significance for the woman's identity as chaste. Moralists and writers of domestic conduct books stressed that the virtuous wife must 'keep house': this means both staying at home and doing housework. The relation between the model of household constraint and the model of the chaste body of the virtuous woman is clear.[58]

Bu pwysau enfawr ar y Gymraes yn sgil adroddiad difrodus y Llyfrau Gleision i atgyfnerthu ffiniau ei chartref a ffiniau ei chorff fel ei gilydd. 'Welsh peasant girls are almost universally unchaste, the wonder would be if it were otherwise.'[59] Mae'n bosibl gweld bod y cysylltiad rhwng llacrwydd moesau rhywiol a diffyg sgiliau domestig, megis coginio a gwnïo y cyfeiriwyd atynt yn y Llyfrau Gleision yn atgyfnerthu'r cysylltiad trosiadol hwn rhwng y corff a'r cartref.[60] Mewn ymdrech i adennill enw da menywod Cymru lansiwyd cylchgrawn *Y Gymraes* gan Ieuan Gwynedd (dan nawdd Arglwyddes Llanofer, Gwenynen Gwent) yn 1850. Bwriad y cyhoeddiad ar y naill law mae'n debyg, oedd datgan statws pur a moesol y Gymraes i'r byd, ac ar y llaw arall, ei haddysgu i gydnabod a derbyn y rôl a fyddai'n cyfiawnhau'r statws breintiedig hwnnw. Eto, cafodd y ffiniau moesol ac ideolegol hynny eu corffori ym muriau'r cartref: 'Tueddwyd i gorlannu'r ferch ddelfrydol i'w chartref a'i dyletswyddau teuluol. Hi oedd "angel y cartref".'[61] Ond byr fu bywyd *Y Gymraes* a gellir tybio er mwyn ei hamddiffyn ei hun a chadw rhyw gerpyn o hunan-barch newidiodd corff y Gymraes, yn drosiadol, o'r cartref clyd, i'r gaer anhreiddiadwy. Yn sgil hynny, cafodd hithau ei hail-gastio o rôl yr angel addfwyn i rôl yr amddiffynnwr stoicaidd: 'rhaid oedd iddi (y Gymraes) fod yn bur fel y dur ac yn anhreiddiadwy fel y graig er mwyn cadw nid yn unig ei hunan-barch ei hun ond enw da y dynion yn ogystal'.[62]

Er bod cysylltiad rhwng y cartref Cymreig a'i aelwyd a'r fam stoicaidd Gymreig, yn y pen draw, y Cymro yw pensaer ac adeiladwr yr aelwyd honno: 'Nowhere in the world do women participate in the building trades in more than very small numbers. Perhaps even more significantly, men dominate the ranks of those who make building decisions – corporate boards of directors, architects, planners, engineers.'[63] Yn wir, honna Young fod safle'r fenyw ar yr aelwyd wedi cael ei ddyfeisio gan y dyn er mwyn cyflawni ei anghenion seicolegol dyfnaf:

Man builds for the sake of dwelling, to make himself at home, on the
basis of woman as already always positioned as the enveloping nurturing
presence of nature. For man, woman is always mother, from whose
dark womb he emerges to build solid structures in the light of day, with
whose light he returns to look in the caverns with the speculum. In
lovemaking he seeks to return to the enclosing warmth of the original
union with the mother.[64]

Gellid dadlau bod hyn, ar un lefel, yn esbonio pam y gwelwyd awduron benywaidd cynnar megis Kate Roberts a Moelona yn gyrru'r dyn oddi ar yr aelwyd (neu yn ei ddiraddio i statws ffigwr amhendant yn y cysgodion). Yn y pen draw, rhentu'r aelwyd y mae'r fenyw oddi wrth ei meistr; nid hyhi yw ei phensaer na'i pherchennog ac adlewyrcha'r sefyllfa hon ei diffyg llais a dylanwad o fewn y gyfundrefn batriarchaidd. Mae presenoldeb corfforol y tad ar yr aelwyd yn atgof poenus o safle difreintiedig y fam ac yn tanseilio'r rhith ei bod yn feistres ar ei haelwyd (ac yn drosiadol, ei chorff) ei hun. I raddau helaeth, y dyn yw pensaer nid yn unig y cartref ond y corff benywaidd hefyd. Gan ddefnyddio'r cysyniad hwn, a chan adeiladu ar ei damcaniaethau am safle symbolaidd yr ogof gwêl Irigaray, yn ei chyfrol *Elemental Passions* (1992) arwyddocad y tŷ hefyd yn y berthynas rhwng dynion a menywod. Rôl y fenyw yw cynnal nid yn unig y tŷ ond corff y dyn, swyddogaeth sydd ar y naill law yn rhyddhau'r dyn o'i fioleg a'i ddyled sylfaenol felly i groth y fam, ond sydd ar y llaw arall yn cyfyngu gofod materol a seicolegol y fenyw:

> I was your house. And when you leave, abandoning this dwelling place,
> I do not know what to do with these walls of mine. Have I ever had a
> body other than the one you constructed according to your idea of it?
> Have I ever experienced a skin other than the one which you wanted
> me to dwell within?[65]

Cysylltir y genedl, yn symbolaidd, nid yn unig â chorff y fenyw ond yn aml â chysur y cartref a'r teulu hefyd. Ond yn eironig ddigon, fel y corff benywaidd ei hun, er bod gan y cartref arwyddocâd symbolaidd pwysig i'r genedl, o bersbectif gwleidyddiaeth ehangach mae ei safle yn amherthnasol neu efallai yn wrthgyferbyniol:

> A paradox lies at the heart of most national narratives. Nations are
> frequently figured through the iconography of familial and domestic

space. The term 'nation' derives from *natio*: to be born . . . Yet . . . at least in the West, the family has figured as the antithesis of history.[66]

Gwelir cynnydd ym mherthnasedd etifeddiaeth a'r tŷ fel thema yn ffuglen ddiweddar y Gymraes, e.e. yn *Lili dan yr eira* (2007),[67] *Y Maison du Soleil* (2008)[68] a *Caersaint* (2010).[69] Un darlleniad posibl o'r thema hon yw pryderon amlwg y Cymry ynghylch eu hetifeddiaeth ddiwylliannol. Ond o ystyried y cysylltiad trosiadol rhwng corff y Gymraes a'r aelwyd, tybed a yw'r thema hon hefyd yn cyfeirio ar lefel arall at etifeddiaeth y disgyrsiau diwylliannol sy'n diffinio, yn mowldio ac ar adegau yn cyfyngu corff y Gymraes? Yn hyn o beth, efallai fod penderfyniad Elen, prif gymeriad y stori 'Cathod mewn Ocsiwn' o'r gyfrol *Hyn o Fyd* i 'ysgrifennu at ei thwrnai iddo newid darn o'i hewyllys – fod y dodrefn i'w gadw gyda'i gilydd mewn storws hyd oni phydrent a syrthio oddi wrth ei gilydd' yn un herfeiddiol.[70] Defnyddia'r artist Shani Rhys James, enillydd Gwobr Jerwood, syniadau am y ffordd y mae'r tŷ yn dal i gaethiwo'r fenyw hyd yn oed yn y byd cyfoes: 'Mae hi'n chwarae gyda'r syniad o'r fenyw yn gaeth i'w thŷ, y "clawstroffobia" y mae holl drugareddau'r cartref yn gallu ei greu . . . Rydyn ni wedi ein ffrwyno, ac rydyn ni'n dal i fod felly.'[71] Gellir gweld cyfochredd rhwng cyfyngiadau'r tŷ a chyfyngiadau'r disgyrsiau diwylliannol sy'n creu ein canfyddiadau o gorff y fenyw.

Yn y stori 'Y Gegin' o'r gyfrol *Y Drych Creulon* gan Eigra Lewis Roberts, daw'r darllenydd i wybod bod anwyldeb diweddar mam Eira at yr ystafell eponimaidd honno wedi disodli ei chariad at eu plant: 'roedd hi'n gwastraffu meddalwch ar betha yn hytrach nag ar bobol. Mi fuo'r gegin 'ma'n fabi iddi ar hyd i hoes. A rŵan, dyna hi wedi dy adal di yn dal y babi.'[72] Ar un lefel gellir gweld y broses wrthnysig hon hefyd fel math o hunan-addoliant gan ystyried y cysylltiad agos rhwng yr aelwyd a'r corff benywaidd.

Mae'n bosibl ystyried fod gan gorff symbolaidd y Gymraes oblygiadau ehangach yn y cyd-destun cenedlaethol, a bod delweddaeth y tŷ a'r aelwyd Gymraeg/Gymreig nid yn unig yn cysylltu cysyniad y genedl â'r teimlad o berthyn ond hefyd yn nodweddu'r genedl fel lle y mae angen ei amddiffyn.[73] Ceir rhyw syniad o'r buddsoddiad cenedlatholgar yn symbol y tŷ a pha mor bwysig ydyw ei amddiffyn a'i warchod i'r Cymry ym mhrosiect anhygoel amgueddfa Sain Ffagan. Yn hyn o beth mae delweddau'r Gymraes, yr aelwyd a'r genedl yn ymdoddi i'w gilydd.

Y Gwely

> A gwyliwch y ferch, y gwely,
> Ei choflaid gwyllt, ei chrefu
> Am lenwi'i chroth â mwy na chi,
> Gwyliwch y ferch yn y gwely.[74]

Mae'r gwely yn ymddangos fel gwrthrych allweddol mewn nifer o straeon a chwedlau Ewropeaidd, yn enwedig y rhai a chanddynt brif gymeriad benywaidd, e.e. Y Dywysoges a'r Bysen, Elen Benfelen, Eira Wen. Nid oes unrhyw syndod efallai fod iddo le mor amlwg oherwydd gwrthrych ydyw sy'n cynnal digwyddiadau pwysicaf bywyd; cenhedlu, genedigaeth a marwolaeth. Dadleua Cixous yn ei hysgrif *Castration or Decapitation?* (1981), fod y gwely hefyd yn dynodi goddefedd a chaethiwed menywod:

> Woman, if you look for her, has a strong chance of being found in one position: in bed. In bed and asleep – 'laid (out)'. She is always to be found on or in a bed. Sleeping Beauty is lifted from her bed by a man because, as we all know, women don't wake up by themselves: man has to intervene, you understand. She is lifted up by the man who will lay her in her next bed so that she may be confined to bed ever after, just as the fairy tales say. And so her trajectory is from bed to bed: one bed to another, where she can dream all the more.[75]

Rhyw hanner byw, hanner marw yw'r cyflwr cyfyngedig hwn. Amlygwyd disgyrsiau o'r fath o dro i dro yn ffuglen y Gymraes ers 1949 gyda *Stryd y Glep* Kate Roberts.[76] Yn y nofel fer hon, mae'r darllenydd yn cael gwybod bod Ffebi wedi mynd 'i orwedd' ryw dair blynedd cyn dechrau'r stori o ganlyniad i ddamwain i'w chefn. Adroddir y naratif ar ffurf dyddiadur, yn y person cyntaf, gan droi felly o fewn muriau caethiwus ystafell y claf. Gwêl Geraint Wyn Jones, yn ei astudiaeth ddiweddar o waith Kate Roberts, fod lleoliad amserol naratif *Stryd y Glep*, ar drothwy'r ail ryfel byd, yn arwyddocaol: 'Ni ellir peidio â synio am Ffebi Beca, yn y gwaith hwn, fel cymeriad cynrychioliadol, yn adlewyrchu'r gwareiddiad Ewropeaidd, ar drothwy un o'i argyfyngau mwyaf chwyldroadol, yn dod i delerau o'r newydd â phroblen[sic] bod.'[77] Yn ôl y darlleniad hwn, gwelir cysylltiad ehangach rhwng corff y fenyw ac Ewrop yn gyffredinol, yn hytrach nag â Chymru yn benodol. I raddau, adlewyrcha hyn y rheidrwydd a fodolai ar y pryd i ail-lunio'r ffiniau gwleidyddol rhwng yr Hunan a'r Arall cenedlaethol yng nghysgod y bygythiad Ffasgaidd. Mae'n bosibl dadlau bod y darlleniad hwn yn awgrymu bod modd i ffiniau trosiadol y-fenyw-yn-genedl fedru newid yn ôl yr angen.

Ceir trafodaeth syniadaethol ddiddorol ond lled arosgo ynghylch y cyfyngiadau moesol a chymdeithasol ar rolau'r fenyw yn *Mae'r Galon wrth y Llyw* (1957) Kate Bosse-Griffiths. Cyfeirir at aberth enfawr y fenyw a'r pris uchel sydd i'w dalu am anwybyddu confensiynau'r gymdeithas. Yn y dyfyniad nesaf, cyfeirir eto at rymoedd cyferbyniol bywyd a marwolaeth ond y tro hwn maent wedi'u cyplysu yn nelwedd y gwely. Yn y gwely rhoddodd y fam enedigaeth i'w phlentyn, a'r orweddfa honno hefyd fydd ei gwely angau: 'Mewn un ystafell wely'n unig yr oedd y golau ymlaen o hyd. Yno gosodwyd sgrin o gwmpas gwely mam ifanc a oedd yn marw ... Cysgai ei baban gyda babanod eraill, yn dawel drwy noson gyntaf ei fywyd.'[78]

Yn nofel Beti Hughes (1966) gwelir y prif gymeriad sef y Gymraes (lân a diniwed) Llinos yn cael ei thwyllo gan Sais bradwrus. Fe'i caethiwa i wely mewn fflat yn Llundain gan buteindra a '*Carchar Hyfryd*' cyffuriau. 'Ond cysgai Llinos bellach yn braf yn ei gwely o neilon pinc. Iddi hi yr oedd popeth fel yr oeddynt cynt.'[79] Mae'n anodd dychmygu gwely llai gweddus i unrhyw Gymraes o'r iawn ryw nag un neilon pinc (yn hytrach nag un o frethyn cartref iachusol). Mae'r deunydd artiffisial anghydweddol hwn yn arwyddo'n glir mai menyw ymhell oddi cartref yw Llinos.

Effeithiau MS sy'n gyfrifol am gaethiwo Rhiannon, prif gymeriad *Gwenynen Bigog* Meleri Wyn James (2003) i'w gwely, 'Rwy'n gorwedd yng ngwâl y gwely a breuddwydio. Rwy'n breuddwydio am daflu fy nwy goes dros ochr y fatres a dianc. Dianc ymhell o fan hyn. Ymhell oddi wrth bob un.'[80] Yn y flwyddyn ganlynol, yng nghyfrol ddiddorol Elin Llwyd Morgan *Rhwng y Nefoedd a Las Vegas* (2004), mae'r ffiniau rhwng ffantasi a realiti yn cael eu chwalu wrth i'r naratif symud o fyd breuddwydion y claf anymwybodol Alys at bersbectif y bobl eraill yn ei bywyd: 'Tase 'na drac sain i'n bywyde ni fel sy 'na mewn ffilmie, Girlfriend in a Coma gan The Smiths fydde'n cael ei whare nawr.'[81]

Yn gyffredinol, gwelir cysylltiadau niferus rhwng y gwely, caethiwed a salwch, neu yn fwy arwyddocaol efallai, salwch meddwl. Mae'r cyswllt rhwng gwallgofrwydd, y gwely a safle caeth menywod yn y gymdeithas batriarchaidd yn amlwg, gellid dadlau, yn *Tywyll Heno* Kate Roberts (1962), *Pruddiaith* Ennis Evans (1981) ac *wrth fy nagrau* i Angharad Tomos (2007). Gwelir hefyd henaint, y gwely a chaethiwed yn cael eu cyplysu yn *Si hei lwli* (1998)[82] Angharad Tomos ac *Annwyl Smotyn Bach* Lleucu Roberts (2008). Yn *Carchar* Meg Elis (1978) ac *Yma o Hyd* Angharad Tomos (1986), eu hymdrechion dros achos yr iaith sy'n caethiwo'r cymeriadau i wely'r gell. Yn y dyfyniad hwn o *Yma o Hyd* gwelir Blodeuwedd wedi dychwelyd ar ei phen ei hun at gell y carchar. Ar ôl y chwarae â chenedl ieithyddol y gwrthrychau o'i hamgylch, ceir cyfeiriad rhyngdestunol (wedi'i wryweiddio) at *Hon* T. H. Parry-Williams sy'n cyplysu caethiwed cenedlaethol efallai â chaethiwed ieithyddol/rhyweddol:

> Eistedd ar dop bync rydw i rŵan a dwi'n gallu gweld pob dim o fan hyn. Pedair wal, un drws a ffenast. Dwy gadair, bwrdd a dau bot piso. Dwy gadair, dau bot. Y bync hwn, y gadair hon. Dwi'n dechrau arni eto. Mae meddwl i'n rhygnu 'mlaen fel erioed. Fedra i ddim dianc rhag hwn.[83]

Yn ei hysgrif 'The Madwoman in the Harness-loft: Women and Madness in the Literature of Wales' sy'n ymchwilio delwedd y fenyw wallgof yng nghyd-destun llenyddiaeth Gymreig a Chymraeg, daw Katie Gramich at y casgliad canlynol:

> Madness itself has of course frequently been used in literature as a trope signifying dissidence against the established order. Since the social order is usually patriarchal, the relation between woman and madness in literary representations has often been very close: the madwoman becomes an embodiment of desire which cannot be contained within the bounds of an ordered society. The madwoman may then become the emblem of the Other which must be denied or excised from society in order to maintain the status quo.[84]

Sonia Kelly Oliver am sut y mae patriarchaeth yn cyfyngu rôl menywod a hefyd am iselder y mamau hynny 'whose beds were made for them'.[85] Ymhellach, gwelir nifer o theorïau seicolegol yn cysylltu cywilydd ag iselder.[86] 'Those excluded or abjected by dominant values are made to feel ashamed, not about something they have done, but about who they are. Shame is directed at the very being of the marginalized subject.'[87] Yng ngoleuni'r syniadau hyn, diddorol ddigon felly fod cywilydd yn thema mor gyfarwydd yn ffuglen y Gymraes yn gyffredinol. Yn ôl Oliver, nid gwallgofi ond galaru y mae'r fenyw yn y pen draw am golli hunanddelwedd hawddgar.[88] O ystyried y cysylltiad symbolaidd a fu rhwng corff y fenyw a'r genedl, i'r Gymraes mae'r golled ryweddol hon hefyd efallai yn adleisio'r golled genedlaethol, colled ingol amlochrog a fewnoliwyd fel rhan o hunaniaeth y Cymry yn sgil eu hetifeddiaeth drefedigaethol. I grynhoi, mae'r gwely fel symbol o gaethiwed yn *trope* cyffredin mewn ffuglen Gymraeg gan fenywod. Yn aml cysylltir y caethiwed hwnnw â salwch corfforol neu feddyliol ac yn ôl rhai, swyddogaeth y gwaeledd hwn, gellid dadlau, yw gorchuddio chwantau neu anghenion rhwystredig menywod sy'n ferw gwyllt o dan y cwrlid.

Corff y Fenyw ac Anifeiliaid eraill

Mae'n amlwg bod y berthynas rhwng pobl ac anifeiliaid eraill wedi newid yn sylweddol dros y canrifoedd a bod y symudiad demograffig a meddyliol o'r wlad i'r dref wedi cynyddu'r pellter rhyngddynt i raddau. Er hynny, erbyn heddiw mae gan greaduriaid megis anifeiliaid anwes rolau cynyddol ym mywydau pobl wledig a threfol. Ond yn y pen draw, safle deuol ac amheus sydd gan anifeiliaid yn yr unfed ganrif ar hugain. Ar y naill law cânt eu cam-drin a'u herlid yn ddidrugaredd gan rai, ac ar y llaw arall cânt eu mwytho a'u maldodi a'u trin fel plant, neu arwyddion o statws gan eraill. I lawer, wrth reswm, mae anifail anwes yn gallu bod yn gysur ac yn eu hamddiffyn rhag unigrwydd.

Er gwaethaf y newid yn y berthynas rhwng pobl ac anifeiliaid dros amser, gwêl rhai fod y drefn batriarchaidd, yn y bôn, wedi'i seilio ar gymhelliant dynion i wahaniaethu rhyngddynt eu hunain a phob anifail arall. Mae'r gwahaniaethu hwn yn dieithrio dynion oddi wrth eu gwreiddiau biolegol ac yn eu cysylltu, yn hytrach, â chysyniadau uwch megis duwdod, rheswm a rheolaeth.[89] Yn amlach na pheidio hefyd, gwelir y ddynoliaeth yn ei chyfanrwydd yn cael ei chysylltu â'r dyn, *nid* â'r fenyw, ac ar un lefel felly awgrymir nad yw'r fenyw yn fod dynol cyflawn: 'edrychir ar ŵr fel aelod o'r hil ddynol yn gyfan, gwraig fel aelod o rywogaeth arbennig'.[90] Rhywogaeth is-ddynol mae'n debyg yw honno, a'r fenyw wedi'i lleoli felly oherwydd i'w phrosesau atgynhyrchiol fygwth safle dyrchafedig, bregus, twyllodrus y dyn. Hyhi sy'n dychwelyd y dyn i'w gyfiawn le lawr ymhlith yr anifeiliaid.

> The apparently uncontained fecund body, with its creases and curves, secretions and seepages, as well as its changing boundaries at times of

pregnancy and menopause, signifies associations with the animal world, which reminds us of our mortality and fragility and stands as the antithesis of the clean, contained, proper body, which 'must bear no trace of its debt to nature'.[91]

Bu dynion yn awyddus erioed i greu pellter rhyngddynt eu hunain ac anifeiliaid ar y naill law, ac â menywod ar y llall. Felly, mae'n talu iddynt leoli'r fenyw yn agosach at yr anifeiliaid nag atynt eu hunain: 'Patriarchal men have depicted themselves as "more human" than women because they have viewed human as signifying everything superior and deserving, everything that supposedly separates the humans from animals.'[92] Gellir tybio mai agenda o'r fath oedd wrth wraidd portread Comisiynwyr y Llyfrau Gleision o'r Gymraes fwystfilaidd, anwaraidd: 'Chastity is held in no sort of honour amongst the poor in Wales. Their habits are those of animals and will not bear description. The sin prevails without the slightest touch of shame.'[93] Ond y Gymraes yn arbennig a ddaeth o dan y llach am ei natur a'i harferion bwystfilaidd:

> In taking this harder line on women the commissioners were simply reflecting conventional thinking of the day, which tended to view women as less capable of rational thought than men and therefore as closer to the world of animals (as emphasized by their ability to give birth, a capability which directly linked them to the reproductive function and the organic cycles of death and decay to which all life was subject).[94]

Yn aml o fewn y cyd-destun patriarchaidd, mae'r arfer disgyrsiol o gysylltu'r fenyw â'r anifail yn un diraddiol a gormesol.[95] Mae nifer o ffeministiaid, fel adwaith i'r disgyrsiau patriarchaidd hyn, wedi pwysleisio doniau deallusol y fenyw mewn ymdrech i leihau ei phellter oddi wrth y dyn, ac felly i gynyddu'r gagendor rhyngddi hi a'r anifeiliaid.[96] Sut bynnag, er gwaethaf ei hymdrechion i ymwrthod â'i hochr anifeilaidd, mae'n amlwg bod nerth grymoedd natur yn medru siglo seiliau hunaniaeth y fenyw, a gall fod yn her i'w chanfyddiad ohoni ei hunan fel endid ymenyddol. Gwelir hyn yn glir yn y ddwy esiampl nesaf o ryddiaith ddiweddar, y gyntaf o'r nofel *Y Maison du Soleil* gan Mared Lewis a'r ail o'r casgliad o storïau byrion *Plu* gan Caryl Lewis:

> Cofiodd o nunlle sut y byddai crio Guto'n fabi bach yn achosi i'r llefrith ruthro i'w bronnau, a'r rheiny'n chwyddo fel balŵns llawn o aer

mewn ymateb i anghenion ei hepil. Hithau'n rhyfeddu, ond fymryn bach yn edliwgar, ei bod yn anifail oedd yn methu gwrthsefyll grymoedd natur, waeth befo am y ffaith fod ganddi ymennydd.[97]

Doedd hi ddim wedi disgwyl y gwaed, yr ymwthio anifeilaidd, y colli pob synnwyr wrth ufuddhau i rym dychrynllyd natur. Wrth i'w chorff blycio drwy reddf na wyddai hi ddim am ei fodolaeth, gwaeddodd nes bod ei chnawd yn goleuo.[98]

Gellir dadlau bod y fenyw felly yn byw bywyd deuol. Er mwyn ennill parch a chydraddoldeb o fewn systemau cymdeithasol androganolog, rhaid iddi ddiystyru neu ddiraddio'r profiadau corfforol hynny sy'n ymwneud â'i ffrwythlondeb. A thebyg ei bod yn bosibl iddi weithredu yn weddol gysurus o fewn y cyfyngiadau hyn am gyfnod. Ond awgryma'r dyfyniadau uchod fod gan rymoedd natur y gallu i'w llorio yn sydyn ac yn llwyr, gan ei hatgoffa'n chwyrn am ei seiliau biolegol.

Mae defnyddio trosiadau anifeilaidd i ddynodi nodweddion dynol yn gyffredin yn y Gymraeg yn yr un modd ag mewn ieithoedd eraill, e.e. y disgrifiadau 'llwynogaidd' a 'mochaidd'. Weithiau defnyddir trosiadau tebyg i sarhau, a cheir esiamplau o dermau sydd wedi'u neilltuo yn arbennig ar gyfer y fenyw megis 'gast', 'sguthan' a 'cenawes' yn y Gymraeg. Ceir esiamplau ohonynt yn y ffuglen dan sylw a chânt eu defnyddio yn y naratif gan gymeriadau gwrywaidd neu fenywaidd. Ond dynion yn bennaf, chwedl Baker, sy'n defnyddio enwau anifeilaidd a chanddynt gysylltiadau rhywiol megis (yn y Saesneg) 'fox', 'bird', 'pussy', 'dog' a 'beaver' i gyfeirio at fenywod mewn sgyrsiau bob dydd.[99] Er bod delweddaeth anifeilaidd yn gyffredin mewn iaith, gellir dadlau mai defnydd cafalîr o drosiadau anifeilaidd mewn cyd-destunau rhywiol yw'r rhai sy'n diraddio menywod yn arbennig.

Mae'r awdur o Gymraes, ar adegau, yn dangos ei bod yn boenus o ymwybodol o'r arfer amheus hwn o'i chysylltu â rhywogaethau eraill, a'r ffaith bod hynny'n arwydd o'i statws is-ddynol o fewn y drefn batriarchaidd. Yn y gorffennol agos, gwelir y disgyrsiau hyn yn cael eu cyflwyno mewn ffyrdd chwareus yn ffuglen y Gymraes, megis y dyfyniad hwn o *Mis o Fehefin* Eigra Lewis Roberts. Mae 'merched y topiau', fel yr Arall cymdeithasol yn cael eu diraddio'n fwriadol, ond ymhlyg yn y gymhariaeth hefyd ceir awgrym o natur israddol bob menyw:

Byddai merched y topiau, oedd yn dal i wneud eu rhaid i'r afon ac yn cenhedlu fel cwningod, eu plant yn gymysgfa o wahanol dadau, wrth eu boddau yn cael tynnu Minafon i lawr beg neu ddau. Ond doedd ganddi hi ddim byd i'w ofni, ran'ny. Roedd ei chymeriad hi fel y carlwm.[100]

Gellir gweld bod hwn yn dangos defnydd cynnil iawn o ddyfais mimesis yng nghyd-destun ffuglen Gymraeg gan fenywod. Yn ddiweddarach, ceir hefyd esiamplau o'r awdur o Gymraes yn defnyddio ffurfiau noethach o lawer o'r strategaeth hon i ddatguddio'r disgyrsiau, e.e. 'Bitsh, cont, malwen, fi oedd honno, Tania'r Tacsi.'[101] Anaml iawn yn y ffuglen Gymraeg dan sylw, y ceir y fenyw yn siarad yn uniongyrchol fel gwrthrych *abject*. Yma mae Tania yn tynnu sylw at ddisgyrsiau patriarchaidd drwy dderbyn safle'r *abject* ac adlewyrchu'r disgyrsiau hynny yn ôl o'i genau ei hun. 'Through taking up as her own the discourses through which femaleness is constructed, each woman becomes at the same time a speaking subject and one which is subjected as determined by these discourses.'[102] Mae nerth a hirhoedledd y cysylltiadau rhwng corff/rhywioldeb y fenyw a'r cywilyddus/ *abject* yn y diwylliant Cymraeg yn gwneud datganiad Tania yn un heriol, hyd heddiw.

Yn y dyfyniad estynedig isod o *Lili Dan yr Eira* Meinir Pierce Jones, gwelir y cysylltiad anifeilaidd yn cael ei ymestyn, ei bwysleisio a'i orliwio, efallai yn fwriadus. Llythyr o'r gorffennol yw'r darn sy'n adrodd profiad morwyn a fu yn llygad-dyst i erthyliad pwrpasol ei meistres ar ddechrau'r ganrif ddiwethaf:

Cyn gynted ag y cyrhaeddodd hi'r llain glas wrth y drws cefn syrthiodd ar ei phedwar a hanner cropian, hanner ei llusgo ei hun i gysgod un o'r llwyni. Roedd y ddaear yn wlyb ac yn gynnes ar ôl y glaw trwm drwy'r dydd. Mi allwn ei chlywed yn brefu'n isel a'i chorff hi'n cael ei dynnu i gyd gan ryw ysfa ofnadwy, fel y bydd gast yn trio taflu i fyny, ond yn llawer gwaeth. Roedd ei phengliniau hi'n suddo yn y pridd. Aeth y pwl heibio wedyn a gorweddodd ar ei hochr ar y glaswellt socian. Ond wedyn mi ddaeth eto a hithau ar ei phedwar yn chwythu ac yn gwthio. Roedd hi'n rhoi un dwrn yn ei cheg wedyn rhag iddi weiddi ac yn trio balansio ar un llaw a dau ben-glin. Syrthiodd o'r diwedd a'i hwyneb ar lawr, a dim ond pan drodd hi ar ei hochor i gymryd llond sgyfaint o awyr iach y gwelais i'r lwmpyn bach llonydd ar ôl ar y gwelltglas. Yn fawr mwy na chachiad. Ond ei fod yn dal yn sownd ynddi.

Rhoddodd gynnig ar rwygo'r cordyn gyda'i dwylo noeth, ond mae'n rhaid ei fod yn wydn. Wnâi o ddim torri. Wedi methu, cropiodd gan gario'r babi at y sied lle'r oedd siswrn barbio, a hwnnw ddefnyddiodd hi i dorri llinyn y bogail. Doedd fawr dim min arno ar ôl holl farbio'r haf a bu'n rhaid iddi dorri a thorri nes i'r cortyn fynd yn gareiau rhacs dan ei dwylo yn y diwedd. Ac yna, wedi treulio'i holl nerth, dyma hi'n gorwedd ar ei chefn ar y gwelltglas a'r babi ni chafodd erioed fyw yn llonydd wrth ei hymyl nes iddi fwrw'r brych. Ymlafniodd i godi wedyn, er bod gwaed yn dripian ohoni i bob man.[103]

Mae'r ffaith i'r feistres gropian ar ei phedwar, brefu ac ymddwyn fel gast, defnydd y siswrn barbio i dorri'r llinyn bogail a'r gymhariaeth o'r baban newydd anedig 'fel cachiad' yn halogi (dichon yn fwriadol) y delweddau ystrydebol o'r fam Gymreig draddodiadol stoicaidd, unionsyth, syniadau a adlewyrchir yn aml ym mhortreadau Kate Roberts o fenywod. Mae'r cysylltiad â'r anifeilaidd a'r ffiaidd yn lleoli'r weithred yn nhiriogaeth yr *abject*. Dyma un o'r portreadau noethaf o'r broses o esgor (naill ai ar faban byw neu faban marwanedig) a geir mewn llenyddiaeth Gymraeg gan fenywod. Ymhellach, mae'n bosibl, ar un lefel, fod y pwyslais ar natur anifeilaidd yr olygfa yn sylwebaeth foesol ar amgylchiadau penodol yr erthyliad hwn, a oedd yn gynnyrch perthynas odinebus. Serch hynny, mae noethni a dwyster y cyfeiriadau aml at nodweddion anifeilaidd neu ffiaidd yn taflu'r ffocws yn ôl at y disgwrs patriarchaidd canolog ei hun. Pwysleisia hyn fod prosesau biolegol y fenyw yn ei chysylltu yn uniongyrchol â'r anifeiliaid ac o'r herwydd mae ei moesoldeb yn amwys a'i rhywioldeb yn anwar ac aflan.

Mae'n debyg, yn y degawdau diwethaf o leiaf, fod rhai awduron benywaidd Cymraeg wedi datguddio (naill ai yn ymwybodol neu'n anymwybodol) ddisgyrsiau patriarchaidd sydd ymhlyg yn y trosiad anifeilaidd. Ymhellach, gellir dadlau, yn lle lleihau'r cysylltiad rhwng menywod ac anifeiliaid, ar adegau gwelir yr awdur o Gymraes yn mynd ati'n fwriadol i'w bwysleisio.

Ceir cysylltiadau anifeilaidd â chollgludiant mam Mari yng nghyfrol *Gloynnod* Sonia Edwards (1995). Delwedd dyner sydd yma yn portreadu colled drist y fam fel rhan o glytwaith natur ei chynefin. Cyferbynnir yr ŵyn yn colli eu mamau â Mam Mari yn colli ei baban. O bersbectif Mari ei hun ceir yr olygfa isod:

A phob yn ail a'r cnadu swnllyd, hyll sy'n cario ar draws y landin mi fedra i glywed crio-babis yr wyn o'r Cae Pella, ac mae'r brefu-isio-mam mor agos, mor drist, mor glir â phetaen nhw yma yn y llain o dan y tŷ.[104]

Yn y detholiad hwn o *Martha Jac a Sianco*, gwelir Martha yn magu oen swci. Yn amlwg, defnyddir yr oen amddifad i danlinellu colled Martha ei hun. Ond tybed hefyd nad oes awgrym bod y berthynas glòs, greiddiol rhwng mam a'i baban yn goresgyn y ffin rhwng dynoliaeth a'r anifeiliaid?

> Cododd swigod i dop y llaeth wrth iddo sugno a rhwbiodd Martha dop ei ben-ôl er mwyn ei ddenu i sugno. Pan fyddai oen gyda'r fam, byddai top ei gwt mewn lle cyfleus iddi ei oglys ac fe fyddai'r cyffyrddiad yn ei annog i yfed. Synnai Martha at yr effaith a gai hyn ar yr wyn. Sugnodd yr oen yn fwy awchus. Gwenodd Martha a chyffwrdd ei ben â'i gwefusau. Gorffennodd yr oen y lla'th a magodd Martha fe am dipyn.[105]

Gellir tybio bod golygfeydd amaethyddol o'r fath mewn nofelau Cymraeg cyfoes hefyd yn amlygu disgyrsiau sy'n ymwneud â gwreiddiau gwledig y genedl ac ymhellach, â'r ddelwedd o gefnwlad fel crud yr iaith. Yng ngweddill yr isadran hon canolbwyntir ar symbolaeth anifeiliaid penodol, rhai ohonynt yn ddof ac eraill yn wyllt, a'u cysylltiadau â chorff y Gymraes.

Yr Ysgyfarnog/Cwningen

Cafwyd eisoes ddyfyniad gan Eigra Lewis Roberts yn nodi'r cysylltiadau rhwng ffrwythlondeb helaeth y gwningen a ffrwythlondeb/rhywioldeb penrhydd y fenyw. Yn wir mae gan gwningod ac ysgyfarnogod gyswllt cyntefig a byd-eang â phrosesau biolegol y fenyw.[106] Er enghraifft, mae tair ysgyfarnog yn rhedeg mewn cylch wedi'u cysylltu gan eu clustiau a'r rheiny'n ffurfio triongl yn y canol yn symbol hynafol byd-eang (gweler Ffigur 3).[107] Mae'r hen symbol hwn wedi treiddio drwy wahanol ddiwylliannau a chrefyddau (Bwdhaeth, Cristnogaeth, Islam, Iddewiaeth) ar hyd y canrifoedd ac yn dal i ysbrydoli artistiaid a llenorion hyd heddiw. Ym Mhrydain, symbol paganaidd ydoedd yn wreiddiol a gafodd ei fabwysiadu a'i addasu at anghenion yr Eglwys Gristnogol.[108]

Sut bynnag, gyda dyfodiad Cristnogaeth a'r symudiad oddi wrth gredoau paganaidd aml-dduw cafodd rhai agweddau ar y symbol eu difrïo: 'As Christianity took hold in western Europe, hares and rabbits, so firmly associated with the Goddess, came to be seen in a less favorable light – viewed suspiciously as the familiars of witches, or as witches themselves in animal form.'[109] Defnyddia Bethan Gwanas

Darlleniad Ffeministaidd o'r Cyfrolau

Ffigur 3. *Esiampl o symbol y tair ysgyfarnog o addurn yn Eglwys Gadeiriol Dewi Sant, Sir Benfro*

ddelweddaeth y tair ysgyfarnog yn ei nofel *Gwrach y Gwyllt*. Yma mae gwrth-swyn dros dro Siwsi'r wrach yn darfod, a'r gwrachod Ann, Dorti a Lowri yn dychwelyd i'w ffurf felltigedig:

> O fewn eiliadau, roedd y tair gwrach wedi diflannu mewn twmpathau o ddillad ar y llawr. Eiliadau'n ddiweddarach, cododd tri phâr o glustiau allan o'r dilladach. 'Mae croeso i chi aros yma', meddai Siwsi'n frysiog. 'Mi fydd hi'n gynnes yma, ac mi fedra i eich bwydo chi.' Ond edrychodd y tair sgwarnoges yn drist arni ac ysgwyd eu pennau. Na, allan yn y gwyllt oedd eu lle bellach.[110]

Dywed Bethan Gwanas yn ei rhagair iddi gael ei hysgogi i ysgrifennu'r nofel hon er cof am y miloedd ar filoedd o fenywod ledled Ewrop a gafodd eu herlid, a'u lladd, am fod yn 'wrachod'. Nid yw'r gallu honedig i gymryd ffurf anifail yn gyfyngedig i'r fenyw yn llenyddiaeth Gymraeg, e.e. trawsffurfiadau Gwion bach (Taliesin) yn ysgyfarnog, pysgodyn ac aderyn yn eu tro. 'A strong thread running through the early written tradition is the concept of skin-turning, shape-changing or metamorphosis from human to animal form.'[111] Sut bynnag, mae dawn honedig y wrach i drawsnewid ei ffurf, fel arfer, yn un sinistr a chythreulig. Yn aml ei bwriad honedig oedd dwyn bwyd neu ddifrodi eiddo, a gwelir cyfeiriad at hyn gan Gerallt Gymro yn y ddeuddegfed ganrif: 'it has also been a frequent complaint from old times as well as in the present that certain hags in Wales . . . change themselves into the shape of hares suckling teats under this counterfeit form'.[112] Cysylltwyd y ddawn hon â pherthynas agos y wrach ag un anifail penodol arall (y *familiar* yn Saesneg), a gâi ei ystyried, gan amlaf yn amlygiad o'r diafol. Honnid bod y wrach yn bwydo'r anifail dieflig hwn â'i thrydedd deth, ac fel y gwelir o'r esiampl isod, yn aml defnydd bodolaeth y drydedd deth yn brawf o euogrwydd. 'During the mobbing in 1827 of Mary Nicholas of Abergavenny, the court was told how the mob "fancy a witch was furnished with an unnatural teat . . . stripped her to the waist and searched for it".'[113] Rhydd pellter amseryddol y ddwy esiampl hyn ryw syniad o hirhoedledd yr ofergoeledd a'r erledigaeth.

Yn ogystal, mae'n bosibl gweld bod goblygiadau cenedlaethol arbennig i'r Gymraes yn nelwedd y wrach. Drwy ddamwain hanesyddol, erbyn heddiw, mae gan y wisg 'draddodiadol' gysylltiad awgrymog â dewiniaeth: 'The tall hat and the great cloak bore a resemblence to the image of a witch, for the simple reason that they were the characteristic dress of the English country woman of the 1620s, the time of the witchcraft persecution.'[114] Fel y nodir gan Sandra Gilbert a Susan Gubar yn eu hastudiaeth enwog o awduron benywaidd y bedwaredd ganrif ar bymtheg *The Madwoman in the Attic*, i bob delwedd o'r fenyw ddelfrydol (sef angel yr aelwyd), ceir cyferbyniad gwrthun hyll ohoni. Mae symbolaeth y fenyw-yn-genedl yn tecáu'r fenyw ond ar yr un pryd yn gwadu ei grym. Yn nelwedd 'y wrach ddrwg, y frenhines ddu'[115] efallai ceir awgrym o ochr arall y geiniog, sef ei grym anghenfilaidd hagr.

Y Gath

Noda Davies mai'r ysgyfarnog a'r gath yw'r ffurfiau anifeilaidd mwyaf cyffredin a gyplysir â'r wrach.[116] Mae'n ddiddorol iawn felly fod y ddau anifail hynny wedi'u cysylltu'n agos â ffrwythlondeb a rhywioldeb y fenyw. Dichon hefyd fod 'dawn' y wrach i newid ffurf yn symbol o hylifedd a hyblygrwydd ffiniau'r corff benywaidd, a'r erledigaeth eto yn dangos ofn y dyn o brosesau atgynhyrchiol a rhywiol di-ben-draw'r fenyw. Mae Hélène Cixous wedi ysgrifennu yn helaeth am gathod, naill ai am y cathod sy'n berchen iddi, neu am safle'r gath yn gyffredinol fel Arall breintiedig y goddrych. Yn debyg i Derrida yn ei gyfrol *The Animal That Therefore I Am* (2008), mae Cixous yn awyddus i ddadlennu'r rhith sy'n sail i athroniaeth orllewinol, sef bod dynoliaeth yn gategori ar wahân i'r anifeiliaid. Yn hytrach, fel pob deuoliaeth wrthwynebus arall, mae 'bod dynol' yn llwyr ddibynnol ar 'anifail' am ei fodolaeth. Yn ei hysgrif 'The Cat's Arrival' (2006) archwilia Cixous y berthynas rhwng ei hun a'i chath. Yn aml mae'r ffiniau rhyngddynt yn ymdoddi, a chan hynny, y ffiniau rhwng yr Hunan a'r Arall. Yn ôl ei harfer defnyddia Cixous arddull amwys llifol yn y gwaith hwn, a chyfeiria hefyd at chwedloniaeth sy'n cysylltu'r fenyw a'r gath ill dwy â dewiniaeth a phaganiaeth:

> What to call this this this thing that one's never seen before? Woman with cat? Or woman belonging to cat? Or Cats? Or Woman? Or Women? Or the foreigner? How to interpret this thing? There were numerous possibilities. Either she was betraying her near and dear and deceiving her lover with impunity madness loss of identity transgression of the laws of nature secret passages of sacred gates union of witcheries at midnight, ancient adultery, clandestine response to the call of a pre-Christian creature and whenever her sister the cat woke her at one in the morning, she couldn't stop herself from going. Wake-up my sister; it is time to hunt star-studded creatures, to chase the miniscule ghosts who climb the walls of night, the microscopic vampires. You really do get out of bed at the sound of the cat flute, leaving behind your honest sheets and taking advantage of the desert that is the darkness. In the blackness you do not see yourself as one bewitched, your nights printed with the three colours fluttering on the pole of the staircase.[117]

Gan ystyried y cysylltiad trosiadol sy'n bodoli rhwng corff (rhywiol) y fenyw a'r gath, mae'n nodedig bod cath yn cael ei boddi yn ddidostur gan dad Begw yn nhudalennau cyntaf *Te yn y Grug*,[118] cyfrol sy'n ymwneud yn bennaf â phrifiant merch. Tybed a oes cyswllt yma â thuedd Kate Roberts i ddiystyru'r corff benywaidd aeddfed yn ei hysgrifennu? Yn fwy cyffredinol, er nad yw'r trosiad yn cael ei ddatblygu yn y naratif ei hun, mae teitl stori adnabyddus Kate Roberts 'Cathod Mewn Ocsiwn' o'r gyfrol *Hyn o Fyd* (1963) yn amlwg yn cysylltu 'cyfeillion' benywaidd y diweddar Mrs Hughes â'r gath.[119]

Yn y stori 'Cwtsho' gan Manon Rhys, cyflëir cysylltiad rhwng corff y ferch fach (sydd ar fin gael ei cham-drin yn rhywiol, unwaith eto, gan ei thad), a chorff y gath sy'n gysur simsan iddi. 'Plîs Pwten, paid a 'ngadel i 'ma ar 'y mhen 'yn hunan . . . Pwten, pam grafest ti fi nawr? Cer 'te'r hen bitsh fach.'[120] Diddorol ddigon fod gweithred y ferch fach o anthropomorffeiddio'r gath yn cael ei hamlygu wrth iddi ddefnyddio'r sarhad anifeilaidd 'bitsh'. Dichon fod rhyw awgrym yma o unigrwydd trosgynnol hefyd yn y gwagle materol a rhywogaethol sy'n agor rhwng y ferch a'r gath: 'the animal's silent rebuff casts the person back upon his or her own devices, more fully conscious than before the encounter of personal existential aloneness'.[121] Yn y stori hon, mae'r gwely yn cyfryngu rhwng perthynas y ferch a'r gath (caiff yr olygfa uchod ei lleoli yng ngwely'r ferch fach) ac eto yn *Te yn y Grug*, ceir awgrym o ddefod cyn-wely rhwng Begw a'i chath, Sgiatan: 'Ni allai gredu ei bod yn bosibl i Sgiatan, a ganai grwndi efo hi cyn iddi fynd i'r gwely neithiwr a wincio arni oddi ar y stôl haearn, fod wedi –. Ni allai ddweud y gair.'[122]

Ar un lefel mae defnydd y gwely yn gefnlen i'r perthnasau hyn (sydd i'w gweld hefyd yn y dyfyniad o 'The Cat's Arrival' uchod), yn cyfleu agosatrwydd rhwng y merched a'u cathod ac ar lefel arall rhwng y corff benywaidd a chorff y gath. Fel yn *Te yn y Grug*, mae thema cathod yn cael eu lladd i'w gweld hefyd yn *Rara Avis* Manon Rhys. Caiff y thema hon ei hailadrodd sawl gwaith yn y gyfrol a chyflwynir y testun ar yr un pryd ag y sonnir am y tro cyntaf am gamdriniaeth rywiol y ferch Branwen.[123]

Mae'r gath yn oddrych pwysig mewn nofel arall gan Manon Rhys, sef *Cysgodion*. Ar y naill law caiff y gath ei chyplysiad â chorff rhywiol y fenyw: 'Dwi isio dy fwytho di fel cath, gweld dy lygaid gwyrdd di'n fflachio a dy glywed di'n canu grwndi',[124] ac ar y llaw arall, â phatriarchaeth (enw cath Lois yw 'Saunders', cyfeiriad chwareus, gellir tybio, at yr arch-batriarch Saunders Lewis). Defnyddir y trosiad hefyd i ddynodi perthynas cariadus rhwng rhiant a phlentyn, neu yn yr enghraifft hon o *Rhwng y Nefoedd a Las Vegas*, rhwng tad-cu a'i wyres: '"Dyna ti, bach," meddai Joshua, gan fwytho cyrls duon Cadi fel petai hi'n gath. Cath ddu fwythlyd efo llygaid gwyrddion.'[125]

O dro i dro ar hyd y degawdau, gwelir yr awdur o Gymraes yn defnyddio symbol y gath i gorffori absenoldeb cymeriad benywaidd. Mae'r gath yn *Tywyll Heno* Kate Roberts (1962) yn llenwi bwlch ar yr aelwyd a adawyd gan absenoldeb y prif gymeriad, Bet, sy'n wraig i weinidog. Ar ddechrau'r naratif mae Bet wedi'i ei chludo i ysbyty salwch meddwl a disgrifir hi felly yn dychmygu'r olygfa foreol feunyddiol yn ôl yn ei chartref: 'Yr wyf yn eu clywed yn siarad wrth fwyta eu brecwast a Nel, y gath, yn rhedeg a'i chynffon i fyny i'r gegin fach i gael soseraid o lefrith.'[126]

Yn nofel boenus o ddiniwed Marian Rees *Lle i Dri* (1972), am dri dyn ifanc yn rhannu fflat yng Nghaerdydd, mae'r gath rywsut yn cynrychioli modryb y prif gymeriad (a pherchennog y fflat), sy'n absennol am y rhan fwyafrif o'r gyfrol.[127] Gellir gweld y gath hefyd yn symboleiddio rhywioldeb benywaidd ar lefel isymwybodol, o ganlyniad efallai i ryw a rhywioldeb gael eu hatal mor llym yn y naratif. Gan gyfeirio yn ôl eto at y gyfrol *Cwtsho*, mae'r gath yma hefyd, i raddau, yn corffori absenoldeb Mam y ferch fach, ac mae anallu'r anifail i'w chefnogi na'i hamddiffyn yn tanlinellu ei cholled.

Yn *Wele'n Gwawrio* Angharad Tomos mae presenoldeb taer y gath yn cael ei gyferbynnu â marwolaeth sydyn Ennyd Fach ei hun:

> Stopiwch grio Mam, da chi. Os ydach chi eisiau bod o gysur i mi, rhowch fwyd i Sguthan druan. Mae hi'n mewian ers hydoedd, ac nid mewian mewn gofid mae hi. Rhywun gymryd sylw o'r gr'adures! Os bydd hi'n llwgu am llawer hwy, mi fydd hitha hefyd wedi marw.[128]

Ac eto: 'Diolch byth, roedd Sguthan yn ei breichiau, rhoddodd gysur i mi fod rhywun yn gofalu amdani.'[129]

Cyplysir absenoldeb, gwallgofrwydd a'r gath yn y stori 'Pwy faga blant?' yng nghyfrol fuddugol Sonia Edwards *Glas ydi'r Nefoedd* (1993). Yma mae'r gath yn cynrychioli nid absenoldeb y fenyw ond absenoldeb ei phlentyn, 'y plentyn na châi hi fyth mohono'.[130] Ar ddiwedd y stori treulia Megan, y prif gymeriad anffrwythlon, ei dyddiau yn ''Mond ista fel mudan ar hyd y dydd yn magu cath mewn siôl!'.[131] Gellir dadlau bod rhai o'r esiamplau uchod yn dangos y disgyrsiau cymdeithasol sy'n cyplysu corff y fenyw, ei rhywioldeb/ ffrwythlondeb a gwallgofrwydd.

Mae absenoldeb mam a gwallgofrwydd yn codi eto yn *Y Gemydd* Caryl Lewis, er bod y ddelweddaeth yma yn fwy cymhleth ac afloyw. Mae'r gath ddiniwed anffodus yn cael ei lladd gan y mwnci cythreulig Nanw: 'Suddodd dannedd Nanw yn ddwfn i mewn i wddf y gath, ei chorff bellach yn hongian yn llipa yn ei cheg a'r gwaed yn dripian ar y leino.' Dichon fod y berthynas anfoddhaol, anghyflawn, gwyrdroëdig rhwng Mair a'r mwnci yn adlewyrchiad o'i diffyg perthynas â'i mam fiolegol. Crybwylla hefyd i Mair ei hun gael ei demoneiddio fel plentyn siawns o fewn y gyfundrefn anghydffurfiol 'Do'dd dim gwerth fy medyddio i, ti'n gweld . . . Do'dd dim fod rhoi rhywbeth mor frwnt â fi mewn dŵr glan.'[132] Ar y naill law, gwelir cysylltiad rhwng Mair a'r gath oherwydd eu bod yn gyd-anffodusion dan law'r mwnci lloerig:

> Fe agorodd Nanw ei llygaid wrth i Mair gau ei rhai hi. Cysgai Mair a'i chorff yn agored, ei gwddf yn amlwg yn y golau gwan. Edrychodd Nanw ar y croen gwyn, llachar trwy'r tywyllwch. Symudodd hithau ei chefn yn agosach at y gwely cul ac estyn ei braich allan trwy'r bariau. Edrychodd y mwnci ar ei llygaid caeedig am yn hir gan geisio gwthio'i bysedd yn agosach at wddwg diamddiffyn Mair.[133]

Ar y llaw arall mae'r mwnci hefyd yn gwaredu, yn ddirprwyol, rhai o deimladau cyntefig, afreolus, sadistig Mair ei hun am golli ei mam yn gorfforol ac yn emosiynol. Mewn golygfa arswydus tua diwedd y nofel gwelir Mair yn 'achub' y mwnci, sy'n ddifrifol o sâl erbyn hynny, trwy ei 'fedyddio' yn y môr.[134] Yma gellir dadlau bod cyfeiriad cynnil at effaith crefydd anghydffurfiol y gorffennol agos ar y plentyn siawns a'i f(m)am.

Ond ni ellir dirwyn yr adran hon i ben heb gyfeirio at *Annwyl Smotyn Bach* Lleucu Roberts (2008) sy'n cyflawni'r gamp o wau ynghyd golled corfforol ac emosiynol collgludiant, tranc yr iaith a chorff y gath. Yn yr olygfa olaf angerddol gwelir y prif gymeriad, Llio, yn hen wraig yn hiraethu am gael marw:

> Af allan a 'nyddiadur efo fi. Fydd neb ei angen na'i eisiau rŵan. Caf orwedd ar ddaear galed, caf edrych tua'r haul a'i oleuni'n rhwygo fy llygaid ac yn ffrwydro yn fy mhen nes daw dallineb a thawelwch, ac anghofio, a chaf fwytho'r dalennau, fel mwytho cath, fel na ches i dy fwytho di, annwyl Smotyn bach.[135]

Cyplysir yr iaith â'r baban colledig yn nelwedd y dyddiadur/cath gyda chorff y fenyw yn cyfryngu rhyngddynt.

Y Mochyn

Mae gan foch le arwyddocaol a hirhoedlog ym mytholeg a llenyddiaeth y Cymry ac mae hynny efallai yn adlewyrchu eu pwysigrwydd amaethyddol, diwylliannol a chrefyddol am gyfnod estynedig yn eu hanes.[136] Ym Mhedwaredd Gainc y Mabinogi, 'Math fab Mathonwy', cynllun Gwydion a Gilfaethwy i ddwyn (i bob pwrpas) moch Pryderi sy'n arwain at ryfel. Yn y pen draw, y rhyfel gwneuthuredig hwnnw sy'n caniatáu trais Goewin drwy law Gilfaethwy.

Gellir dadlau bod pwysigrwydd diwylliannol y mochyn i ryw raddau wedi pontio'r canrifoedd. Yn y cyd-destun cyfoes, diddorol bod y mochyn mor ganolog i nofel fuddugol Eurig Wyn *Tri Mochyn Bach* (2000), gyda'i defnydd o adroddwr benywaidd a gamarweiniodd y beirniaid eisteddfodol John Rowlands a Katie Gramich o ran rhywedd ei hawdur. Yn y nofel hon ceir disgyrsiau a delweddau sadistaidd a nihilistaidd o'r fenyw a chysylltir y corff benywaidd â chorff y mochyn a chorff yr ast fel ei gilydd.[137] Mae'n eithaf eironig felly, i'r nofel gael ei hystyried yn fath o *écriture féminine* Cymraeg ar y pryd.[138]

Ceir awgrym hyd yn oed yn y ddwy esiampl uchod, sydd mor bell oddi wrth ei gilydd yn amseryddol, o ryw gysylltiad aflonyddus rhwng y mochyn a chorff y fenyw. Yn wir, mae'n debyg bod y cysylltiad tybiedig hwn yn ymestyn yn ôl o leiaf at ddiwylliant Clasurol Groeg a Rhufain, lle'r oedd y cyfuniad yn un diraddiol iawn:

> From the early records of Greek and Latin slang . . . porcus or porcellus were used to debase the female genitalia . . . In Attic Comedy, the description of the female genitalia as pig is often an aggressive form of degradation and violence.[139]

Ac wrth gwrs defnyddir delwedd y mochyn nid yn unig i gyfleu gelyniaeth yn erbyn y fenyw, ond hefyd i ddisgrifio grwpiau eraill sydd wedi'u halogi gan fefl yr *abject*: 'Those who display transgressive behaviour especially behaviour that suggests the filth from which polite society seeks to distance itself are frequently termed "pigs".'[140] Ond sylweddolodd yr athronydd Rwsiaidd Mikhail Bakhtin fod gan y mochyn y potensial i fod yn drosiad trosgynnol, oherwydd iddo ymgorffori'r groesffordd rhwng nifer o ddeuoliaethau. Gellir gweld tebygrwydd corfforol y mochyn a'r fenyw/dyn yn pontio rhwng dynolryw a'r creaduriaid eraill:

> Bakhtin's major advange in 'thinking pig' was to recognise the pig . . . had in the past been celebrated as well as reviled. It was precisely the ambivalence of the pig, at the intersection of a number of important cultural and symbolic thresholds which had traditionally made it a useful aid to think with.[141]

Mae'n sicr bod honiad Booker, 'pigs have historically had a special association with both the carnivalesque and the abject',[142] yn gywir, ond mae'r mochyn yn greadur amwys, ffiniol hefyd, a chanddo gysylltiadau daionus yn ogystal â rhai ffiaidd. Gwêl rhai y medra'r uniad rhwng y mochyn a chorff y fenyw fod yn un cadarnhaol. Dadleua Synnott mai symbol hynafol o'r fam fawr neu'r fam ddaear yw'r mochyn[143] a chanddo swyddogaeth yn ymwneud â phortreadu'r groth hael a ffrwythlon: 'The pig then symbolizes the female, the fruitful and receptive womb.'[144]

Oherwydd perthynas hirhoedlog y Gymraeg â Christnogaeth (anghydffurfiol) gellir tybio bod cysylltiadau Beiblaidd y mochyn wedi dylanwadu rywfaint ar feddylfryd y Gymraes hefyd. Yn y Beibl, gwelir y mochyn fel creadur aflan, wedi'i gysylltu â'r ffiaidd a'r *abject*, e.e. Isaiah 66:17. Câi'r person annuwiol ac anfoesol ei gymharu hefyd â'r mochyn: 'Maen nhw wedi dewis gwneud pob math o bethau mochaidd, ac amharchu eu cyrff gyda'i gilydd.' (Rhufeiniaid 1:23). Cadarnheir safle'r mochyn fel bwch dihangol ar gyfer priodoleddau annymunol dynolryw mewn golygfa yn y Testament Newydd. Yn Luc 8:32, ceir sôn am Iesu Grist yn gyrru demoniaid ymaith o gorff dyn a oedd wedi'i feddiannu ganddynt, a'r cythreuliaid yn mynd i mewn i genfaint o foch: 'Pan aeth y cythreuliaid allan o'r dyn a mynd i mewn i'r moch, dyma'r moch i gyd yn rhuthro i lawr y llechwedd serth i mewn i'r llyn, a boddi.'

Er hynny, mae'n debyg nad delwedd y mochyn ei hun sydd o ddiddordeb i'r awdur o Gymraes, ond yn fwy penodol, yr olygfa o ladd mochyn. Mae lladd moch yn ddelwedd sy'n digwydd yn weddol aml mewn ffuglen Gymraeg gan fenywod, e.e. *Hyn o Fyd*,[145] *Y Bwthyn Cu*,[146] *Ystyriwch Lili*,[147] *Datod Gwlwm*,[148] *Y Goeden Wen*,[149] *Rhwng y Nefoedd a Las Vegas*,[150] *Martha Jac a Sianco*.[151] Gan amlaf, defnyddir rhyw agwedd ar erchylltra'r sefyllfa, megis golygfa'r gwaed toreithiog, neu sgrechiadau gorffwyll y mochyn, i gyfleu profiad neu deimlad gwrthun yng ngoddrych y naratif: '"Llwfrgi!" clywodd Gwen ei hun yn sgrechian. Neu ai llais rhywun arall oedd o? Doedd y wich yna ddim yn swnio fel hi – tebycach i wich mochyn â'i du mewn yn syrthio allan ar lawr y lladd-dy.'[152] Yn llai cyffredin, ceir disgrifiadau estynedig o'r broses o ladd moch, megis y canlynol o *Ystyriwch Lili*:

> Ar dro'r grisiau yr oedd ffenest uchel yn wynebu'r iard yn y cefn; drwy hon y cofiai Lili glywed y mochyn yn gweiddi am ei einioes ar

ddiwrnod lladd mochyn. Tom, Brynmoel a ddeuai i roi'r gyllell yn ei wddf, ond deuai yno ddynion eraill o rywle; llond yr iard, tybiai Lili a Dadi yn eu mysg. Mentrai Edward yno hefyd, ond ni chymerai Lili'r byd a mynd i'w golwg. Rhedai i'r llofft, ond dilynai'r sgrechiadau hi, a Mami'n canu'r piano i geisio boddi'r sŵn. Yn ddiweddarach aethai'n betrus tua'r llaethdy a gweld carcas y mochyn druan yn crogi o'r to, a'i gefn ati. Rhedai Edward o'i amgylch, gan chwerthin am ei phen yn bod mor llwfr, ond yr oedd yn well ganddi iddo edliw ei llwfrdra na wynebu gweld corff wedi'i agor.[153]

Ar un lefel cyfeiria hyn yn ôl at wreiddiau amaethyddol y genedl a cheir yma werin-gof o arferion diweddar ond dieithr iawn erbyn heddiw. Yn hyn o beth mae'r mochyn yn pontio rhwng y cyfnod amaethyddol a diwydiannol, gyda theuluoedd a fu eisoes yn ffermwyr yn parhau i gadw mochyn mewn twlc yn yr iard gefn yn eu cynefin diwydiannol newydd.

Yn ôl yr anthropolegydd Edmund Leach mae ein cysylltiadau agos â'r mochyn yn cyffroi rhyw elfen o gywilydd ynom. Ymwna'r cywilydd hwn â'r broses o wadu'r berthynas rhwng pobl a moch er mwyn i'r mochyn gael ei ecsploetio:

I suspect that we feel a rather special guilt about our pigs. After all, sheep provide wool, cows provide milk, hens provide eggs, but we rear pigs for the sole purpose of killing and eating them, and this is rather a shameful thing, a shame which quickly attaches to the pig itself . . . the pig in his backyard pigsty was, until very recently, much more nearly a member of the household than any of the other edible animals. Pigs, like dogs, were fed from leftovers of the human masters' kitchens. To kill and eat such a commensal associate is sacrilege indeed![154]

Fel yr awgrymwyd eisoes, mae cywilydd yn thema gyfarwydd yn ffuglen y Gymraes yn gyffredinol hefyd. Tybed a yw'r cywilydd hwn i raddau yn ymwneud â'i chysylltiadau corfforol/biolegol amlwg â mamaliaid is-ddynol? I'r perwyl hwn, gellid dadlau bod delweddaeth lladd moch yn y cyd-destun hwn yn cyfleu natur anifeilaidd, amrwd, bas y prosesau sy'n gysylltiedig â bwrw baban o'r groth ac efallai'r cynnwrf greddfol wrth weld colled mor sylweddol o waed. Dichon y cadarnheir y dybiaeth hon gan ddisgrifiad yn nofel ddiweddaraf Angharad Price, *Caersaint*, lle y ceir cysylltiad digamsyniol rhwng poenau esgor a lladd mochyn: 'Achos mi fydd 'na sgrechfeydd fel lladd mochyn yn dŵad o'r Plas cyn bo hir, garantîd.'[155]

Canfyddir defnydd symbolaidd o ladd moch fel trosiad o brosesau biolegol menywod mewn diwylliannau eraill hefyd. Ym Mhortiwgal, darganfu Denise Lawrence fod menywod mislifol yn cael eu gwahardd rhag eu gwaith traddodiadol o drin y cig adeg y lladdfa moch flynyddol: 'The curing is a dangerous time fraught with the possibility of failure from menstrual contamination.'[156] Er yr ystyrir y cysylltiad corfforol rhwng y mochyn a dynolryw, mae'n debyg, yn un sy'n gyffredin i'r ddau ryw, dim ond y fenyw a'i phrosesau atgynhyrchiol 'sâl' ac 'aflan' sy'n medru effeithio yn uniongyrchol a niweidiol ar gorff y mochyn:

> A second reason that menstruating women spoil pork, according to Vila Branca residents, derives from their notion of a contagious influence based on the parallel anatomical structures of humans and pigs... Because of this anatomical similarity, menstruating women are thought to be able to contaminate the pig with their own 'illness'.[157]

Ar y naill law, gellir dadlau bod tebygrwydd corfforol y mochyn i'r bod dynol yn cyflyru ofn ac atgasedd, a'r awydd felly i atgyfnerthu'r ffiniau rhwng yr Hunan (dynol) a'r Arall (anifeilaidd). Ond, ar y llaw arall, crea'r tebygrwydd hwnnw hefyd y cyfle o ddefnyddio corff y mochyn fel gwrthrych *abject* i gynnal priodoleddau annymunol anwar sy'n rhan integredig o'r bod dynol ei hun mewn gwirionedd. Yn gysylltiedig â hyn, mae'n bosibl dadlau bod corff y fenyw yn cyflawni'r un swyddogaeth i'r dyn. O ystyried defnydd helaeth Iwan Bala o gorff y fenyw i ddelweddu map o Gymru, mae'n ddiddorol bod y print *Anifeiliaid Mytholegol*[158] (Ffigur 4) yn defnyddio pen y 'twrch trwyth' i gyflawni'r un nod.

Yr Aderyn

Mae'n amlwg hefyd fod gan symbolaeth adar le sylweddol yn ffuglen y Gymraes. Gwelwyd ryw fath o uchafbwynt i'r arfer hon yng nghyfrol ddiweddar Caryl Lewis o storïau byrion, *Plu* (2008), lle y ceir cyswllt ag adar ym mhob stori unigol. Yn wir, mae nifer fawr o gyfrolau gan fenywod ers dechrau'r 1950au, llawer mwy na'r disgwyl efallai, yn defnyddio delweddau adar naill ai yn deitl neu i ddarlunio'r clawr blaen, e.e.:

> *Cri'r Gwylanod*, Dyddgu Owen (1953)
> *Brain Borromeo*, Dyddgu Owen (1958)

Darlleniad Ffeministaidd o'r Cyfrolau

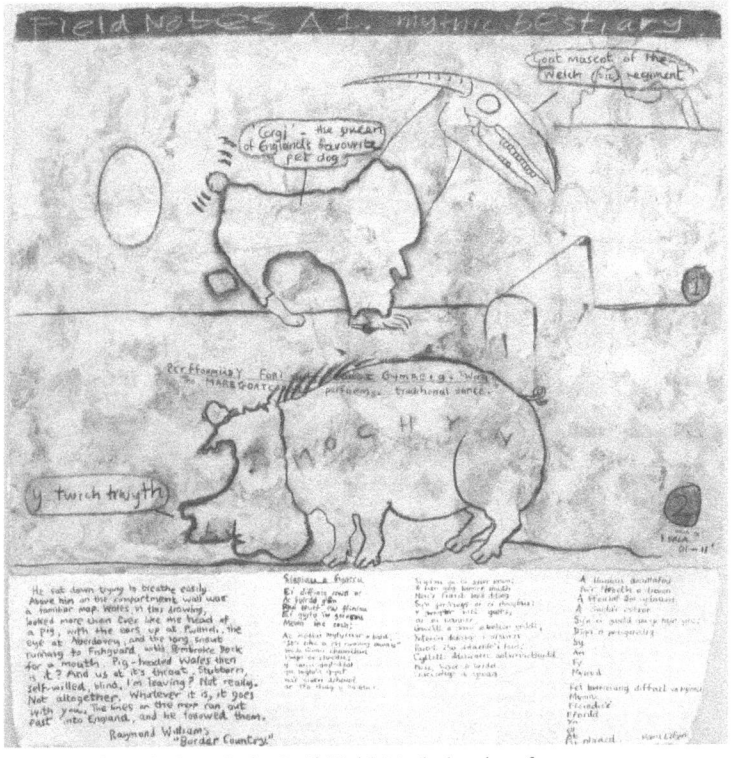

Ffigur 4. Iwan Bala, Anifeiliaid Mytholegol, *cyfrwng cymysg ar bapur Khadi ac Amate*

Dwy Chwaer, Beti Hughes (1964)
Aderyn o Ddyfed, Beti Hughes (1971)
Gobaith, Kate Roberts (1972)
Gwylanod y Mynydd, Marged Pritchard (1975)
Yr Wylan Deg, Kate Roberts (1983)
Llys Aberffraw, Rhiannon Davies Jones (1977)
Eryr Pengwern, Rhiannon Davies Jones (1981)
Adar Drycin, Rhiannon Davies Jones (1993)
Y Dylluan Wen, Angharad Jones (1998)
Cywion Uffern, Sonia Edwards (2000)
Blodwen Jones a'r Aderyn Prin, Bethan Gwanas (2001)
Rara Avis, Manon Rhys (2005)
Martha Jac a Sianco, Caryl Lewis (2006)

Y Gemydd, Caryl Lewis (2007)
Deryn Glân i Ganu, Sonia Edwards (2008)
Plu, Caryl Lewis (2008)
Aderyn Brau, Mared Lewis (2009)
Fel Aderyn, Manon Steffan Rhos (2009)

Yn Ffigur 5 gweler esiamplau o rai o'r cloriau hyn.

Ffigur 5. *Esiamplau o gloriau ffuglen gan fenywod a chanddynt gynllun Adar*

Cysylltir adar mewn chwedloniaeth ryngwladol ar y naill law â thranc (e.e. y fwltur a'r frân) ac ar y llaw arall ag adfywiad (e.e. y storc a'r cyw iâr). Hefyd mewn mytholeg sawl gwlad mae cysylltiad rhyngddynt ac eneidiau'r meirw.[159] Ceir enghraifft o'r cyplysiad hwn yn y stori 'Tylluan' o'r gyfrol *Plu* lle y defnyddir symbol y dylluan wen i gynrychioli nid yn unig genedigaeth a marwolaeth ond hefyd fenyweiddd-dra a'r gadwyn rhwng mam a merch. Yn yr olygfa hon gwelir yr adroddwraig yn bwydo ei merch fach, wythnos oed, yn angladd ei mam hithau:

> Fe'i magodd yn yr angladd. Ei chadw'n agos ac fe gysgodd yn ufudd. Roedd ei mam wedi gofyn iddi fod yno, yn gwybod efallai y byddai hi'n ei gosod ym mreichiau ei thad wrth iddi helpu i glirio ar ôl y te. Edrychodd hwnnw arni'n gorwedd yn ei ddwylo crynedig, a'i gwasgu tuag ato a'i llygaid cyfarwydd yn falm iddo. Daliodd rhywbeth ei sylw allan yn y gwyll. Edrychodd eto, gan deimlo'i brest yn llacio wrth i'r plentyn sugno. Edrychai hen lygaid arni o'r tywyllwch. Roedd hi'n eistedd yno'n cadw golwg ar y tŷ a'r lleuad ar ei hysgwydd. Tylluan Wen â'i hadenydd wedi plygu. Roedd ei hwyneb gwyn yn agored.[160]

Mae potensial symbolaidd dwy ochrog yr aderyn yn cydweddu â grymoedd gwrthryfelgar bywyd a marwolaeth sy'n cael eu priodoli i'r fenyw o fewn theori seicodynamig. Yn ôl Kristeva, mae nerth cenhedlu'r fenyw yn bygwth cyfanrwydd seicolegol y dyn a'r ofn hwnnw sydd bellach yn cyflyru tueddiadau gormesol y system batriarchaidd. 'Fear of the archaic mother turns out to be essentially fear of her generative power. It is this power, a dreaded one, that patrilineal filiation has the burden of subduing.'[161] Fel y dywedwyd eisoes, am fod ganddi'r grym i greu bywyd mae ganddi hefyd, wrth reswm, y pŵer i'w ddinistrio; yn ôl Branwen Jarvis,

> Am i bob dyn gael ei eni o wraig, fe'i genir yn y cnawd, ac yng nghnawd y newydd-anedig y gorwedd hedyn ei farwolaeth. Oherwydd cysylltu geni a marw fel hyn y tyfodd yr ofn a'r ffieidd-dod sy'n nodweddu agwedd yr oesau at y prosesau cenhedlol mewn merch. O'r ofn hwn datblygodd y tabŵ sy'n gyffredin i bob gwareiddiad bron, mai aflan yw merch ar adeg misglwyf ac esgor.[162]

Aderyn arall a fu'n boblogaidd gyda'r awduron benywaidd Cymraeg yw'r frân a'i theulu, ac yn amlach na pheidio, argoel o anffawd ofnadwy ydyw. Ceir cymhariaeth sy'n enghraifft o hyn yn nofel ddiweddar Angharad Tomos, *wrth fy nagrau i*: 'lluchiodd Monica ei phen yn ôl, a chwerthin fel brân'.[163] Chwerthin manig yw hwn sy'n rhagflaenu tranc y cymeriad ei hun. Ceir delwedd sinister o gigfran hefyd yn *Martha Jac a Sianco*. O ystyried y cysylltiad a fu rhwng y Gymraes a gwrachod, mae'n ddiddorol fod y gigfran yma yn cael ei phersonoli fel gwrach: 'Gwelodd hi Martha drwy gornel ei llygaid a hedfanodd i ffwrdd fel gwrach mewn i'r tywyllwch.'[164] Mae hyn hefyd yn gyfeiriad arall, gellir tybio eto at allu honedig y wrach i newid ei ffurf. Mae sôn yn y nofel am ofergoelion a chredoau mam Martha yn cysylltu'r fenyw hefyd, a'r Gymraes yn benodol o bosib â byd paganaidd, pantheistaidd, cyn-Gristnogol: 'Roedd geiriau Mami yn canu fel gwenyn yn ei phen. "Watsh di'r stwff 'na ... ma fe'n lladd saith gwaith, cofia, saith gwaith."'[165]

Yn *Titrwm* Angharad Tomos, defnyddir ymosodiad ysglyfaethus yr eryr fel trosiad pwerus i gyfleu'r trais rhywiol a ddioddefodd Awen drwy law Eli Guthrie:

> Mae llun yn dod i 'mhen ac yn cracio 'mhenglog. Eryr sydd yno, a'i lygaid yn sgleinio. Mae ei feddwl yn orffwyll a'i safn heb ei digoni. Mae o'n chwysu ac yn tuchan ac yn gwledda arna i. A 'dwi'n teimlo ei grafanc yn fy rhwygo. Mae o'n sugno ac yn ymborthi arnaf, heb sylwi 'mod i'n dal yn fyw. Mae ei gorff pluog yn sownd yn f'un i. Mae ei anadl yn fy ffroenau a'i bwysau fel plwm. Rwy'n cael fy rhwygo, rwy'n brifo, rwy'n wlyb.[166]

Ar lefel arall mae'r trais rhywiol hwn hefyd yn drais ieithyddol gan mai Sais yw Eli Guthrie ei hymosodwr: 'Ac mae ei dafod cras yn llosgi mriwiau.'[167] Defnyddir y trosiad i dynnu sylw at ddisgyrsiau ieithyddol hefyd gan Gwyneth Lewis. Yn ei chyfrol farddonol *Y Llofrudd Iaith* yr aderyn sy'n symboleiddio a chrisialu dirywiad yr iaith Gymraeg:

> Heddiw trodd y sigl-di-gwt
> Yn *wagtail* [168]

Mae'r gyfrol hynod hon hefyd yn personoli'r iaith Gymraeg fel mam, mam a laddwyd gan berson(au) anhysbys.

A dilyn y trywydd gramadegol, mae'n ddiddorol nodi mai benywaidd yw cenedl llawer o adar mwyaf cyffredin Cymru, e.e. y fronfraith, y frân, y dylluan, y bioden, y fwyalchen, y golomen, y llinos. Ar y llaw arall, gwrywaidd yw cenedl mwyafrif yr adar mawr ysglyfaethus, yr hebog, y barcud, yr eryr, y boncath, y cudyll coch. Yn nofel hanesyddol adnabyddus Rhiannon Davies Jones *Eryr Pengwern* (1981) mae delwedd yr aderyn eponymaidd yn taflu cysgod (gwrywaidd) bygythiol a gormesol dros yr holl naratif.[169] Ai cyd-ddigwyddiad llwyr yw'r dosbarthiad hwn, neu a yw'n cyfleu rhyw wybodaeth hynafol ynglŷn â tharddiad symbolaeth ac iaith ei hun yn y diwylliant Cymraeg? Ys trafodwyd ym mhennod dau, ceir anghytundeb academaidd ynglŷn â'r pwynt hwn.[170] Sut bynnag, pe derbynnir bod y Gymraeg, ar adegau, yn cyplysu gwahanol wrthrychau â rhywedd, fel canlyniad, mae'r iaith yn gwau rhwydweithiau o ddisgyrsiau sy'n cynnal y ddau gategori diwylliannol 'dyn' a 'menyw' a'n canfyddiadau felly ohonynt: 'mae iaith yn creu meddylfryd cymdeithas'.[171]

Gan ddychwelyd at ddelweddaeth yr aderyn, mae un esiampl o'r rhywogaeth hon wedi tanio dychymyg yr awdur o Gymraes yn fwy o lawer na'r lleill, a honno yw'r dylluan. Yn fynych, cyflwynir y cyfeiriadau ati yng nghyd-destun chwedl Blodeuwedd. Sonnir yn barod am Jane Aaron (1995) yn trafod amlder y motif yn ysgrifennu'r Gymraes. Ac yn wir, awgryma Katie Gramich fod gorddefnydd o'r ddelwedd, i raddau, wedi ei hystrydebu.[172] Serch hynny, ceir nifer o esiamplau arwyddocaol o'r ffenomen gan awduron benywaidd, e.e. *Y Dylluan Wen* gan Angharad Jones (1995), *Merch Noeth* Sonia Edwards (2003), *Hi yw fy ffrind* a *Hi oedd fy ffrind* Bethan Gwanas (2004 a 2006).

Yn *Y Dylluan Wen* (1995) ceir dathliad hy o fenyweidd-dra, o nerth cynhenid y fenyw a grym ei dicter. Bron heb gynsail ym myd ffuglen Gymraeg gan fenywod, caiff y prif gymeriad ganiatâd yr awdur i ddial yn ddigywilydd mewn modd rhywiol ac arswydus ar ei hen arteithiwr (gwrywaidd). Mae gan *Y Dylluan Wen* strwythur diddorol. Ynddi gwahenir darnau barddonol o ryddiaith oddi wrth adrannau o ryddiaith fwy confensiynol. Defnyddir yr adrannau barddonol yn rhagymadroddion byr ond grymus i rai penodau. Yn y rhagymadroddion hyn, ymddengys fod persona y dylluan yn cyfleu yn drosiadol fenyweidd-dra a phrofiadau creiddiol a chorfforol y fenyw. Mae'r dylluan yn cefnogi Myfi yn gariadus ac yn dilysu ei theimladau a'i gweithredoedd drwy ddefnydd o iaith farddonol ddisgrifiadol. Mae'r nofel yn cynnwys rhai o'r enghreifftiau cliriaf o *écriture féminine* yn y Gymraeg:

> Dyrchafa ei llygaid a gwêl y cymylau beichiog yn agor, yn bwrw ei mil eirlysiau mân. Yn betrus y dônt i gychwyn, gan ara ymwroli, a chyn bo hir glynant yn berlau yn nüwch ei gwallt a'i haeliau a'i hamrannau. A daw syched arni, ac fe egyr ei cheg, a thodda'r perlau ar ei thafod.

A dengys y lloer dirion ei hwyneb am ennyd drwy'r manna, ac mae'r nos yn gwynnu. Mae hi'n wyn o fyd. Ac mae'r pluo'n suo'r plwy', yn swyno'r byd.[173]

O dudalennau cyntaf y nofel dial yw'r brif thema, a defnyddir trosiadau a symbolaeth adar yn benodol i gysylltu Myfi â'r dylluan sy'n sylwi ar ei hymdrechion: 'ella mod i'n *broody*!'[174] ac eto 'Dach chi'n canu Myfi? "Fel brân."'.[175] Ymhellach defnyddir symbolaeth adar i gysylltu Myfi â chymeriadau benywaidd eraill y nofel. Y Dylluan = Myfi = Pob Menyw = Y Dylluan. 'Fel alarch, roedd hi'n ddi-stŵr ar y wyneb ond yn cicio. Cicio oddi tano, yn brwydro i gadw uwch wyneb y dŵr, i gadw wyneb.'[176]

Nid oes unrhyw syndod efallai i symbol y dylluan grisialu mor berffaith safle'r fenyw o fewn y gyfundrefn batriarchaidd. Symbol is-ddynol ydyw yn trigo y tu hwnt i wareiddiad, y tu hwnt i oleuni a rheswm, yn ddi-lais, neu o bosib yn fwy ingol o lawer, i'r Gymraes, yn *ddi-iaith*. Yn ôl Jane Aaron, colli ei hiaith, ei diwylliant ac felly ei hunaniaeth yw sylwedd cosb Blodeuwedd.[177] Efallai mai'r ofn hwn sydd wrth wraidd yr hunanfeirniadaeth a hunan-gosb a fu yn wedd endemig a chyson yn ffuglen menywod Cymraeg hyd heddiw. Hwyrach yr ymwna angerdd a chryfder y disgyrsiau hyn hefyd â'r gorgyffwrdd a welir rhwng swyddogaeth fiolegol ac ideolegol y fenyw yn y broses o gynnal y syniad o genedl.[178]

Mae defnydd o gymeriadau benywaidd o lenyddiaeth Gymraeg gynnar yn ddyfais boblogaidd yn ffuglen y Gymraes, yn enwedig Branwen a Heledd. Ond mae'n bwysig ystyried bod y defnydd diweddar o Flodeuwedd wedi cael ei amlhau gan ddisgyrsiau gweddol gyfoes.[179] Gellir tybio mai cynhyrchiad Saunders Lewis o'i ddrama *Blodeuwedd*, a seiliwyd ar yr hen chwedl a gynyddodd y diddordeb hwnnw yn ystod y degawdau diwethaf. Ymddangosodd y ddrama yn ei chyfanrwydd am y tro cyntaf yn 1948, blwyddyn gychwynnol maes ymchwil yr astudiaeth hon. Yn ei herthygl ffeministaidd bwysig yn ôl yn 1974 awgrymodd Branwen Jarvis mai adwaith Saunders Lewis oedd Blodeuwedd, ynghyd â'i (wrth)arwresau eraill Siwan a Monica, yn erbyn grym cynyddol symudiad y don gyntaf o ffeministiaeth. Ymdrech ydynt i adennill y tir a gollwyd gan Batriarchaeth. Roedd Saunders Lewis yn ymroddedig i 'gwlt y fam'. Cwlt yw hwn sy'n hyrwyddo rôl draddodiadol iawn i'r fenyw, sef magu teulu, cadw cartref ac yn bennaf oll, ymostwng i anghenion a hyd yn oed hunaniaeth ei gŵr.[180] Canlyniad posibl i rybuddion llenyddol Saunders

Lewis oedd gosod her i fenywod Cymru. Her oedd hon a ddatblygodd ar ffurf deialog barhaus yn ystod y degawdau diwethaf rhwng Saunders Lewis a llenorion benywaidd Cymraeg. Mae'n debyg bod nifer ohonynt yn dal i ymateb i'w rybuddion a'i gyhuddiadau hyd heddiw.[181]

Yn ei chyfrol *wrth fy nagrau i* (2007) gwelir Angharad Tomos yn casglu grŵp o gymeriadau benywaidd o fyd llenyddiaeth Gymraeg at ei gilydd fel cleifion mewn ysbyty meddwl. Un o'r anffodusion hyn yw Monica Maciwan, creadigaeth Saunders Lewis o'i nofel gyntaf *Monica* a gyhoeddwyd yn 1930. Yma, fel yn y stori wreiddiol, y mae Monica yn feichiog ond yn anfodlon ar hynny. Try felly at hunanddinistr (ac o ganlyniad at ddinistr y plentyn yn ei chroth) fel dihangfa. Yn yr ailymgnawdoliad hwn, caiff Monica blatfform i ddweud ei dweud yn decach nag yn y nofel wreiddiol a derbynia rywfaint o gydymdeimlad a thosturi hefyd: 'Mae fy newis i yn un eithaf clir. Mi gaf i naill ai fyw i fod yn rhywun arall, neu mi gaf farw fel fi fy hun.'[182] Yn y pen draw, er bod y cymeriadau benywaidd yn dwyn cysur o'u perthynas â'i gilydd, nid oes ganddynt unrhyw rym i newid y drefn: 'Wnei di byth ddysgu, na wnei? Fod yna rai pethau na fedri di hyd yn oed newid . . . Teimlais fod 'na sarff wedi fy mrathu.'[183]

Mae'r cysylltiad â phechod Efa yn amlwg yn y dyfyniad hwn. Nid yw'n bosibl achub y fenyw rhag ei phechod gwreiddiol, a'i natur 'wallus'. Nid yw'n bosibl efallai wfftio trefn y tad a her Saunders Lewis tra bo'r Gymraes yn ceisio gweithredu yn gwrtais y tu mewn i'r drefn honno, y drefn sy'n cynnal 'Iaith y Tad'. Ac er y ceir esiamplau o Flodeuwedd y rebel yn enwedig yn llenyddiaeth y 1980au a'r 1990au, er mwyn ennill ei hunaniaeth mae'n rhaid iddi aberthu ei rhywioldeb, e.e. Blodeuwedd wrthryfelgar Angharad Tomos yn y nofel *Yma o Hyd* (1985). Mae'r Flodeuwedd hon yn rebel go iawn, ond hefyd i bob pwrpas, yn eunuch. Fel Tania yn *Tania'r Tacsi* Angharad Price, perthynas anodd (neu efallai amhosibl) sy'n bodoli yma rhwng Cymreictod a rhywioldeb benywaidd. Er yr ymdrechion i'w moderneiddio, erys 'Blodeuwedd mewn Versace' yn Flodeuwedd wedi'r cyfan.[184]

Yn sgil ymdrechion y Gymraes dros achos yr iaith, sylwodd Jane Aaron ar statws delwedd Blodeuwedd yn 1995, 'Nid merch y blodau ydyw ragor ond merch danadl poethion y brotest.'[185] Dichon fod yr elfen wrthryfelgar hon i'w gweld mewn rhai nofelau diweddarach, yn bennaf *Y Dylluan Wen* a *Tania'r Tacsi* ond mae lle i ddadlau hefyd fod brwydr yr hen Flodeuwedd euog yn fyw ac yn iach hyd heddiw.

Gellir ei hystyried, o bosibl fel merch dant y llew;[186] mae ganddi wedd lachar a hyderus ond pery'r hen gysylltiadau cywilyddus yn faich iddi o hyd.

Gellir gweld y tensiynau hyn fel rhyw fath o ryfel y blodau rhwng yr hen Flodeuwedd a'r Flodeuwedd newydd. Mae'r tyndra hwn yn cyrraedd ei uchafbwynt yng ngwaith Bethan Gwanas, yn enwedig yn y nofelau *Hi yw fy ffrind* (2004) a *Hi oedd fy ffrind* (2006). Er bod un o'r prif gymeriadau, Nia, ar yr arwyneb yn ferch nwydus, hyderus, annibynnol, a hunanol (sef y pechod mwyaf efallai), mae delwedd Blodeuwedd yn cyniwair mewn un ffordd neu'i gilydd ar hyd y tudalennau. Erbyn diwedd yr ail nofel mae hi fel llawer o arwresau Cymraeg eraill yn gorfod talu yn ddrud iawn am ei 'chamymddygiad', fe awgrymir, â'i bywyd. Ond crybwyllir brwydr seicolegol gyson yn y nofelau hyn ac mae'n aneglur i'r darllenydd tan ddiwedd yr ail nofel a yw Nia yn mynd i dderbyn *unrhyw* gosb. Mae'r posibilrwydd gogleisiol yma y bydd yn llwyddo i ddianc rhag dicter 'Gwydion' a'r drefn batriarchaidd. Dengys ymdrechion Nia i geisio ei gwared ei hun rhag gwaedd y dylluan ddyfodol amgen i symbol Blodeuwedd. Yn hytrach na dibynnu ar ryw wyrth alcemi i'w throi o ddeunydd bâs y patriarch i aur pur y ffeminist, mae posibilrwydd arall yn hollol agored, sef ei gwrthod yn llwyr. 'Bu bron i mi â neidio allan o nghroen pan sgrechiodd tylluan yn uffernol o agos ata i. Blydi tylluanod, licis i 'rioed monyn nhw. "Ffyc off, Blodeuwedd."'[187] Ar y naill law, mae'n amlwg bod cymeriadau benywaidd chwedloniaeth Gymraeg, a Blodeuwedd yn arbennig, wedi bod yn ysbrydoliaeth barhaus i awduron yn yr astudiaeth hon. Sut bynnag, ar y llaw arall, mae'n bosibl gweld bod ymdrechion i ddianc rhag gormes drwy ailwampio'r ddelwedd yn clymu'r Gymraes yn fythol i'r disgyrsiau gwreiddiol, ac yn cyfyngu ei gorwelion ar gyfer y dyfodol. 'Pam 'dan ni'n mynnu glynu wrth reolau dynion drwy'r amser, boed hynny'n weinidogion neu athrawon neu ddoctoriaid? Pam na wnawn ni ein synnwyr ein hunain o fywyd?'[188]

Y Corff Benywaidd Symbolaidd yn y Cyd-destun Cymraeg: Safle, Swyddogaethau, a Goblygiadau

Mewn nifer o'r esiamplau uchod, gellir dadlau bod yr ieuad rhwng y corff benywaidd a'r amgylchedd, neu ag anifeiliaid, wedi'i drwytho mewn disgyrsiau sy'n ymwneud â phrosesau atgynhyrchiol a rhywiol y fenyw. Yn y diwylliant Cymraeg, eto dwyseir y disgyrsiau hyn gan sefyllfa fregus yr iaith, lle yn aml, nad oes modd gwahanu profiadau personol yr unigolyn oddi wrth ffawd y genedl Gymraeg. Wrth esgor ar ei phlentyn ei hun, mae'r Gymraes hefyd yn cefnogi achos yr iaith drwy ychwanegu at nifer y siaradwyr. Fel mae'r teitl yn awgrymu, mae cerdd Menna Elfyn 'Colli Cymro' o'r gyfrol *Stafelloedd Aros* (1978) sy'n trafod profiad o gollgludiant, yn bwrw golau ar y cysylltiad hwn.[189] Yn y diwylliant Cymraeg fel mewn diwylliannau eraill, 'The role of women is frequently constructed in terms of their reproductive capacities, with reproduction seen from both human and social perspectives; the "reproduction of national, ethnic and radical categories".'[190]

Gellid cytuno â Yuval-Davis, Anthias a Campling fod disgwrs atgynhyrchu/atgenhedlu (real a symbolaidd) yn diffinio rôl y fenyw o fewn y prosesau o gynnal y genedl. Gwelant fod y fenyw yn ymwneud â'r prosesau hynny mewn pum ffordd:[191]

1. Drwy atgynhyrchu, yn fiolegol, aelodau'r genedl
2. Drwy atgynhyrchu ffiniau'r genedl
3. Fel trosglwyddwyr diwylliant
4. Fel arwyddwyr gwahaniaethau ethnig (yn aml fel symbol o ddisgyrsiau ideolegol)
5. Fel cyfranwyr mewn ymgyrchoedd economaidd, gwleidyddol neu filwrol.

Yn y rolau hyn mae swyddogaeth fiolegol a swyddogaeth ideolegol y fenyw yn gorgyffwrdd. Y rolau cyd-blethedig hyn sydd yn y pen draw yn creu meta-symbol y fenyw-yn-genedl a symbolau cysylltiedig eraill.

Soniwyd ar ddechrau'r bennod hon am y posibilrwydd bod rhai o'r awduron benywaidd dan sylw yn defnyddio trosiadau o'r fath yn fwriadol yn eu gwaith er mwyn datguddio disgyrsiau patriarchaidd. Sut bynnag, mae'n bosibl dadlau bod y Gymraes, wrth ddefnyddio'r trosiadau hyn, ddim ond yn llwyddo i atgyfnerthu a chefnogi'r union ddisgyrsiau hynny. Chwedl Enid Jones yn ei chyfrol *FfugLen*, sef astudiaeth o elfennau ôl-drefedigaethol mewn nofelau cyfoes, 'Yn ogystal â demoneiddio'r dieithr, mae'r Traddodiad yn bwystfileiddio'r isradd.'[192] Wrth gymharu sefyllfa'r fenyw â sefyllfa'r genedl drefedigaethol, ond cam bach yw hi i'w hystyried yn amsugno'r disgyrsiau patriarchaidd ynglŷn â'i natur gyntefig, anifeilaidd ac yn eu defnyddio yn arf yn ei herbyn ei hun, 'Mae masochistiaeth yn nodwedd gre' mewn menywod yn gyffredinol. Rhai ohonon ni'n fwy na'n gilydd.'[193] Mae trosiadau amgylchyddol hefyd, ar adegau yn amlygu, safle difreintiedig y Gymraes. Er mai hi *yw* Cymru, y Cymro sydd yn trigo ar y tir hwnnw, ac efe hefyd sydd â'r hawl drosto. 'Women *are* the landscape, just as they *are* the nation, they do not inhabit the landscape.'[194] Mae'n bosibl efallai fod y corff benywaidd yn dod i symboleiddio'i safle difreintiedig neu *abject* hyd yn oed i'r fenyw ei hun.

Sut bynnag, gellir honni bod disgyrsiau mwy radicalaidd ynghlwm wrth berthynas y fenyw, ei chorff a'r genedl hefyd: 'Significant strands of post-colonial feminism . . . often consider the passing of stories and language from mother to daughter as potentially opening up sights of "contest [and] revolutionary struggle", where motherhood may incorporate anti-colonial resistance.'[195] Yr esiampl gliriaf o'r ffenomen hon yn y gwaith dan sylw yw cyfrol alegorïaidd Angharad Tomos *Titrwm*, lle mae cyfochredd digamsyniol rhwng sefyllfa Awen, y prif gymeriad a dreisiwyd gan Sais a beichiogi yn sgil hynny, a Chymru'r wlad. Wrth drosglwyddo chwedlau ei diwylliant i'r baban yn ei chroth, gellir ystyried bod Awen yn cyflawni gweithred radicalaidd. Yn hynny o beth, mae'n anodd cytuno â sylw Katie Gramich nad oes gan y gyfrol hon unrhyw neges wleidyddol amlwg.[196] Mae'n bosibl gweld math arall o radicaliaeth ymhlyg wrth ddefnydd yr awdur o Gymraes o'i chysylltiad â natur/anifeiliaid eraill. Yn un o'i chyfrolau allweddol, *This Sex Which Is Not One* (1985 [1976]) sonia Luce Irigaray am broses mimesis fel arf y gall menywod ei defnyddio i herio persbectifau patriarchaidd.[197] Gellir dadlau fod esiamplau o ddefnydd dyfais felly i'w gweld mewn rhai o'r cyfrolau dethol diweddar, e.e. *Lili dan yr eira*, *Tania'r Tacsi*, *Cysgodion* a *Titrwm*.

Am ba reswm bynnag, mae'n glir bod cysylltiadau niferus rhwng corff y fenyw ac anifeiliaid/amgylchedd yn ffuglen y Gymraes. Ac mae'r cysylltiadau hyn yn uno'n hwylus iawn â disgyrsiau ynglŷn â'r Gymraeg ei hun, iaith sydd â'i gwreiddiau yn ddwfn ym mhridd ei chadarnleoedd gwledig: 'Yn draddodiadol, cymerwyd yn ganiataol fod cysylltiad agos iawn rhwng y Gymraeg a'r byd naturiol a chefn gwlad yn gyffredinol . . . Nid yw'n arfer cwestiynu perthynas y Gymraeg â'r byd naturiol.'[198] Nid yw'n arfer cwestiynu perthynas y Gymraeg (a Chymru) â'r corff benywaidd chwaith, fel y gwelir yng ngherdd eiconig T. H. Parry-Williams. I'r perwyl hwn gellir ffurfio'r triongl syniadaethol sydd i'w weld yn Ffigur 6:

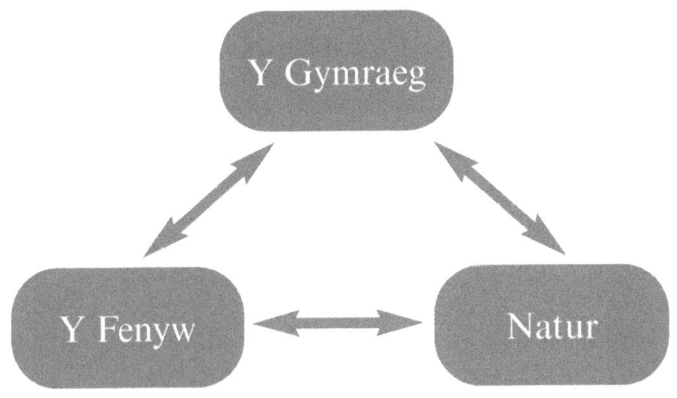

Ffigur 6. *Ffigur yn awgrymu perthynas gylchol rhwng Natur, Y Fenyw a'r Gymraeg*[199]

Ond ymhlyg yn y gyfundrefn gaeedig hon ceir bygythiadau i'r fenyw, i'r Gymraeg ac i natur ill tair. Mae'r broses o weld y fenyw yn agosach at natur a'r anifeiliaid na'r dyn yn ei diraddio yn ddiwylliannol, ac mae'r berthynas hon yn cael ei chynnal gan y rhesymeg sy'n golygu bod y dyn (gwyn, gorllewinol, yn arbennig) yn tueddu i'w ddiffinio ei hun *yn erbyn* eraill, yn yr achos hwn felly, y fenyw a natur.

> [F]irst, there is the danger of women being seen as 'closer' to animals or nature ... to be 'closer to animals' in our culture is to be denigrated. Secondly, the denigation follows from the way the dominant culture defines the human (or male) self *against* others – including nature. Whatever is the other in these definitions becomes less valued.[200]

Ar y llaw arall, mae'n bosibl dadlau bod y tair dolen hyn yn manteisio ar ei gilydd, a pheth da yn y cyd-destun gwleidyddol cyfoes yw bod cariad at iaith, cariad at natur a chariad at y fenyw yn gysylltiedig. Ond gellir crybwyll hefyd fodolaeth amwyster parhaol a digamsyniol tuag at y fenyw yn y diwylliant Cymraeg, a rhennir yr amwyster hwn gan y ddwy elfen arall yn y triawd honedig uchod. Er bod elfennau o'r meddylfryd ôl-drefedigaethol wedi blaguro yn y diwylliant Cymraeg a Chymreig, ceir deuoliaeth barhaus yn hunaniaeth a byd-olwg y Cymry:

> The dominant structures of feeling in Wales are shifting: on the surface a new experience of feeling and imagination, a new optimism and pride, at least on a cultural level, is blossoming . . . Yet this optimism is a fragile growth that at the moment appears to be grafted onto the surface of Welsh life. It must find deeper roots and become a more substantial reality, so that a new structure of feeling may replace that state of mind that has burdened us for so long, that of the colonized 'ambivalence', or, in more inflammatory parlance; 'culture cringe'. When that process of change has taken place, then we will truly be able to say that we are postcolonial, should that term still be in existence.[201]

Er mwyn dadwneud darostyngiad y fenyw, y Gymraeg a natur fel ei gilydd, rhaid dechrau cwestiynu rhai o'r cysylltiadau sy'n ieuo'r cysyniadau hyn yn y lle cyntaf. Ffurfiwyd y natur ddynol – â'i deallusrwydd, ei duwioldeb, a'i soffistigeiddrwydd mewn cyferbyniaeth lwyr â'r cysyniad o'r natur anifeilaidd. Adeiladwyd braint a statws y dyn felly ar gefn yr anifail, ac er i'r fenyw hefyd elwa o'r ormes hon, fel aelod (eilradd) o'r ddynolryw, nid yw hi erioed wedi gwahanu yn gyfan gwbl oddi wrth yr anifail.

> If women's subordination is partly justified by comparing them with animals, then perhaps one reason why women's liberation has continued to bump up against the 'glass ceiling' is because of our attitudes towards animals and the deep patriarchal association between women and animals. In other words, the relation between the exploitation of animals and the exploitation of women and other oppressed groups is not just a matter of analogy. Rather, the conceptual opposition between man on the one side – the civilized side – and animal on the other – the natural or barbaric side – plays a central role in the oppositions between man and woman, white and black, civilized and barbaric and so forth.[202]

Gellir tybio bod yr un peth yn wir achos y Gymraeg a'r Saesneg. Ond er mor anghytbwys yw aelodau'r parau hyn, fel arfer mae'r berthynas rhyngddynt yn un symbiotic. Fel esiampl, mae'r enwau Cymraeg megis 'dynes', 'llances', 'rhoces', a'r Saesneg *'woman'*, a *'female'* yn amlygu'r ffaith bod y cysyniad 'menyw' wedi'i adeiladu fel gwrthbwynt i'r cysyniad 'dyn'. Eto i gyd, gellir gweld bod y ddau derm hyn yn hollol ddibynnol ar ei gilydd. Nid oes unrhyw bwrpas i'r gair 'dyn' heb fodolaeth y gair 'menyw'; ni all y naill fodoli heb y llall. Ni all trosiad y Sais treisgar fodoli heb drosiad y Gymru a dreisiwyd. Mae'r ddwy elfen mewn unrhyw bâr o ddeuoliaethau gwrthwynebus yn creu a diffinio ei gilydd. Yn ôl Cixous, mae ein hawydd i wahaniaethu rhwng yr Hunan a'r Arall yn ein cyflyru i weld y byd oddi mewn i system gaeedig o ddeuoliaethau gwrthwynebus tebyg.[203] Ond yn ddiweddar mae nifer o ffeministiaid wedi bwrw amheuaeth ar ddilysrwydd y categorïau deuol sy'n ymwneud â rhyw a rhywedd. Yr enwocaf o'r rhain efallai yw Judith Butler, yn ei chyfrol arloesol *Gender Trouble*.[204] Gan adeiladu ar syniadau Foucault ynglŷn â seiliau rhywedd, heriodd Judith Butler y ffordd y cysylltir rhyw â natur a rhywedd â diwylliant, yn eu tro. Trodd hithau'r holl ddadl ar ei phen drwy honni bod ein syniadau am fodolaeth y ddau ryw yn seiliedig ar ddisgyrsiau rhyweddol cymdeithasol. Mae ein canfyddiadau o wahaniaethau biolegol rhywiol felly wedi'u seilio ar ein syniadau am rywedd ac nid fel arall.

Mae'r hen arfer o bobl yn diffinio eu hunain yn erbyn rhywbeth arall yn amlygu ei hun yn achos hunaniaeth genedlaethol hefyd:

> Derbynnir bellach yn y gwyddorau cymdeithasol ac astudiaethau diwylliannol fod unigolion a grwpiau ar sawl graddfa ddaearyddol yn diffinio eu hunaniaeth trwy gyferbynnu eu hunain ag unigolion neu grwpiau eraill sy'n cael eu canfod fel rhai sy'n wahanol i'r 'norm'.[205]

Honna Benedict Anderson mai delwedd wleidyddol nas crëwyd dim ond yn y dychymyg yw'r 'genedl', a bod y broses o'i chreu wedi cael ei chefnogi gan ddatblygiad y wasg a'r cyfryngau torfol. Mae modd honni bod o leiaf ran o'r cysyniad o Gymreictod wedi ei adeiladu fel gwrthbwynt i Seisnigrwydd, a'r Cymry felly yn wrthbwynt i'r Saeson: 'To have one nation means that there must be another nation against which self-definition can be constructed.'[206] I'r awdur o Gymraes mae'r Sais (sy'n aml yn ffigwr treisgar neu amheus) yn cyfuno yn berffaith yr Arall rhyweddol a'r Arall diwylliannol/ieithyddol. Mae'n debyg mai'r un cymhelliad i greu deuoliaethau gwrthwynebus sydd wrth wraidd y disgyrsiau sy'n ffurfio ein syniadau am genedl (hil) a chenedl (rhywedd).

Nid yw'n peri syndod o gwbl fod rhai ffeministiaid, a'r rheiny sy'n ymwneud â theori hoyw (*queer theory*), fel Judith Butler, wedi ceisio dadlefennu ein syniadau am fodolaeth dau ryw biolegol 'naturiol' (gydag un, sef y gwryw, yn deyrn dros y llall). Y rheswm am hynny yw bod lluniadau o'r fath wedi'u defnyddio i ddarostwng menywod, lesbiaid, pobl hoyw a phobl ryngryw am ganrifoedd. Am resymau tebyg, bu rhai yn sensitif iawn ynghylch penderfyniaeth fiolegol (*biological determinism*) a hanfodolaeth (*essentialism*) fframweithiau damcaniaethol a seiliwyd ar nodweddion biolegol rhywiol. Anelir beirniadaethau tebyg, megis yng ngwaith Judith Butler, at ddadleuon y Ffeministiaid Ffrengig, oherwydd iddynt ddefnyddio'r corff benywaidd/mamol (real neu symbolaidd) yn ffocws i'w damcaniaethau. Gall y corff, ac yn enwedig y corff rhywiol, fod yn destun anghysurus iawn felly yn y cyd-destun academaidd cyfoes. Serch hynny, honna Birke mai peth peryglus yw diystyru arwyddocâd ein cyrff yn gyfan gwbl:

> Yet this emphasis on social construction has its drawbacks. For example, it has left little space for bodies and their functions; it is almost as if our bodies were not part of ourselves. Instead the body becomes a 'blank page' for social inscriptions, including those on biological discourse... Emphasizing social construction has cut us off from the rest of the animal kingdom, thus reinforcing the view that humans are not animals.[207]

Ar un pen y raddfa ceir ffeministiaid radicalaidd megis Shulamith Firestone a honna yn ei gwaith enwog *The Dialectic of Sex* mai'r unig ffordd i arbed menywod rhag gormes yw eu rhyddhau o feichiau cenhedlu drwy ddatblygu technoleg artiffisial i esgor ar blant: 'Humanity has begun to outgrow nature.'[208] Ymhlyg mewn dadleuon o'r fath ceir yr awgrym bod ein prosesau corfforol biolegol yn rhwystr i'n gwir hunaniaeth, yn hytrach nag yn rhan integredig ohoni.

Mae'n bosibl dadlau hefyd, fodd bynnag, nad yw ymdrechion i wadu rôl bwysig y corff yn y broses o greu'r hunaniaeth ddynol ond yn atgyfnerthu'r ddeuoliaeth wrthwynebus rhwng y corff a'r ymennydd, ac yn eu tro felly rhwng y dyn a'r fenyw a dynolryw a'r anifeiliaid. Yn y pen draw, os oes un nodwedd sy'n diffinio dynoliaeth ac yn ein gwahanu ni oddi wrth yr anifeiliaid, nid deallusrwydd na soffistigeiddrwydd mo honno, ond ansicrwydd. Yn ôl Kristeva, rydym yn endidau ansicr ac anghyflawn oherwydd ein bod yn gorfod byw mewn gwagle; sef yn y craciau yn y pafin rhwng ein cyrff a'n geiriau:

> According to Kristeva, the gap between bodies and words, the ways in which words are never quite adequate to capture bodily experience, is figured as a wound, which is the seat of our vulnerability. We are wounding and wounded because we occupy the space between body and meaning.[209]

Ofn ynghylch eu natur glwyfadwy sy'n ysgogi pobl i greu'r Arall, ac yn aml i'w gasáu, ac i fanteisio ar ei wendidau. Mae prosesau *abjection* yn caniatáu i bobl greu ffiniau amddiffynnol rhag yr Arall, er iddynt wybod, ar lefel greiddiol, pa mor debyg yw'r ddau ohonynt i'w gilydd mewn gwirionedd: 'Mae'r dyn yn gwybod fod ganddo'r emosiynau a'r ansicrwydd y mae'n eu galw'n fenywaidd, ac mae'r fenyw yn gwybod fod ganddi y gallu cudd i feithrin a dangos yr awdurdod a'r nerth y mae'n eu galw'n wrywaidd. Dyma'n union pam y mae arnynt gymaint o ofn.'[210] Yn y cyd-destun hwn, er mwyn i'r Fenyw, Natur a'r Gymraeg ffynnu drachefn, rhaid inni gydnabod ein hofnau a dysgu sut i gymodi â'r rheiny yn hytrach na'u taflunio'n dreisgar neu'n dadofalaethol ar lechen lân yr 'Arall' yn ein dychymyg.[211]

Mewn un ffordd, gellir gweld bod hunaniaeth y Cymry wedi cael ei gwyrdroi gan brosesau trefedigaethol:

> Colonialism affects the economy, the infrastructure, the physical environment, but it also affects the psyche, the sense of self, the bodies and the very being of the colonized. Even their breathing is occupied breathing. Colonialism attacks the body schema of the colonized.[212]

Ymhlyg yn eu hisymwybod cyfunol felly, ceir awgrym o deimladau megis cywilydd, annilysrwydd ac israddoldeb, h.y. y *'culture cringe'* y cyfeiria Iwan Bala ato. Oherwydd ei statws deublyg fel yr Arall diwylliannol a rhyweddol mae'r Gymraes yn cario cyfran annheg o'r baich hwnnw. Sut bynnag, ymddengys fod y Gymraes yn ei llenyddiaeth wedi llwyddo ar adegau i elwa o'i statws israddol drwy ddefnyddio'r safle hwnnw i herio, yn symbolaidd, y ffiniau rhwng yr Hunan a'r Arall.

Mae'n bosibl dadlau, fodd bynnag, fod cysylltiad hynafol daionus rhwng yr Hunan a'r Arall eisoes yn bodoli ym mytholeg gyfoethog ac amlhaenog y Cymry:

> One important point to realize is the apparent ease of interchange between anthropomorphic and zoomorphic perceptions: there was no rigid barrier in the Celtic mind between the human and animal form. This must imply that animals were not considered to be significantly lower in status than humankind. In addition, the properties of animals – speed, sharp hearing, keen sight, the ability to fly – may have elevated them in Celtic eyes and have caused them to be perceived as in some way superior to humans.[213]

Mae'n amlwg wrth sylwi ar dynged Gwydion a Gilfaethwy yn 'Math fab Mathonwy' ym Mhedwaredd Gainc y Mabinogi, fod y ffiniau rhyweddol hefyd yn medru bod yn hyblyg. Mae'n bosibl gweld efallai fod goroesiad adleisiau o fytholeg gynnar yn niwylliant, llenyddiaeth a chelf Cymraeg a Chymreig cyfoes, yn cynnig model creadigol i gyfryngu rhwng yr Hunan a'r Arall. Trwy arbrofi yn fwy â ffiniau tebyg yn y meysydd hyn, gellir o bosibl gwestiynu'r pegynnu sydd ymhlyg yn ein cenedlaetholdeb a'n rhywedd, a dechrau datblygu delweddau cyfoethocach a llai gelyniaethus o'n hunain fel unigolion rhyweddol a chenedlaethol. Mae *The Meat Tree* Gwyneth Lewis (2010) sy'n fersiwn cyfoes o chwedl Blodeuwedd yn cyflawni camp debyg mewn cyd-destun ffuglen wyddonol ddyfodolaidd. Yma mae ymchwiliwr gwrywaidd a'i gynorthwyydd benywaidd yn croesi ffiniau rhywedd a rhywogaeth mewn gêm gyfrifiadurol ar fwrdd hen long ofod ddrylliedig:

> Mind you, the birth was kind of interesting. I've often wondered what it feels like to have a baby. Though I guess that bearing a fawn doesn't quite count. Animals are better at it than women; they seem to suffer less pain. Even that was enough. But I never even lay down, just stood. And oh, the baby's sweet aroma when he came out![214]

Yr awdur Cymraeg cyfoes amlycaf efallai i archwilio'r ffiniau hynny yw Mihangel Morgan a ddaeth i'r amlwg ar don ysgubol ôl-foderniaeth. Mae gwaith Mihangel Morgan yn herio ein syniadau am adeiladaeth rhywedd a rhywogaeth ac mae'r gyfrol o storïau byrion *Cathod a Chŵn* (2000) yn esiampl benigamp o hynny.[215] Efallai nad yw'r drws rhwng dynolryw (y dyn *a'r* fenyw fel ei gilydd) a'r anifeiliaid eraill wedi ei gau yn gyfan gwbl eto yn isymwybod y Cymry, ac os yw hynny'n wir, mae'n argoeli'n dda iawn ar gyfer gwleidyddiaeth ryweddol, genedlaethol ac ecolegol yn y dyfodol.

Gan fanteisio ar y persbectif positif hwnnw, y bwriad hyd yma fu cynnig darlleniad amgen o'r defnydd symbolaidd o'r anifail yn ffuglen y Gymraes. Gwelir yng ngwaith rhai o'r awduron benywaidd dan sylw, ac yng ngwaith Sonia Edwards, Caryl Lewis, Manon Rhys ac Angharad Jones yn arbennig, ryw awgrym o gysylltiad dyfnach â chreaduriaid eraill. Yn enwedig drwy brosesau grymus atgynhyrchiol gwêl yr awdur o Gymraes, o bosib, gysylltiadau byd-eang sy'n goresgyn ffiniau rhywogaethol yn ogystal â chymdeithasol. Ar un lefel, gweithred herfeiddiol a gwleidyddol yw hon sy'n ymwrthod â rhai o sylfeini pwysicaf y drefn batriarchaidd ei hun:

> As women's acknowlegement of animals in fiction confirms, the radical otherness of nonhuman animals provides a double source of power: recognition of the degree to which women are victimized by androcentric culture, and realization of solidarity in defiance of cultural authority. In their work on animals, moreover, women writers perform that most anti-androcentric of acts: thinking themselves into the being of the wholly 'other', the animal. It turns out that this act is not an act of self sacrifice but of empowerment.[216]

Gan uniaethu â'r anifail ar lefel sy'n dryllio cysyniad yr Arall, dichon fod y Gymraes yn ymwrthod hefyd â'i statws ei hun fel yr Arall, ac yn cynnig ar ben hynny ddihangfa o'i hieuad israddol â Chymru a'r iaith Gymraeg. Corff y fenyw (neu yn ôl Kristeva, corff y fam) yw'r cyfrwng sy'n cynnal y fath weithred, ar lefelau personol a chymdeithasol:

> Kristeva describes the abject as what challenges borders, whether they are borders of the individual or the social. On the level of the individual, the primary frontier is the border with the maternal body, and on the level of the social, the primary frontier is the border with the animal.[217]

Gellir honni bod *écriture féminine* yn caniatáu menywod i draethu mewn dull ffenomenolegol ar eu profiadau unigryw ac amrywiol o fywyd benyw yn y byd. Profiadau yw'r rhain sydd yn aml wedi'u diystyru mewn athroniaeth, llenyddiaeth, gwleidyddiaeth a chelf ledled y byd. Ond defnyddia *écriture féminine* 'a complex sliding of signifiers and bodies' sy'n dynodi, yn ôl pob tebyg, ei safle ffiniol rhwng y Symbolaidd a'r Semiotig.[218] O edrych yn ôl ar yr esiamplau a roddwyd eisoes yn y gyfrol hon, mae'n debyg y defnyddir o dro i dro esiamplau o *écriture féminine* o'r fath gan yr awdur o Gymraes. Sut bynnag, yn amlach o lawer, defnyddia brosesau symbolaeth fwy cyffredinol naill ai i amlygu'r modd y mae disgyrsiau patriarchaidd yn cyfyngu ei hunaniaeth(au) neu i wneud safiad herfeiddiol yn erbyn yr union brosesau hynny. Serch hynny, gall symbol (ac yn enwedig uwch-symbol y fenyw-yn-genedl) fod yn gleddyf deufin yn y pen draw. Er ei fod yn gymorth llaw fer i gyfleu cyffredinedd neu undod, nod eithaf y symbol yw symleiddio. Wrth symleiddio mae'r symbol hefyd yn colli ei sensitifrwydd tuag at wahaniaethau unigol a gall felly, yn hytrach nag uno gwahanol fenywod, eu dieithrio a'u gwthio i'r cyrion:

> [The] simplification of the figure of woman marginalises women both as writers and as readers. Women have difficulty locating themselves in texts which have no space for them except as symbols.[219]

Yng ngwaith Angharad Tomos gellir olrhain rhyw esblygiad ac epiffani yn ffuglen y Gymraes rhwng ei dwy gyfrol *Titrwm* (1994) ac *wrth fy nagrau i* (2007). Mae *Titrwm* yn ail-fframio'n fwriadol symbol y fenyw-yn-genedl ac yn ei gyfleu o safle'r symbol ei hun. Mewn cyferbyniaeth (ac er bod hefyd ddefnydd o symbolaeth ddwys yno) canolbwyntia *wrth fy nagrau i* ar brofiadau dirfodol, lluosog, gwahanol fenywod, gan gyfleu ystod o ddisgyrsiau, yn enwedig ynghylch beichiogrwydd a mamolaeth. Er bod Cymreictod a benyweidd-dra eto yn gysylltiedig, nid yw naratifau a disgyrsiau 'y genedl' yn rhwystro llif y rhai sy'n ymwneud â rhywedd. Nid un llais y fenyw-yn-genedl a geir yma ond cacoffoni o leisiau. Diddorol ddigon i'r gyfrol gynharach *Titrwm* gael ei hysgrifennu tua diwedd y cyfnod tir neb hwnnw rhwng y ddau refferendwm. Dichon fod Angharad Tomos yn ymateb yn ei gwaith ar ryw lefel i newid yn hynt y gwynt: 'There is a scholary consensus that the gendering of nation-hood occurs with greatest intensity in times of emergency, rapid change or upheaval.'[220] Ond yn y pen draw, gorwelion cyfyng ac un llais undonog sydd gan ddelwedd y fenyw-yn-genedl, ac mae'n dibynnu ar ffrwythlondeb, heterorywiaeth ac unffurfiaeth y fenyw i'w chynnal. Tybed pa mor fodlon fyddai'r Cymry cyfoes i dderbyn lesbiad neu fenyw ddu yn symbol teilwng o'u gwlad?

Casgliad

Yn y cyflwyniad i'r gyfrol hon, soniwyd am y bwriad i ddefnyddio persbectif y Ffeministiaid Ffrengig Kristeva, Cixous ac Irigaray i oleuo profiadau corfforol beichiogrwydd a'r mislif yn ffuglen Gymraeg gan fenywod. Erbyn hyn, gobeithio yr amlygwyd nifer o gysylltiadau rhwng rhai o syniadau allweddol yr athronwyr hynny, yn enwedig *éctriture féminine*, y drefn semiotig, *abjection*, mimesis ac amser y fenyw â disgyrsiau sydd ymhlyg yn y cyfrolau dethol. Hyderir hefyd fod y trafodaethau yn y gyfrol hon wedi goleuo'r gwahanol swyddogaethau a briodolir i brofiadau corfforol yn y gweithiau dan sylw, a sut y mae'r rolau hyn wedi esblygu, ehangu a lluosogi dros amser. Yn nyddiau cynnar yr astudiaeth, defnyddid y corff benywaidd i ddatguddio disgyrsiau patriarchaidd. Ond yn eironig ddigon, cafodd y corff beichiog ei ddefnyddio hefyd ar adegau, i hyrwyddo'r union ddisgyrsiau hynny, e.e. gwelwyd yr awdur o Gymraes ar sawl achlysur yn lladd ar y fam ddibriod a'i baban. Defnyddiwyd ffuglen y Gymraes yn gyson i recordio hanes cymunedol menywod a newidiadau mewn agweddau cymdeithasol/crefyddol tuag at y corff benywaidd beichiog neu fislifol. Y mae colli baban ac yn enwedig erthyliad bwriadol yn thema boenus a chyson yn y gwaith gan ddechrau â *Mae'r Galon Wrth y Llyw* Kate Bosse-Griffiths (1957). Er bod yr awduron yn llawer mwy maddeugar i famau felly mewn cyfrolau diweddarach, megis *Fyny Lawr* Meleri Wyn James (2006), goroesa natur gywilyddus, gyfrinachgar y weithred yn ystyfnig. Yn ddiau, ar lefel bersonol, mae erthyliad yn brofiad mawr i'r menywod sy'n gorfod gwneud y dewis anodd hwnnw. Er hynny, gellir honni fod angerdd a hirhoedledd y disgyrsiau ynghylch erthylu a chollgludiant sy'n bodoli yn y ffuglen hon wedi'u hatgyfnerthu gan y cysylltiad a fu rhwng profiadau corfforol personol y Gymraes a'i swyddogaeth ideolegol a throsiadol fel atgynhyrchydd y genedl a'i hiaith.

Erbyn diwedd cyfnod yr astudiaeth hon, gwelir profiadau benywaidd o gorfforiad yn symud o'r cyrion cysgodol i ganol y llwyfan. Mae beichiogrwydd, esgor a mamolaeth gynnar yn brif themâu nofelau megis *Rhodd o Ferch* Grace Roberts (1988), ac *wrth fy nagrau i* Angharad Tomos (2007), a cheir defnydd alegorïaidd amlwg a chanolog o feichiogrwydd i sylwebu ar hynt y Gymraeg yn brif thema llyfrau megis *Titrwm* (1994) ac *Annwyl Smotyn Bach* (2008). Gwelir cwestiynu ffiniau'r corff a'r berthynas â'r hunan hefyd yn nofelau diweddar megis *Tania'r Tacsi* Angharad Price (1999) (drwy gyfrwng anorecsia) a *Gwenynen bigog* Meleri Wyn James (2003) (drwy gyfrwng sgil effeithiau MS) a hunaniaeth ryweddol yng nghyfrol *Tinboethach* Bethan Gwanas (gol.) (2008). Mae thema cylchedd a chydberthnasedd yn ymddangos ar ddiwedd cyfnod penodol y gyfrol hon mewn nofelau megis *Mân Esgyrn* Sian Owen (2009) a *Naw Mis* Caryl Lewis (2010) ac amlyga'r cysylltiadau rhwng genedigaeth/beichiogrwydd a marwolaeth.

Ar y cyfan, yn y 1970au y mae awduron benywaidd yn dechrau ymdrin â'r cylch mislifol. Ei amlygiad cyntaf yn y gwaith yw ei rôl fel arwydd o feichiogrwydd (a'i absenoldeb felly). Mae nodi carreg filltir bwysig dechrau'r mislif (mewn un ffordd neu'i gilydd) yn thema weddol gyfarwydd. Sut bynnag, heblaw am Manon Rhys, ychydig o lenorion benywaidd sydd wedi ymwneud mewn ffordd gyfarwydd ac agored â phrosesau corfforol beunyddiol y mislif. Er hynny, erbyn dechrau'r mileniwm newydd, yn yr un modd â beichiogrwydd, ond ar raddfa lawer llai, ceir peth defnydd alegorïaidd o brofiad y mislif i draethu ar argyfwng ieithyddol y genedl Gymraeg megis yn *Elain* Sonia Edwards.[1] O dipyn i beth felly, gwelir y Gymraes yn ei ffuglen yn ymestyn y ffiniau ac yn trafod yn fwyfwy agored natur ac arwyddocâd ei phrofiadau corfforol mwyaf personol ac yn cysylltu'r profiadau hyn ag agweddau eraill o'i hunaniaeth.

Yn ddiddorol ddigon, ym mlynyddoedd cynnar yr astudiaeth hon, ceir disgyrsiau lled ffeministaidd yn cyd-fyw â disgyrsiau patriarchaidd, ac o dro i dro nid yw'n amlwg ai datguddio disgyrsiau patriarchaidd yw nod yr awdur benywaidd neu'u hatgyfnerthu. Efallai fod ansicrwydd y darllenydd yn adlewyrchu rhywbeth o benbleth yr awdur a'r cyfnod. Yn hynny o beth, mae'n debyg y bu genedigaeth disgyrsiau ffeministaidd yn broses poenus, hirfaith, cymhleth a gellir tybio, peryglus yn ffuglen y Gymraes. Mae'n amlwg bod rhai o gyfrolau'r 1950au, 1960au a 1970au cynnar yn aneglur ynghylch yr union ddisgyrsiau y maent yn eu gwyntyllu, e.e. *Tŷ ar y Graig* Eigra

Lewis Roberts (1966), *Carchar Hyfryd* Beti Hughes (1966). Sut bynnag, llawer cliriach yw eu defnydd pendant o gorff y Gymraes fel maes y gad i gynnal y frwydr rhwng grymoedd gwrthwynebol y diwylliant 'traddodiadol' Cymraeg a lledaeniad cynyddol gwerthoedd 'llacach' y diwylliant Eingl-Americanaidd. Yn aml cyrhaedda'r tensiynau hyn eu huchafbwynt drwy feichiogrwydd un o'r cymeriadau di-briod, e.e. *Dwy Chwaer* Beti Hughes (1964), *Dal i Ddisgwyl* Cathcrine Williams (1967), *Y Gri Unig* Ennis Evans (1975).

Er gwaethaf natur niwlog y term *écriture féminine* a'r broblem o'i ddiffinio, mae'n eglur y defnyddir y corff benywaidd yn gyfrwng cyfathrebu synhwyrus neu ymysgarol (*visceral*) yng ngwaith sawl awdur benywaidd Cymraeg o ddiwedd y 1970au ymlaen, yn bennaf efallai Jane Edwards, Sonia Edwards, Angharad Tomos, Angharad Jones, Ennis Evans, Caryl Lewis a Manon Rhys. Ymhellach, mae'r cysylltiad rhwng corff y fenyw neu gorff y fam ac ysgrifennu sy'n rhan greiddiol o syniadau'r Ffeministiaid Ffrengig yn cael ei gyfleu mewn ffordd gywrain yng ngwaith Lleucu Roberts, Angharad Tomos a Manon Rhys ymhlith eraill. Honna rhai bod y cysylltiad rhwng y gair a'r groth wedi goleuo ymateb beirniaid llenyddol Cymraeg hefyd: 'Er yn eironig ei bod hi [Kate Roberts] ei hun yn ddi-blant, y mae ei thestunau hi wedi dod i fod yn blant iddi yn llygaid y beirniaid: maent yn ddisgynyddion "ieithyddol" i fam eiconig y Cymry "llenyddol".'[2] Nodwyd eisoes y ffordd y mae'r corff benywaidd rhywiol aeddfed wedi'i ddiarddel bron yn llwyr o waith Kate Roberts. Tybed a yw'r ffenomen hon wedi hwyluso ei mynediad i'r Canon Cymraeg a'i safle gorliwiedig ond tocenistaidd wedi rhwystro dyrchafiad awduron benywaidd Cymraeg eraill? Heblaw am ei swyddogaeth drosiadol gyfyngol fel symbol o'r genedl, mae'r corff benywaidd aeddfed rhywiol, ffrwythlon yn anghyffordus iawn, nid yn unig i seice personol Kate Roberts (gellir tybio), ond i seice'r Cymry yn gyffredinol.

Mae'n bosibl dadlau bod llawer o ddisgyrsiau cenedlaetholgar yn mynnu darostwng a rheoli'r corff benywaidd yn enwedig o ran ei nodweddion atgenhedlu: 'Writing of the body, we fear appropriation at the point where, historically, we have been most vulnerable, and where we have been so ruthlessly placed.'[3] Tanseilia absenoldeb y corff benywaidd a phrofiadau corfforol creiddiol menywod yn y diwylliant a'r byd academaidd Cymraeg ddynoliaeth y Cymro a'r Gymraes ill dau: 'You are undermined in your own being by the fact that I belong to your world without ever appearing in it.'[4] Mewn cenedl ddwyieithog gyfoes mae'n broblem enfawr i'r iaith leiafrifol o dan fygythiad os nad yw'n medru cynnal disgyrsiau am brofiadau corfforol ei dinasyddion benywaidd. Mae'n golled amlwg i'r diwylliant ac yn tynnu wrth rym yr iaith Gymraeg yn gyffredinol. Mewn ysgrif yn 1996, awgrymodd John Rowlands (er mwyn gwneud yn iawn am ddelweddau darostyngol/misogynistaidd mewn llenyddiaeth Gymraeg) fod angen 'cael rhyw Werful Mechain gyfoes, neu Jeanette Winterson o Gymraes i "sgrifennu ar y corff" benywaidd'.[5] Ond gobeithir bod y gyfrol hon wedi llwyddo o leiaf i gyflwyno'r posibilrwydd bod awduron benywaidd Cymraeg eisoes *wedi* bod yn sgrifennu ar (a thrwy) eu cyrff yn eu llenyddiaeth am ddegawdau. Yn hytrach, y broblem gellid dadlau yw nad yw llawer o feirniaid wedi bod yn gwrando ar y sylwebaeth honno. Hyd yn hyn, bu'r ychydig ffocws ar y corff mewn llenyddiaeth Gymraeg yn ymwneud fel arfer ag erotiaeth (neu ei diffyg) o bersbectif gwrywaidd. Anwybydda'r safbwynt hwn y cysylltiadau dwfn a chymhleth a fodola yn aml rhwng rhywioldeb menywod a'u prosesau atgenhedlu. Gellir ystyried y ffaith bod *libido* llawer o fenywod yn amrywio yn ôl eu cylch mislifol yn un esiampl amlwg o hyn.[6] Hefyd, mae'r berthynas honno rhwng rhywioldeb a ffrwythlondeb, yn fynych wedi'i thrwytho mewn disgyrsiau cymdeithasol a chanddynt flas cenedlaetholgar.

Ymhellach, ceisiwyd amlygu'r posibilrwydd bod Cymraësau, yn sgil eu safle *abject*, wedi dioddef o'r cysylltiadau disgyrsiol sy'n bodoli rhwng delweddau symbolaidd o gorff y Gymraes â natur/rhywogaethau eraill. Gellir dadlau hefyd fod hunaniaethau cymhleth amlhaenog dinasyddion yr unfed ganrif ar hugain yn cael eu cyfyngu yn ormodol gan ystrydebau megis symbolau o Gymru yn fenyw neu'r Sais yn dreisiwr rhywiol. Ar un ystyr, mae rhyw wacter anacronistaidd gorsimplistaidd yn perthyn i'r trosiadau hyn erbyn heddiw. Hudir y Cymry yn ormodol efallai gan symbol y fenyw-yn-genedl, heb gwestiynu'r disgyrsiau sydd ynghlwm wrth y ddelwedd hon, ac sydd yn y pen draw yn bygwth grym y fenyw a'r genedl ill dwy. Er ei bod yn ymylu ar heresi i gwestiynu sail cerdd eiconig T. H. Parry-Williams 'Hon', ac er y gwêl Iwan Bala ei fapiau o Gymru fel 'menywod yn llamu'n rhydd tuag at hunaniaeth newydd',[7] rhaid ystyried hefyd y cyfyngiadau mae cysylltiadau trosiadol o'r fath yn eu gosod ar fenywod go iawn: 'Their representation as the nation, depicts them fictively, and reproduces the fiction . . . Women lose their own identity when used as markers for the nation.'[8] Ac yn yr un modd â Blodeuwedd, creadigaeth sy'n cyflawni anghenion y dyn ac yn atgyfnerthu ei statws breintiedig yw delwedd y Gymraes-yn-genedl. Yn ei hysgrifau enwog 'Illness as Metaphor' and 'Aids and its Metaphors' cwestiyna Susan Sontag ein defnydd difeddwl a chafalîr o rai trosiadau sy'n diraddio neu anfanteisio'r rheiny sy'n cael eu heffeithio ganddynt: 'Of course one cannot think without metaphors. But that does not mean there aren't some metaphors we might well abstain from or try to retire.'[9] Er mwyn gwerthuso unrhyw drosiad penodol, rhaid ystyried ei gyd-destun a'r disgyrsiau y mae'n eu hyrwyddo a'u cynnal.

Tybia rhai fod cenedlaetholdeb yn gyffredinol yn codi cwestiwn sylfaenol i fenywod: Sut y gall actifyddion benywaidd gefnogi'r achos cenedlaethol pan fo'r genedl ei hun yn gormesu menywod?[10] Sut bynnag, yn eironig, cenedlaetholdeb yn aml sy'n rhoi'r cyfle cyntaf i fenywod ymwneud ag actifiaeth wleidyddol uniongyrchol.[11] Yn hynny o beth, darparodd achos yr iaith Gymraeg gyfleodd i'r Gymraes fedru gweithredu yn wleidyddol mewn ffordd amlwg na fu'n agored iddi yn y gorffennol. Gwelwyd yr actifiaeth honno yn esgor ar ffrydiau newydd yn ysgrifennu'r awdur o Gymraes a'r cyfle iddi droi ei phrofiadau o gorfforiad at bwrpas gwleidyddol ehangach: 'bydd nofelau Angharad Tomos rhwng 1979 a 1997 o leiaf yn goroesi fel ymgnawdoliad byw o'r hyn a ddigwyddodd yng Nghymru rhwng y ddau refferendwm'.[12] Ond ar yr un pryd mae yna berygl i'r fath ymroddiad gysgodi gwleidyddiaeth rywedd: 'nationalism has both made possible forms of activism for women which were previously impossible, and simultaneously limited their horizons'.[13] Crisiala hyn, mae'n debyg brofiad yr awdur o Gymraes i'r dim: 'Trodd egni Cymry Cymraeg cydwybodol, felly, at achub yr hyn oedd ein diwylliant, yn hytrach nag at anelu at frwydr y rhywiau yn gymdeithasol ac yn llenyddol.'[14] Er nad oes modd gwadu angerdd cenedlaetholgar nifer fawr o Gymraësau a'r aberth sylweddol a wnaeth rhai ohonynt dros achos yr iaith, fel y drefn symbolaidd ei hun, efallai nad yw'r genedl yn lle hollol gartrefol iddynt:

> Just as for Kristeva women are not entirely at home in the Symbolic order, they are never entirely at home in the nation: because of their marginality in relation to power and discourse, women remain skeptical and ironic vis-a-vis the social order.[15]

Yn ffuglen Gymraeg gan fenywod drwyddi draw, gwelir cysylltiadau ehangach y tu hwnt i achos yr iaith â gwrthwynebiad i filwriaeth, ecoleg a chwaeroliaeth.[16] Roedd gan ymgyrch Comin Greenham wreiddiau Cymreig a dylanwadodd y digwyddiad hirhoedlog hwnnw ar ffuglen Gymraeg a Saesneg gan fenywod yng Nghymru.[17] Mae gan yr ymdrech honno, er enghraifft, le amlwg yn *Cyn Daw'r Gaeaf* Meg Elis (1985) ac *Yma o Hyd* Angharad Tomos (1985). Mae cenedlaetholdeb mewn ffuglen Gymraeg gan fenywod yn cydblethu'n aml â nifer o achosion eraill: 'The struggle against oppression and discrimination might (and mostly does) have a specific categorical focus but is never confined just to that category.'[18] Tybed a yw'r persbectif agored hwn yn adlewyrchu mewn rhyw ffordd neu'i gilydd safle cyffredinol menywod? O bersbectif Kristevaidd, gellir honni fod amhosibilrwydd y fenyw i ymwahanu'n llwyr oddi wrth gorff y fam, a'r ymdoddi sy'n digwydd rhwng ffiniau'r Hunan a'r Arall yn ystod y profiad corfforol o feichiogrwydd, yn gwneud menywod, ar y cyfan, yn fwy cyfarwydd (a chysurus efallai) ag amwyster rhwng ffiniau. Er bod yr awdur o Gymraes wedi defnyddio disgyrsiau cenedlaetholgar i ddemoneiddio'r Sais, ceir peth cydnabyddiaeth hefyd bod yr Arall cenedlaethol hwnnw yn rhan integredig ohoni (megis yn *Titrwm*). Yn debyg i Kristeva, tybia Irigaray fod dynion yn atgyfnerthu eu hunaniaeth drwy gefnu ar gorff y fam, a'r drefn symbolaidd sy'n gwneud yn iawn am y golled honno. I'r fenyw nid yw gwahaniad o'r fath yn bosibl a defnyddia Irigaray ddelwedd y ddwy wefus i gyfleu hunan-erotiaeth corff y fenyw a'r berthynas fythol rhwng y fam a'r ferch. Yn ôl Irigaray felly, i fenywod nid yw croesi neu gymylu ffiniau o dro i dro *o reidrwydd* yn fygythiad i'w hunaniaeth.[19]

Gan bwyll y dylid honni fod cyfochredd rhwng brwydrau ieithyddol/cenedlaethol a rhai rhyweddol.[20] Sut bynnag gellir dadlau fod gan y Cymry, hyd heddiw yr ysgogiad trefedigaethol amddiffynnol i atgyfnerthu'r ffiniau rhwng yr Hunan a'r Arall. Y duedd hon sydd hefyd yn alltudio'r Gymraes o'i safle fel goddrych llafarol cyflawn. Er y gwaherddir y corff benywaidd o'r diwylliant Cymraeg er mwyn amddiffyn y diwylliant hwnnw, ni all y Cymru gyfoes ddatblygu hunan-ddelwedd iach, onest a holistig heb gynnwys menywod a'u profiadau ynddi.

> In order . . . to shed colonially imposed values, a culture needs a resurgence of confidence in its capacity to define itslef. When it is also a matter of women's lives being shaped by male-imposed concepts of correct female behaviour, then to bring about change, women need to acquire a new confidence in the female right to self-definition.[21]

Hyd yn oed yn y byd lluosog modern mae gan ddelweddau symbolaidd o'r fenyw-yn-genedl atyniad parhaol. Gellir hefyd ddadlau fod priodoli statws eiconig i ambell i Gymraes ddetholus fel Kate Roberts yn cyflawni swyddogaeth debyg. Po fwyaf y dibynnir ar symbolaeth genedlaethol i ddelweddu'r fenyw, po leiaf mae'n debyg y mae'r cyfle yn codi i fenywod fynegi eu realiti corfforol beunyddiol o fyw yn Gymraësau yn y Gymru gyfoes. Mae'r cynnydd mewn gallu menywod i'w diffinio eu hunain ac i fod yn berchen ar eu profiadau o gorfforiad yn ddibynnol ar herio dilysrwydd y symbolau ac eiconau hynny:

> The most significant tension, however, particularly for women writers at the end of the twentieth and beginning of the twenty-first century, is the dichotomy that is set up between nation and citizen. If women function symbolically as the personification of nation, there seems to be no place for them as citizens within their nation, and by implication, no place for them as writers.[22]

Gellir portreadu'r hunaniaeth Gymraeg ers adeg y Llyfrau Gleision fel mur-ddrych rhwng yr Hunan a'r Arall, yn adlewyrchu yn ôl yr un hen ddelweddau a disgyrsiau ystrydebol:

> In Wales, for instance, the significance of women as emblematic figures is complicated by the national cultural debate emanating from the Welsh response to the Blue Books of 1847, when women became contested icons of the natinonal character subject to the discourse of both 'colonizer' (or hegemonic power) and 'colonized' (or subordinate nation). A popular version of woman-as-nation in Wales was the one which pictured the nation as a mother, indeed sanctifying the role of the mother in nationalist discourse is a very common one, especially where 'language, culture (and/or) ethnic descent are seen as the binding elements of a nation.'[23]

Myga symbolau cenedlaethol sy'n seiliedig ar y fam a mamolaeth brofiadau amryfal menywod o fod yn famau neu o fod yn ddi-blant, a'u profiadau amrywiol o rywioldeb (lesbiaid, heterorywiol neu ddeurywiol): 'Postcolonial women writers, while acknowledging the significant role of mothers, challenge the romanticization of motherhood as motherland . . . Women writers' demystification of such notions reveals certain negative even violent experiences of motherhood.'[24] Nid yw ffosileiddio'r 'traddodiad' a'r diwylliant Cymraeg mewn cyfnod hanesyddol penodol neu wadu ei elfennau lluosog, cyfnewidiol (sydd yn aml yn gwrth-ddweud ei gilydd) o fudd i fenywod na'r iaith Gymraeg. Nid yw tynnu ffiniau rhithiol rhwng yr Hunan a'r Arall yn gymorth i'w hachosion chwaith. Efallai fod modd datblygu hunaniaeth(au) Gymraeg amgen sy'n seiliedig yn hytrach ar ddelwedd y calidosgob – hunaniaeth liwgar, gynhwysol, ddynamig sy'n agored i batrymau newydd ond sydd ar yr un pryd yn hyderus o'i hyfywdra. I grynhoi, dadleuwyd bod yr awdur o Gymraes wedi defnyddio ei ffuglen i amlygu disgyrsiau patriarchaidd ynghylch ei chorff, i gwestiynu neu danseilio'r disgyrsiau hynny ac i arbrofi â gwahanol ffurfiau ar fynegi ei phrofiadau o gorfforiad. Yn hyn o beth mae'n amlwg fod gan y corff benywaidd (yn aml beichiog, mislifol neu rywiol) le gwleidyddol blaenllaw mewn ffuglen Gymraeg gan fenywod. Y corff hwnnw â'i ffiniau amwys, hyblyg, a'i allu i gyfryngu rhwng ein ffiniau unigol, cymdeithasol a rhywogaethol a ddefnyddir dro ar ôl tro yn ffuglen y Gymraes i gwestiynu ffiniau'r Arall ac i roi ailenedigaeth i'r fenyw a'r gair drachefn.

> She gives birth. With the force of a lionness. Of a plant. Of cosmogony. Of a Woman . . . She releases. Laughing. And in the wake of the child, a squall of Breath! A longing for text! Confusion! What's come over her? A child! Paper! Intoxications! I'm brimming over! My breasts are overflowing! Milk. Ink. Nursing time. And me? I'm hungry too. The milky taste of ink.[25]

Da fyddai gweld yr amlygrwydd hwn yn cael ei gydnabod, ei werthfawrogi a'i adlewyrchu yn ehangach mewn beirniadaeth lenyddol Gymraeg ac yn y byd academaidd Cymraeg yn gyffredinol.

Nodiadau

Cyflwyniad

1. Gweler Nira Yuval-Davis, *Gender and Nation* (London: Sage Publications, 1997).
2. Francesca Rhydderch, 'Cultural Translation: A Comparative Critical Study of Kate Roberts and Virginia Woolf' (traethawd PhD heb ei gyhoeddi, Prifysgol Aberystwyth, Aberystwyth, 2000), 31.
3. Mae'n ddiddorol bod cymeriad Winni Ffinni Hadog wedi cynnig cyfrwng i Kate Roberts fedru cyfeirio ar un neu ddau achlysur at gorff rhywiol neu atgynhyrchiol y fenyw, e.e., y cyfeiriad at Winni yn dysgu am y mislif yn *Haul a Drycin* (Dinbych: Gwasg Gee, 1981), tt. 19–20. Ceir esiamplau prin eraill hefyd, megis yn y stori 'Gobaith' yn y gyfrol o'r un enw, *Gobaith* (Dinbych: Gwasg Gee, 1972), sy'n sôn yn deimladwy am feichiogrwydd y prif gymeriad.
4. Ryan Mowat, 'Arundhati Roy's The God of Small Things: The Body and Irrational Structures in a Postcolonial Narrative of Pain', yn Ghosh Ranjan (gol.) (*In*) *Fusion Approach: Theory, Contestation, Limits* (Maryland, University Press of America, 2006), t. 253.
5. Anthony Synnott, *The Body Social: Symbolism, Self and Society* (London, Routledge, 1993), t. 4.
6. Thomas J. Csordas (gol.), *Embodiment and Experience: The Existential Ground of Culture and Self* (Cambridge: Cambridge University Press, 1993), t. 1.
7. Dawn Currie a Valerie Raoul (goln.), *The Anatomy of Gender: Women's Struggle for the Body* (Ontario: Carleton University Press, 1992), t. 22.
8. Fredrika Scarth, *The Other Within: Ethics, Politics in Simone de Beauvoir* (Oxford: Rowman and Littlefield, 2004), t. 137.
9. Hélène Cixous, 'The Laugh of the Medusa', *Signs* 1, No. 4 (Summer, 1976), 875–893.
10. Fe'i cyhoeddwyd yn y Ffrangeg y flwyddyn flaenorol fel 'Le Rire de la Méduse' yn *L'Arc*, rhif 61 (1975).

[11] Harri Garrod Roberts, *Embodying Identity: Representations of the Body in Welsh Literature* (Cardiff: University of Wales Press, 2009).
[12] Gweler John Rowlands, 'Y Corff mewn Llenyddiaeth', *Taliesin*, 96 (1999), 15, am un o'r trafodaethau prin ar y pwnc.
[13] Nid yw'r canfyddiad hwn o reidrwydd yn adlewyrchu realiti. Dim ond 16 y cant o benaethiaid ysgolion uwchradd yng Nghymru sy'n fenywod, er enghraifft, er mai menywod yw 74 y cant o'r athrawon (*Who Runs Wales 2009?* Comisiwn Cyfraddoldeb a Hawliau Dynol Cymru, 2009).
[14] Joyce McMillan a Ruth Fox, *Has Devolutuion Delivered for Women?* (Scotland: Hansard Society, 2010), t. 29.
[15] Diane Kravetz, a Jeanne Marecek, 'The Feminist Movement', yn Worrell, Judith (gol.), *Encyclopedia of Women and Gender* (San Diego: Academic, 2002), t. 467.
[16] Simon Brooks, *O Dan Lygaid Y Gestapo: Yr Oleuedigaeth Gymraeg a Theori Lenyddol yng Nghymru* (Caerdydd: Gwasg Prifysgol Cymru, 2004), t. 177.
[17] Judith Butler, *Gender Trouble: Feminism and the Subversion of Identity* (London: Routledge, 1990), t. 1.
[18] Jonathon Dean, *Rethinking Conemporary Feminist Politics* (Basingstoke: Palgrave Macmillan, 2010), t. 2.
[19] http://www.fawcettsociety.org.uk/.
[20] http://www.thefword.org.uk/.
[21] http://www.womensarchivewales.org/cy/casgliadau/index.html.
[22] http://genderyngymraeg.wordpress.com/.
[23] John Rowlands (gol.), *Sglefrio ar Eiriau* (Llandysul: Gwasg Gomer, 1992), tt.ix.
[24] Jane Aaron, *Pur fel y Dur: Y Gymraes yn Llên Menywod y Bedwaredd Ganrif ar Bymtheg* (Caerdydd: Gwasg Prifysgol Cymru, 1998).
[25] Katie Gramich, *Twentieth-Century Women's Writing in Wales: Land, Gender, Belonging* (Cardiff: University of Wales Press, 2007).
[26] Menna Elfyn, 'Trwy Lygaid Ffeministaidd', yn Rowlands, John (gol.), *Sglefrio ar Eiriau* (Llandysul: Gomer, 1992), tt. 22–41.
[27] Ibid., t. 26.
[28] Mae'n amlwg bod delweddau o'r fenyw feichiog ifanc nwydus (yn aml enwog a chyfoethog) wedi dod yn gyffredin iawn yn y cyfryngau ers y 1990au. Sut bynnag, gellid dadlau mai disgyrsiau cyfyngedig, yn aml yn gysylltiedig â chyfalafiaeth sy'n hybu delweddau afreal, delfrydol o'r corff benywaidd yw'r mwyafrif ohonynt. Ymwrthodir o hyd â realiti pedestraidd y corff beichiog a phrofiadau ystod eang o fenywod (e.e. Tyler 2009), t. 6.
[29] Ceridwen Lloyd-Morgan, 'Sensro'r Ferch', *Taliesin*, 84 (1994), 24–9.
[30] Ibid., t. 27.

[31] Morag Shiach, *Hélène Cixous: A Politics of Writing* (London: Routledge, 1991), t. 20.
[32] Heather Ingman (gol.), *Twentieth-Century Fiction by Irish Women: Nation and Gender* (Farnham: Ashgate Publishing, 2007), t. 2.
[33] Aaron, *Pur fel y Dur*.
[34] Gramich, *Twentieth-Century Women's Writing in Wales*, 2007.
[35] Kathryn Curtis, *et al.*, 'Gwragedd a Grym yn y Ganrif Ddiwethaf', *Y Traethodydd*, 141 (1986), 28–33, t. 46.
[36] Ingam, *Twentieth-Century Fiction by Irish Women*, t. 2.
[37] Julia Kristeva, *Desire in Language* (New York: Columbia University Press, 1980).
[38] Kelly Oliver (gol.), *French Feminist Reader* (Oxford: Rowman and Littlefield, 2000), t. 155.
[39] Delyth George, 'The Strains of Transition: Contemporary Welsh-language Novelists', yn Jane Aaron, et al. (goln), *Our Sisters' Land: The Changing Identities of Women in Wales* (Cardiff: University of Wales Press, 1994), t. 202.
[40] Ibid., t. 202.
[41] Delyth George, 'Rhai agweddau ar Serch a Chariad yn y Nofel Gymraeg 1917–1985' (Traethawd PhD heb ei gyhoeddi Prifysgol Cymru, Aberystwyth, 1986).
[42] Jane Aaron, 'Gwahaniaeth a Lluosogedd: Golwg ar Rai o Theorïau'r Ffeminyddion Ffrengig', *Efrydiau Athronyddol* LV (1992a), 43.
[43] Rudolph Klein, *The New Politics of the NHS* (Abingdon: Radcliffe Publishing, 2006), t. 1.
[44] *http://www.statistics.gov.lk/PopHouSat/PDF/p19%20Vital%20Statistics.pdf*.
[45] Angharad Price, 'Y Gymraeg; Iaith sy'n Swcro Gwrywdod?', *tu chwith*, 9 (Gwanwyn 1998), 108.
[46] Aaron, 'Gwahaniaeth a Lluosogedd', 40.
[47] Yn ôl Geiriadur Prifysgol Cymru, defnyddir y ffurf luosog 'dynesau' ar lafar yng Ngogledd Cymru.
[48] Roni Crwydren, 'Welsh Lesbian Feminist: A Contradiction in Terms?' yn Jane Aaron, et al. (goln), 1994. *Our Sisters' Land: Changing Identity of Women in Wales* (Cardiff: University of Wales Press), t. 296.

1

Theori a Beirniadaeth Lenyddol Ffeministaidd a'r Ffeministiaid Ffrengig Ôl-Strwythurol

[1] Shari Benstock, Suzanne Ferriss a Susanne Woods (goln), *A Handbook of Literary Feminisms* (Oxford: Oxford University Press, 2002), t. 153.

[2] Jane Marcus, *The Young Rebecca: Writings of Rebecca West, 1911–17* (Indiana: Indiana University Press, 1982), t. 219.

[3] Ellen Rooney, *The Cambridge Companion to Feminist Literary Theory* (*Cambridge Companions to Literature*) (Cambridge: Cambridge University Press, 2006), t. 10.

[4] Bathwyd y term 'yr ail don' mewn erthygl gan Martha Weinman Lear, 'The Second Feminist Wave' yn y *New York Times*, 10 Mawrth 1968. Cyfeiriodd at ffeministiaeth radicalaidd newydd a oedd wedi datblygu yn ystod y 1960au ar ôl cyfnod tra goddefol rhwng y Ddau Ryfel Byd.

[5] Pam Morris, *Literature and Feminism: An Introduction* (Cambridge: Blackwell, 1993), t. 16.

[6] Maggie Humm, *Feminist Criticism: Women as Contemporary Critics* (Brighton: Harvester, 1986), t. 4.

[7] Benstock, Ferriss a Woods, *A Handbook of Literary Feminisms*, t. 153.

[8] Jane Gallop, *The Daughter's Seduction: Feminism and Psychoanalysis* (New York: Cornell University Press, 1982), t. 126.

[9] Kari Weil, 'French Feminism's écriture féminine', yn Ellen Rooney, *The Cambridge Companion to Feminist Literary Theory* (*Cambridge Companions to Literature*) (Cambridge: Cambridge University Press, 2006), t. 154.

[10] Chris Weedon, *Feminist Practice and Poststructuralist Theory* (Oxford: Wiley-Blackwell, 1987), t. 9.

[11] Humm, *Feminist Criticism*, t. 192.

[12] Kelly Oliver a Lisa Mae-Helen Walsh (goln), *Contemporary French Feminism* (*Oxford Readings in Feminism*) (Oxford: Oxford University Press, 2004), t. 4.

[13] Weedon, *Feminist Practice and Poststructuralist Theory*, t. 22.

[14] Ibid., 13.

[15] Humm, *Feminist Criticism*, t. 44.

[16] Helen Wilcox, et al. (goln), *The Body And The Text: Hélène Cixous – Reading and Teaching* (New York: St Martin's Press, 1990), t. 31.

[17] Shiach, *Hélène Cixous*, t. 7.

[18] Hélène Cixous a Deborah Jenson (gol. a chyf.), *Coming to Writing and Other Essays* (Massachusetts: Harvard University Press, 1991), t. 12.

[19] Ian Blythe a Susan Sellers, *Hélène Cixous: Live Theory* (London: Continuum, 2004), t. 7

[20] Hélène Cixous, 'The Laugh of the Medusa', t. 879.
[21] Benstock, *A Handbook of Literary Feminisms*, t. 165.
[22] Weil, 'French Feminism's écriture féminine', t. 154.
[23] Hélène Cixous, 'Sorties: Out and Out/Attacks Ways Out/Forrays', yn Hélène Cixous a Catherine Clement, *The Newly Born Woman* (Minneapolis: University of Minnesota Press, 1986), tt. 63–134, t. 63.
[24] Lynn Penrod, *Hélène Cixous* (New York: Twayne Publishers, 1996), t. 28.
[25] Hélène Cixous, 'The Laugh of the Medusa', t. 887.
[26] Penrod, *Hélène Cixous*, t. 34.
[27] Cixous, 'Sorties', t. 90.
[28] Ibid., t. 68.
[29] Cixous, 'The Laugh of the Medusa', t. 891.
[30] Hélène Cixous, 'Sorties', t. 92.
[31] Hélène Cixous, 'The Laugh of the Medusa', t. 878.
[32] Blythe a Sellers, *Hélène Cixous*, t. 3.
[33] Ibid., t. 879.
[34] Weil, 'French Feminism's écriture féminine', t. 158.
[35] Weedon, *Feminist Practice and Poststructuralist Theory*, t. 9.
[36] John Lechte, *Fifty Key Contemporary Thinkers: From Structuralism to Postmodernity* (London: Routledge, 1994), t. 161.
[37] Luce Irigaray, *Key Writings* (London: Continuum International Publishing Group Ltd, 204), tt. 37–8.
[38] Claire Duchen, *Feminism in France: From May '68 to Mitterrand* (London: Routledge, 1986), tt. 87–8.
[39] Luce Irigaray, *This Sex Which is Not One* (New York: Cornell University Press, 1985) t. 223.
[40] Lechte, *Fifty Key Contemporary Thinkers*, t. 161.
[41] Luce Irigaray, *This Sex Which is Not One*, t. 76.
[42] Margaret Whitford, *Luce Irigaray: Philosophy in the Feminine* (Oxford: Routledge, 1991), t. 4.
[43] Weedon, *Feminist Practice and Poststructuralist Theory*, t. 65.
[44] Toril Moi (gol.), *The Kristeva Reader* (New York: Columbia University Press, 1986), t. 9.
[45] Ibid., t. 10.
[46] Noelle McAfee, *Julia Kristeva: Routledge Critical Thinkers* (London: Routledge, 2004), t. 4.
[47] Ann Rosalind Jones, 'Writing the Body: Towards an Understanding of l'Éctriture Féminine', yn Robin R. Warhol a Diane Price Herndl (goln), *Feminisms: An Anthology of Literary Theory And Criticism* (New Brunswick: Rutgers University, 1997), t. 371.
[48] McAfee, *Julia Kristeva: Routledge Critical Thinkers*, t. 2.
[49] Moi, *The Kristeva Reader*, t. 2.

50 McAfee, *Julia Kristeva: Routledge Critical Thinkers*, t. 3.
51 Cyhoeddwyd y gwaith gwreiddiol yn 1977 a'r cyfieithiad Saesneg yn 1986: Julia Kristeva, 'Stabat Mater', yn Moi, *The Kristeva Reader* tt. 160–86.
52 Jones, 'Writing the Body', t. 371.
53 Ibid., t. 371.
54 McAfee, *Julia Kristeva: Routledge Critical Thinkers*, t. 23.
55 Julia Kristeva, 'Stabat Mater', yn Toril Moi (gol.), *The Kristeva Reader* (New York: Columbia University Press, 1986), t. 174.
56 Julia Kristeva, 'Women's Time', yn Toril Moi (gol.), *The Kristeva Reader* (New York: Columbia University Press, 1986), t. 187.
57 Ibid., t. 193.
58 Mudiad o'r bedwaredd ganrif ar bymtheg hyd at ddechrau'r ugeinfed ganrif a oedd yn ymgyrchu dros gydraddoldeb i fenywod yn enwedig o ran hawliau cyfreithlon a chymdeithasol.
59 Julia Kristeva, 'Women's Time', t. 196.
60 McAfee, *Julia Kristeva: Routledge Critical Thinkers*, t. 96.
61 Fel esiampl, gweler Menna Elfyn, 'Merched yn Dangos y Ffordd', *Barn*, 383–4, Rhagfyr/ Ionawr (1994–5), 20.
62 Julia Kristeva, 'Women's Time', t. 200.
63 McAfee, *Julia Kristeva: Routledge Critical Thinkers*, t. 100.
64 Julia Kristeva, 'Women's Time', t. 210.
65 Julia Kristeva, *Strangers to Ourselves* (New York: Columbia University Press, 1991).
66 Kelly Oliver, *Ethics, Politics and Difference in Kristeva's Writing* (London and New York: Routledge, 1993), t. 123.

2

Theori a Beirniadaeth Lenyddol Ffeministaidd Gymraeg

1 Dyfyniad o wefan 'Be di gender yn Gymraeg?', *http://genderyngymraeg.wordpress.com*.
2 Jerry Hunter, 'Chwarae â Thafodau Tân', *Y Traethodydd*, Ebrill (2002),76–93, 84.
3 Elfyn, 'Trwy Lygaid Ffeministaidd', t. 22.
4 Enid R. Morgan, 'Diwinydda Benywod: Pam a Sut?', *Efrydiau Athronyddol*, LV (1992), 13–30, 13.
5 Alan Page, 'Annwyl Chwiorydd', *Cristion* (Mai/Mehefin 1986), 6–7.
6 Roberts, *Embodying Identity*, t. 16.
7 Simon Brooks, '"Yr Hil": Ydy'r Canu Caeth Diweddar yn Hiliol?', yn Owen Thomas (gol.), *Llenyddiaeth Mewn Theori* (Caerdydd: Gwasg Prifysgol Cymru, 2006), 1–39, t. 3.

Nodiadau

8 Equality Challenge Unit, *Equality in Higher Education Statistical Report 2010*, t. 149.
9 Mae gofod sylweddol rhwng tal canolrif staff academaidd gwrywaidd, sef £43,622 a rhai benywaidd, sef £37,674.
10 Yn bennaf, rôl yr Ysgolion Sul yn gwella llythrennedd yn y Gymraeg oddi ar sefydliad Ysgolion Cylchol Griffith Jones, Llanddowror, yn y ddeunawfed ganrif.
11 Tudur Hallam, 'Y Plentyn a Phlentyneiddiwch yng Ngwaith Diweddar R. M. Jones', *tu chwith*, 20, Gwanwyn (2004), 83.
12 Derec Llwyd-Morgan, 'Y Beibl a Llenyddiaeth Gymraeg', yn R. Geraint Gruffydd (gol.), *Y Gair ar Waith* (Caerdydd: Gwasg Prifysgol Cymru, 1988), t. 112.
13 Kathryn Curtis, 'Beirniadaeth Lenyddol Ffeminist', *Y Traethodydd*, 141 (1986), t. 46.
14 Ibid., t. 48.
15 Tudur Dylan Jones, 'Helfa Menna Elfyn', *Barddas*, 166 (1991), 23.
16 Brooks, *O Dan Lygaid Y Gestapo*, t. 175.
17 Gwenan Roberts, 'Methu Torri dros y Tresi? Y Ferch a Theatr Gyfoes Gymraeg', *Taliesin*, 105–6 (1999), 58.
18 Jane Aaron, Kate Crockett a Francesca Rhydderch, 'Prolog: O'r Iard Gefn', *tu chwith* Hydref, 6 (1996), t. 9.
19 Menna Elfyn (gol.), 'Rhagair', *O'r Iawn Ryw* (Abertawe: Honno, 1991), t. v.
20 Branwen Jarvis, 'Saunders Lewis, Apostol Patriarchaeth', yn J. E. Caerwyn Williams (gol.), *Ysgrifau Beirniadol* XIII (Dinbych: Gwasg Gee, 1974), tt. 296–311.
21 *Y Traethodydd* 141 (1986); *Efrydiau Athronyddol* LV (1992); *tu chwith* 10 (1996).
22 Er y penderfynwyd ymdrin yma â beirniadaeth lenyddol gyhoeddedig, mae'n bwysig cydnabod bodolaeth bedwar traethawd ymchwil perthnasol heb eu cyhoeddi gan Delyth George (1986), Francesca Rhydderch (2000), Kate Crockett (2000) a Nia Angharad Watkins (2008) a ddefnyddir i oleuo'r drafodaeth yng ngweddill y traethawd hwn.
23 Curtis, et al., 'Beirniadaeth Lenyddol Ffeminist', t. 46.
24 Curtis, et al., 'Beirniadaeth Lenyddol Ffeminist', tt. 45–6.
25 K. Curtis, et al., 'Traddodiad Unllygeidiog', *Y Traethodydd*, 141 (1986), t. 36.
26 Ibid., t. 42.
27 Ibid.
28 John Gwilym Jones, yn Elfyn, 'Trwy Lygaid Ffeministaidd', t. 40.
29 Delyth George, 'Blodeuwedd – Dymchwelydd y Drefn?', yn John Rowlands (gol.), *Sglefrio ar Eiriau* (Llandysul: Gwasg Gomer, 1992), t. 113.

[30] Rooney, *The Cambridge Companion to Feminist Literary Theory*, t. 8.
[31] Gayle Green, 'Looking at History: Leaving Shakespeare', yn Gayle Green, a Coppelia Kahn (goln), *Changing Subjects: The Making of Feminist Literary Criticism* (London: Routledge, 1993), t. 12.
[32] Elfyn, *O'r Iawn Ryw*, t. v.
[33] Ceridwen Lloyd-Morgan, 'Ar Glawr Neu ar Lafar: Llenyddiaeth a Llyfrau Merched Cymru o'r Bymthegfed Ganrif i'r Ddeunawfed', *Llên Cymru*, 19 (1996), 70.
[34] Charnell-White, *Beirdd Ceridwen*, t. 43.
[35] Curtis, 'Traddodiad Unllygeidiog', t. 39.
[36] Menna Elfyn, 'Rhagair', yn Menna Elfyn (gol.), *O'r Iawn Ryw* (Abertawe: Honno, 1991), t. vii.
[37] Ceridwen Lloyd-Morgan, 'Rhagymadrodd Hanesyddol', yn Menna Elfyn (gol.), *O'r Iawn Ryw* (Abertawe: Honno), t. xiii.
[38] Ibid., t. vii.
[39] Ceridwen Lloyd-Morgan, 'Sensro'r Ferch', t. 26.
[40] Delyth George, 'Llais Benywaidd y Nofel Gymraeg Gyfoes', *Llên Cymru*, XVI (1991), 376.
[41] Ibid., t. 382.
[42] Ibdi., t. 382.
[43] Ibid., t. 373.
[44] Ibid., t. 372.
[45] Ibid., t. 374.
[46] Katie Gramich, 'Gorchfygwyr a Chwiorydd', yn M. Wynn, Thomas (gol.), *DiFfinio Dwy Lenyddiaeth Cymru* (Caerdydd: Gwasg Prifysgol Cymru, 1995), t. 88.
[47] Ibid.
[48] Ibid., t. 87.
[49] Ibid., t. 85.
[50] Lloyd-Morgan, 'Sensro'r Ferch', t. 27.
[51] Kate Roberts, yn Saunders Lewis (gol.), *Crefft y Stori Fer* (Llandysul: Gwasg Gomer, 1949), t. 20.
[52] Jane Aaron, 'Y Flodeuwedd Gyfoes', yn M. Wynn Thomas (gol.), *DifFinio Dwy Lenyddiaeth Cymru* (Caerdydd: Gwasg Prifysgol Cymru, 1995), t. 199.
[53] Ibid., t. 206.
[54] Aaron, *Pur fel y Dur*, t. 9.
[55] Ibid., t. 11.
[56] Ibid., t. 22.
[57] Ibid., t. 23.
[58] Mae'n bosibl dadlau fod y rhestr wedi ehangu i gynnwys eraill fel Mererid Hopwood, Gwyneth Lewis, Angharad Price, Manon Rhys ac Angharad Tomos erbyn heddiw.

59 Price, 'Y Gymraeg: Iaith sy'n Swcro Gwrywdod?', t. 109.
60 Ibid., t. 109.
61 Aaron, 'Gwahaniaeth a Lluosogedd', t. 39.
62 Ibid., t. 40.
63 Ibid.
64 Ibid., t. 41.
65 Ibid., t. 42.
66 Ibid., t. 44.
67 Gwenllian Dafydd, 'Titrwm Angharad Tomos: Nofel Hunangyfeiriol', *tu chwith*, 10 (1996), 95.
68 Jane Aaron, 'Newid Byd: Rhyddiaith Menywod yn y Nawdegau', *Llais Llyfrau* (Gaeaf 1994), 7–8.
69 Dafydd, 'Titrwm Angharad Tomos: Nofel Hunangyfeiriol', 95.
70 Ibid., t. 97–8.
71 Ibid., t. 102.
72 Menna Elfyn, 'Trwy Lygaid Ffeministaidd', t. 29.
73 Fy mhwyslais i.
74 Lona Llywelyn Davies, 'Gwŷr a Gwragedd Kate Roberts', *Y Traethodydd*, 141 (1986), 126.
75 Jane Aaron, 'Darllen yn Groes i'r Drefn', yn John Rowlands (gol.), *Sglefrio ar Eiriau* (Llandysul: Gwasg Gomer, 1992), t. 63.
76 Ibid., t. 65.
77 Ibid., t. 70.
78 Ibid., t. 82.
79 Jane Aaron, 'Y Flodeuwedd Gyfoes', t. 204.
80 Ibid., t. 205.
81 Gramich, 'Gorchfygwyr a Chwiorydd', t. 88.
82 Jane Aaron, '"Glywi di 'nghuro?": Agweddau ar nofelau Angharad Tomos 1979–1997', yn John Rowlands (gol.), 2000. *Y Sêr yn eu Graddau: Golwg ar y Nofel Gymraeg Ddiweddar* (Caerdydd: Gwasg Prifysgol Cymru, 2000), t. 129.
83 Ffion Jones, 2000. 'Yn y Cysgodion: Llais a Lle'r Fenyw yng Ngwaith Manon Rhys', yn John Rowlands (gol.), *Y Sêr yn eu Graddau* (Caerdydd: Gwasg Prifysgol Cymru, 2000), t. 247.
84 Ibid., t. 250.
85 Ibid., t. 247.
86 Ibid., t. 256.
87 Maggie Humm, *Border Traffic: Strategies of Contemporary Women Writers* (Manchester: Manchester University Press, 1991), t. 15.
88 Hélène Cixous, *The Third Body* (Illinois: Northwestern University Press, 1999).
89 Mererid Puw Davies, 'Angel yr Anadl', *Barn*, 406, Tachwedd (1996), 30.
90 *http://ww.hanesmerchedcymru.mercheddywawr.com/caru.html*.

[91] Curtis, et al., 'Beirniadaeth Lenyddol Ffeminist', 47.
[92] Aaron, *Pur fel y Dur*, t. 53.
[93] Ibid., t. 46.
[94] Ibid., t. 53.
[95] Lloyd-Morgan, 'Sensro'r Ferch', 27.
[96] Gwenan Roberts, 'Methu Torri dros y Tresi? Y Ferch a Theatr Gyfoes Gymraeg', *Taliesin*, 105–6 (1999), 73.
[97] Elin Llwyd Morgan, 'Y Flwyddyn Lenyddol', *Barn*, 527/528 (Rhagfyr/ Ionawr 2006–7), 62.
[98] Elfyn, 'Trwy Lygaid Ffeministaidd', t. 28.
[99] Lloyd-Morgan, 'Sensro'r Ferch', 27.
[100] George, 'Llais Benywaidd y Nofel Gymraeg Gyfoes', 364.
[101] Ibid., 20.
[102] Brooks, *O Dan Lygaid Y Gestapo*, t. 74.
[103] Carys Mair Thomas, 'Y Llif Ffalig', *tu chwith*, 9 (Gwanwyn, 1998), 74.
[104] Francesca Rhydderch, 'Diffinio Ffeminyddiaeth yng Nghymru Heddiw', *tu chwith*, 6 (1996), 39.
[105] Angharad Price, *Rhwng Du a Gwyn: Agweddau ar Ryddiaith Gymraeg y 1990au* (Caerdydd: Gwasg Prifysgol Cymru, 2002), t. 29.
[106] Ibid., tt. 146–6.
[107] Jane Aaron, '"Glywi di 'nghuro?": Agweddau ar nofelau Angharad Tomos 1979–1997', yn John Rowlands (gol.), *Y Sêr yn eu Graddau: Golwg ar y Nofel Gymraeg Ddiweddar* (Caerdydd: Gwasg Prifysgol Cymru, 2000), t. 126.
[108] Ffion Jones, 'Yn y Cysgodion: Llais a Lle'r Fenyw yng Ngwaith Manon Rhys', yn John Rowlands (gol.), *Y Sêr yn eu Graddau* (Caerdydd: Gwasg Prifysgol Cymru, 2000), t. 239.
[109] Melanie Klein, *Envy and Gratitude: A Study of Unconscious Sources* (London: Tavistock Publications, 1957), t. 7.
[110] Sigmund Freud 'Some Psychical Consequences of the Anatomical Distinction between the Sexes', yn Strachey, James (gol.), *The Standard Edition of the Complete Psychological Works of Sigmund Freud, Volume XIX (1923–1925): The Ego and the Id and Other Works* (London: Hogarth Press, 1974), t. 243.
[111] Jones, 'Yn y Cysgodion', t. 240.
[112] Ibid.
[113] Ibid., t. 241.
[114] Ibid., t. 242.
[115] Dylan Foster Evans, '"Cyngor y Bioden": Ecoleg a Llenyddiaeth Gymraeg', yn Owen Thomas (gol.), *Llenyddiaeth Mewn Theori*, Cyfrol 1 (Llanbedr Pont Steffan/Llandysul: Prifysgol Cymru/Gwasg Gomer, 2006), 46.
[116] Elfyn, 'Trwy Lygaid Ffeministaidd', t. 49.

Nodiadau

[117] Thomas, 'Y Llif Ffalig'.
[118] Brooks, *O Dan Lygaid Y Gestapo*, t. 175.
[119] Eigra Lewis Roberts, 'Minafon, Blaenau a Dolwyddelan: Holi Eigra Lewis Roberts', *Barn* (Ebrill, 1993), 363, 36.
[120] *Location, Reception and Identity: Welsh Women's Writing in English 2000–Present Day*, Llyfrgell Genedlaethol Cymru Aberystwyth, 11 Mawrth 2011. Cynhaliwyd ar y cyd gan Centre for Women, Writing and Literary Culture Aberystwyth, a The Association of Welsh Writing in English.
[121] Fel arfer ceir tri beirniad ar gyfer cystadleuaethau Y Goron, Y Gadair a'r Fedal Ryddiaith ac un beirniad ar gyfer y Stori Fer. Sut bynnag mae hyn yn amrywio o dro i dro, ac yn esbonio'r gwahaniaeth yn y canrannau o flwyddyn i flwyddyn pan fod niferoedd y beirniaid benywaidd yn aros yr un peth.

Cyflwyniad i'r Cyfrolau

[1] George, Delyth, 'Rhai Agweddau ar Serch a Chariad yn y Nofel Gymraeg 1917–1985' (traethawd PhD heb ei gyhoeddi, Prifysgol Cymru, Aberystwyth, 1986), 31.
[2] Eigra Lewis [Roberts], *Brynhyfryd* (Aberystwyth: Gwasg Aberystwyth, 1959).
[3] Jane Edwards, *Dechrau Gofidiau* (Llandysul: Gwasg Gomer, 1962).
[4] Beti Hughes, *Dwy Chwaer* (Llandybie: Llyfrau'r Dryw, 1964).
[5] Beti Hughes, *Carchar Hyfryd* (Llandybie: Llyfrau'r Dryw, 1965).
[6] Ennis Evans, *Pruddiaith* (Llandysul: Gwasg Gomer, 1981).
[7] Angharad Tomos, *Hen Fyd Hurt* (Urdd Gobaith Cymru, 1982).
[8] Angharad Tomos, *Yma o Hyd* (Talybont: Y Lolfa, 1985).
[9] Angharad Tomos, *Titrwm* (Talybont: Y Lolfa, 1994).
[10] Angharad Tomos, *wrth fy nagrau i* (Llanrwst: Carreg Gwalch, 2007).
[11] Angharad Jones, *Y Dylluan Wen* (Llandysul: Gwasg Gomer, 1995).
[12] Ann Pierce Jones, *Fflamio* (Llandysul: Gwasg Gomer, 1999).
[13] Fflur Dafydd, *Y Llyfrgell* (Talybont: Y Lolfa, 2009).

3

Beichiogrwydd

[1] Cristina Mazzoni, *Maternal Impressions: Pregnancy and Childbirth in Literature and Theory* (New York: Cornell University Press, 2002), t. 3.
[2] Adrienne Rich, *Of Woman Born: Motherhood as Experience and Institution* (New York: Norton Press, 1976), t. xii.
[3] Mazzoni, *Maternal Impressions*, tt. 27–8.

4 William John Gruffydd yn T. Robin Chapman, 2004, *Meibion Afradlon a Chymeriadau Eraill: Golwg ar y Dymer Delynegol 1891–1940* (Caerdydd: Gwasg Prifysgol Cymru, 2004), t. 113.
5 Mazzoni, *Maternal Impressions*, t. 28.
6 Julia Kristeva, 'Stabat Mater', trans. Alice Jardine a Harry Blake, yn Toril Moi (gol.), *The Kristeva Reader* (New York: Columbia University Press, 1986), t. 161.
7 Beti Hughes, *Melodïau Coll* (Abertawe: Tŷ John Penri, 1977), t. 18.
8 Bethan Mair Hughes, 'Merched yn Llenyddiaeth y Pumdegau', *Taliesin*, 75 (1991), 101–9,
9 George, 'Llais Benywaidd y Nofel Gymraeg Gyfoes', 363.
10 Virginia Woolf, *A Room on One's Own* (London: Hogarth, 1929), tt. 162–3.
11 George, 'Llais Benywaidd y Nofel Gymraeg Gyfoes', 368.
12 Brooks, *O Dan Lygaid y Gestapo*, t. 180.
13 Lloyd-Morgan, 'Sensro'r Ferch', t. 27.
14 Deirdre Beddoe, *Out of the Shadows: A History of Women in Twentieth-century Wales* (Cardiff: University of Wales Press, 2000), t. 154.
15 Ibid., tt. 167–8.
16 Cyhoeddwyd y gyfrol a dderbynnir yn gyffredinol fel y nofel gyntaf yn y Gymraeg, sef *Hunangofiant Rhys Lewis* gan Daniel Owen, yn 1885.
17 Cyhoeddwyd nofel gyntaf gan fenyw yn y Gymraeg, sef y llyfr teithio creadigol *Dringo'r Andes*, gan Eluned Morgan (Y Fenni: Brodyr Nevill, 1904).
18 Kate Bosse-Griffiths, *Mae'r Galon Wrth y Llyw* (Aberystwyth: Gwasg Aberystwyth, 1957).
19 Jane Edwards, *Dechrau Gofidiau* (Llandysul: Gwasg Gomer, 1962).
20 *http://www.hanesmerchedcymru.merchedywawr.com/agweddau.html*.
21 Gwen Tomos, *Y Graig Noeth* (Caernarfon: Llyfrau'r Methodistiaid), t. 15.
22 Marlis Jones, *Rhyddhad?* (Caernarfon: Gwasg Pantycelyn, 2001), t. 50.
23 Beti Hughes, *Dwy Chwaer*, t. 8.
24 Marion Eames, *I Hela Cnau*, t. 285.
25 Mari Ellis, *Ystyriwch Lili* (Talybont: Y Lolfa, 1988), t. 70.
26 Jane Edwards, *Epil Cam* (Llandysul: Gwasg Gomer, 1972), t. 66.
27 Gwen Tomos, *Y Graig Noeth* (Caernarfon: Llyfrau'r Methodistiaid, 1967), tt. 15–16.
28 Jane Edwards, *Dechrau Gofidiau*, t. 21.
29 Ibid., t. 103.
30 Catherine Williams, *Dal i Ddisgwyl*, t. 35.
31 Ibid., t. 39.
32 Roberts, *Te yn y Grug*, t. 47.
33 Derec Llwyd Morgan, 'Adolygiad o *Y Gri Unig*', *Lleufer: Cylchgrawn Cymdeithas Addysg y Gweithwyr yng Nghymru*, 26/3 (1975), 41.

Nodiadau

[34] Grace Roberts, *Dyddiau Teisen Bwdin* (Caernarfon: Cyhoeddiadau Mei, 1989), t. 28.
[35] Kate Roberts, *Gobaith* (Dinbych: Gwasg Gee, 1972), t. 84.
[36] Tomos, *wrth fy nagrau i*, tt. 144–5.
[37] Grace Roberts, *Dyddiau Teisen Bwdin* (Llandysul: Gwasg Gomer, 1989), t. 8.
[38] Ibid., t. 18.
[39] Joanna Davies, *Ffreshars* (Llandysul: Gwasg Gomer, 2008), t. 78.
[40] Michael J. O'Dowd a Elliot E. Philipp, *The History of Obstetrics and Gynaecology* (Florida: CRC Press, 2000), 468.
[41] http://www.hanesmerchedcymru.merchedywawr.com/agweddau.html.
[42] Carys Richards, *Ynys y Cylch* (Dinbych: Gwasg Gee, 1987), t. 10.
[43] Elis, *I'r Gad*, t. 15.
[44] Edwards, *Bara Seguryd* (Llandysul: Gwasg Gomer), t. 75.
[45] Mared Lewis, *Y Maison du Soleil* (Caernarfon: Gwasg Gwynedd, 2008), t. 78.
[46] Meleri Wyn James, *Catrin Jones yn Unig* (Llandysul: Gwasg Gomer), t. 139.
[47] Tomos, *wrth fy nagrau i*, t. 73.
[48] Brown, *Corcyn Heddwch*, tt. 8–9.
[49] Jane Edwards, *Pant yn y Gwely* (Llandysul: Gwasg Gomer), t. 87.
[50] Anne Cranny-Francis, *The Body in the Text* (Melbourne: Melbourne University Press, 1995), t. 39.
[51] Roberts, *Annwyl Smotyn Bach*, t. 49.
[52] Fflur Dafydd, *Y Llyfrgell* (Talybont: Y Lolfa, 2009), t. 60.
[53] Tomos, *wrth fy nagrau i*, t. 86.
[54] Tomos, *wrth fy nagrau i*, t. 88.
[55] Bethan Gwanas, *Gwrach y Gwyllt* (Llandysul: Gwasg Gomer), t. 333.
[56] Ibid., t. 333.
[57] Kelly Ives, *Cixous, Irigaray, Kristeva: The Jouissance of French Feminism* (Maidstone: Crescent Moon Publishing, 2007), t. 59.
[58] Caryl Lewis, *Martha Jac a Sianco* (Talybont: Y Lolfa, 2004).
[59] Roberts, *Annwyl Smotyn Bach*.
[60] Beti Hughes, *Dwy Chwaer*.
[61] Roberts, *Rhodd o Ferch*.
[62] Gramich, *Twentieth-Century Women's Writing in Wales*, t. 186.
[63] Gweler: Robbie Pfeufer Kahn, *Bearing Meaning: The Language of Birth* (Champaign: University of Illinois Press, 1998).
[64] Tomos, *wrth fy nagrau i*, t. 85.
[65] Scarth, *The Other Within*, t. 2.
[66] Gramich, *Twentieth-Century Women's Writing in* Wales, t. 113.
[67] Bosse-Griffiths, *Mae'r Galon Wrth y Llyw*, t. 184.
[68] Cixous a Clement, *The Newly Born Woman*, t. 90.

[69] Bosse-Griffiths, *Mae'r Galon wrth y Llyw*, t. 131.
[70] Simone de Beauvoir, *The Second Sex* (New York: Alfred A. Knopf, 1953), t. 519.
[71] Ibid., t. 518.
[72] Brooks, *O Dan Lygaid Y Gestapo*, t. 131.
[73] Jane Edwards, *Dechrau Gofidiau*, t. 8.
[74] Ibid., t. 13.
[75] Ibid.
[76] Ibid., t. 15.
[77] Ibid., t. 19.
[78] Ibid.
[79] Ibid., t. 17.
[80] Ibid., t. 21.
[81] Ibid., t. 38.
[82] Ibid.
[83] Ibid., t. 39.
[84] Gramich, *Twentieth-Century Women's Writing in Wales*, t. 132.
[85] Hughes, *Dwy Chwaer*, t. 126.
[86] Ibid., t. 14.
[87] Ibid., t. 156.
[88] Ibid.
[89] Ibid.
[90] Roberts, *Rhodd o Ferch*, t. 29.
[91] Mae thema etifeddiaeth (yn enwedig etifeddu tŷ) yn un gyfarwydd mewn ffuglen ddiweddar, a gall fod ganddi gysylltiadau ehangach ag etifeddiaeth ddiwylliannol ac ieithyddol.
[92] Meinir Pierce Jones, *Lili dan yr eira* (Llandysul: Gwasg Gomer, 2007), t. 18.
[93] Ibid., t. 62.
[94] Ann E. Kaplan, *Motherhood and Representation: The Mother in Popular Culture and Melodrama* (London: Routledge, 1992), t. 4.
[95] George, 'Llais Benywaidd y Nofel Gymraeg Gyfoes', t. 373.
[96] Lleucu Roberts, *Troi Clust Fyddar* (Talybont: Y Lolfa, 2005), t. 73.
[97] Gareth W. Evans, 'Y Ferch, Addysg a Moesoldeb: Portread y Llyfrau Gleision 1847', yn Prys Morgan (gol.), *Brad y Llyfrau Gleision* (Llandysul: Gwasg Gomer, 1991), t. 92.
[98] Cixous a Clement, *The Newly Born Woman*, t. 97.
[99] Ruth Salvaggio, *The Sounds of Feminist Theory* (New York: State University of New York Press, 1999), t. 63.
[100] *http://www.direct.gov.uk/cy/Parents/HavgABaby/HealthInPregnancy/DG_171354CY.*
[101] Roberts, *Annwyl Smotyn Bach*, t. 108.
[102] Caryl Lewis, *Plu* (Talybont: Y Lolfa, 2008), t. 15.
[103] Tomos, *Hen fyd Hurt*, t. 15.

[104] Brown, *Corcyn Heddwch*, t. 168.
[105] Sonia Edwards, *Merch Noeth* (Caernarfon: Gwasg Gwynedd, 2003), t. 105.
[106] Gwanas, *Hi oedd fy Ffrind*, tt. 204–5.
[107] Edwards, *Bara Seguryd*, t. 15.
[108] Hughes, *Melodïau Coll*, tt. 88 a 136.
[109] Ibid., t. 136.
[110] Joseph R. Urgo, 'Postvomity; Pylon and the Faulknerian Spew', yn John N. Duvall ac Anne J. Abadie, *Faulkner and Postmodernism* (Mississippi: University Press, 2002), t. 124.
[111] Ibid., t. 142.
[112] Roberts, *Te yn y Grug*, t. 13.
[113] Edwards, *Bara Seguryd*, t, 37.
[114] Manon Rhys, *Cysgodion* (Llandysul: Gwasg Gomer, 1993), t. 17.
[115] Pierce Jones, *Fflamio*, t. 22.
[116] Karen J. Carlson, Stephanie A. Eisenstat a Terra Diane Ziporyn (goln), *The New Harvard Guide to Women's Health* (Massachusetts: Harvard University Press, 2004), t. 43.
[117] Catherine Redfern a Kristin Aune, *Reclaiming the F Word* (London: Zed Books, 2010), t. 19.
[118] Gwanas, *Hi oedd fy Ffrind*, t. 14.
[119] Rhys, *Cysgodion*, t. 153.
[120] Bonnie Burstow, *Radical Feminist Therapy: Working in the Context of Violence* (California: Sage Publications, 1992), t. 218.
[121] Dafydd, *Y Llyfrgell*, t. 214.
[122] Rhys, *Cysgodion*, t. 51.
[123] Madan Sarup, *An Introductory Guide To Post-Structuralism and Postmodernism* (Harlow: Harvester Wheatsheaf, 1993), t. 122.
[124] Mazzoni, *Maternal Impressions*, t. 174.
[125] Kristeva, *Powers of Horror*, t. 2.
[126] Gwen Parrott, *Gwyn eu Byd* (Llandysul: Gwasg Gomer, 2010), t. 19.
[127] Mazzoni, *Maternal Impressions*, t. 142.
[128] Tomos, *Titrwm*, t. 7.
[129] Mae'n ddiddorol iawn bod Manon Rhys yn *Cysgodion* yn disgrifio'r fwlfa fel cragen, goddrych a chanddo gysylltiadau agos â'r glust, t. 77.
[130] Luce Irigaray, yn Maggie Humm, *Feminist Criticism: Women as Contemporary Critics* (Brighton: Harvester, 1986), t. 204.
[131] McAfee, *Julia Kristeva: Routledge Critical Thinkers*, t. 46.
[132] Tomos, *Titrwm*, t. 31.
[133] Ibid., t. 48.
[134] Roberts, *Embodying Identity*, t. 9.
[135] Jane Edwards, *Byd o Gysgodion* (Llandysul: Gwasg Gomer, 1964), t. 167.

[136] Jane Aaron, 'Dadadeiladaeth a Gwleidyddiaeth', *tu chwith*, rhif 2 (Haf 1994) 18–26, 23
[137] Roberts, *Embodying Identity*, t. 5.
[138] Ibid., t. 21.
[139] Tomos, *Titrwm*, t. 55.
[140] Jane Aaron, 'Newid Byd: Rhyddiaith Menywod yn y Nawdegau', *Llais Llyfrau* (Gaeaf 1994), 7–8. Noder bod Jane Aaron yma yn gwyrdroi trosiad cyffredin yr ysgrifbin yn ffalws ac yn ei adennill fel symbol corfforol benywaidd.
[141] Angharad Price, *O! Tyn y gorchudd* (Llandysul: Gwasg Gomer, 2002).
[142] Price, *Tania'r Tacsi*.
[143] Ibid., t. 40.
[144] Gwenllian Dafydd, *Ffuglen Gymraeg Ôl-Fodern* (Traethawd MPhil heb ei gyhoeddi Prifysgol Cymru, Aberystwyth, 1999), 112.
[145] Price, *Tania'r Tacsi*, t. 49.
[146] Price, *Tania'r Tacsi*, t. 74.
[147] Karen J. Carlson, Stephanie A. Eisenstat, a Terra Diane Ziporyn (goln), *The New Harvard Guide to Women's Health* (Massachusetts: Harvard University Press, 2004), t. 44.
[148] Jane Aaron, 'Finding a Voice in Two Tongues: Gender and Colonization', yn Jane Aaron, et al. (goln), *Our Sisters' Land: The Changing Identities of Women in Wales* (Cardiff: University of Wales Press, 1994), t. 188.
[149] Kristeva, *Powers of Horror*, t. 208.
[150] Laura Seftel, *Grief Unseen: Healing Pregnancy Loss Through the Arts* (London: Jessica Kinglsey Publishers, 2006), t. 83.
[151] Marion Eames, *Y Stafell Ddirgel* (Llandysul: Gwasg Gomer, 1969).
[152] Lewis, *Martha Jac a Sianco*.
[153] Hughes, *Carchar Hyfryd*, t. 90.
[154] Jane Lewis, *Women in Britain since 1945* (Oxford: Blackwell), t. 57.
[155] Adran Iechyd, Mai 2011. Ystadegau Erthylu ar gyfer Cymru a Lloegr 2010: *http://www.dh.gov.uk/prod_consum_dh/groups/dh_digitalassets/documents/digitalasset/dh_127202.pdf*.
[156] Bosse-Griffiths, *Mae'r Galon wrth y Llyw*, t. 209.
[157] Ibid., t. 42.
[158] Ibid., t. 116.
[159] Edwards, *Byd o Gysgodion*, t. 147.
[160] Edwards, *Epil Cam*, t. 26.
[161] Pierce Jones, *Lili dan yr eira*, t. 88.
[162] Roberts, *Embodying Identity*, t. 39.
[163] Lewis, *Plu*, 16.
[164] Evans, *Pruddiaith*, t. 49.
[165] Angharad Jones, *Datod Gwlwm* (Llandysul: Gwasg Gomer, 1990), t. 51.

[166] Elaine Tuttle Hansen, *Mother Without Child: Contemporary Fiction and the Crisis of Motherhood* (Ewing: University of California Press, 1997), t. 20.
[167] Sonia Edwards, *Y Goeden Wen* (Caernarfon: Gwasg Gwynedd, 2001), tt. 37–8.
[168] Tomos, *wrth fy nagrau i*, t. 81.
[169] Roberts, *Annwyl Smotyn Bach*, 143.
[170] Ibid., t. 143.
[171] Pierce Jones, *Fflamio*, t. 11.
[172] Roberts, *Rhodd o Ferch*, t. 57.
[173] Ibid., t. 147.
[174] Tomos, *wrth fy nagrau i*, t. 57.
[175] Luce Irigaray, *Elemental Passions* (New York: Routledge, 1992), t. 47.
[176] Ibid., t. 7.
[177] Lewis Roberts, *Mis o Fehefin*, t. 68.
[178] Brown, *Corcyn Heddwch*, t. 178.
[179] Lewis Roberts, *Mis o Fehefin*, t. 68.
[180] Evans, *Pruddiaith*, t. 11.
[181] Ibid., t. 14.
[182] Iris Marion Young, *Justice and the Politics of Difference* (New Jersey: Princeton University Press, 1990), tt. 144–5.
[183] Kristeva, *Desire in Language*, t. 136.
[184] Ibid., t. 132.
[185] Tomos, *wrth fy nagrau i*, t. 160.
[186] Tuttle Hansen, *Mother Without Child*, t. 20.
[187] Ibid., t. 25.
[188] Rhys, *Cysgodion*, t. 16.
[189] McAfee, *Julia Kristeva*, t. 2.
[190] Irma Chilton, *Y Cwlwm Gwaed* (Llandysul: Gwasg Gomer, 1981), t. 74.
[191] Tiffany Field, *The Amazing Infant* (Oxford: Blackwell, 2007), t. 83.
[192] Raman Selden, Peter Widdowson a Peter Brooker (goln), *A Reader's Guide to Contemporary Literary Theory* (Harlow: Pearson Education Ltd, 2005), t. 133.
[193] Mazzoni, *Maternal Impressions*, t. 146.
[194] Hélène Cixous a Deborah Jenson (goln), *Coming to Writing and Other Essays* (Massachusetts: Harvard University Press, 1991), t. 31.
[195] Angharad Tomos, *Titrwm* (Talybont: Y Lolfa, 1994).
[196] Gwenllian Dafydd, 'Titrwm Angharad Tomos: Nofel Hunangyfeiriol', *tu chwith*, 10 (1996), 99.
[197] Tomos, *Titrwm*, t. 8.
[198] Ibid., t. 59.
[199] Ibid., t. 21.
[200] Ibid., t. 20.

[201] Gramich, *Twentieth-Century Women's Writing in Wales*, t. 160.
[202] Tomos, *Hen Fyd Hurt*, t. 8.
[203] Ibid., t. 6.
[204] Ibid., t. 15.
[205] Peredur Lynch, 'Twentieth Century Welsh Literature', yn Séamus Mac Mathúna ac Ailbhe Ó Corráin (goln), *Celtic Literatures in the Twentieth Century* (Ulster: University of Ulster, Research Institute for Irish and Celtic Studies, 2007), t. 122.
[206] Angharad Tomos, *Yma o Hyd* (Talybont: Y Lolfa, 1985), t. 64.
[207] Ibid., t. 125.
[208] Roberts, *Annwyl Smotyn Bach*, t. 136.
[209] Eames, *I Hela Cnau*, t. 208.
[210] Kristeva, *Desire in Language*, t. 237.
[211] Tomos, *Titrwm*, t. 146.
[212] Kristeva, *Desire in Language*, t. 239.
[213] Roberts, *Annwyl Smotyn Bach*, t. 139.
[214] Tomos, *Y Graig Noeth*, t. 8.
[215] Eigra Lewis Roberts, *Cudynnau* (Llandysul: Gwasg Gomer, 1970), t. 34.
[216] Edwards, *Dechrau Gofidiau*, t. 103.
[217] Roberts, *Rhodd o Ferch*, t. 42.
[218] Hazel Charles Evans, *Eluned Caer Madog* (Llandysul: Gwasg Gomer, 1976), t. 74.
[219] Eirwen Gwynn, *Caethiwed* (Talybont: Y Lolfa, 1981).
[220] Lewis Roberts, *Mis o Fehefin*, t. 52.
[221] Sonia Edwards, *Cysgu ar Eithin* (Caernarfon: Gwasg Gwynedd, 1994), t. 52.
[222] Tomos, *Titrwm*, t. 30.
[223] Lewis Roberts, *Cudynnau*, t. 34.
[224] Manon Rhys, *Tridiau ac Angladd Cocrotshen* (Llandysul: Gwasg Gomer, 1996), tt. 122–3.
[225] Mari Ellis, *Ystyriwch Lili* (Talybont: Y Lolfa, 1988), tt. 119–20.
[226] Ibid., t. 120.
[227] Bethan Gwanas, *Bywyd Blodwen Jones* (Llandysul: Gwasg Gomer, 1999).
[228] Virginia C. Mueller, et al. (2007). *Trosglwyddo Iaith Mewn Teuluoedd Dwyieithog* (Bangor: Prifysgol Bangor/Bwrdd yr Iaith Gymraeg, 2007), t. 10.
[229] Roberts, *Annwyl Smotyn Bach*, t. 153.

4

Y Mislif

1. Tomos, *Titrwm*, t. 122.
2. Emily Martin, *Woman in the Body: A Cultural Analysis of Reproduction* (Maidenhead: Open University Press, 1989), t. 200.
3. Meleri Wyn James, *Fyny Lawr* (Llandysul: Gwasg Gomer, 2006), t. 261.
4. Tomos, *Titrwm*, t. 123.
5. Marged Pritchard, *Cysgodion ar yr Haul* (Dinbych: Gwasg Gee, 1974), t. 36.
6. Ennis Evans, *Y Gri Unig* (Llandysul: Gwasg Gomer, 1975), t. 97.
7. Lewis Roberts, *Mis o Fehefin*, t. 68.
8. Marged Lloyd Jones, *Rhoces Fowr* (Llandysul: Gwasg Gomer, 2006), t. 108.
9. Bethan Gwanas, *Hi oedd fy Ffrind* (Talybont: Y Lolfa, 2006), t. 200.
10. Y gyfrol enwocaf efallai yw: Mary Douglas, *Purity and Danger: An Analysis of Concepts of Pollution and Taboo* (London: Routledge, Keegan, Paul, 1966), gwaith creiddiol gan yr anthropolegydd enwog sy'n sail i rai o syniadau Julia Kristeva ar y testun hwn (Kristeva 1982, tt. 65–8).
11. Iris Marion Young, *On Female Body Experience: "Throwing Like A Girl" and Other Essays* (Oxford: Oxford University Press, 2005), t. 7.
12. Sophie Laws, *Issues of Blood: The Politics of Menstruation* (London: Macmillan. 1990), t. 207.
13. Ibid., t. 30.
14. Kerkham, Patricia, 2003. 'Menstruation: The Gap in the Text?' *Psychoanalytic Psychotherapy*, 17/4 (2003), 279.
15. Ibid., t. 4.
16. Yn ôl ystadegau Llywodraeth Prydain, bydd 23 y cant o fenywod a anwyd yn 1973 yn debygol o fod yn ddiblant erbyn iddynt gyrraedd 45 oed. http://www.statistics.gov.uk/STATBASE/xsdataset.asp?vlnk=110.
17. Tomos, *wrth fy nagrau i*, t. 10.
18. Young, *On Female Body Experience*, t. 98.
19. Ibid., t. 113.
20. Kristeva, *Powers of Horror*, t. 71.
21. Kerkham, *Menstruation*, t. 287.
22. Jay Griffiths, *Pip Pip: A Sideways Look at Time* (London: Flamingo, 2000), t. 106.
23. Young, *On Female Body Experience*, t. 57.
24. Griffiths, *Pip Pip*, t. 109.
25. Kerkham, *Menstruation*, t. 283.
26. Barbara Creed, *The Monstrous-feminine: Film, Feminism, Psychoanalysis* (Abingdon: Routledge, 1993), t. 1.

27 Jane M. Ussher, 2006. *Managing The Monstrous Feminine: Regulating the Reproductive Body* (Hove: Routledge, 2006), t. 25.
28 Iris Marion Young, *On Female Body Experience: "Throwing Like A Girl" and Other Essays* (Oxford: Oxford University Press, 2005), t. 103.
29 Menstruation of Menstruation (MUM) *http://www.mum.org/index.html*.
30 Laws, *Issues of Blood*, t. 46.
31 Young, *On Female Body Experience*, t. 104.
32 Rhys, *Tridiau ac Angladd Cocrotshen*, t. 59.
33 Ibid., t. 60.
34 Ibid., t. 101.
35 Rhys, *Cysgodion*, t. 17.
36 Patricia Kerkham, 'Menstruation: The Gap in the Text?', *Psychoanalytic Psychotherapy* 17/4 (2003), 279–99, 287.
37 Sharon Golub, *Lifting the Curse of Menstruation: a Feminist Appraisal of the Influence of Menstruation on Women's Lives* (New York: Haworth Press, 1985), tt. 17–18.
38 Peter H. Whincup, 'Age of menarche in contemporary British teenagers: survey of girls born between 1982 and 1986', *BMJ* (5 May 2001), 322, 1095.
39 Griffiths, *Pip Pip*, t. 106.
40 Young, *On Female Body Experience*, t. 101.
41 Kerkham, *Menstruation*, t. 279.
42 Griffiths, *Pip Pip*, t. 111.
43 Er nad Doris Lessing oedd yr awdur benywaidd Saesneg cyntaf oll i gyfeirio at y mislif, e.e. gweler Eileen Arbuthnot Robertson, *Ordinary Families* (London: Jonathan Cape Publishers 1933).
44 Jane Edwards, *Tyfu* (Llandysul: Gwasg Gomer, 1973), t. 44.
45 Ibid., t. 55.
46 Aaron, *Pur fel y Dur*, t. 46.
47 Edwards, *Epil Cam*, t. 66.
48 Sonia Edwards, *Gloynnod* (Caernarfon: Gwasg Gwynedd, 1995), t. 66.
49 Eames, *I Hela Cnau*, t. 82.
50 Kate Roberts, *Haul a Drycin* (Dinbych: Gwasg Gee, 1981), t. 8.
51 Young, *On Female Body Experience*, t. 112.
52 Griffiths, *Pip Pip*, t. 111.
53 Lewis, *Plu*, t. 117.
54 Roberts, *Haul a Drycin*, t. 20.
55 Tomos, *Titrwm*, tt. 121–2.
56 Young, *On Female Body Experience*, t. 107.
57 Penelope Shuttle a Peter Redgrove, *The Wise Wound: Menstruation and Everywoman* (London: Marion Boyars Publishers Ltd, 2005), t. 26.
58 Roberts, *Embodying Identity*, t. 9.

Nodiadau

[59] Sarah M. Gilbert, 'Introduction: A Tarantella of Theory', yn Hélène Cixous a Catherine Clément, *The Newly Born Woman* (London: I. B. Tauris & Co Ltd, 1996.), t. xi.
[60] Kristeva, *Powers of Horror*, t. 72.
[61] Griffiths, *Pip Pip*, t. 59.
[62] Cixous, 'Laugh of the Medusa', t. 883.
[63] Roberts, *Embodying Identity*, t. 7.
[64] Manon Rhys, *Cwtsho* (Llandysul: Gwasg Gomer, 1988), t. 20.
[65] Young, *On Female Body Experience*, t. 111.
[66] Roberts, *Embodying Identity*, t. 72.
[67] Kerkham, *Menstruation*, t. 279.
[68] Sonia Edwards, *Elain* (Llandysul: Gwasg Gomer, 2003), t. 13.
[69] Edwards, *Pant yn y Gwely*, t. 97.
[70] Kerkham, *Menstruation*, t. 287.
[71] Barbara Sommer, 'How does Menstruation Affect Cognitive Competence and Psychophysiological Response?', yn Sharon Golub (gol.), *Lifting The Curse Of Menstruation: A Feminist Appraisal Of The Influence Of Menstruation On Women's Lives* (New York: Haworth Press, 1985), t. 86.
[72] Marion Eames, *Y Ferch Dawel* (Llandysul: Gwasg Gomer, 1992), t. 19.
[73] Hughes, *Melodïau Coll*, t. 48.
[74] Edwards, *Pant yn y Gwely*, t. 65.
[75] Young, *On Female Body Experience*, t. 109.
[76] Laws, *Issues of Blood*, t. 211.
[77] Ibid., t. 80.
[78] Meg Elis, *Carchar* (Talybont: Y Lolfa, 1978), t. 23.
[79] Edwards, *Pant yn y Gwely*, t. 97.
[80] Edwards, *Cysgu ar Eithin*, t. 25.
[81] Meleri Wyn James, *Catrin Jones yn Unig* (Llandysul: Gwasg Gomer, 2000), t. 86.
[82] Meleri Wyn James, *Fyny Lawr* (Llandysul: Gwasg Gomer, 2006), t. 261.
[83] Bethan Gwanas (gol.), *Tinboethach* (Caernarfon: Gwasg Gwynedd, 2008), t. 32.
[84] Rhys, *Cwtsho*, t. 20.
[85] Rhys, *Tridiau ac Angladd Cocrotshen*, t. 59.
[86] Lloyd Jones, *Rhoces Fowr*, t. 108.
[87] Gwanas, *Hi oedd fy Ffrind*, t. 200.
[88] Roberts, *Haul a Drycin*, t. 20.
[89] Pritchard, *Cysgodion ar yr Haul*, t. 36.
[90] Wyn James, *Fyny Lawr*, t. 261.
[91] Pierce Jones, *Lili dan yr eira*, t. 89.
[92] Brown, *Corcyn Heddwch*, t. 169.
[93] Lewis Roberts, *Mis o Fehefin*, t. 10.

[94] http://www.rhegiadur.com/index.php.
[95] Laws, *Issues of Blood*, t. 29.
[96] Ibid., t. 87.
[97] Ussher, *Managing The Monstrous Feminine*, t. 21.
[98] Wyn James, *Catrin Jones yn Unig*, t. 49.
[99] Laws, *Issues of Blood*, t. 29.
[100] Lewis Roberts, *Mis o Fehefin*, t. 10.
[101] Rhys, *Cwtsho*, t. 26.
[102] Wyn James, *Fyny Lawr*, t. 110.
[103] Laws, *Issues of Blood*, t. 53.
[104] Defnyddir y dylluan wen yn symbol drawiadol o hunaniaeth y Gymraes (ac o farwolaeth) hefyd yn nofel Angharad Jones (1998) o'r un teitl.
[105] Edwards, *Pant yn y Gwely*, t. 75.
[106] Ibid., t. 76.
[107] Laws, *Issues of Blood*, t. 65.
[108] Elis, *Carchar*, t. 23.
[109] Pierce Jones, *Lili dan yr eira*, t. 89.
[110] Laws, *Issues of Blood*, t. 29.
[111] Rhys, *Tridiau ac Angladd Cocrotshen*, t, 84.
[112] Caryl Lewis, *Dal hi!* (Talybont: Y Lolfa, 2003), t. 101.
[113] Edwards, *Cysgu ar Eithin*, t. 25.
[114] Derec Llwyd Morgan, 'Y Beibl a Llenyddiaeth Gymraeg', yn R. Geraint Gruffydd, (gol.), *Y Gair ar Waith* (Caerdydd: Gwasg Prifysgol Cymru, 1988).
[115] Aaron, *Pur fel y Dur*, t. 45.
[116] Vyvyan Evans, *The Structure of Time: Language, Meaning and Temporal Cognition* (Philadelphia: John Benjamins Publishing Company, 2004), t. 4.
[117] Bethan Gwanas (gol.), *Tinboethach* (Caernarfon: Gwasg Gwynedd, 2008), t. 32.
[118] Lewis, *Plu*, t. 136.
[119] Martin, *Woman in the Body: A Cultural Analysis of Reproduction*, t. 200.
[120] Griffiths, *Pip Pip*, t. 128.
[121] Louise Lander, *Images of Bleeding: Menstruation as Ideology* (University of Michigan: Orlando Press, 1988), t. 146.
[122] Ibid., t. 111.
[123] Griffiths, *Pip Pip*, t. 109.
[124] Ibid., t. 112.
[125] Jones, *Y Dylluan Wen*, t. 46.
[126] Sara Wickham, *Sacred Cycles: The Spirit of Women's Well-being* (London: Free Association Books), t. 43.
[127] Meleri Wyn James, *Gwenynen Bigog* (Llandysul: Gwasg Gomer, 2003), t. 43.

Nodiadau

[128] Griffiths, *Pip Pip*, t. 116.
[129] Elizabeth Grosz, *Volatile Bodies: Toward a Corporeal Feminism* (Bloomington: Indiana University Press, 1994), t. 207.
[130] Griffiths, *Pip Pip*, t. 117.
[131] Tomos, *wrth fy nagrau i*, t. 187.
[132] Rhys, *Cysgodion*, t. 39.
[133] Grosz, *Volatile Bodies*, t. 207.

5

Y Corff Benywaidd Symbolaidd

[1] Thomas J. Csordas (gol.), *Embodiment and Experience: The Existential Ground of Culture and Self* (Cambridge: Cambridge University Press, 1993), t. 1.
[2] Gweler Susan Rubin Suleiman, *The Female Body in Western Culture: Contemporary Perspectives* (Harvard University Press, 1986) am gyflwyniad ffeministaidd i'r maes, a Carl Jung, *Man and his Symbols* (New York: Arundel Press, 1964) am bersbectif hanesyddol a byd eang ar ddefnydd diwylliannol symbolaeth.
[3] Mary Douglas, *Purity and Danger: An Analysis of the Concepts of Pollution and Taboo* (London: Routledge, 1966), t. 115.
[4] Gwyneth Lewis, *Y Llofrudd Iaith* (Abertawe: Cyhoeddiadau Barddas, 1999), t. 21.
[5] Tomos, *Titrwm*, tt. 70–1.
[6] Kirsty Bohata, 'En-gendering a New Wales: Female Allegories, Home Rule and Imperialism 1890–1910', yn Alyce von Rothkirch a Daniel Williams (goln), *Beyond the Difference: Welsh Literature Comparative Contexts* (Cardiff: University of Wales Press, 2004), tt. 57–70.
[7] Ibid., t. 58.
[8] Furber, J., Wonderful What Will Come Out of Darkness': Gender and Nationhood in the Work of Welsh and Irish Women Poets', yn D. G. Williams (gol.), *Slanderous Tongues: Essays on Welsh Poetry in English 1970–2005* (Bridgend: Seren, 2010), tt. 138–9.
[9] Kirsten Stirling, *Bella Caledonia: Woman, Nation, Text* (Amsterdam and New York: Rodopi, 2008), t. 11.
[10] Joseph Morewood Staniforth, *Western Mail*, 18 Chwefror 1915.
[11] Deirdre Beddoe, 'Towards a Welsh Women's History' *Llafur*, III (1981), 32.
[12] Kirsten Stirling, *Bella Caledonia: Woman, Nation, Text* (Amsterdam and New York: Rodopi, 2008), t. 19.

[13] Scott C. Littleton, *Gods, Goddesses, and Mythology* (London: Marshall Cavendish, 2005), t. 456.
[14] Miranda Green, *Symbol and Image in Celtic Religious Art* (London: Routledge, 1992), tt. 1–2.
[15] John Meirion Morris, 'Gwales (Ararat)', yn Iwan Bala, *Hon: Ynys y Galon* (Llandysul: Gwasg Gomer, 2007), t. 24.
[16] Karen J. Warren a Nisvan Erkal (goln), *Ecofeminism: Women, Culture and Nature* (Bloomington: Indiana University Press, 1997).
[17] Carmel Gahan, *Lodes Fach Neis: Cyfres y Beirdd Answyddogol* (Talybont: Y Lolfa, 1980), t. 18.
[18] Alasdair Gray, *Janine* (London: Jonathan Cape, 1984), t. 37.
[19] Stirling, *Bella Caledonia*, t. 66.
[20] *http://www.guardian.co.uk/world/2011/apr/29/diplomat-gaddafi-troops-viagra-mass-rape*.
[21] Joanne Sharp, 'A Feminist Engagement with National Identity', yn Nancy Duncan (gol.), *Bodyspace: Destabilizing Geographies of Gender and Sexuality* (London: Routledge, 1996), t. 100.
[22] Sita Ranchod-Nilsson a Mary Ann Tetreault (goln), *Writing Bodies on the Nation for the Globe* (London: Routledge, 2000), t. 68.
[23] Edmund Davidson Soper, *Religions of Mankind* (Nashville: Abingdon Press, 2000), t. 141.
[24] Stirling, *Bella Caledonia*, t. 22.
[25] Kelly Oliver, *Animal Lessons: How They Teach Us To Be Human* (New York: Cornell University Press, 2009), t. 293.
[26] Stirling, *Bella Caledonia*, t. 22.
[27] Green, *Animals in Celtic Life and Myth*, t. 131.
[28] Gramich, *Twentieth-Century Women's Writing in Wales*, t. 197.
[29] Stirling, *Bella Caledonia*, t. 20.
[30] Mari Womack, *Symbols and Meaning: a Concise Introduction* (Oxford and California: Alta Mira Press, 2005), t. 65.
[31] Stirling, *Bella Caledonia*, t. 136.
[32] Leonard Lutwack, 1984. *The Role Of Place In Literature* (New York: Syracuse University Press), t. 82.
[33] Lewis, *Martha Jac a Sianco*, tt. 59–60.
[34] Roberts, *Rhodd o Ferch*, t. 147.
[35] Ranchod-Nilsson a Tetreault, *Writing Bodies on the Nation for the Globe*, t. 68.
[36] William Owen Roberts, 'Writing on the Edge of Catastrophe', yn Ian A. Bell (gol.), *Peripheral Visions* (Cardiff: University of Wales Press, 1995), t. 77.
[37] Evan Isaac, *Coelion Cymru* (Aberystwyth: Gwasg Aberystwyth, 1938), t. 102.
[38] Anthony Stevens, *Ariadne's Clue: A Guide to the Symbols of Humankind* (New Jersey: Princeton University Press, 1998), t. 104.

[39] Luce Irigaray, *Speculum of the Other Woman*, cyf. Gillian C. Gill (New York: Cornell University, 1985).
[40] Philippa Berry, 'The Burning Glass: Paradoxes of Feminist Revelation in *Speculum*', yn Carolyn Burke, Naomi Schor a Margaret Whitford (goln), *Engaging with Irigaray* (London: Routledge, 1994), 234.
[41] Irigaray, *Speculum*, t. 244.
[42] John Fraim, 2003. *Battle of Symbols: Global Dynamics of Advertising Entertainment and Media* (Einsiedel: Daimon Publishers, 2003), t. 150.
[43] Gramich, *Twentieth-Century Women's Writing in Wales*, t. 133.
[44] Edwards, *Dechrau Gofidiau*, t. 90.
[45] Gramich, *Twentieth-Century Women's Writing in Wales*, t. 207.
[46] Ibid., t. 207.
[47] Price, *Tania'r Tacsi*, t. 61.
[48] Ibid., t. 103.
[49] Sarah Gilbert a Susan Gubar, *The Madwoman in the Attic: The Woman Writer and the Nineteenth-Century Literacy Imagination* (New Haven: Yale University Press, 1979), t. 94.
[50] Paul Muldoon, *Quoof* (London: Faber and Faber, 1983), yn Edna Longley, 1994. *The Living Stream: Literature and Revisionism In Ireland* (Northumberland: Bloodaxe Books, 1994), t. 173.
[51] Longley, *The Living Stream*, t. 173.
[52] Jones, *Datod Gwlwm*, t. 10.
[53] Gramich, *Twentieth-Century Women's Writing in Wales*, t. 198.
[54] Ibid., t. 204.
[55] Nia Angharad Watkins, 'Y Nofel Ddomestig Gymraeg Dros Dair Cenhedlaeth, gyda Sylw Neilltuol i Waith Moelona, Jane Edwards a Sonia Edwards' (Traethawd MPhil heb ei gyhoeddi, Prifysgol Cymru, Aberystwyth, 2007), 16.
[56] Ibid., 39.
[57] Ibid., 41.
[58] Diane Purkiss, *The Witch in History: Early Modern 20th Century Representations* (London: Routledge, 1996), t. 98.
[59] Gareth W. Evans, 'Y Ferch, Addysg a Moesoldeb: Portread y Llyfrau Gleision 1847', yn Prys Morgan (gol.), *Brad y Llyfrau Gleision* (Llandysul: Gwasg Gomer, 1991), t. 80.
[60] Roberts, *Embodying Identity*, t. 30.
[61] Evans, 'Y Ferch, Addysg a Moesoldeb', t. 94.
[62] Aaron, *Pur fel y Dur*, t. 157.
[63] Young, *On Female Body Experience*, t. 126.
[64] Ibid., t. 128.
[65] Luce Irigaray, *Elemental Passions* (New York: Routledge, 1992), t. 49.
[66] Anne McClintock, 'Family Feuds: Gender, Nationalism and the Family', *Feminist Review*, 44 (Haf 1993), 63.

67 Pierce Jones, *Lili dan yr eira*.
68 Lewis, *Y Maison du Soleil*.
69 Angharad Price, *Caersaint* (Talybont: Y Lolfa, 2010).
70 Kate Roberts, *Hyn o Fyd* (Dinbych: Gwasg Gee, 1963), t. 81.
71 Non Tudur, 'Haul Ffrainc yn Rhoi Lliw i'r Lluniau Tywyll', *Golwg*, 23/7 (14 Hydref 2010), 23.
72 Eigra Lewis Roberts, *Y Drych Creulon* (Llandysul: Gwasg Gomer, 1968), t. 30.
73 Stirling, *Bella Caledonia*, t. 25.
74 Jones, *Datod Gwlwm*, t. 69.
75 Hélène Cixous, 'Castration or Decapitation?', *Signs*, 7 (Autumn 1981), 44.
76 Kate Roberts, *Stryd y Glep* (Dinbych: Gwasg Gee, 1949).
77 Geraint Wyn Jones, *Fel Drôr i Fwrdd – Astudiaeth o Waith Kate Roberts hyd 1962* (Caernarfon: Gwasg y Bwthyn), t. 160.
78 Bosse-Griffiths, *Mae'r Galon wrth y Llyw*, t. 116.
79 Hughes, *Carchar Hyfryd*, t. 71.
80 James, *Gwenynen Bigog*, t. 15.
81 Elin Llwyd Morgan, *Rhwng y Nefoedd a Las Vegas* (Talybont: Y Lolfa, 2004), t. 118.
82 Angharad Tomos, *Si Hei Lwli* (Talybont: Y Lolfa, 1998).
83 Tomos, *Yma o Hyd* (Talybont: Y Lolfa, 1985), t. 9.
84 Katie Gramich, 'The Madwoman in the Harness-loft: Women and Madness in the Literature of Wales', yn Katie Gramich ac Andrew Hiscock (goln), *Dangerous Diversity: Changing Faces of Wales* (Cardiff: University of Wales Press, 1998), t. 22.
85 Kelly Oliver, *The Colonization of Psychic Space: A Psychoanalytic Social Theory of Oppression* (Minneapolis: University of Minnesota Press, 2004), t. 108.
86 Ibid.
87 Ibid., t. 114.
88 Ibid., t. 109.
89 Carol J. Adams a Josephine Donovan (goln), *Animals and Women: Feminist Theoretical Explorations* (Durham N.C.: Duke University Press, 1995), t. 2.
90 Branwen Jarvis, 'Saunders Lewis, Apostol Patriarchaeth', yn J. E. Caerwyn Williams (gol.), *Ysgrifau Beirniadol* XIII (Dinbych: Gwasg Gee, 1974), 309.
91 Ussher, *Managing The Monstrous Feminine*, t. 7.
92 Joan Dunayer, 'Sexist Words, Speciesist Roots', yn Carol J. Adams a Josephine Donovan (goln), *Animals and Women: Feminist Theoretical Explorations* (Durham N.C.: Duke University Press, 1995), t. 22.
93 B. Littell, *Living Age*, vol. XVI, Boston (Jan/Feb/March 1848), 522.

[94] Roberts, *Embodying Identity*, t. 38.
[95] Dunayer, 'Sexist Words, Speciesist Roots', t. 16.
[96] Adams a Donovan, *Animals and Women*, t. 2.
[97] Lewis, *Y Maison du Soleil*, t. 170.
[98] Lewis, *Plu*, t. 136.
[99] Robert Baker, '"Pricks" and "chicks": a plea for "persons"', yn Mary Vetterling-Bragin (gol.), *Sexist language: a modern philosophical analysis* (New Jersey: Rowman and Littlefield, 1981), t. 167.
[100] Lewis Roberts, *Mis o Fehefin*, t. 126.
[101] Price, *Tania'r Tacsi*, t. 8.
[102] Bronwyn Davies, *A Body of Writing, 1990–1999* (Oxford: Alta Mira Press, 2000), t. 72.
[103] Pierce Jones, *Lili dan yr eira*, tt. 101–2.
[104] Edwards, *Gloynnod*, t. 69.
[105] Lewis, *Martha Jac a Sianco*, t. 100.
[106] Jean Chevalier a Alain Gheerbrant, *A Dictionary of Symbols* (Harmondsworth: Penguin, 1996), t. 472.
[107] Mae'r ffotograffydd, y darlledydd a'r hanesydd lleol Chris Chapman wedi archwilio'r symbol hynafol hwn ac wedi darganfod esiamplau ohono nid yn unig ym Mhrydain ac Ewrop, ond lledled y byd.
[108] Susan Whitfiled, *The Silk Road: Trade, Travel, War and Faith* (Chicago: The British Library, Serindia Publications, 2004), t. 290.
[109] Terry Windling, 'The Symbolism of Rabbits and Hares', *Journal of Mythic Arts*, Hydref 2007, *http://endicottstudio.typepad.com/joma articles/2007/10/spells-of-encha.html* (cyrchwyd 14 Ebrill 2011).
[110] Gwanas, *Gwrach y Gwyllt*, t. 170.
[111] Miranda Green, *Symbol and Image in Celtic Religious Art* (London: Routledge, 1992), t. 163.
[112] Owen Davies, 1999. *Witchcraft, Magic and Culture* (Manchester: Manchester University Press, 1999), tt. 189–90.
[113] Ibid., t. 19.
[114] Prys Morgan, *The Eighteenth Century Renaissance* (*A New History of Wales*) (London: Christopher Davies, 1981), t. 80.
[115] Jones, *Y Dylluan Wen*, t. 187.
[116] Davies, *Witchcraft*, t. 189.
[117] Hélène Cixous, 'The Cat's Arrival', *Parallax*, 12/1, 21
[118] Roberts, *Te yn y Grug*, t. 7.
[119] Roberts, *Hyn o Fyd*.
[120] Rhys, *Cwtsho*, t. 59.
[121] Marian Scholtmeijer, 'The Power of Otherness: Animals in Women's Fiction', yn Carol J. Adams a Josephine Donovan (goln), *Animals and Women: Feminist Theoretical Explorations* (Durham N.C.: Duke University Press, 1995), t. 244.

[122] Roberts, *Te yn y Grug*, t. 8.
[123] Manon Rhys, *Rara Avis* (Llandysul: Gwasg Gomer, 2005), t. 143.
[124] Rhys, *Cysgodion*, t. 112.
[125] Llwyd Morgan, *Rhwng y Nefoedd a Las Vegas*, t. 153.
[126] Kate Roberts, *Tywyll Heno* (Dinbych: Gwasg Gee, 1962), t. 9.
[127] Marian Rees, *Lle i Dri* (Llandybie: Gwasg Merlin, 1972).
[128] Angharad Tomos, *Wele'n Gwawrio* (Talybont: Y Lolfa), t. 97.
[129] Ibid.
[130] Sonia Edwards, *Glas ydi'r Nefoedd* (Caernarfon: Gwasg Gwynedd, 1993), t. 16.
[131] Ibid., t. 20.
[132] Lewis, *Y Gemydd*, t. 140.
[133] Ibid., t. 120.
[134] Ibid., t. 140.
[135] Roberts, *Annwyl Smotyn Bach*, t. 155.
[136] Green, *Symbol and Image in Celtic Religious Art*, t. 169.
[137] Er i'r corff gwrywaidd hefyd gael ei gysylltu â'r mochyn yn y gyfrol, e.e. t. 103, dadleuir fod yma gysylltiad bygythiol dwysach rhwng corff y fenyw a chorff y mochyn, e.e. y Cinio o *Tocinillo a l'ast* (Rhost mochyn sugno) sy'n rhagflaenu'r noswaith o garu rhwng Mair a'r Tywysog Nwgeri a fedrai (ond iddi feichiogi) arwain at ei dienyddiad defodol, t. 96.
[138] John Rowlands, 'Beirniadaeth y Fedal Ryddiaith', *Cyfansoddiadau a Beirniadaethau Eisteddfod Llanelli a'r Cylch 2000* (Gwasg Dinefwr: Llandybie, 2000), 147.
[139] Peter Stallybrass ac Allon White, *Politics and Poetics of Transgression* (London: Routledge, 1986), tt. 144–5.
[140] Keith M. Booker, *Techniques of Subversion in Modern Literature: Transgression, Abjection and the Carnivalesque* (Florida: University Press of Florida, 1991), t. 239.
[141] Stallybrass a White, *Politics and Poetics of Transgression*, tt. 44–5.
[142] Booker, *Techniques of Subversion in Modern Literature*, t. 238.
[143] Anthony Synnott, *The Body Social: Symbolism, Self, and Society* (London: Routledge, 1993), t. 85.
[144] Ibid., t. 87.
[145] Roberts, *Hyn o Fyd*, t. 20.
[146] Edwards, *Y Bwthyn Cu*, t. 135.
[147] Ellis, *Ystyriwch Lili*, t. 54.
[148] Jones, *Datod Gwlwm*, t. 26.
[149] Edwards, *Y Goeden Wen*, t. 37.
[150] Llwyd Morgan, *Rhwng y Nefoedd a Las Vegas*, t. 174.
[151] Lewis, *Martha Jac a Sianco*, t. 111.
[152] Jones, *Datod Gwlwm*, t. 26.
[153] Ellis, *Ystyriwch Lili*, t. 54.

Nodiadau

[154] Edmund Leach, yn Eric H. Lenneberg (gol.), *New Directions in the Study of Language* (Virginia: The University of Virginia Press, 1964), t. 51.
[155] Price, *Caersaint*, t. 209.
[156] Denise L. Lawrence, 'Menstrual Politics: Women and Pigs in Rural Portugal', yn Thomas Buckley (gol.), *Blood Magic: The Anthropology of Menstruation* (Berkeley and Los Angeles: University of California Press, 1988), t. 124.
[157] Ibid., t. 124.
[158] Iwan Bala, *Anifeiliaid Mytholegol*, cyfrwng cymysg ar bapur Khadi ac Amate (gyda chaniatâd caredig yr artist).
[159] Chevalier and Gheerbrant, *A Dictionary of Symbols*, t. 90.
[160] Lewis, *Plu*, t. 138.
[161] Kristeva, *Powers of Horror*, t. 77.
[162] Jarvis, 'Saunders Lewis, Apostol Patriarchaeth', 302–3.
[163] Tomos, *wrth fy nagrau i*, t. 171.
[164] Lewis, *Martha Jac a Sianco*, t. 166.
[165] Ibid. t. 93.
[166] Tomos, *Titrwm*, t. 30.
[167] Ibid., t. 30.
[168] Gwyneth Lewis, *Y Llofrudd Iaith* (Abertawe: Cyhoeddiadau Barddas, 1999).
[169] Rhiannon Davies Jones, *Eryr Pengwern* (Llandysul: Gwasg Gomer, 1981).
[170] Price, 'Y Gymraeg; Iaith sy'n Swcro Gwrywdod?', 108.
[171] Ibid., 40.
[172] Gramich, *Twentieth-Century Women's Writing in Wales*, t. 162.
[173] Jones, *Y Dylluan Wen*, t. 188.
[174] Ibid., t. 56.
[175] Ibid., t. 76.
[176] Ibid., t. 74.
[177] Jane Aaron, 'Y Flodeuwedd Gyfoes', yn M. Wynn Thomas (gol.), *DiFfinio Dwy Lenyddiaeth Cymru* (Caerdydd: Gwasg Prifysgol Cymru, 1995), tt. 193–4.
[178] Nira Yuval-Davis, Floya Anthias a Jo Campling, *Woman, Nation, State* (Basingstoke: Macmillan, 1989), t. 7.
[179] Aaron, 'Y Flodeuwedd Gyfoes', t. 192.
[180] Jarvis, 'Saunders Lewis, Apostol Patriarchaeth', 310.
[181] Jane Aaron, 'Y Flodeuwedd Gyfoes', yn M. Wynn Thomas (gol.), *DiFfinio Dwy Lenyddiaeth Cymru* (Caerdydd: Gwasg Prifysgol Cymru, 1995), t. 208.
[182] Tomos, *wrth fy nagrau i*, t. 169.
[183] Ibid., t. 239.

184 Edwards, *Merch Noeth*, t. 114.
185 Aaron, 'Y Flodeuwedd Gyfoes', t. 206.
186 Mae coelion gwerin yn cysylltu blodau dant y llew â gwlychu gwely.
187 Gwanas, *Hi oedd fy Ffrind*, t. 108.
188 Tomos, *wrth fy nagrau i*, t. 217.
189 Menna Elfyn, *Stafelloedd Aros* (Llandysul: Gwasg Gomer, 1978), t. 42.
190 J. Furber, '"Wonderful What Will Come Out of Darkness": Gender and Nationhood in the Work of Welsh and Irish Women Poets', yn Daniel Williams (gol.), *Slanderous Tongues: Essays on Welsh Poetry in English 1970–2005* (Bridgend: Seren, 2010), t. 39.
191 Nira Yuval-Davis a Floya Anthias, *Woman-Nation-State* (London: Macmillan, 1989), t. 7.
192 Enid Jones, *FfugLen: Y Ddelwedd o Gymru yn y Nofel Gymraeg o Ddechrau'r Chwedegau hyd at 1990* (Caerdydd: Gwasg Prifysgol Cymru, 2008), t. 95.
193 Roberts, *Annwyl Smotyn Bach*, t. 8.
194 Stirling, *Bella Caledonia*, t. 23.
195 Bohata, *Writing Wales in English: Postcolonialism Revisited* (Cardiff: University of Wales Press, 2004), t. 65.
196 Gramich, *Twentieth-Century Women's Writing in Wales*, t. 160.
197 Luce Irigaray, *This Sex Which is not One* (New York: Cornell University Press, 1985), e.e. tt. 76 a 157.
198 Dylan Foster Evans, 'Cyngor y Bioden': Ecoleg a Llenyddiaeth Gymraeg', yn Owen Thomas (gol.), *Llenyddiaeth Mewn Theori*, Cyfrol 1 (Llanbedr Pont Steffan/Llandysul: Prisgysgol Cymru/Gwasg Gomer, 2006), 51.
199 Awgryma Dylan Foster Evans ieuad tebyg rhwng yr iaith Gymraeg, y benywaidd, yr amgylchedd a dirywiad, gweler Foster Evans, '"Cyngor y Bioden"', 41–79.
200 Lynda Birke, 'Exploring the Boundaries: Feminism, Animals and Science', yn Carol J. Adams a Josephine Donovan (goln), *Animals and Women: Feminist Theoretical Explorations* (Durham N.C.: Duke University Press, 1995), t. 35.
201 Iwan Bala: http://www.artcornwall.org/features/IwanBalaHorizonWales.htm.
202 Oliver, *Animal Lessons*, t. 38.
203 Hélène Cixous, 'Sorties: Out and Out/Attacks Ways Out/Forrays', yn Cixous, Hélène a Clement, Catherine, *The Newly Born Woman* (Minneapolis: University of Minnesota Press, 1986), t. 63.
204 Judith Butler, *Gender Trouble*.
205 Rhys Jones, 'Hunaniaeth Ddeuol yng Nghymru: Rhai Gwersi o'r Gorffennol?', *Efrydiau Athronyddon*, XLIII (2000), 18.
206 Euan Hague, 'Benedict Anderson', yn Phil Hubbard, Rob Kitchin a Gill Valentine (goln), *Key Thinkers on Space and Place* (London: Sage, 2004), t. 16.

[207] Birke, 'Exploring the Boundaries', tt. 36–7.
[208] Shulamith Firestone, *The Dialectic of Sex: The Case for Feminist Revolution* (New York: Bantam Books, 1970), t. 10.
[209] Oliver, *Animal Lessons*, t. 43.
[210] Aaron, 'Gwahaniaeth a Lluosogedd', tt. 34–5.
[211] Oliver, *The Colonization of Psychic Space*, t. 44.
[212] Ibid., t. 49.
[213] Green, *Symbol and Image in Celtic Religious Art*, t. 195,
[214] Gwyneth Lewis, *The Meat Tree* (Bridgend: Seren, 2010), tt. 66–7.
[215] Mihangel Morgan, *Cathod a Chŵn* (Talybont: Y Lolfa, 2000).
[216] Scholtmeijer, 'The Power of Otherness', t. 233.
[217] Oliver, *Animal Lessons*, t. 281.
[218] Sarah Ahmed, *Strange Encounters: Embodied Others in Post-coloniality* (London: Routledge, 2000), t. 51.
[219] Stirling, *Bella Caledonia*, t. 110.
[220] Tricia Cusack a Síghle Bhreathnach-Lynch (goln), *Art, Nation and Gender: Ethnic Landscapes, Myths and Mother-figures* (Aldershot: Ashgate Publishing, 2003), t. 60.

Casgliad

[1] Sonia Edwards, *Elain* (Llandysul: Gwasg Gomer, 2003), t. 13.
[2] Francesca Rhydderch, 'Cyrff yn Cyffwrdd: Darlleniadau Erotig o Kate Roberts', *Taliesin*, 99 (1997), 87.
[3] Shiach, *Hélène Cixous*, t. 20.
[4] Irigaray, *Elemental Passions*, t. 48.
[5] Rowlands, 'Y Corff mewn Llenyddiaeth', 22.
[6] Judy Norsigian, *Our Bodies Ourselves* (New York: Simon and Schuster, 2005), t. 201.
[7] Bala, *Hon: Ynys y Galon*, t. 126.
[8] Zillah Eisenstein, 'Women, States and Nationalism: At Home in the Nation?', yn Sita Ranchod-Nilsson a Mary Ann Tetreault (goln), *Writing Bodies on the Nation for the Globe* (London: Routledge, 2000), t. 42.
[9] Sontag, Susan, 1990. *Illness as Metaphor and AIDS and its Metaphors* (London: Penguin), t. 183.
[10] Pramod K. Nayar, *Contemporary Literary and Cultural Theory: From Structuralism to Ecocriticism* (New Delhi: Dorling Kindersley, 2010), t. 106.
[11] Catherine Hall, 'Gender, Nationalisms and National Identities', *Feminist Review*, 44 (Haf, 1993), 102.

[12] Jane Aaron '"Glywi di 'nghuro?": Agweddau ar nofelau Angharad Tomos 1979–1997', yn John Rowlands (gol.), *Y Sêr yn eu Graddau: Golwg ar y Nofel Gymraeg Ddiweddar* (Caerdydd: Gwasg Prifysgol Cymru, 2000), t. 141.

[13] Hall, 'Gender, Nationalisms and National Identities', t. 100.

[14] Nona Gruffudd, 'O Dan yr Wyneb: Ffeministiaeth Gudd Ffuglen Fodern' (traethawd MA heb ei gyhoeddi, Aberystwyth: Prifysgol Cymru, 1996), 17.

[15] Ingman, *Twentieth-Century Fiction by Irish Women*, tt. 30–1.

[16] Jane Aaron, 'Finding a Voice in Two Tongues: Gender and Colonization', yn Aaron, Jane, et al. (goln), *Our Sisters' Land: The Changing Identities of Women in Wales* (Cardiff: University of Wales Press, 1994), t. 192.

[17] Laura Marcus a Peter Nicholls, *The Cambridge History of Twentieth Century English Literature* (Cambridge: Cambridge University Press, 2004), t. 692.

[18] Yuval-Davis, *Gender and Nation*, t. 131.

[19] Margaret Whitford, *Luce Irigaray: Philosophy in the Feminine* (Oxford: Routledge, 1991), t. 161.

[20] Elizabeth Grosz, *Time Space and Perversion: Essays on the Politics of Bodies* (London and New York: Routledge, 1995), t. 54.

[21] Aaron, 'Finding a Voice in Two Tongues', t. 189.

[22] Kirsten Stirling, *Bella Caledonia*, t. 109.

[23] Bohata, *Writing Wales in English*, t. 58.

[24] Ketu K. Katrak, *Politics of the Female Body: Postcolonial Women Writers of the Third World* (New Brunswick: Rutgers University Press, 2006), t. 211.

[25] Cixous, *Coming to Writing and Other Essays*, t. 31.

Llyfryddiaeth Gynradd: Y Cyfrolau

Beasley, Eileen, *Yr Eithin Pigog* (Talybont: Y Lolfa, 1998).
Bosse-Griffiths, Kate, *Mae'r Galon Wrth y Llyw* (Aberystwyth: Gwasg Aberystwyth, 1957).
——*Cariadau* (Talybont: Y Lolfa, 1995).
Brown, Beca, *Corcyn Heddwch* (Llanrwst: Carreg Gwalch, 2005).
Charles Evans, Hazel, *Eluned Caer Madog* (Llandysul: Gwasg Gomer, 1976).
Chilton, Irma, *Cusanau* (Llandybïe: Llyfrau'r Dryw, 1968).
——*Byd Fuller* (Llandybïe: Llyfrau'r Dryw, 1970).
——*Storïau* (Abertawe: Christopher Davies, 1978).
——*Y Cwlwm Gwaed* (Llandysul: Gwasg Gomer, 1981).
Dafis, Angharad, *Rhian* (Llandysul: Gwasg Gomer, 1982).
Dafydd, Fflur, *Lliwiau Liw Nos* (Talybont: Y Lolfa, 2005).
——*Atyniad* (Talybont: Y Lolfa, 2006).
——*Y Llyfrgell* (Talybont: Y Lolfa, 2009).
Davies, Joanna, *Ffreshars* (Llandysul: Gwasg Gomer, 2008).
Davies [Jones], Rhiannon, *Y Llwynog* (Llandybïe: Llyfrau'r Dryw, 1949).
——*Yr Ysgol Haf* (Aberystwyth: Gwasg Aberystwyth, 1953).
Davies Jones, Rhiannon, *Fy Hen Lyfr Cownt* (Llandysul: Gwasg Gomer, 1961).
——*Lleian Llan Llŷr* (Dinbych: Gwasg y March Gwyn, 1965).
——*Eryr Pengwern* (Llandysul: Gwasg Gomer, 1981).
Eames, Marion, *Y Stafell Ddirgel* (Llandysul: Gwasg Gomer, 1969).
——*I Hela Cnau* (Llandysul: Gwasg Gomer, 1978).
——*Y Ferch Dawel* (Llandysul: Gwasg Gomer, 1992).
Edwards, Jane, *Dechrau Gofidiau* (Llandysul: Gwasg Gomer, 1962).
——*Byd o Gysgodion* (Llandysul: Gwasg Gomer, 1964).
——*Bara Seguryd* (Llandysul: Gwasg Gomer, 1969).

——*Epil Cam* (Llandysul: Gwasg Gomer, 1972).
——*Tyfu* (Llandysul: Gwasg Gomer, 1973).
——*Dros fryniau Bro Afallon* (Llandysul: Gwasg Gomer, 1976).
——*Hon, debygem ydoedd Gwlad yr Hafddydd* (Llandysul: Gwasg Gomer, 1980).
——*Cadno Rhos-y-Ffin* (Llandysul: Gwasg Gomer, 1984).
——*Y Bwthyn Cu* (Llandysul: Gwasg Gomer, 1987).
——*Blind Dêt* (Llandysul: Gwasg Gomer, 1989).
——*Pant yn y Gwely* (Llandysul: Gwasg Gomer, 1993).
Edwards, Sonia, *Glas ydi'r Nefoedd* (Caernarfon: Gwasg Gwynedd, 1993).
——*Cysgu ar Eithin* (Caernarfon: Gwasg Gwynedd, 1994).
——*Gloynnod* (Caernarfon: Gwasg Gwynedd, 1995).
——*Llen Dros yr Haul* (Caernarfon: Gwasg Gwynedd, 1997).
——*Rhwng Noson Wen a Phlygain* (Caernarfon: Gwasg Gwynedd, 1999).
——*Y Goeden Wen* (Caernarfon: Gwasg Gwynedd, 2001).
——*Elain* (Llandysul: Gwasg Gomer, 2003).
——*Merch Noeth* (Caernarfon: Gwasg Gwynedd, 2003).
——*Deryn Glân i Ganu* (Talybont: Y Lolfa, 2008).
Elis, Meg, *I'r Gad* (Talybont: Y Lolfa, 1975).
——*Carchar* (Talybont: Y Lolfa, 1978).
——*Cyn daw'r Gaeaf* (Llandysul: Gomer, 1985).
Ellis, Mari, *Ystyriwch Lili* (Talybont: Y Lolfa, 1988).
Evans, Ennis, *Y Gri Unig* (Llandysul: Gwasg Gomer, 1975).
——*Pruddiaith* (Llandysul: Gwasg Gomer, 1981).
Glynn, Annes, *Symudliw* (Caernarfon: Gwasg Gwynedd, 2004).
Goronwy-Roberts, Marian, *Awn i Hela* (Pwllheli: Llyfrau Penrhos, 1959).
Gwanas, Bethan, *Bywyd Blodwen Jones* (Llandysul: Gwasg Gomer, 1999).
——*Gwrach y Gwyllt* (Llandysul: Gwasg Gomer, 2003).
——*Hi yw fy ffrind* (Talybont: Y Lolfa, 2004).
——*Hi oedd fy ffrind* (Talybont: Y Lolfa, 2006).
——(gol.), *Tinboeth* (Caernarfon: Gwasg Gwynedd, 2007).
——(gol.), *Tinboethach* (Caernarfon: Gwasg Gwynedd, 2008).
Gwynn, Eirwen, *Dau Lygad Du* (Talybont: Y Lolfa, 1979).
——*Caethiwed* (Talybont: Y Lolfa, 1981).
——*Hon* (Talybont: Y Lolfa, 1985).
——*Torri'n Rhydd* (Talybont: Y Lolfa, 1990).

Headley, Mari, *Awelon Darowen* (Llandybïe: Llyfrau'r Dryw, 1965).
Hopwood, Mererid, *O Ran* (Llandysul: Gwasg Gomer, 2009).
Hughes, Ann, *Y Gwesty Parchus* (Lerpwl: Gwasg y Brython, 1972).
Hughes, Beti, *Dwy Chwaer* (Llandybïe: Llyfrau'r Dryw, 1964).
——*Carchar Hyfryd* (Llandybïe: Llyfrau'r Dryw, 1965).
——*Edafedd Dyddiau* (Abertawe: Christopher Davies, 1975).
——*Melodïau Coll* (Abertawe: Tŷ John Penri, 1977).
——*Calan Haf* (Abertawe: Tŷ John Penri, 1979).
——*Pontio'r Pellter* (Abertawe: Tŷ John Penri, 1981).
Jones, Angharad, *Datod Gwlwm* (Llandysul: Gwasg Gomer, 1990).
——*Y Dylluan Wen* (Llandysul: Gwasg Gomer, 1995).
Jones, Jane Ann, *Y Bryniau Pell* (Dinbych: Gwasg Gee, 1949).
——*Diwrnod yn ein Bywyd* (Wrecsam: Hughes a'i Fab, 1954).
Jones, Marlis, *Rhyddhad?* (Caernarfon: Gwasg Pantycelyn, 2001).
——*Blaenwern* (Caernarfon: Gwasg Pantycelyn, 1998).
Lewis, Caryl, *Martha Jac a Sianco* (Talybont: Y Lolfa, 2004).
——*Dal hi!* (Talybont: Y Lolfa, 2003).
——*Y Rhwyd* (Talybont: Y Lolfa, 2007).
——*Y Gemydd* (Talybont: Y Lolfa, 2007).
——*Plu* (Talybont: Y Lolfa, 2008).
——*Naw Mis* (Talybont: Y Lolfa, 2009).
Lewis, Gwyneth, *Y Llofrudd Iaith* (Abertawe: Cyhoeddiadau Barddas, 1999).
Lewis, Mared, *Y Maison du Soleil* (Caernarfon: Gwasg Gwynedd, 2008).
Lewis [Roberts], Eigra, *Brynhyfryd* (Aberystwyth: Gwasg Aberystwyth, 1959).
Lewis Roberts, Eigra, *Tŷ ar y Graig* (Llandysul: Gwasg Gomer, 1966).
——*Y Drych Creulon* (Llandysul: Gwasg Gomer, 1968).
——*Cudynnau* (Llandysul: Gwasg Gomer, 1970).
——*Mis o Fehefin* (Llandysul: Gwasg Gomer, 1980).
——*Oni Bai* (Llandysul: Gwasg Gomer, 2005).
——*Hi a Fi* (Llandysul: Gwasg Gomer, 2009).
Llewelyn Morris, Eleri, *Straeon Bob Lliw* (Llandybïe: Gwasg Dinefwr, 1978).
——*Genod Neis* (Talybont: Y Lolfa, 1993).
Llewelyn Walters, Olwen, *Ac Ni Bu Dwthwn* (Caerdydd: Llyfrau'r Castell, 1948).
Lloyd Jones, Marged, *Siabwcho* (Llandysul: Gwasg Gomer, 2002).
——*Rhoces Fowr* (Llandysul: Gwasg Gomer, 2006).

Lloyd Rowlands, Catrin, *Ar Chwâl* (Dinbych: Gwasg Gee, 1958).
Llwyd Morgan, Elin, *Rhwng y Nefoedd a Las Vegas* (Talybont: Y Lolfa, 2004).
——*Mae Llygaid gan y Lleuad* (Talybont: Y Lolfa, 2007).
Moelona, *Storïau Moelona* (Llandybïe: Llyfrau'r Dryw, 1950).
Amrywiol, *Nerth Bôn Braich* (Caernarfon: Gwasg y Bwthyn, 2008).
Owen, Dyddgu, *Cri'r Gwylanod* (Lerpwl: Hughes a'i Feibion, 1953).
——*Brain Borromeo* (Llandybïe: Llyfrau'r Dryw, 1958).
Owen, Siân, *Mân Esgyrn* (Llandysul: Gwasg Gomer, 2009).
Parrott, Gwen, *Cwlwm Gwaed* (Talybont: Y Lolfa, 1997).
——*Gwyn eu Byd* (Llandysul: Gwasg Gomer, 2010).
Parry-Williams, Amy, *Deg o Storïau* (Aberystwyth: Gwasg Aberystwyth, 1950).
——*Y Plat Piwtar* (Aberystwyth: Gwasg Aberystwyth, 1962).
——*Dyddiadur Jane Parry* (Llandysul: Gwasg Gomer, 1965).
Payne, Mary Annes, *Hogyn Syrcas* (Llandysul: Gwasg Gomer, 2003).
——*Rhodd Mam* (Llandysul: Gwasg Gomer, 2007).
Pierce Jones, Ann, *Fflamio* (Llandysul: Gwasg Gomer, 1999).
Pierce Jones, Meinir, *Y Gongol Felys* (Llandysul: Gwasg Gomer, 2005).
——*Lili dan yr eira* (Llandysul: Gwasg Gomer, 2007).
Price, Angharad, *Tania'r Tacsi* (Llandysul: Gwasg Gomer, 1999).
——*O! Tyn y Gorchudd* (Llandysul: Gwasg Gomer, 2002).
——*Caersaint* (Talybont: Y Lolfa, 2010).
Pritchard, Marged, *Cysgodion ar yr Haul* (Dinbych: Gwasg Gee, 1974).
——*Nid Mudan mo'r Môr* (Llandysul: Gwasg Gomer, 1976).
——*Breuddwydion* (Llandysul: Gwasg Gomer, 1978).
Rees, Marian, *Lle i Dri* (Llandybïe: Gwasg Merlin, 1972).
Rhys Manon, *Cwtsho* (Llandysul: Gwasg Gomer, 1988).
——*Cysgodion* (Llandysul: Gwasg Gomer, 1993).
——*Tridiau ac Angladd Cocrotshen* (Llandysul: Gwasg Gomer, 1996).
——*Rara Avis* (Llandysul: Gwasg Gomer, 2005).
Richards, Carys, *Dewis Llais* (Porthmadog: Tŷ ar y Graig, 1981).
——*Ynys y Cylch* (Dinbych: Gwasg Gee, 1987).
——*Blodau'r Haul* (Dinbych: Gwasg Gee, 1996).
Roberts, Grace, *Rhodd o Ferch* (Caernarfon: Cyhoeddiadau Mei, 1988).
——*Dyddiau Teisen Bwdin* (Caernarfon: Cyhoeddiadau Mei, 1989).
——*Drysfa* (Caernarfon: Gwasg Gwynedd, 1991).

Roberts, Kate, *Stryd y Glep* (Dinbych: Gwasg Gee, 1949).
——*Y Byw sy'n Cysgu* (Dinbych: Gwasg Gee, 1956).
——*Te yn y Grug* (Dinbych: Gwasg Gee, 1959).
——*Tywyll Heno* (Dinbych: Gwasg Gee, 1962).
——*Hyn o Fyd* (Dinbych: Gwasg Gee, 1963).
——*Prynu Dol* (Dinbych: Gwasg Gee, 1969).
——Gobaith (Dinbych: Gwasg Gee, 1972).
——*Haul a Drycin* (Dinbych: Gwasg Gee, 1981).
Roberts, Lleucu, *Troi Clust Fyddar* (Talybont: Y Lolfa, 2005).
——*Iesu Tirion* (Talybont: Y Lolfa, 2005).
——*Annwyl Smotyn Bach* (Talybont: Y Lolfa, 2008).
Roberts, Margiad, *Sna'm Llonydd i' Gal!* (Llandysul: Gwasg Gomer, 1987).
Roberts, Sioned, *Gofal yr Haf* (Lerpwl: Gwasg y Brython, 1966).
Rowlands, Mary Puw, *Y Deryn Diarth* (Llandysul: Gwasg Gomer, 1966).
Thomas, Rhiannon, *Perthyn* (Llandysul: Gwasg Gomer, 1991).
Tomos, Angharad, *Hen fyd Hurt* (Aberystwyth: Urdd Gobaith Cymru, 1982).
——*Yma o Hyd* (Talybont: Y Lolfa, 1985).
——*Titrwm* (Talybont: Y Lolfa, 1994).
——*Wele'n Gwawrio* (Talybont: Y Lolfa, 1997).
——*Si Hei Lwli* (Talybont: Y Lolfa, 1998).
——*wrth fy nagrau i* (Llanrwst: Carreg Gwalch, 2007).
Tomos, Gwen, *Y Graig Noeth* (Caernarfon: Llyfrau'r Methodistiaid, 1967).
Williams, Catherine, *Talu'n ôl* (Dinbych: Gwasg Gee, 1960).
——*Rhwng Pont ac Afon* (Llandysul: Gwasg Gomer, 1964).
——*Dal i Ddisgwyl* (Llandysul: Gwasg Gomer, 1967).
——*Saith Stori* (Llandysul: Gwasg Gomer, 1968).
Wyn James, Meleri, *Mwydyn yn y Afal* (Llandybïe: Gwasg Dinefwr, 1991).
——*Catrin Jones yn Unig* (Llandysul: Gwasg Gomer, 2000).
——*Gwenynen Bigog* (Llandysul: Gwasg Gomer, 2003).
——*Fyny Lawr* (Llandysul: Gwasg Gomer, 2006).
——*Parti Ann Haf* (Llandysul: Gwasg Gomer, 2006).

Llyfryddiaeth Eilaidd

Aaron, Jane, 'Gwahaniaeth a Lluosogedd: Golwg ar Rai o Theorïau'r Ffeminyddion Ffrengig', *Efrydiau Athronyddol*, LV (1992), 33–46.

——'Darllen yn Groes i'r Drefn', yn Rowlands, John (gol.), *Sglefrio ar Eiriau* (Llandysul: Gwasg Gomer) (1992), tt. 63–83.

——'Newid Byd: Rhyddiaith Menywod yn y Nawdegau', *Llais Llyfrau* (Gaeaf 1994), 7–8.

——'Finding a Voice in Two Tongues: Gender a Colonization', yn Aaron, Jane et al. (goln), *Our Sisters' Land: The Changing Identities of Women in Wales* (Cardiff: University of Wales Press) (1994), tt. 183–98.

——'Dadadeiladaeth a Gwleidyddiaeth', *tu chwith*, 2 (Haf 1994), 18–26, 23.

——'Y Flodeuwedd Gyfoes' yn Thomas, M. Wynn, (gol.), *DiFfinio Dwy Lenyddiaeth Cymru* (Caerdydd: Gwasg Prifysgol Cymru, 1995), tt. 190–208.

——Crockett, Kate a Rhydderch, Francesca, 'Prolog: O'r Iard Gefn', *tu chwith*, 6 (Hydref 1996), 6–9.

——*Pur fel y Dur: Y Gymraes yn Llên Menywod y Bedwaredd Ganrif ar Bymtheg* (Caerdydd: Gwasg Prifysgol Cymru, 1998).

——'"Glywi di 'nghuro?": Agweddau ar nofelau Angharad Tomos 1979–1997', yn Rowlands, John (gol.), *Y Sêr yn eu Graddau: Golwg ar y Nofel Gymraeg Ddiweddar* (Caerdydd: Gwasg Prifysgol Cymru, 2000), tt. 122–43.

Adams, Carol J. a Donovan, Josephine (goln), *Animals and Women: Feminist Theoretical Explorations* (Durham N.C.: Duke University Press, 1995).

Ahmed, Sarah, *Strange Encounters: Embodied Others in Post-coloniality* (London: Routledge, 2000).

Anderson, Benedict, *Imagined Communities: Reflections on the Origin and Spread of Nationalism* (London a New York: Verso, 1991).
Baker, R., '"Pricks" and "chicks": a plea for "persons"', yn Vetterling-Bragin, M. (gol.), *Sexist language: a modern philosophical analysis* (New Jersey: Rowman a Littlefield, 1981).
Bala, Iwan, *Hon: Ynys y Galon* (Llandysul: Gwasg Gomer, 2007).
Beddoe, Deirdre, 'Towards a Welsh Women's History', *Llafur*, III (1981), 32–8.
Beddoe, Deirdre, *Out of the Shadows: A History of Women in Twentieth-century Wales* (Cardiff: University of Wales Press, 2000).
Benstock, Shari, Ferriss, Suzanne a Woods, Susanne (goln), *A Handbook of Literary Feminisms* (Oxford: Oxford University Press, 2002).
Berry, Philippa, 'The Burning Glass: Paradoxes of Feminist Revelation in *Speculum*' yn Burke, Carolyn, Schor, Naomi a Whitford, Margaret (goln), *Engaging with Irigaray* (London: Routledge, 1994), 229–48.
Bettelheim, Bruno, *The Uses of Enchantment* (New York: Random House, 1976).
Bevan, Tudor, Gramich, Katie a Hiscock, Andrew (goln), *Dangerous Diversity: The Changing Faces of Wales: Essays in Honour of Tudor Bevan* (Cardiff: University of Wales Press, 1998).
Birke, Lynda, 'Exploring the Boundaries: Feminism, Animals and Science', in Adams, Carol J. a Donovan, Josephine (goln), *Animals and Women: Feminist Theoretical Explorations* (Durham N.C.: Duke University Press, 1995), 32–54.
B. J., 'Israddoldeb – Ffactor Unol', *Barn*, 117 (Gorffennaf 1972), 268.
Blyth, Ian a Sellers, Susan, *Hélène Cixous: Live Theory* (London: Continuum, 2004).
Bohata, Kirsty, *Writing Wales in English: Postcolonialism Revisited* (Cardiff: University of Wales Press, 2004).
——'En-gendering a New Wales: Female Allegories, Home Rule and Imperialism 1890–1910' yn von Rothkirch, Alyce, a Williams, Daniel (goln), *Beyond the Difference: Welsh Literature Comparative Contexts* (Cardiff: University of Wales Press, 2004), tt. 57–70.
Booker, Keith M., *Techniques of Subversion in Modern Literature: Transgression, Abjection and the Carnivalesque* (Florida: University Press of Florida, 1991).

Brooks, Simon, *O Dan Lygaid y Gestapo: Yr Oleuedigaeth Gymraeg a Theori Lenyddol yng Nghymru* (Caerdydd: Gwasg Prifysgol Cymru, 2004).

—— ' "Yr Hil": Ydy'r Canu Caeth Diweddar yn Hiliol?', yn Thomas, Owen (gol.), *Llenyddiaeth Mewn Theori* (Caerdydd: Gwasg Prifysgol Cymru, 2006), tt. 1–39.

Brown, Beca, 'Y Ferch, Y Fam a'r Goets', *Barn*, 477 (Hydref 2002), 27.

Burstow, Bonnie, *Radical Feminist Therapy: Working in The Context of Violence* (California: Sage Publications, 1992).

Butler, Judith, *Gender Trouble: Feminism and the Subversion of Identity* (London: Routledge, 1990).

Carlson, Karen J. Eisenstat, Stephanie A. a Ziporyn, Terra Diane (goln), *The New Harvard Guide to Women's Health* (Massachusetts: Harvard University Press, 2004).

Chapman, Robin, T., *Meibion Afradlon a Chymeriadau Eraill: Golwg ar y Dymer Delynegol 1891–1940* (Caerdydd: Gwasg Prifysgol Cymru, 2004).

Charnell-White, Cathryn A., *Beirdd Ceridwen: Blodeugerdd Barddas O Ganu Menywod Hyd Tua 1800* (Abertawe: Cyhoeddiadau Barddas, 2005).

Chevalier, Jean a Gheerbrant, Alain, *A Dictionary of Symbols* (Harmondsworth: Penguin, 1996).

Cixous, Hélène, 'The Laugh of the Medusa', *Signs* 1, No. 4 (Haf, 1976), 875–93.

——'Castration or Decapitation?', *Signs* 7 (Hydref 1981), 41–55.

——'Sorties: Out and Out/Attacks Ways Out/Forrays', yn Cixous, Hélène a Clement, Catherine, *The Newly Born Woman* (Minneapolis: University of Minnesota Press, 1986), tt. 63–134.

——a Catherine, Clement, *The Newly Born Woman* (Minneapolis: University of Minnesota Press).

——D. Jenson (gol.), *Coming to Writing and Other Essays*, cyf. Cornell, S., Jenson, D., Liddle, A. a Sellers, S. (Massachusetts: Harvard University Press, 1991).

——*The Third Body* (Illinois: Northwestern University Press, 1999).

——'The Cat's Arrival', *Parallax*, 12/1 (2006), 21.

Cranny-Francis, Anne, *The Body in the Text* (Melbourne: Melbourne University Press, 1995).

Creed, Barbara, *The Monstrous-feminine: Film, Feminism, Psychoanalysis* (Abingdon: Routledge, 1993).

Crockett, Katherine Mary, 'Rhai Agweddau ar Rywioldeb yn Llenyddiaeth Gymraeg yr Ugeinfed Ganrif' (traethawd MPhil, heb ei gyhoeddi, Prifysgol Cymru, Aberystwyth, 2000).
Crwydren, Roni, 'Welsh Lesbian Feminist: A Contradiction in Terms?', yn Aaron, Jane et al. (goln), *Our Sisters' Land: Changing Identity of Women in Wales* (Cardiff: University of Wales Press, 1994), tt. 294–300.
Csordas, Thomas J. (gol.), *Embodiment and Experience: The Existential Ground of Culture and Self* (Cambridge: Cambridge University Press, 1993).
Currie, Dawn a Valerie, Raoul (goln), *The Anatomy of Gender: Women's Struggle for the Body* (Ontario: Carleton University Press, 1992).
Curtis, K. et al., 'Gwragedd a Grym yn y Ganrif Ddiwethaf', *Y Traethodydd*, 141 (1986), 28–33.
——'Traddodiad Unllygeidiog', *Y Traethodydd*, 141 (1986), 34–44.
——'Beirniadaeth Lenyddol Ffeminist', *Y Traethodydd*, 141 (1986), 45–61.
Cusack, Tricia, a Bhreathnach-Lynch, Síghle (goln) 2003, *Art, Nation and Gender: Ethnic Landscapes, Myths and Mother-figures* (Aldershot: Ashgate Publishing, 2003).
Dafydd, Catrin, 'Mae'n rhaid i mi gyfaddef . . .' *Barn*, 527–8 (Rhagfyr/Ionawr, 2006), 63.
Dafydd, Gwenllian, 'Titrwm Angharad Tomos: Nofel Hunangyfeiriol', *tu chwith*, 10 (1996), 95–105.
——*Ffuglen Gymraeg Ôl-Fodern* (traethawd MPhil, Prifysgol Cymru, Aberystwyth, 1999).
Davies, Bronwyn, *A Body of Writing, 1990–1999* (Oxford: Alta Mira Press, 2000).
Davies, Owen, *Witchcraft, Magic and Culture* (Manchester: Manchester University Press, 1999).
Dean, Jonathon, *Rethinking Conemporary Feminist Politics* (Basingstoke: Palgrave Macmillan, 2010).
de Beauvoir, Simone, *Le Deuxième Sexe* (Paris: Gallimard, 1949).
——*The Second Sex* (New York: Alfred A. Knopf, 1953).
Derrida, Jacques, *The Animal That Therefore I Am* (New York: Fordham University Press, 2008).
Douglas, Mary, *Purity and Danger: An Analysis of the Concepts of Pollution and Taboo* (London: Routledge, 1966).

Duchen, Claire, *Feminism in France: From May '68 to Mitterrand* (London: Routledge, 1986).
Dunayer, Joan, 'Sexist Words, Speciesist Roots', yn Adams, Carol J. a Donovan, Josephine (goln), *Animals and Women: Feminist Theoretical Explorations* (Durham N.C.: Duke University Press, 1995), tt. 11–31.
Edwards, Meinir Wyn, *Twm Siôn Cati* (Talybont: Y Lolfa, 2008).
Eisenstein, Zillah, 'Women, States and Nationalism: At Home in the Nation?', yn Ranchod-Nilsson Sita a Tetreault Mary Ann (goln), *Writing Bodies on the Nation for the Globe* (London: Routledge, 2000), tt. 35–53.
Elfyn, Menna, *Stafelloedd Aros* (Llandysul: Gwasg Gomer, 1978).
——'Ailddarganfod Sioned', *Taliesin*, 67 (1989), 102–5.
——'Rhagair' yn Elfyn, Menna (gol.), *O'r Iawn Ryw* (Abertawe: Honno, 1991), tt. v–viii.
——(gol.), *O'r Iawn Ryw* (Abertawe: Honno, 1991).
——'Trwy Lygaid Ffeministaidd', yn Rowlands, John (gol.), *Sglefrio ar Eiriau* (Llandysul: Gomer, 1992), tt. 22–41.
——'Merched yn Dangos y Ffordd', *Barn*, 383/4 (Rhagfyr/ Ionawr, 1994–5), 20.
——'Differance Diffaith' *tu chwith*, 4 (1995), 107–9.
Equality Challenge Unit, *Equality in Higher Education: Statistical Report 2010* (London: ECU, 2010).
Evans, Vyvyan, *The Structure of Time: Language, Meaning and Temporal Cognition* (Philadelphia: John Benjamins Publishing Company, 2004).
Evans, W. Gareth, 'Y Ferch, Addysg a Moesoldeb: Portread y Llyfrau Gleision 1847', yn Morgan, Prys (gol.), *Brad y Llyfrau Gleision* (Llandysul: Gwasg Gomer, 1991), tt.74–100.
Fetterley, Judith, 'Introduction: On the Politics of Literature', yn Warhol, Robin R. a Diane (goln), *Feminisms: An Anthology of Literary Theory and Criticism* (New Brunswick: Rutgers University Press, 1997), tt. 564–73.
Field, Tiffany, *The Amazing Infant* (Oxford: Blackwell, 2007).
Firestone, Shulamith, *The Dialectic of Sex: The Case for Feminist Revolution* (New York: Bantam Books, 1970).
Foster Evans, Dylan, '"Cyngor y Bioden": Ecoleg a Llenyddiaeth Gymraeg', yn Thomas, Owen (gol.), *Llenyddiaeth Mewn Theori*, Cyfrol 1 (Llanbedr Pont Steffan/Llandysul: Prifysgol Cymru/ Gwasg Gomer, 2006), 41–79.

Fraim, John, *Battle of Symbols: Global Dynamics of Advertising Entertainment and Media* (Einsiedel: Daimon Publishers, 2003).
Freud, S., 'Some Psychical Consequences of the Anatomical Distinction between the Sexes' (1925), yn Strachey, James (gol.), *The Standard Edition of the Complete Psychological Works of Sigmund Freud, Volume XIX (1923–1925): The Ego and the Id and Other Works* (London: Hogarth Press, 1974), tt. 241–58.
Furber, J., '"Wonderful What Will Come Out of Darkness": Gender and Nationhood in the Work of Welsh and Irish Women Poets' yn Williams, D. G. (gol.), *Slanderous Tongues: Essays on Welsh Poetry in English 1970–2005* (Bridgend: Seren, 2010), tt. 137–62.
Gahan, Carmel, *Lodes Fach Neis: Cyfres y Beirdd Answyddogol* (Talybont: Y Lolfa, 1980).
Gallop, Jane, *The Daughter's Seduction: Feminism and Psychoanalysis* (New York: Cornell University Press, 1982).
George, Delyth, 'Rhai Agweddau ar Serch a Chariad yn y Nofel Gymraeg 1917–1985' (traethawd PhD Prifysgol Cymru, Aberystwyth, 1986).
——'Monica', *Y Traethodydd* (Gorffennaf, 1986), 164–77.
——*Islwyn Ffowc Elis: Llên y Llenor* (Caernarfon: Gwasg Pantycelyn, 1990).
——'Llais Benywaidd y Nofel Gymraeg Gyfoes', *Llên Cymru*, XVI (1991), 363–82.
——'Blodeuwedd – Dymchwelydd y Drefn?', yn Rowlands, John (gol.), *Sglefrio ar Eiriau* (Llandysul: Gwasg Gomer, 1992), tt. 100–14.
——'The Strains of Transition: Contemporary Welsh-language Novelists', yn Aaron, Jane et al. (goln), *Our Sisters' Land: The Changing Identities of Women in Wales* (Cardiff: University of Wales Press, 1994), tt. 199–213.
Gilbert, Sarah M., 'Introduction: A Tarantella of Theory', yn Hélène Cixous a Clément, Catherine, *The Newly Born Woman* (London: I. B. Tauris & Co Ltd, 1996), tt. ix–xviii.
Gilbert, Sarah M. a Gubar, Susan, *The Madwoman in the Attic: The Woman Writer and the Nineteenth-Century Literacy Imagination* (New Haven:Yale University Press, 1979).
Golub, Sharon, *Lifting the Curse of Menstruation: a Feminist Appraisal of the Influence of Menstruation on Women's Lives* (New York: Haworth Press, 1985).

Gramich, Katie, 'Gorchfygwyr a Chwiorydd', yn Thomas M. Wynn (gol.), *DiFfinio Dwy Lenyddiaeth Cymru* (Caerdydd: Gwasg Prifysgol Cymru, 1995), tt. 80–95.

——'The Madwoman in the Harness-loft: Women and Madness in the Literature of Wales', yn Gramich, Katie a Hiscock, Andrew (goln), *Dangerous Diversity:Changing Faces of Wales* (Cardiff: University of Wales Press, 1998), tt. 20–33.

——*Twentieth-Century Women's Writing in Wales: Land, Gender, Belonging* (Cardiff: University of Wales Press, 2007).

Green, Gayle, 'Looking at History: Leaving Shakespeare', yn Green, Gayle a Kahn, Coppelia (goln), *Changing Subjects: The Making of Feminist Literary Criticism* (London: Routledge, 1993), tt. 4–27.

Green, Miranda, *Animals in Celtic Life and Myth* (London: Routledge, 1989).

——*Symbol and Image in Celtic Religious Art* (London: Routledge, 1992).

Griffiths, Jay, *Pip Pip: A Sideways Look at Time* (London: Flamingo, 2000).

Grosz, Elizabeth, *Volatile Bodies: Toward a Corporeal Feminism* (Bloomington: Indiana University Press, 1994).

——*Space, Time, and Perversion: Essays on the Politics of Bodies* (London a New York: Routledge, 1995).

Gruffudd, Nona, 'O Dan yr Wyneb: Ffeministiaeth Gudd Ffuglen Fodern' (traethawd MA Prifysgol Cymru, Aberystwyth, 1996).

Hague, Euan, 'Benedict Anderson', yn Hubbard, Phil, Kitchin, Rob a Valentine, Gill (goln) 2004, *Key Thinkers on Space and Place* (London: Sage, 2004), tt.16–21.

Hall, Catherine, 'Gender, Nationalisms and National Identities', *Feminist Review*, 44 (Haf, 1993), 102–8.

Hallam, Tudur, 'Y Plentyn a Phlentyneiddiwch yng Ngwaith Diweddar R. M. Jones', *tu chwith*, 20 (Gwanwyn, 2004), 67–96.

——*Canon ein Llên* (Caerdydd: Gwasg Prifysgol Cymru, 2007).

Hubbard, Phil, Kitchin, Rob a Valentine, Gill (goln), *Key Thinkers on Space and Place* (London: Sage, 2004).

Hughes, Bethan Mair, 'Merched yn Llenyddiaeth y Pumdegau', *Taliesin*, 75 (1991), 101–9.

Humm, Maggie, *Feminist Criticism: Women as Contemporary Critics* (Brighton: Harvester, 1986).

——*Border Traffic: Strategies of Contemporary Women Writers* (Manchester: Manchester University Press, 1991).

——(gol.), *Modern Feminisms: Political, Literary, Cultural* (New York: Columbia University Press, 1992).
Hunter, Jerry, 'Chwarae â Thafodau Tân', *Y Traethodydd* (Ebrill, 2002), 76–93.
Ingman, Heather, *Twentieth-Century Fiction by Irish Women: Nation and Gender* (Aldershot: Ashgate Publishing, 2007).
Irigaray, Luce, *This Sex Which Is Not One* (New York: Cornell University Press, 1985).
——*Speculum of the Other Woman*, cyf. Gillian C. Gill (New York: Cornell University, 1985).
——*Elemental Passions* (New York: Routledge, 1992).
——*Key Writings* (London: Continuum International Publishing Group Ltd, 2004).
Isaac, Evan, *Coelion Cymru* (Aberystwyth: Gwasg Aberystwyth, 1938).
Ives, Kelly, *Cixous, Irigaray, Kristeva: The Jouissance of French Feminism* (Maidstone: Crescent Moon Publishing, 2007).
Jarvis, Branwen, 'Saunders Lewis, Apostol Patriarchaeth', yn Williams, J. E. Caerwyn (gol.), *Ysgrifau Beirniadol* XIII (Dinbych: Gwasg Gee, 1974), 296–311.
——'Kate Roberts a Byd y Ferch', yn Jarvis, Branwen, *Llinynnau* (Bodedern: Gwasg Taf, 1999), 179–93.
Jones, Angharad, 'Blodeuwedd yn Fam', *tu chwith*, 6 (1996), 10.
Jones, Ann Rosalind, 'Writing the Body: Towards an Understanding of l'Éctriture Féminine' yn Warhol Robin R. a Price Herndl, Diane (goln), *Feminisms: An Anthology of Literary Theory And Criticism* (New Brunswick: Rutgers University Press, 1997), tt. 370–83.
Jones, Enid, *FfugLen: Y Ddelwedd o Gymru yn y Nofel Gymraeg o Ddechrau'r Chwedegau hyd at 1990* (Caerdydd: Gwasg Prifysgol Cymru, 2008).
Jones, Ffion, 'Yn y Cysgodion: Llais a Lle'r Fenyw yng Ngwaith Manon Rhys', yn Rowlands, John (gol.), *Y Sêr yn eu Graddau* (Caerdydd: Gwasg Prifysgol Cymru, 2000), tt. 234–58.
Jones, Geraint Wyn, *Fel Drôr i Fwrdd – Astudiaeth o Waith Kate Roberts hyd 1962* (Caernarfon: Gwasg y Bwthyn, 2010).
Jones, Rhys, 'Hunaniaeth Ddeuol yng Nghymru: Rhai Gwersi o'r Gorffennol?', *Efrydiau Athronyddon*, XLIII (2000), 13–28.
Jones, R. Tudor, 'Daearu'r Angylion: Sylwadaeth ar Ferched mewn Llenyddiaeth 1860–1900', yn Williams, J. E. Caerwyn (gol.), *Ysgrifau Beirniadol* XI (Dinbych: Gwasg Gee, 1979), 219–20.

Jones, Tudur Dylan, 'Helfa Menna Elfyn', *Barddas* (1991), 166, 23.
Jung, Carl, *Man and his Symbols* (New York: Arundel Press, 1964).
Kahn, Robbie Pfeufer, *Bearing Meaning: The Language of Birth* (Champaign: University of Illinois Press, 1998).
Kaplan, Ann, E., *Motherhood and Representation: The Mother in Popular Culture and Melodrama* (London: Routledge, 1992).
Katrak, Ketu K., *Politics of the Female Body: Postcolonial Women Writers of the Third World* (New Brunswick: Rutgers University Press, 2006).
Kerkham, Patricia, 'Menstruation: The Gap in the Text?' *Psychoanalytic Psychotherapy*, 17/4 (2003), 279–99.
Klein, Melanie, *Envy and Gratitude: A Study of Unconscious Sources* (London: Tavistock Publications, 1957).
Klein, Rudolph, *The New Politics of the NHS* (Abingdon: Radcliffe Publishing, 2006).
Kravetz, Diane a Marecek Jeanne, 'The Feminist Movement', yn Worrell, Judith (gol.), *Encyclopedia of Women and Gender* (San Diego: Academic, 2002), tt. 457–68.
Kristeva, Julia, *Desire in Language* (New York: Columbia University Press, 1980).
——*Powers of Horror: an Essay on Abjection* (New York: Columbia University Press, 1982).
——'Stabat Mater', cyf. Jardine, Alice a Blake, Harry, yn Moi, Toril (gol.), *The Kristeva Reader* (New York: Columbia University Press, 1986), tt. 160–86.
——'Women's Time', cyf. Jardine, Alice a Blake, Harry, yn Moi, Toril (gol.), *The Kristeva Reader* (New York: Columbia University Press, 1986), tt. 187–213.
——*Strangers to Ourselves* (New York: Columbia University Press, 1991).
Lander, Louise, *Images of Bleeding: Menstruation as Ideology* (University of Michigan: Orlando Press, 1988).
Lawrence, Denise L., 'Menstrual Politics: Women and Pigs in Rural Portugal', yn Buckley Thomas (gol.), *Blood Magic: The Anthropology of Menstruation* (Berkeley a Los Angeles: University of California Press, 1988), tt. 117–36.
Laws, Sophie, *Issues of Blood: The Politics of Menstruation* (London: Macmillan, 1990).
Lechte, John, *Fifty Key Contemporary Thinkers: From Structuralism to Postmodernity*. (London: Routledge, 1994).

Lenneberg, Eric H. (gol.), *New Directions in the Study of Language* (Virginia: The University of Virginia Press, 1964).
Lessing, Doris, *The Golden Notebook* (London: Michael Joseph, 1962).
Lewis, Gwyneth, *The Meat Tree* (Bridgend: Seren, 2000).
Lewis, Jane, *Women in Britain since 1945: women, family, work, and the state in the post-war years* (Oxford: Blackwell, 1992).
Roberts, Eigra, Lewis, 'Minafon, Blaenau a Dolwyddelan: Holi Eigra Lewis Roberts', *Barn*, 363 (Ebrill 1993), 36–9.
Littell, B., *Living Age*, XVI, Boston (Jan/Feb/March 1848), 522.
Littleton, C. Scott, *Gods, Goddesses, and Mythology* (London: Marshall Cavendish, 2005).
Lloyd-Morgan, Ceridwen, 'Adolygiad o "DiFfinio Dwy lenyddiaeth Cymru"', *Llais Llyfrau*, 2 (Haf 1996), 11.
—— 'Elin a'i Thelyn: Carreg Filltir yn Hanes Llenyddiaeth y Ferch', *Barn*, 314 (1989), 17–19.
—— '"Gwerful Ferch Ragorol Fain": Golwg Newydd ar Gwerful Mechain', yn Williams, J. E. Caerwyn (gol.), *Ysgrifau Beirniadol* XVI (Dinbych: Gwasg Gee, 1990), 84–96.
—— 'Rhagymadrodd Hanesyddol', yn Elfyn, Menna (gol.), *O'r Iawn Ryw* (Abertawe: Honno, 1991), tt. xiii–xvii.
—— 'Sensro'r Ferch', *Taliesin*, 84 (1994), 24–9.
—— 'Ar Glawr Neu ar Lafar: Llenyddiaeth a Llyfrau Merched Cymru o'r Bymthegfed Ganrif i'r Ddeunawfed', *Llên Cymru*, 19 (1996), 70–8.
Llwyd Morgan, Derec, 'Adolygiad o *Y Gri Unig*', *Lleufer: Cylchgrawn Cymdeithas Addysg y Gweithwyr yng Nghymru*, 26/3 (1975), 41.
—— 'Y Beibl a Llenyddiaeth Gymraeg', yn Gruffydd, R. Geraint (gol.), *Y Gair ar Waith* (Caerdydd: Gwasg Prifysgol Cymru, 1988), tt. 87–112.
Llwyd Morgan, Elin, 'Y Flwyddyn Lenyddol', *Barn* 527/528 (Rhagfyr/Ionawr, 2006–7), 62.
Llywelyn Davies, Lona, 'Gwŷr a Gwragedd Kate Roberts', *Y Traethodydd*, 141 (1986), 117–27
Longley, Edna, *The Living Stream: Literature and Revisionism In Ireland* (Northumberland: Bloodaxe Books, 1994).
Lutwack, Leonard, *The Role Of Place in Literature* (New York: Syracuse University Press, 1984).
Lynch, Peredur, 'Twentieth Century Welsh Literature', yn Mac Mathúna, Séamus ac Ó Corráin, Ailbhe (goln), *Celtic Litera-*

tures in the Twentieth Century (Ulster: University of Ulster, Research Institute for Irish and Celtic Studies) (2007), tt. 97–128.

Marcus, Jane, *The Young Rebecca: Writings of Rebecca West, 1911–17* (Indiana: Indiana University Press, 1982).

——'Storming the Toolshed', yn Warhol, Robin R. a Diane, *Feminisms: an Anthology of Literary Theory and Criticism* (New Brunswick: Rutgers University, 1997), tt. 263–78.

Marcus, Laura a Nicholls, Peter, *The Cambridge History of Twentieth Century English Literature* (Cambridge: Cambridge University Press, 2004).

Martin, Emily, *Woman in the Body: A Cultural Analysis of Reproduction* (Maidenhead: Open University Press, 1989).

Mazzoni, Cristina, *Maternal Impressions: Pregnancy And Childbirth in Literature and Theory* (New York: Cornell University Press, 2002).

McAfee, Noelle, *Julia Kristeva: Routledge Critical Thinkers* (London: Routledge, 2004).

McClintock, Anne, 'Family Feuds: Gender, Nationalism and the Family', *Feminist Review*, 44 (Haf 1993), 61–81.

McMillan, Joyce a Fox, Ruth, *Has Devolutuion Delivered for Women?* (Scotland: Hansard Society, 2010).

Millett, Kate, *Sexual Politics* (New York: Doubleday, 1970).

Moi, Toril (gol.), *The Kristeva Reader* (New York: Columbia University Press, 1986).

Morgan, Mihangel, *Cathod a Chŵn* (Talybont: Y Lolfa, 2000).

Morgan Enid R., 'Diwinydda Benywod: Pam a Sut?' *Efrydiau Athronyddol*, LV (1992), 13–30.

Morgan, Prys, *The Eighteenth Century Renaissance* (*A New History of Wales*) (London: Christopher Davies, 1981).

Morgan, Prys (gol.), *Brad y Llyfrau Gleision* (Llandysul: Gwasg Gomer, 1991).

Morris, John Meirion, 'Gwales (Ararat)', yn Bala, Iwan, *Hon: Ynys y Galon* (Llandysul: Gwasg Gomer, 2007), t. 24.

Morris, Pam, *Literature and Feminism: An Introduction* (Cambridge: Blackwell, 1993).

Mowat, Ryan, 'Arundhati Roy's The God of Small Things: The Body and Irational Structures in a Postcolonial Narrative of Pain', yn Ghosh Ranjan (gol.), (*In*) *Fusion Approach: Theory, Contestation, Limits* (Maryland: University Press of America) (2006), tt. 253–67.

Mueller, Virginia C., et al., *Trosglwyddo Iaith Mewn Teuluoedd Dwyieithog* (Bangor: Prifysgol Bangor/Bwrdd yr Iaith Gymraeg, 2007).

Nayar, Pramod K., *Contemporary Literary and Cultural Theory: From Structuralism to Ecocriticism* (New Delhi: Dorling Kindersley, 2010).

Norisgian, Judy et al., *Our Bodies Ourselves* (New York: Touchstone, 2005).

O'Dowd M. J. a Philipp, E. E., *The History of Obstetrics and Gynaecology* (Florida: CRC Press, 2000).

Oliver, Kelly, *Ethics, Politics and Difference in Kristeva's Writing* (London a New York: Routledge, 1993).

——(gol.), *French Feminist Reader* (Oxford: Rowman a Littlefield, 2000).

——*The Colonization of Psychic Space: A Psychoanalytic Social Theory of Oppression* (Minneapolis: University of Minnesota Press, 2004).

——a Walsh, Lisa Mae-Helen (goln), *Contemporary French Feminism* (*Oxford Readings in Feminism*) (Oxford: Oxford University Press, 2004).

——*Animal Lessons: How They Teach Us To Be Human* (New York: Cornell University Press, 2009).

Page, Alan, 'Annwyl Chwiorydd', *Cristion* (Mai/Mehefin, 1986), 6–7.

Penrod, Lynn, *Hélène Cixous* (New York: Twayne Publishers, 1996).

Plath, Sylvia, *Three Women: A Monologue For Three Voices* (London: Turret Books, 1968).

Price, Angharad, 'Y Gymraeg; Iaith sy'n Swcro Gwrywdod?' *tu chwith*, 9 (Gwanwyn 1998), 104–14.

——*Rhwng Du a Gwyn: Agweddau ar Ryddiaith Gymraeg y 1990au* (Caerdydd: Gwasg Prifysgol Cymru, 2002).

Purkiss, D., *Witch in History: Early Modern 20th Century Representations* (London: Routledge, 1996).

Puw Davies, Mererid, 'Angel yr Anadl', *Barn*, 406 (Tachwedd 1996), 30–1.

Ranchod-Nilsson Sita a Tetreault. Mary Ann (goln), *Writing Bodies on the Nation for the Globe* (London: Routledge, 2000).

Redfern, Catherine ac Aune, Kristin, *Reclaiming the F Word* (London: Zed Books, 2010).

Rhydderch, Francesca, 'Diffinio Ffeminyddiaeth yng Nghymru Heddiw', *tu chwith*, 6 (1996), 33–40.

——'Cyrff yn Cyffwrdd: Darlleniadau Erotig o Kate Roberts', *Taliesin*, 99 (1997), 86–97.

——'Cultural Translation: A Comparative Critical Study of Kate Roberts and Virginia Woolf' (traethawd PhD, Prifysgol Cymru, Aberystwyth, 2000).

Rich, Adrienne, *Of Woman Born: Motherhood as Experience and Institution* (New York: Norton Press, 1976).

Roberts, Gwenan, 'Methu Torri dros y Tresi? Y Ferch a Theatr Gyfoes Gymraeg', *Taliesin*, 105–6 (1999), 58–75.

Roberts, Harri Garrod, *Embodying Identity: Representations of the Body in Welsh Literature* (Cardiff: University of Wales Press, 2009).

Roberts, Kate, yn Lewis, Saunders (gol.), *Crefft y Stori Fer* (Llandysul: Gwasg Gomer, 1949), tt. 9–21.

Roberts, William Owen, 'Writing on the Edge of Catastrophe', yn Bell, Ian A. (gol.), *Peripheral Visions* (Cardiff: University of Wales Press, 1995).

Rooney, Ellen, *The Cambridge Companion to Feminist Literary Theory* (*Cambridge Companions to Literature*) (Cambridge: Cambridge University Press, 2006).

Rosser, Siwan, *Y Ferch ym Myd y Faled* (Caerdydd: Gwasg Prifysgol Cymru, 2005).

Rowlands, John (gol.), *Sglefrio ar Eiriau* (Llandysul: Gwasg Gomer, 1992).

——'Y Corff mewn Llenyddiaeth', *Taliesin*, 96 (Gaeaf 1996), 11–25.

——(gol.), *Y Sêr yn eu Graddau: Golwg ar y Nofel Gymraeg Ddiweddar* (Caerdydd: Gwasg Prifysgol Cymru, 2000).

Sabatini, Sandra, *Making Babies: Infants in Canadian Fiction* (Ontario: Wilfred Laurier University Press, 2003).

Salvaggio, Ruth, *The Sounds of Feminist Theory* (New York: State University of New York Press, 1999).

Sarup, Madan, *An Introductory Guide To Post-Structuralism and Postmodernism* (Harlow: Harvester Wheatsheaf, 1993).

Scarth, Fredrika, *The Other Within: Ethics, Politics in Simone de Beauvoir* (Oxford: Rowman a Littlefield, 2004).

Scholtmeijer, Marian, 'The Power of Otherness: Animals in Women's Fiction' yn Adams, Carol J. a Donovan, Josephine (goln), *Animals and Women: Feminist Theoretical Explorations* (Durham N.C.: Duke University Press, 1995).

Seftel, Laura, *Grief Unseen: Healing Pregnancy Loss Through the Arts* (London: Jessica Kinglsey Publishers, 2006).

Selden, Raman, Widdowson, Peter a Brooker, Peter (goln), *A Reader's Guide to Contemporary Literary Theory* (Harlow: Pearson Education Ltd, 2005).

Sharp, Joanne, 'A Feminist Engagement with National Identity', yn Duncan Nancy (gol.), *Bodyspace: Destabilizing Geographies of Gender and Sexuality* (London: Routledge, 1996), 97–108.

Shiach, Morag, *Hélène Cixous: A Politics of Writing* (London: Routledge, 1991).

Shuttle, Penelope a Redgrove, Peter, *The Wise Wound: Menstruation and Everywoman* (London: Marion Boyars Publishers Ltd, 2005).

Sommer, Barbara, 'How does Menstruation Affect Cognitive Competence and Psychophysiological Response?', yn Golub, Sharon (gol.), *Lifting The Curse Of Menstruation: A Feminist Appraisal Of The Influence Of Menstruation On Women's Lives* (New York: Haworth Press, 1985), tt. 53–90.

Soper, Edmund Davidson, *Religions of Mankind* (Nashville: Abingdon Press, 2000).

Stallybrass, Peter a White, Allon, *Politics and Poetics of Transgression* (London: Routledge, 1986).

Staniforth, Joseph Morewood, *Cartoons of the Welsh Coal Strike, April 1st to Sept. 1st, 1898* (Cardiff: Western Mail Publications, 1898), t. 15.

Stephens, Meic, *Cydymaith i Lenyddiaeth Gymraeg* (Caerdydd: Gwasg Prifysgol Cymru, 1992).

Stevens, Anthony, *Ariadne's Clue: A Guide to the Symbols of Humankind* (New Jersey: Princeton University Press, 1998).

Stirling, Kirsten, *Bella Caledonia: Woman, Nation, Text* (Amsterdam a New York: Rodopi, 2008).

Sontag, Susan, *Illness as Metaphor and AIDS and its Metaphors* (London: Penguin, 1990).

Synnott, Anthony, *The Body Social: Symbolism, Self, and Society* (London: Routledge, 1993).

Thomas, Carys Mair, 'Y Llif Ffalig', *tu chwith*, 9 (Gwanwyn 1998), 69–75.

Thomas, M. Wynn (gol.), *DiFfinio Dwy Lenyddiaeth Cymru* (Caerdydd: Gwasg Prifysgol Cymru, 1995).

Trudgill, Peter, *Language in the British Isles* (Cambridge: Cambridge University Press, 1984).

Tudur, Non, 'Haul Ffrainc yn Rhoi Lliw i'r Lluniau Tywyll', *Golwg*, 23/7 (14 Hydref 2010), 22–3.
Tuttle Hansen, Elaine, *Mother Without Child: Contemporary Fiction and the Crisis of Motherhood* (Ewing: University of California Press, 1997).
Tyler, Imogen, 'On Birth' *Feminist Review*, 9/1 (2009), 1–7.
Urgo, Joseph R. 'Postvomity; Pylon and the Faulknerian Spew', yn John N. Duvall ac Anne J. Abadie, *Faulkner and Postmodernism* (Mississippi: Univsersity Press of Mississippi, 2002), tt. 124–42.
Ussher, Jane M., *Managing The Monstrous Feminine: Regulating the Reproductive Body* (Hove: Routledge, 2006).
von Rothkirch, Alyce, a Williams, Daniel (goln), *Beyond the Difference: Welsh Literature in Comparative Contexts* (Cardiff: University of Wales Press, 2004).
Warren Karen J. ac Erkal, Nisvan (goln), *Ecofeminism: Women, Culture and Nature* (Bloomington: Indiana University Press, 1997).
Watkins, Nia Angharad, 'Y Nofel Ddomestig Gymraeg Dros Dair Cenhedlaeth, gyda Sylw Neilltuol i Waith Moelona, Jane Edwards a Sonia Edwards' (traethawd MPhil, Prifysgol Cymru, Aberystwyth, 2007).
Weedon, Chris, *Feminist Practice and Poststructuralist Theory* (Oxford: Wiley-Blackwell, 1987).
Weil, Kari, 'French Feminism's écriture féminine', yn Rooney, Ellen (gol.), *The Cambridge Companion to Feminist Literary Theory* (*Cambridge Companions to Literature*) (Cambridge: Cambridge University Press, 2006), tt. 153–71.
Whincup, Peter, H., 'Age of menarche in contemporary British teenagers: survey of girls born between 1982 and 1986', *BMJ* 322 (May, 2001), 1095–6.
Windling. Terry, 'The Symbolism of Rabbits and Hares', *Journal of Mythic Arts* (Hydref 2007); *http://endicottstudio.typepad.com/ joma articles/2007/10/spells-of-encha.html* (cyrchwyd 14 Ebrill 2011).
Whitfield, Susan, *The Silk Road: Trade, Travel, War And Faith* (Chicago: The British Library, Serindia Publications, 2004).
Whitford, Margaret, *Luce Irigaray: Philosophy in the Feminine* (Oxford: Routledge, 1991).
——(gol.), *The Irigaray Reader* (Oxford: Blackwell, 1991).
——Schor, Naomi a Burke, Carolyn (goln), *Engaging with Irigaray* (London: Routledge, 1994).

Wickham, Sara, *Sacred Cycles: The Spiral of Women's Well-being* (London: Free Assocation Books, 2004).
Wilcox, Helen, et al. (goln), *The Body and The Text: Hélène Cixous: Reading and Teaching* (New York: St Martin's Press, 1990).
Womack, Mari, *Symbols and Meaning: a Concise Introduction* (Oxford a California: Alta Mira Press, 2005).
Woolf, Virginia, *A Room on One's Own* (London: Hogarth, 1929).
Worrell, Judith, 'The Feminist Movement', yn Kravetz, Carolyn Dianne a Marecek, Jeanne (goln), *Encyclopedia of Women and Gender* (London a California: Academic Press, 2002), tt. 457–68.
Wyn, Eurig, *Tri Mochyn Bach* (Talybont: Y Lolfa, 2000).
Young, Iris Marion, *Justice and the Politics of Difference* (New Jersey: Princeton University Press, 1990).
——*On Female Body Experience: "Throwing Like A Girl" And Other Essays* (Oxford: Oxford University Press, 2005).
Yuval-Davis, Nira, *Gender and Nation* (London: Sage Publications, 1997).
Yuval-Davis, Nira, Anthias, Floya a Campling, Jo, *Woman-Nation-State* (Basingstoke: Macmillan, 1989).

Mynegai Enwau Priod

Aaron, Jane 16, 17, 18, 42, 49, 51, 54, 55, 56, 58, 59, 60, 61, 62, 65, 69, 78, 146, 205, 206, 207, 228, 229, 233, 234, 235, 236, 241, 242, 246, 248, 251, 255, 256, 257, 258, 264, 267, 269
Adams, Carol J. 164, 172, 189
Ahmed, Sarah 195
Ali Baba 151
Anderson, Benedict 191
Arglwyddes Llanofer (Gwenynen Gwent) 26, 143, 157
Aune, Kristin 87

Baker, R. 133, 187
Bakhtin, Mikhail 14, 175
Bala, Iwan xi, 145, 146, 178, 179, 193, 200
Barthes, Roland 14, 36
Beddoe, Deirdre 66, 144
Benstock, Shari 3, 7
Berry, Philippa 152
Bettleheim, Bruno 151
Bevan, Aneurin xxi
Bhreathnach-Lynch, Alexander 196
bin Laden, Osama 152
Birke, Lynda 189, 192
Blair, Tony 109
Blodeuwedd 39, 85, 107, 128, 183, 184, 185, 186, 194

Blyth, Ian 7, 10
Bohata, Kirsty 143, 188, 203
Booker, Keith M. 138
Bosse-Griffiths, Kate 22, 32, 35, 60, 66, 76, 77, 94, 95, 83, 197
Branwen 184
Booker, Keith M. 176
Brooker, Peter 105
Brooks, Simon xv, 20, 21, 23, 45, 46, 65, 78
Brown, Beca 66, 85, 101
Butler, Judith xvii, 191, 192

Carlson, Karen 80, 93
Charles Evans, Hazel 111
Cranogwen (Sarah Jane Rees) 38, 39
Creed, Barbara 119
Crwydren, Roni xxii
Chapman, Chris xi, 168
Charnell-White, Cathryn xvii, 29
Chevalier, Jean 168, 181
Chilton, Irma 30, 104
Cixous, Hélène xiv, xix, xx, 4, 5, 6, 7, 8, 9, 10, 11, 33, 34, 36, 41, 74, 84, 105, 127, 128, 160, 171, 213, 197
Cordell, Alexander 146
Cranny-Francis, Anne 72
Crockett, Kate xviii, 24
Csordas, Thomas J. xiv, 142
Currie, Dawn xiv

Curtis, Kathryn xvii, 191, 192
Cusack, Tricia 196

Dafydd, Fflur 62, 73, 110
Dafydd, Gwenllian 37, 114, 127
Dame Wales 143, 144
Davies, Bronwyn 166
Davies, E. Tegla 22
Davies, Joanna 69 70
Davies, Lona Llywelyn 38
Davies, Owen 170
Davies Jones, Rhiannon 53, 54, 55, 60,183
de Beauvoir, Simone xiv, xxi, 5, 32, 77
de Saussure, Ferdinand 6
Dean, Jonathon xv
Derrida, Jacques 6, 7, 11, 14
Donovan, Josephine 164, 172, 189
Douglas, Mary 116, 142
Duchen, Claire 12
Dunayer, Joan 164

Eames, Marion 54, 55, 61, 66, 68, 94, 108, 130
Edwards, Dorothy 32
Edwards, Fanny 66
Edwards, Jane 54, 55, 56, 59, 60, 61, 66, 68, 71, 78, 79, 80, 85, 86, 87, 95, 96, 102, 123, 124, 130, 131, 134, 152, 176, 179, 180, 199
Edwards, O. M. 30
Edwards, Sonia 60, 62, 98, 124, 129, 135, 161, 152, 167, 173, 179, 180, 183, 194, 198, 199
Eisenstat, Stephanie J. 80, 93
Eisenstein, Zillah 200
Elis, Meg 39, 55, 56, 61, 69, 71, 131, 135, 162, 202
Ellis, Mari 68, 112, 113, 176
Elfyn, Menna xvi, 19, 23, 25, 27, 30, 37, 41, 44, 45, 55, 56, 187

Erkal, Nisvan 146
Evans, D. Tecwyn 22
Evans, Ennis xiv, 30, 61, 69, 97, 101, 116, 161, 199
Evans, Gareth, W. 83
Evans, Gwynfor 154
Evans, Vyvyan 136–7
Evans, Elin 29

Ferris, Suzanne 3, 7
Field, Tiffany 104
Firestone, Shulamith 192
Foster Evans, Dylan 49, 188, 189
Foucault, Michel xiv, 6, 14, 142, 191
Fox, Ruth xv
Fraim, John 152
Freud, Sigmund 11, 15, 148
Furber, J. 143, 187

Ffowc Elis, Islwyn 24, 50

Gahan, Carmel 146
Gallup, Jane 4
George, Delyth 20, 24, 27, 31, 32, 44, 60
Gerallt Gymro 170
Gheerbrant, Alain 168, 181
Gilbert, Sandra 127, 154
Golub, Sharon 122
Gramich, Katie xvi, xvii, xviii, 32, 51, 56, 148, 152, 153, 162, 175, 183, 188
Gray, Alasdair 146-7
Green, Gayle 28
Green, Miranda 146, 148, 169–70, 164–5, 193
Griffiths, Ann 35
Griffiths, Jay 118, 119, 122, 123, 125, 128, 137, 138, 139, 140
Griffin, Susan 35
Grosz, Elizabeth xvi, 11, 139, 202
Gruffudd, Nona 201

Gruffudd, Robat 107
Gruffydd, W. J. 63
Gubar, Susan 127, 154
Guest, Charlotte 26
Gwanas, Bethan, 59, 69, 73, 74,
    85, 87, 113, 116, 131, 137,
    168, 169, 179, 183, 186, 198
Gwydion 175, 186, 194
Gwynedd, Ieuan 157
Gwynn, Eirwen 61, 111, 145

Hague, Euan 191
Hall, Catherine 201
Hallam, Tudur 21
Heledd 101, 206
Hiraethog, Gwilym 30
Hopwood, Mererid 50, 56, 60, 62
Hughes, Bethan Mair 64
Humm, Margaret 3–4, 41
Hunter, Jerry 19

Iesu Grist 124, 151, 176
Ingman, Heather xvii, 201
Irigaray, Luce xix, xx, 4, 11–3, 27,
    74, 89, 100, 105, 151, 152,
    158, 188, 197, 202
Isaac, Evan 151
Islwyn, Aled 37, 44, 107

James, Meleri Wyn 56, 62, 71, 115,
    131, 138, 161, 197, 198
Jarvis, Branwen 24, 27, 54, 55, 78,
    184
Jones, Angharad 62, 97 128, 138,
    179, 183, 194, 199
Jones, Ann Rosalind 14
Jones, Bobi 19, 20
Jones, Ceri Wyn 38
Jones, Enid 187
Jones, Ffion 40, 47, 48
Jones, Geraint Wyn 160
Jones, Jane Ann
Jones, Janice xvii

Jones, John Gwilym 27
Jones, Marlis 67–8
Jones, Rhys 191
Jones Williams, Aled 10
Jung, Carl 151

Hunter, Jerry 19

Kaplan, Ann, E. 83
Katrak, Ketu, K. 203
Kerkham, Patricia 117, 121, 130
Klages, Ludwig, 7
Klein, Melanie, 15
Klein, Rudolph xxi
Kravetz, Diane xv
Kristeva, Julia xix, xx, 4, 5, 10,
    13–18, 34, 36, 46, 64, 74, 88,
    89, 90, 93, 102, 104, 105,
    108, 112, 128, 129, 141,
    181, 192, 195, 197, 201, 202,
    207

Lacan, Jacques 11
Lander, Louise 138
Lawrence, Denise 178
Laws, Sophie 117, 131, 133, 134
Lechte, John 11
Lessing, Doris xvi, 123
Lewis, Caryl 49, 56, 60, 97, 104,
    125, 135, 164, 173, 178, 179,
    180, 194, 198, 199
Lewis, Gwyneth 10, 56, 142, 182,
    194
Lewis, Jane 94
Lewis, Mared 71, 164, 180
Lewis, Saunders 27, 28, 35, 50, 63,
    76, 172, 184, 185
Lewis Roberts, Eigra 49, 53, 54,
    55, 59, 61, 66, 100, 110, 133,
    159, 165, 168, 198
Littell, B. 164
Littleton, C. Scott 146
Lloyd Jones, Marged 8

Lloyd-Morgan, Ceridwen xvi, 30, 31
Lloyd Owen, Gerallt 38
Lloyd Rowlands, Catrin 59, 67
Longley, Edna 154
Lutwack, Leonard 149
Lynch, Peredur 107

Llwyd Morgan, Derec 69, 136
Llwyd Morgan, Elin 62, 161
Llywelyn Davies, Lona 38
Llywelyn Morris, Eleri 55, 56

McAffee, Noelle 14
McClintock, Anne 158–9
McMillan, Joyce xv
Maracek, Jeanne xv
Marcus, Laura 202
Martin, Emily 119, 137
Mazzoni, Christina 63, 64, 89, 105
Mechain, Gwerful 30, 31, 42
Millett, Kate 3
Moelona (Elizabeth Mary Jones) 31, 66, 156, 158
Moi, Toril 13
Morgan, Eluned 66
Morgan, Enid R. 20
Morgan, Prys 170
Morgan, Mihangel 194
Morris, John Meirion 146
Morris, Pam 3
Mowat, Ryan xiv
Mueller, Virginia, C. 114

Nayar, Pramod K. 201
Nicholls, Peter 202
Norsigian, Judy 200

Oliver Kelly xix, 5, 18, 147–8, 162, 190
Owen, Dyddgu 30, 60, 178

Page, Alan 20
Parrott, Gwen 89
Parry, Winnie 30, 49
Parry-Williams, Amy 60
Parry-Williams, T. H. 140, 145, 162, 188
Peate, Iorwerth xxi
Penrod, Lynne 9
Pierce Jones, Ann 62, 69
Pierce Jones, Meinir 55, 56, 82, 96, 131, 135, 159, 166–7
Plath, Sylvia 81
Plato 7, 88, 151, 152, 153
Price, Angharad xxii, 35, 36, 46, 56, 62, 92, 93, 128, 166, 185, 198
Pritchard, Marged 54, 55, 61, 179
Purkiss, Diane 157
Puw Davies, Mererid 41
Puw Morgan, Elena 31, 52

Ranchod-Nilsson, Sita 147
Raoul, Valerie xiv
Redfern, Catherine 87
Redgrove, Peter 126
Rees, Marian 59, 173
Rich, Adrienne 30, 67
Richards, Carys 30, 71
Roberts, Gwenan 23, 44
Roberts, Harri Garrod xiv, 20, 90, 96
Roberts, Kate xiii, xviii, 22, 30, 32, 33, 35,38, 39, 49, 50, 52, 53, 59, 66, 69, 86, 113, 125, 158, 160, 167, 171, 172, 179, 199, 203, 205
Roberts, Lleucu 60, 66, 83, 110, 162, 174, 199
Roberts, William Owen 151
Rooney, Ellen 3, 28
Rowlands, John xiv, 175, 200

Rhiannon 98, 99, 128
Rhydderch, Francesca xiii, xvii, 24, 46, 100
Rhys, Manon 40, 44, 47, 48, 55, 56, 60, 62, 87, 88, 112, 120, 121, 128, 140, 172, 179, 180, 194, 198, 199, 212
Rhys James, Shani 159

Sabatini, Sandra 108
Salvaggio, Ruth 84
Sands, Bobby 154
Sarup, Madan 88
Scarth, Frederika xiv, 76
Scholtmeijer, Marian 172, 195
Seftel, Laura 94
Selden, Raman 105
Sellers, Susan 7, 10
Sharp, Joanna 147
Shiach, Morag xvi, 6, 199
Shuttle, Penelope 126
Sommer, Barbara 130
Sontag, Susan 201
Soper, Edmund Davidson 147
Stallybrass, Peter 175
Staniforth, J. M. 143, 144
Stevens, Anthony 151
Stirling, Kirsten 143, 148, 203
Synnott, Anthony xiv, 176

Taliesin 128, 169
Tétreault, Mary Ann 147
Thatcher, Margaret 44, 45
Thomas, Carys Mair 50
Tomos, Gwen 68

Tomos, Angharad 37, 39, 40, 46, 47, 60, 61, 62, 83, 98, 99, 102, 106, 107, 110, 115, 128, 140, 142, 162, 173, 182, 185, 188, 196, 198, 199, 201, 202
Tudur, Non 159
Tuttle Hansen, Elaine 98, 103
Twm Siôn Cati 151
Tyler, Imogen xvi

Ussher, Jane 119, 133, 163–4

Warren, Karen J. 146
Watkins, Nia Angharad xvii, 156
Weedon, Chris 5, 13
Weil, Kari 5, 7
West, Rebecca 3
White, Allon 175
Whitford, Margaret 13, 202
Wickham, Sara 138
Widdowson, Peter 105
Wilcox, Helen 6
Williams, Catherine 69, 199
Windling, Terry 168–9
Womack, Mari 149
Woods, Susanne 3, 7
Woolf, Virginia 65
Wyn, Eurig 37, 175

Young, Iris Marion 102, 117, 122, 131, 157
Yuval-Davis, Nira xiii, 184, 187, 202

Ziporyn, Terra Diane 80, 93

Mynegai Cyffredinol

abject 89, 93, 94, 102, 112, 113, 114, 119, 129, 132, 133, 166, 167, 175, 176, 178, 188, 193, 195, 200
abjection 17, 86, 90, 93, 93, 128, 193, 197
Adroddiad y Comisiynwyr Addysg (1847)/Brad y Llyfrau Gleision 20, 34, 83, 91, 93, 96, 97, 108, 144, 157, 164, 203
angel yr aelwyd/cartref 34, 38, 64, 157, 170
anghydffurfiaeth 150, 153, 174, 176
Ail Ryfel Byd, yr xx, 64, 80, 160
Ali Baba 151
Amgueddfa Werin Sain Ffagan xxi, 42, 159
Archif Menywod Cymru xv

Barn 51, 145
Beibl, y 21, 22, 43, 75, 93, 135, 136, 176
bilsen atal-cenhedlu, y 71, 82
Blaid Lafur, y 109
Blodeuwedd 27

cenedlaetholdeb 154, 194, 201
chora 88
Coleg Y Drindod, Caerfyddin 64
collgludiant 99, 103, 174

condomau 71
canon llenyddol Cymraeg, y xviii, 21, 22, 25, 26, 28, 35, 199
crefydd, 13, 21, 22, 78, 79, 100, 148, 150, 174, 197
Cristion 20
Culture Cringe 190, 193
Cyfeirbwynt Arferol (*Universal Referent*) 12
cyfnod cyn-Oedipaidd Y 110, 125
cyfogi 84–93, 107, 116, 154
cylch mislifol 122, 136, 198, 200
Cymhlethdod Oedipus, y 15, 105
cywilydd 43, 61, 67, 82, 92, 98, 101, 114, 115, 116, 121, 126, 162, 166, 177, 186, 193

chwaeroliaeth 97, 201

Dame Wales 143, 144
deuoliaethau gwrthwynebus (*binary oppositions*) 7, 128
drefn batriarchaidd, y 12, 16, 19, 39, 40, 45, 52, 65, 70, 75, 76, 77, 80, 81, 82, 83, 84, 90, 91, 100, 103, 110, 116, 118, 122, 126, 137, 139, 140, 146, 150, 152, 158, 163, 165, 181, 184, 186, 195
dylluan, y 39, 134, 139, 181, 182, 183, 184, 186

Ddeddf Amddiffyn Cyflogaeth, Y 66
Ddeddf Gwahaniaethu ar sail Rhyw, Y 66

ecoleg 146, 194, 201
Efrydiau Athronyddol 50
Eisteddfod Genedlaethol, Yr 25, 26, 27, 37, 50, 52, 59, 78, 175
Electra Complex, The 11
erthylu/erthyliad xvi, 42, 66, 71, 74, 93, 94, 95, 96, 97, 98, 100, 101, 103, 166, 167, 197

fam Gymreig, y 32, 143, 144
Fawcett Society, The xv
Forwyn Fair, y 64
Frythones, Y 38

ffaloganolrwydd 6, 8, 9, 11, 12
ffeminist/ffeministiaid xix, 4, 5, 6, 13, 14, 16, 30, 41, 45, 52, 128
ffeministiaeth xiv, xv, xix, 3, 4, 13, 16, 17, 19, 20, 23, 24, 44, 45, 49, 50, 51, 62, 76, 106, 184
ffetws 73, 75, 104, 105, 105, 108, 109, 110
ffrwythlondeb 42, 66, 72, 73, 96, 97, 147, 149, 165, 168, 170, 173, 196, 200

Gwasanaeth Iechyd Gwladol (GIG) xxi, 66, 94
gwallgofrwydd 5, 88, 101, 102, 161, 162, 173
Gymraes, Y 157

hanfodolaeth (*essentialism*), xv, 11, 13, 28, 192
Hon 162, 167, 184

iaith/rheol y tad 41, 88, 89, 106, 111, 126, 127, 129, 185
IVF 72

Lan Chwith, y 14
l'écriture féminine 7, 10, 11, 18, 33, 37, 38, 84, 128, 175, 183, 195, 199
libido 9, 12, 13, 200
logoganoliaeth 7, 8, 12

Mabinogi, y 98, 175, 194
Marcsiaeth 14, 17, 45
menarche 122, 123, 125, 129
menopause 130, 164
menyw-yn-genedl (*woman-as-nation*) xiii, 143, 144, 147, 148, 149, 150, 154, 170, 161, 187, 195, 196, 200, 203
Merched y Wawr 42, 64
mimesis 12, 13, 166, 188, 197
mislif xiii, xvi, xvii, xxii, 42, 43, 85, 115, 116, 117, 118, 119, 120, 121, 122, 123, 124, 125, 126, 128, 129, 130, 131, 132, 133, 134, 135, 136, 138, 139, 140, 141, 178, 197, 198, 200, 204
misglwyf xxii, 42, 43, 116, 121, 129, 130, 131, 136, 181
mochyn, y 98, 174–8
'monstrous feminine, the' 119, 130

Ogof Ddu Cricieth 151
Ogof Myrddin 151
Ogofâu Lascaux 155
ôl-drefedigaethedd 65, 86, 112, 127, 146, 163, 187, 189
ôl-foderniaeth 45, 46, 47, 48, 62, 92, 194
ôl-strwythuraeth xiv, xv, 6, 7, 14

Pais 51
patriarchaeth/patriarchaidd xvii, xviii, xix, xx, 11, 12, 13, 19, 20, 21, 22, 24, 25, 26, 27, 30, 35, 43, 45, 47, 49, 51, 72, 73, 74, 75, 77, 80, 82, 83, 90, 91, 108, 110, 113, 127, 129, 131, 135, 136, 137, 138, 140, 146, 150, 151, 162, 164, 166, 167, 186, 187, 188, 190, 195, 197, 198, 204
penderfyniaeth fiolegol (*biological determinism*) 191
plentyn siawns 67, 68, 95, 124, 174
PMT 44, 121, 130
prawf beichiogrwydd cartref 71, 72

radicaliaeth 32, 35, 51, 210
refferenda datganoli, y 45, 107, 196, 201

Rhegiadur, Y 132, 133
rheol/iaith y tad 40, 41, 46, 77, 128
rhywedd (*gender*) xvi, xvii, 4, 18, 20, 32, 37, 38, 39, 40, 41, 44, 46, 50, 52, 143, 155, 150, 148, 162, 175, 183, 191, 193, 194, 196, 202
rhywioldeb 147, 151, 166, 167, 168, 170, 173, 185, 200

Semiotig, y xix, 15, 16, 37, 40, 41, 50, 84, 88, 89, 90, 92, 94, 100, 102, 105, 108, 111, 127, 128, 152, 195, 197
sosialaeth 17, 44, 45
Symbolaidd, y xiii, xix, 10, 13, 15, 16, 17, 18, 41, 43, 75, 77, 78, 84, 88, 89, 91, 102, 104, 105, 111, 123, 124, 127, 128, 129, 143, 146, 148, 149, 151, 152, 153, 156, 158, 159, 163, 178, 181, 186, 187, 193, 194, 195, 200, 201, 202

tabŵ 9, 94, 116, 117, 153, 181
tair ysgyfarnog, y 168, 169
Taliesin 24, 51
Tel Quel 14
Torïaid, y 45, 109
Traethodydd, Y 19, 20, 24, 25, 49, 50, 51
Tryweryn 140
Tu chwith 24, 35, 46, 59
theori hoyw (*queer theory*) 191

UNICEF 81

Weriniaeth, Y 173
womb envy 48
wrach, y 73, 74, 81, 168, 169, 170, 171, 182